戦国期公家社会と荘園経済

湯川敏治 著

目次

目　次　二

目　次

目　次　　六

目次

序　章　戦国期公家社会研究の視点

はじめに

中世史の研究は、長期にわたる戦前の研究蓄積をふまえて、戦後、急速に飛躍をとげた。これは『中世史ハンドブック』(1)の冒頭「総論——中世史像をめぐって——」で永原慶二氏が記した言葉である。その二十三年後の一九九五年東京堂出版から『日本中世史研究事典』(2)が出版され「はじめに」で「近年の日本中世史研究は、その研究対象とする事象の広がりにおいて、急速な進展を見せている」とある。これら二冊の本は研究の現状や動向を中心に整理され、用語の解説や史料の手引きなどを備えた内容で、中世史研究者にとって便利な書物である。しかし両書とも公家の研究についての動向は記されていない。強いて言えば後者が荘園制について述べる中で、「中世後期公家領の存続」と項立てした箇所で、わずかながら戦国期の公家領に言及しているだけである。『中世史ハンドブック』と『日本中世史研究事典』は、いずれも中世史研究の飛躍を賛美しているにもかかわらず、公家についての研究はほとんど取り上げられていない。戦国期であっても公家という階層は存在し、日記の記主としても今日、様々な方面への研究素材を提供しているのである。公家研究が少ないのはなぜだろうか。今までこの疑問を持って研究を進めてきた。研究の視点を述べるにあたって、最初にこのことから考えておきたい。

一 公家研究の現状

公家の研究の遅れについては、菅原正子氏も自著で述べておられるが(3)、戦国期の公家を研究する者にとっては、事実が認知されにくく歯がゆいことである。公家の研究はどのような状況にあるのか。具体的に見てみよう。

『史学雑誌』が毎年、前年度の研究成果を取り上げ学界の動向をまとめている「回顧と展望」によって戦国期の公家の研究状況を見ることから始めることとする。一九四九年（昭和二十四）に「回顧と展望」が始まってから二〇〇二年（平成十四）までの五十四年間である。まず研究状況を次頁折込表「『回顧と展望』に見る戦国期の公家研究傾向」にまとめた。作成するについては次のことに留意した。

① 対象は「回顧と展望」記載の「中世」に挙げられた公家研究関係の論文である。

② 公家研究関係論文とは、私に「公家政権論」「公武政権論」「荘園論」「公家文化論」「公家関係法制史論」「公家社会論」などに分類し抽出した。

③ そのうち公家政権論には天皇論、公家文化論には、文芸・宗教・書誌論など、公家社会論へは女性・家族・家政職員・家産経済などを入れた。

④ ②・③とも論題・評者のコメントから判断して分類したため、論旨と多少異なる場合があり、作者の意図に反するものがあったかも知れない。

なお、表の見出し項目についての説明は、表の欄外へ記入したので併せて参照されたい。

表を作成してわかることは、戦国期公家研究を除いた中世の公家研究は五六六篇を数えることができ、年平均十篇強の研究となっている。これは中世前期、いわゆる院政期・鎌倉幕府政権における公家政権論・公武政権論などがかなりの比重を占め、加えて領主論における公家領荘園に触れた論であり、公家に関する研究はかなり進んでいることがわかる。さらに井原今朝男氏の「摂関家政所下文の研究―院政期の家政と国政」（『歴史学研究』四九一）に始まる一連の研究は[4]、「公事と国家・天皇制を追求[5]」し、中世国家を論じる契機となったが、戦国期の公家研究において、こ

『回顧と展望』に見る戦国期の公家研究傾向

No. 1

回顧対象年	元号	公家研究評価コ	備　　考
1949	昭24		史学会」として記事掲載。
1950	25		体制が成立。
1951			
1952			
1953			
1954			
1955	30		
1956			
1957			
1958			荘園史特集号刊行。
1959			
1960	35		
1961		永原慶二、公家領荘園研究の重要性を指	
1962			
1963			
1964			の共同研究(北京シンポジューム参加)
1965	40		論」・教科書検定違憲訴訟運動。
1966			
1967			
1968			設立。
1969			
1970	45	今年度の特徴として公家社会に関する論	
1971			
1972		公家文化が低調。明月記を始め公家日記	
1973			ック』刊行。
1974			
1975	50	公家の政治機構・経済についてこれまでの	
1976		朝廷や公武関係についての政治史研究も	
1977			進行がある。
1978		中世の武家訴訟法の研究に比べ、公家訴	
1979			
1980	55		
1981		院政期に関する研究は一頃より少ないが	
1982			
1983			
1984			

回顧対象年	元号	公家研究評価コ 備　　考
1985	昭60	
1986		吉治没。
1987		
1988		一没。
1989	平 1	遺跡保存運動。
1990		貴族社会を多面的に明らかにする研究も着
1991		井原今朝男の中世国家論は職事弁官を媒介ソ連崩壊。
1992		公家政権関連は充実した研究が発表されて
1993	5	
1994		様々な角度から貴族社会の「家」に着目す木銀弥没。大学改革の波。
1995		公家政権論・国家財政論が引き続き関心が
1996		井原の職事弁官政治論への批判・修正点は「政基公旅引付」和泉書院刊行。
1997		室町幕府では将軍と公家との関わりを扱う
1998	10	日記史料の重要性はいまや諸方が認知する
1999		
2000		公家を考える場合、家格・師資関係での相
2001		
2002		
53年間		論文本数合

註１：「回顧対象年」は『回顧と展望』の発刊年

註２：「公家研究評価コメント」は、評価担当者

註３：「本数」は戦国期を対象とした公家論文の

註４：「中世公家論文本数」は、戦国期の公家論

註５：「序論（研究傾向総括コメント）」は総括担ある。

註６：敬称は略した。

のような論議を呼ぶ研究はまだない。

「回顧と展望」により戦国期の公家研究は八十四篇の論文を抽出することができた。内訳は文化史二十七篇・荘園史二十六篇・社会史二十一篇・政治史十篇で、文化史の研究は政治史の三倍近くあり、中には今泉淑夫「中世末公家日記における闕語について」(『国語と国文学』50—4　一九七三)・安野博之「清原家と『御成敗式目』」(『三田国文』26　一九九七)のように国文関係の雑誌に掲載された論文が歴史学で評価されているものも目につく。また前頁折込表の項目「序論(研究傾向総括コメント)」で示したように、年ごとのコメントは研究の流れを示唆するような内容ではなく、その年に応じた状況を述べたコメントであるため、井原氏の研究に対するコメントは別として、公家研究の流れが見えてこない。

二　公家社会研究の目的

高校の教科書では公家はどのように書かれているのだろうか。それを知るため大阪市住吉区にある大阪府立大阪教育センターの図書室を訪ねて、高校Bにおける歴史教科書の閲覧を行った。戦国期の公家の記述状況について、数社の教科書を概観しただけであったが、割かれたページは極めて少ない。記事のキーワードは、人物では一条兼良・吉田兼倶、時には三条西実隆が加えられ、事象では古今伝授、唯一神道であった。時代が流れ著者が代わっても、どの教科書も申し合わせたように同様の記述となっていた。ただ一点、有高巌・平田俊春共著『高等学校日本史』(日本書院　昭和三十六年度用)に「学問の地方伝播」と項立てされ、公家が地方へ下向した回数を『公卿補任』等から採り表に掲げ、応仁の乱以来公家が地方へ下り中央文化を広めたことを記してあったのが特に目を引いた。しかしいずれにしても公家は文化の形成・伝播者でしかない記述である。これでは関心を持たれないのはもっともであると感じ、さらに教科書の中世前期は院政・公家政権の記述が主であるため、「回顧と展望」での公家研究の流れの原点である思いもした。

前節に見た八十三篇の論文の著者は合計五十五人で、そのうち二篇以上発表している者は十五人で少ない思いをする。そのことが研究の遅れとなり、学界でも論争が起こるところまで学説が成熟していない。それだけに研究成果を発表しても先に事実の事例紹介が主となることもあり、事実が認知されるまで時間がかかる。そのような例は戦国期であっても家政職員を古代の呼称である家司のままで扱い、適切に言葉が使用されていない実情からもわかる。

そうした発展途上にある学問ながら取り組んできたのが本書である。本書は戦国期の公家日記を読み、関心を持った公家の生活・家産経済・家政職員制度など、範囲は狭いながらも公家社会を研究した論文集である。これを今後とも研究を続けるための一つの過程として報告しておきたい。

一九七七年に「尚通公記研究会」（現「中世公家日記研究会」）の輪読に参加して、始めて自筆本で公家日記を読んだ。公家日記の題名は『後法成寺関白記』。戦国期の公家近衛尚通の日記である。日記には毎年七月初旬に、必ず近衛邸へ人々が集まって会食する生見玉行事の記事があった。どういう人々の集まりで、会食する目的は何であろうという極めて素朴な関心を持ち、近衛邸の生見玉行事を通じて集まった人々の分析を行い発表したのが、本書第一部第二章「中世公家家族の一側面――『後法成寺関白記』の生見玉行事を中心に――」であった。集まる人物個々について一部不明な人物があったものの大半判明し、戦国期の近衛家に集合する一族の態様を知ることができた。

その後、中世公家日記研究会では成果を『戦国期公家社会の諸様相』（和泉書院　一九九二）として発刊したのであるが、その中の第二部第二章、柴田真一「近衛尚通とその家族」は、拙論で一部不明だった点を解明して不備を補い、さらに高群逸枝がその著『平安鎌倉室町家族の研究』（栗原弘校訂　国書刊行会　一九八五）で論じた中の誤解を正した論を発表した。そのとき成果としての重複を避けるため、拙論は『戦国期公家社会の諸様相』へ掲載することは控えた。しかし今回本書へ掲載したのは、内容に誤りはなく戦国期を生きる人間としての公家、近衛政家に始まり近世へ引き継ぐ近衛信尹まで、五代の近衛一族が激動期をどのように生きていったかを時代の流れとともに知ることの必要上、掲載することにした。

次に本書の構成について触れておきたい。それぞれの論文は発表年順に構成する方法をとったが、第一部では、一部それに従わなかった。第一部の研究対象とする時代は、先述近衛家五代の政家・尚通・稙家・前久・信尹を通じ公家家族を見ることであった。そのため発表したときの順序を一部変更したが、第二部・第三部については変更しなくても論の展開に問題がないため変更は行わなかった。

以下、取り組んだ成果を本書目次に従い述べておきたい。

三　第一部の構成と概要

第一部「公家家族の実像」では、近衛家を例に家族の構成・日常生活・社交・武士との融合などを考えることにより、時代とともに変化する公家家族の実像を見た。

第一章「近衛政家の妻室」は政家の妻室として確実にわかる女性は三人いた。一人は政家の息尚通の実母。次は近衛家家政職員源栄の女で一乗院良誉の母。そして尚通の実母他界後、政家の後添えとして祗候する飛鳥井雅親の女である。これらの過程で尚通の実母の名がわかり一部加筆した。尚通の母の名は俊子という。

第二章「中世公家家族の一側面――『後法成寺関白記』の生見玉行事を中心に――」は先述したことに加え、生見玉をキーワードに参加する人々を考察した結果、僧籍にある人物の寺院と近衛家の関係など、姻戚関係以外からの幅広い人脈がわかった。

第三章「公家女性の生活――近衛尚通の正妻、維子の場合――」では、尚通の正妻徳大寺維子《ふさこ》の目を通じ近衛家と交際する武士を顕著に見ることができる。政家は二十代前半に応仁・文明の乱を経験し、乱後は在洛するなかで管領細川政元やその被官たちとともに鞠を通じ交際する姿がある。それに伴い近衛家を訪れる武士も増えてくる。戦国期武士との交流の始まりでもあった。本章が取り上げる時代、管領は細川政元から養子高国に代わっており、近衛家へは高国の母までが訪れてくる。さらに高国の文芸志向は公家にも好感がもたれていたことで、細川氏一族の尹賢は尚通から古今伝授を受ける間柄となる。武士との交際が拡大されていくなかで、女性も来訪する武士との中に入り会話し意見を伝える。会話の中身は政治的内容のこともあった。尚通の代も後半になるに従い息女が将軍足利義晴に嫁ぎ一層武士との関係は深まるようになる。

第四章「足利義晴将軍期の近衛家の動向――稙家と妹義晴室を中心に――」は、義晴に嫁いだ尚通の女（御台）に焦点を当て、武士側の日記『大館常興日記』も用いて論を進めた。武士の世界は細川政元による明応の政変以降大きく変化する。将軍は政元に擁立された義澄であったため、将軍権力は弱体化したと言われてきた。しかし設楽薫「将軍足利義材の政務決裁――「御前沙汰」における将軍側近の役割――」（『史学雑誌』九六―七　一九八七）・同「将軍足利義晴の政務決裁と「内談衆」」(『年報中世史研究』二〇　一九九五)、清水久夫「将軍足利義晴期における御前沙汰――内談衆と「賦」――」(『日本史研究』二〇七　一九七九、後、吉川弘文館『日本古文書学論集　八中世Ⅳ』一九八七所収)等の研究で、義尹(元義材、後義稙)・義晴の評価が今までとは変わって、権力維持が確認されるようになった。これらを参考に稙家が将軍と関わっていく様子を探り、公家出身の女性が将軍家御台となった場合の動きを見た。そのため『大館常興日記』の他に『言継卿記』『御湯殿上日記』を利用した。その結果、御台は公家出身の女性でありながら武士へ政治的活動を行う様子、稙家が御台を通じ武士世界の政治へ介入していく様子がわかり、近世へ胎動する渦中へ徐々に身を投じていく近衛家の姿に気付く。

第五章「摂関家異色の後継者――織豊期近衛家の当主――」では、近衛家の当主が京都を離れ武士権力を頼り下向する。その中で近衛信尹は武士との同化を試み、文禄・慶長の役に従軍を企てるが、秀吉の陥穽に落ちて薩摩坊津(鹿児島県坊津町)へ配流される過程を眺めた。

戦国期近衛家の当主、政家は応仁の乱という余儀ないことで京都を離れざるを得なかった。乱がなければおそらく在京のままであったと考えられる。尚通は春日社へ詣でる程度で京都を離れなかった。その息稙家になれば将軍に従うことが多く、朽木(滋賀県高島市)や坂本へ動き、京都を離れることが多くなる。さらに息前久は御台と稙家の画策により上杉氏の皇室推戴の念を求め、厩橋(群馬県前橋市)まで下る。信尹は名護屋(佐賀県唐津市)へ赴いて朝鮮へ渡海を企てた結果、秀吉により信尹が勅勘を蒙り薩摩坊津へ配流される口実を作ることになり、摂関家の当主でも時代に翻弄される憂き目に遭う。

近世への移行期、武士へ接近する理由は何であろうか。第一部をまとめるとこのような疑問がわいてくる。

四　第二部の構成と概要

第二部「公家の家産経済」では、家領経営・家領経済を考察することで、前部の公家社会における経済面での生活を知った。

第一章「近衛家の家産経済の記録――『雑事要録』『雑々記』について――」・第二章「近衛家領越前国宇坂庄について」・第三章「近衛家領摂津国放出村について」はその前段とも言うべき内容で、近衛家の家産経済の記録『雑事要録』を基に、近衛家の家領経営の実態把握に努めた。

第一章は、近衛家歴代の典籍・文書などを蔵する財団法人陽明文庫に管理されている戦国期の近衛家の家計簿『雑事要録』『雑々記』を紹介した。未刊行によりわずかの研究者の間でしか知られていないため、内容を詳しく紹介した。特に家領収入については、必要に応じ適宜、表を作成して分析し、収入状況を把握したうえで経営実態を観察した。家領経営が衰退するといわれる戦国期、近衛家に関しては遠隔地の家領はともかく、京都近郊の家領からは収入のあることが判った。

第二章では第一章を引き継いで、近衛家領の一つである越前宇坂庄（福井県美山町）を例に順調に経営できた理由を考察した。その結果、家僕を毎年宇坂庄へ直務として派遣し、そこで越前守護朝倉氏の有力被官と姻戚関係を持つに至り、日頃の交際を怠らなかったことであったと結論づけた。

第三章では、摂津国放出村（大阪市城東区・鶴見区）について、近衛家領としての位置づけに始まり、年貢米の収納状況を分析。収納後沽却した米から当時の米価を知ることができた。

第四章「公家領荘園の運営機構――近衛家領の荘官をめぐって――」では、前記三つの章での成果を例に、近衛家の家領経営が順調に行われていた事情を探った。近衛政家・尚通父子の日記『後法興院記』『雑事要録』『後法成寺関白記』を読んでいくなかで、家領荘官の記載がよくあるため、家領荘官に的を絞り近衛家との間にどのような関係があるか考察していった。「近衛家領荘官表」にまとめたことは、登場する荘官を整理し、それぞれ個々の荘官を見易いようにした。考察結果からは近衛家が健全に家領経営が行われたのは、武士へ依存し保護を受ける必要があったこと、武士への見返りとして公家文化の伝授があり、第一部で見た武士との強力な交流が作用していたことがわかった。

第五章「貴族の邸宅建築に関する経済的考察――近衛邸の作事を中心に――」は、これまでは構成上、近衛家の収入について見てきたのであるが、『雑事要録』は近衛家の収支貸借を記した記録でもあるため、ここでは支出について考察してみた。風呂の作事を例に人件費・資財費を中心にまとめた。結果として当時の大工を始め作事に携わる職人の賃金・資材別建築費用を明らかにしたことで、当時の建築物価がわかった。また、大工の賃金にはランクが設定されていたことで、それは熟練度によるものと判断した。

第六章「二条家領加賀国井家庄について」は、近衛家を離れての研究で、二条家と勧修寺家の長年にわたる領家職争いを題材にした。家領の場所は加賀国井家庄《いのいえ》（石川県津幡町）。研究史は八点あり、大半が文書史料が残る勧修寺家に視点をおいたものであった。公家日記から二条家に関する部分を探し、二条家へ視点を移し、次いで勧修寺家の問題について考察した。近衛家では武士に保護を求め家領経営を行い安全に経営を行ってきたことを述べたが、井家庄確保のためにも将軍家と密接な関係にあった二条家に有利に働いたことを指摘し、近衛家の例は特異なケースではなかったことが確認できた。

五　第三部の構成と概要

第三部「公家の家政機構とその性格」では、「家」には家政職員も含まれると理解し、その実態を公家生活に反映させた。

第一章「公家日記にみる家政職員の実態」では、公家日記に見える家政職員を抽出し、主家での呼称・職務を紹介した。従来一般的に「家司」と称されてきた家政職員は、戦国期では日記に「家僕」と記されている事例が多いことから、「家僕」と呼ぶことの妥当性を提唱した。職務について分析した結果、「家」は「主家主導型」と「家政職員主導型」で機能する形態であることを例を挙げて論じ、その過程で第三章「青侍奉書」の存在を示唆した。

第二章「唐橋在数事件顚末」は、九条家の家僕唐橋在数が九条政基・尚経父子に殺害されるまでの経過と殺害されてから九条家が裁かれる状況を追った。世俗事件であったためか、従来取り上げられなかった事件を題材に選び考察した。在数は性格的に「家政職員主導型」の行動をとる性格で、「主家主導型」の典型である政基と対立したため起こった事件であったと推論した。

第三章「「青侍奉書」について」は、奉書の一形態である「青侍奉書」の存在を紹介した。発給事例を紹介することで、看過されてきた「青侍奉書」を明らかにし、本来「青侍奉書」と呼ぶべき文書を別の名称で呼んできた誤りを正した。

補論では、本書で考察してきた問題と直接的には脈絡はないが、知っておくべき必要がある論考であるため加えた。第一章の『歴名土代』について——もう一つの公家の昇進記録——」は四・五位に昇進した人物の人事録である。

『歴名土代』は家政職員を研究するために必要とするだけでなく、武士も掲載されているため利用範囲は広い。東京大学史料編纂所の許可を得て翻刻した時の「解題」を加筆訂正して掲載した。それまで「れきめいどだい」として知られていたのを「りゃくみょうどだい」と読むべきことを提唱し、記主を山科言継と理解されていたのを息の言経も関わっていたことにも言及した。『歴名土代』は山科家以外の諸家でも保持されていたことは、公家日記から判るため、『国書総目録』掲載の写本のうち二十六点を閲覧し一覧表にまとめ、写本の系統はいずれも山科家本と見なしていた。しかし本書発刊にあたり東山御文庫蔵、霊元天皇写本の存在を知って、マイクロフィルム版を閲覧した結果、「官本」の写本で山科家本とは別系統であることが分かり、今後の研究の余地を示唆した。

第二章「『御湯殿上日記』に見る宮廷の女性たち――文明期を中心に――」は朝廷の家政職員ともいうべき女官の実名を比定し事跡・家族関係を紹介したものである。実名比定は『御湯殿上日記』を読むとき必要とするため、索引を作ることと連動させての作業であった。なお、初めの発表時には『御湯殿の上の日記』の題名を使用したが、本書掲載にあたっては『国史大辞典』の項目に従い『御湯殿上日記』とした。

終章「戦国期の公家」では戦国期から近世への移行期、公家は時代をどのように感じ、次の時代を模索し生活していったかを公家の目で確かめた。次いで今後の課題として「回顧と展望」を再び用い、研究の手薄な分野を補強しつつ戦国期の公家の研究を進めることは、歴史研究を深めるため必要であることを提起した。

〔註〕

（1）永原慶二・貫達人・安田元久・佐々木銀弥・田沼睦・戸田芳実・新田英治編（近藤出版社　昭和四十八年）。

（2）佐藤和彦・榎原雅治・西岡芳文・海津一朗・稲葉継陽編。「はじめに」の執筆は編者五名。

（3）菅原正子『中世公家の経済と文化』（吉川弘文館　平成十年）。

（4）井原今朝男「中世的所有に関する一考察――公家領における代始安堵考」（『日本史研究』二六〇　一九八四）・「中世国家の儀礼と国役・公事」（『歴史学研究』五六〇　一九八六）・「公家領」（講座日本荘園史2『荘園の成立と領有』吉川弘文館　一九九一）・「中世の五節会供と天皇制」（『歴史学研究』六二〇　一九九一）・「中世の天皇・摂関・院」（『史学雑誌』一〇〇―八　一九九一）・「摂関・院政と天皇」（講座前近代の天皇1『天皇権力の構造と展開その1』青木書店　一九九二）・「中世の国政と家政」（『ヒストリア』一三七　一九九二）・「本所裁判権の一考察」（『日本歴史』五四七　一九九三）があり、後に井原今朝男『日本中世の国家と家政』（校倉書房　一九九五）へ収録。

（5）「一九九一年の歴史学界――回顧と展望――」（『史学雑誌』一〇一―五）。

第一部　公家家族の実像

第一章　近衛政家の妻室

はじめに

『後法興院記』の記主、近衛政家の妻室については十分解明されていない部分がある。例えば公家家族の研究において優れた内容を持つ高群逸枝『平安鎌倉室町家族の研究』[1]の「近衛政家」の中で、『後法興院記』明応三年（一四九四）十二月二十二日の記事に「申刻女子誕生」とあることについて、「（政家の子であるが）母不詳である。しかし、（政家には）後妻があったらしく」（括弧内筆者）という表現にとどめられている。

①次章「中世公家家族の一側面――『後法成寺関白記』の生見玉行事を中心に[2]――」では、政家の息尚通の異母弟に一乗院良誉がいることに触れ、良誉は政家と近衛家の家僕源栄の女との間の子であること、さらに②第二部第二章「近衛家領越前国宇坂庄について」では、尚通は越前朝倉氏の有力被官加治氏の女と政家の間にできた子であるとしただけで、側室の問題についてまで言及していなかった。

本章では、政家の『後法興院記』『雑事要録』および尚通の『後法成寺関白記』を中心に政家の室を明確にするとともに、その生活状況を見ることにより、戦国期の公家女性研究の一助ともしたい。

一　公家日記に見る妻室と近衛家の「上﨟」

当時の公家日記から妻室を示す語を拾うと、『実隆公記』では実隆が自分の室を指すとき「今日室家・小女等向勧修寺亭」[3]や「青女向勧修寺亭、今年初度也、一荷両種携之」[4]のように室家・青女としている。他人の室に対しては、「滋野井室家今日帰宅」[5]・「故一品妾対屋今朝逝去云々」[6]・「今夜勧修寺中納言新嫁云々」[7]・「入夜鷹司亜相殿北方来臨、被宿此亭」[8]・「遣阿弥陀経并茶等於町後室許了」[9]・「九条北政所来臨」[10]を使用している。『親長卿記』では甘露寺親長が自分の室を指すとき「女房南向自坂本帰洛」[11]とし、中御門宣胤へ嫁した女を指すとき「東向予息女、中御門室家今日帰大津」[12]としている。親長の息元長も宣胤の室を『元長卿記』で父と同様に「中御門大納言室、予姉也、東向入来」[13]としている。『後法成寺関白記』で尚通が室、徳大寺維子《ふさこ》を指す場合、「北方」[14]・「北御方」[15]・「北政所」[16]とし、『後法興院記』で政家が尚通の妻を指す場合、「北方」[17]・「関白室」[18]としている。

政家の場合、自分の室を『後法興院記』では、「局」[19]・「女房」[20]と区分けして記しているものの、正室を指す言葉の「北方」と言う記載がない。したがって近衛家では「歴代家女房をそのまま妻としたのが多く、政家もそれに倣ったので、前妻、後妻ともに正式な婚儀はなかったと思われる」とする高群の指摘は間違っていないと考えられる。換言すると正式な婚儀を行った場合に正室と認められ、「北方」と称されることになる。尚通は徳大寺維子と正式に婚儀[21]を行っているため、維子は「北方」と称されたことがわかる。

ところで政家の室は冒頭に掲げた一乗院良誉の母と尚通の母の二人の女性の他にもう一人いたのであるが、その女性について述べる前に、第二部第二章「近衛家領越前国宇坂庄について」でも触れる尚通の母について、簡単に紹介しておきたい。尚通の母は越前守護朝倉氏の一族か有力被官で加治氏の出身であった。宇坂庄は近衛家の家領で、朝倉氏が代官に補任され、近衛家から家僕の北小路俊宣・俊泰・俊永が歴代直務のため下向する地であった。俊宣の代に加治氏の女が俊宣の養女となり政家の側に祇候した。文明四年（一四七二）尚通が誕生するのである。(22) 文明十一年二月三十日政家に関白宣下が下った。同日「小除目任人女房叙四品、名字俊子」という記事が『後法興院記』に掲載されており、小除目で四品（従四位下）を賜った俊子こそ、北小路俊宣の養女で政家の側室となった女性であろう。

俊子は文明十四年七月六日に没した。ここでも「女房」と記され、臨終が近付いたとき俊子の子である「少将・小女」は北小路俊宣の所へ一時、移住させられている。少将は尚通のことである。二人は母の死穢を避けての移住であった。俊子の死に際し政家は「心神忙然不弁是非」と悲しみ、翌七日から断酒精進を行っている。諡号を等心院という。(23)

俊子が死去して後の同年閏七月五日には、俊子の実家がある越前の加治能登入道方から使の僧が上洛し、政家に「種々周章之儀」を申し伝えている。俊子は東山の墓所に葬られ、三回忌には尚通（三位中将）と小女が詣でており、(24) さらに十七年忌に本満寺で作善が行われたとき、尚通が聴聞している。『後法成寺関白記』には母俊子の祥月命日である六日に、菩提を弔う意味で「心中念誦如例」の記事が記されている。等心院の百ケ日（九月十六日）を終えて後の『後法興院記』文明十四年十一月十日条には、

今夜飛鳥井大納言入道雅親卿息女令祇候此所、堅固密々儀也、

という記事がある。雅親女が近衛家へ「祇候」したのである。以下の『後法興院記』からはこの女性の消息を知るための記事を拾うことは困難であるが、『雑事要録』によってそれは解消するのである。『雑事要録』は冒頭で記したように、記主は近衛政家である。内容については、第二章「近衛家の家産経済の記録——『雑事要録』『雑々記』について——」で詳しく述べるが、近衛家の当時の家計簿ともいうべきものである。その中の項目に「自処々礼物事」「送処々物事」（または、「遺処々物」）がある。前者は諸家から贈られた品物や金銭が日記風に記され、後者はその逆で

諸家へ贈った品や金銭が記されている。

それら記事の中に「上臈」と記された贈答記事があることに気づく。そこで「上臈」に注意し、記事をたどって行くと、文明十六年正月七日の記事に「自上臈里柏木菱食一・海老一折・樽二指」という記事に出くわす。「柏木」とは飛鳥井雅親のことである。雅親は応仁・文明の乱を避け飛鳥井家の家領があった柏木庄（滋賀県甲賀市）へ居住したことにより、「柏木」と称されている。

近衛家へ「祗候」した雅親の女は「上臈」と呼称されていることがわかる。さらに読み進めて行くと「カモシ」と記された箇所もあり、前後の関係から「カモシ」も上臈と同一の女性であることがわかる。「カモシ」（かもじ）は柏木を指す女房言葉であることから、雅親の女は正式には「柏木上臈」と呼ばれていたのであろう。こうして上臈は政家の室であったことがわかるとともに、『後法興院記』の中で文明十七年七月八日以来散見し始める「上臈」と記された記事の内、武家などの上臈を除いて、「上臈」は飛鳥井雅親女であることがわかる。次に『雑事要録』を中心に「上臈」の生活を眺めて行くこととする。

二　近衛家の「上臈」の生活

『雑事要録』で「自処々礼物事」「送処々物事」の項目の記事に「上臈」が出てくるのは、飛鳥井雅親の女が近衛家へ祗候した翌年の文明十五年から政家が没する永正二年までである（この節で特に断わらない限り出典は『雑事要録』）。

「自処々礼物事」の冒頭、正月二日の記事に、

上臈御乳両種一桶、帯一筋・檀紙等遣之、

とあり、祇候には乳母を伴ってきたことがわかる。乳母は毎年正月二日に近衛家へ物を贈る。贈る物は替わっても近衛家からの返しは例年帯と檀紙に決まっており、この記事は延徳二年まで見ることができる。

次に上﨟の生活習慣とともに、近衛家と飛鳥井家の親戚付き合いの様子も見ていこう。上﨟は多いときで年に五回（文明十六年）、少ないときで二回実家へ帰っている。そのうち定期的に実家に帰るのは、ほぼ毎年正月四日（文明十五年は正月六日、文亀三年は正月五日）のことで、数日間実家に逗留し戻る。このとき近衛家では、酒（南酒）・海老・熨鮑の品を実家への土産として用意している。[25] 土産の品は年により一部異なっており、また戻るときにはこれも年により違うが、飛鳥井家では酒・鳥・鯛[26]などを近衛家へ贈っている。また毎年のことではないが、正月中旬から下旬にかけての数日間実家へ帰っていることがある。いわゆる小正月といわれる行事であろうか。このときも近衛家では土産を用意し、飛鳥井家でもそれに応ずる品を持たせている。

文明十五年からほぼ毎年五月五日には飛鳥井家から粽・ミヤウ吉[27]が贈られてくる。ミヤウ吉とは、ぼらの幼魚のこと。七月十日前後の日は、生見玉の行事で実家に帰る。生見玉とは次章で近衛家の生見玉行事を紹介するが、七月十日前後に行われる仏教行事で、盂蘭盆会とは別に一族の者が集い会食する習慣である。上﨟も飛鳥井家で一族とともに生見玉を祝って会食しているのである。

長享二年七月十五日以来、飛鳥井家からほぼ毎年その日に一荷・蓮葉供御御マナ《（魚）》などが贈られている。この日は盂蘭盆会である。長享二年四月二十八日上﨟の母が死去しているが、そのことと関係があるのだろうか。上﨟の母が死去したとき近衛家では香典を五百疋用意している。このあと四十九日にも上﨟は帰るが、このときは近衛家ではなにも贈らなかった様子で品の記載はない。また延徳二年十二月二十二日上﨟の父飛鳥井雅親が死去したとき[28]「五百疋、カモシ里へ」とあって、前回と同様に近衛家では香典を用意している。香典については、政家の父房嗣の死去のとき[29]、飛鳥井家から「寿量品・二百疋[30]」が近衛家へ贈られている。

このほか近衛家と飛鳥井家の間で贈答記事は多く見られるが、上臈を介しての付き合いの様子のうち主なものを見てきた。こうした親戚としての付き合いは、近衛家と尚通の妻の実家である徳大寺家との間でも同様のことが見られる。ただ徳大寺家で飛鳥井家と異なる点は、尚通が結婚した翌年の正月四日から毎年「二荷両種・御鏡等」を徳大寺家が近衛家へ贈っていることである。明応九年二月四日の記事に「二荷両種・餅鏡等徳大寺ヨリ、今年彼方依有憚事遅々也[31]」とあることで、これらの品は妻の実家が贈る習慣であったことがわかるとともに、この餅は歯固の行事の餅であったことが『後法成寺関白記』によりわかるのである。

永正二年六月十九日政家は薨じた。家督は尚通が継いだ。『後法成寺関白記』で上臈は「大上」「大上御方」と記されるようになる。尚通の時代になってから大上御方が実家へ帰る記事は一箇所ある。永正三年四月九日の記事がそれで、実家で四日間逗留し四月十二日には戻っている。『後法成寺関白記』での大上御方は、尚通や近衛家に祗候する女性とともに会食する記事が目立つ。時には飛鳥井雅俊が訪ねてきて、一同が会食する記事もある。花を見ての会食もある。近衛家の有名な糸桜の下でであろう。そこでは和歌も披講されたことであろう。大上御方が上臈と称されていた時代、飛鳥井雅親が題を花として一条冬良・聖護院道興・実相院増運・尚通らに一首求めたとき上臈も詠み、皆の歌が近衛邸の花の下で披講されることもあった[32]。

『実隆公記』大永五年七月二十一日には、

後聞、陽明新造故飛鳥井大納言入道女故太閤妾□(今)日逝去云々、六十三才云々、能書人也、可惜々々、

とある。故太閤は近衛政家のこと。逝去の年齢が六十三歳であったことは、誕生は寛正四年で近衛家へ祗候したときは二十歳で、政家は三十八歳であった。政家の「妾」とあるため、世間では側室と見ていたのであろう。

むすびにかえて

近衛政家の室について、飛鳥井雅親女を例として不十分な内容ながら、その生活実態について見てきた。むすびにかえこのことを基礎に今後の展望を述べておきたい。

上臈は尚通の妻維子同様に一年の内何回か実家へ里帰りする。そのうち正月に帰ることについては、『親長卿記』や『宣胤卿記』にもそうした記事は見られ、いずれも一族とともに会食している。生見玉行事と同様に当時の公家社会の風習であったことがわかる。会食には当時の習慣として参加者が品を持ち寄ることが常であった。『雑事要録』へ上臈の実家へ贈る品を政家が記したのは、近衛家で用意したからであろう。上臈の生活費は政家が生存中は、夫であり当主の政家が面倒を見たであろうことは、右に見たことから考えられる。夫が死去したのちの生活費はどのようになっていたのであろうか。

冒頭①に掲げた一乗院良誉の母の消息を見ると、『後法成寺関白記』永正十年七月二十三日の記事に、

従一乗院母儀難儀之由、以状被申送、

とあって、良誉の母は良誉のそばで生活していたものと考えられる。この記事の後良誉の母が死去したことは、次の記事からわかる。

『後法成寺関白記』永正十六年六月二日、

於本満寺有頓写法花、一門母儀依七廻被申付兼日二千疋被渡之、余・一門・景陽・奥御所・新造等被丁聞、於局有三献、住持并衆僧等召出之、

とある。一門とは一乗院門跡良誉のことで、異母兄である尚通が良誉の母のため、七回忌に二千疋を贈るとともに本満寺で頓写している記事である。良誉の母が息子のそばへ移ったのは、おそらく政家の死後のことであろう。髪を下ろしてのことではなかっただろうか。

上臈の場合、尚通の下で生活しながら、「能書人」であっただけに、書を生活の支えにしていくらかの生活費をまかなっていたかもしれない。戦国期の女性の生活といっても様々である。今後の課題として公家の妻室、特に側室を考える中で、生活費の状況も考察しておく必要があると思う。さらに『雑事要録』には上臈と同様の生活を送る庭田家出身と考えられる「五位上臈」の存在も確認できる。「五位上臈」についても今後の課題としたい。

〔註〕

(1) 栗原弘校訂・高群逸枝『平安鎌倉室町家族の研究』(国書刊行会　昭和六十年)。
(2) 本書、第一部第二章「中世公家家族の一側面――『後法成寺関白記』の生見玉行事を中心に――」。
(3) 『実隆公記』文明十六年正月十八日条。
(4) 『実隆公記』明応四年三月十三日条。
(5) 『実隆公記』明応四年九月三日条。
(6) 『実隆公記』明応六年五月十八日条。
(7) 『実隆公記』明応七年二月十六日条。

(8) 『実隆公記』文亀三年十一月二十八日条。
(9) 『実隆公記』永正三年六月十四日条。
(10) 『実隆公記』永正三年六月十五日条。
(11) 『親長卿記』文明五年九月二十六日条。
(12) 『親長卿記』文明六年三月二十九日条。
(13) 『元長卿記』文亀元年二月四日条。
(14) 『後法成寺関白記』永正三年二月二十一日条。
(15) 『後法成寺関白記』永正十年正月四日条。
(16) 『後法成寺関白記』永正十三年正月四日条。
(17) 『後法興院記』明応六年七月二十八日条。
(18) 『後法興院記』明応六年十月二十九日条。
(19) 『後法興院記』文明十四年六月十一日条。
(20) 『後法興院記』延徳三年十月三十日条。
(21) 『後法興院記』明応六年七月二十六日条。
(22) 『尊卑分脈』近衛尚通条。
(23) 『後法興院記』文明十四年七月十日条。
(24) 『後法興院記』文明十六年七月六日条。
(25) 『雑事要録』延徳二年「遣処々物」、正月四日条。
(26) 『雑事要録』延徳二年「遣処々物」正月八日条。
(27) 『雑事要録』文明十五年「自処々礼物事」五月五日条。

(28)『後法興院記』同日条。
(29)『後法興院記』長享二年十月十九日条。
(30)『雑事要録』長享二年「御訪方」条。
(31)『雑事要録』同日「自処々礼物」条。
(32)『後法興院記』長享三年二月二十六日条。

第二章　中世公家家族の一側面

――『後法成寺関白記』の生見玉行事を中心に――

はじめに

『後法成寺関白記』は近衛尚通によって書かれた日記で、永正三年（一五〇六）から天文五年（一五三六）までの三十年間のうち二十一年分が残っている。[1]近衛尚通は政家の子で、文明四年（一四七二）に生まれ、[2]同十五年に従三位に叙せられて以来、関白左大臣・関白太政大臣を歴任し、永正十六年（一五一九）准三后となり、天文二年（一五三三）に出家し、[3]同十三年に七十三歳で薨じた。[4]

結婚は二十六歳のとき徳大寺実淳の女、維子《ふさこ》を娶っているが、[5]それ以前に側室として藤井嗣賢の女がいた。[6]『後法成寺関白記』により、当時の公家社会における習慣・制度・経済などについて、研究すべきことは多い。近年陽明叢書から影印本が刊行され、また『大日本古記録』のシリーズに組み込まれ刊行が始まり利用しやすくなった日記である。本章では尚通の一族を年中行事、中でも生見玉の行事から考察することとした。

一　生見玉行事と近衛家

生見玉について『民俗学辞典』[7]には、

生盆ともいう。両親のそろった者の盆、活きているミタマに供養する作法。

と定義し続いて、

仏教が盆の殺生を固く禁じたが、常民の間では盂蘭盆経の教義を超越して、生きた親をもった人たちだけは新精霊の死穢から隔離して、別に生見玉の行事を続けてきたのである。

としている。そして田中久夫氏[8]は、「生盆」について室町期の数種の日記からその実例を示し、

盂蘭盆会のお祝いと同様、イキミタマといわれる行事も、盂蘭盆会とは別個に人々が集まり祝いあうときであったということになろう。

とし、さらに『多聞院日記』天正十七年七月十三日条を引用し、

イキミタマが親に対してなされるものとも限っていない。

と述べられている。

第1表「生見玉に尚通へ品を贈った人々」(三〇頁・三一頁)は『後法成寺関白記』の生見玉の記事をまとめたもので、横欄は尚通への生見玉の贈り主を『後法成寺関白記』に記載順に表した。縦欄は年号で、贈り主と年号の交わる所に贈った日および品物を示した。○印は尚通とともに生見玉行事に会食した人々である。第一表に掲げた人々と尚通の関係を考えていく過程で、必要な誕生記事と誕生が推定できる年齢の記載記事を『後法興院記』『後法成寺関白記』から拾うと以下のとおりある。

『後法興院記』

A　文明十一年（一四七九）六月十七日条　二歳小女有祝事、

B　文明十一年八月二十八日条　五歳小童有袴着事、

C　文明十四年四月二十六日条　小女九歳有帯直事、

D　延徳四年（一四九二）四月十一日条　糸法師九歳為武家御台禅尼猶子被定、

E　明応三年（一四九四）十二月二十二日条　申刻女子誕生、

F　明応五年十一月十四日条　今朝卯刻関白前関白室男子誕生、

G　明応七年六月七日条　午刻北方有産事女子、

H　明応八年三月十四日条　酉刻女子誕生、

I　明応八年七月六日条　戌刻北方有産事女子、

J　文亀元年（一五〇一）三月六日条　子刻北方有産事女子、

『後法成寺関白記』

K　永正三年（一五〇六）九月十三日条　今朝小法師誕生、

L　永正五年四月五日条　昨暁小童誕生、

M　永正十年五月八日条　昨暁寅剋小童誕生、

N　永正十六年六月二十九日条　今日小童誕生、

O　天文二年（一五三三）十二月五日条　去暁小女誕生、

P　天文五年正月二十六日条　亥□(刻)若公誕生、

聖護院	正受寺	宝鏡寺	仁木	増長院	聯輝軒	大覚寺	久我
13日 百疋							
13日 杉帋							
10日 品物不明	7日 両種一桶	11日 二荷五色					
13日 両種二荷		11日 五色二荷	12日 両種一荷				
13日 両種二荷	7日 品物不明	11日 五色二荷	6日 両種二荷				
9日 両種二荷	5日 品物不明	10日　○ 百疋	12日 両種一荷				
12日 三種二荷	7日10日○ 二種一荷	10日　○ 五色二荷		2日 両種一荷	12日 二百疋		
13日 百疋	9日 三種一荷	9日 百疋		5日 両種一荷	7日 品物不明	9日 三種二荷	
	11日　○ 品物不明	11日　○ 品物不明	11日　○ 品物不明	6日 両種一荷	11日　○ 品物不明	9日 両種一荷	
	10日11日○ 品物不明	8日10日○ 品物不明		6日 両種一荷			
6日 御樽五	11日　○	11日　○		2日 樽三十疋	11日　○	11日　○ 品物不明	
	12日　○	8日12日○ 品物不明					
9日　○		9日　○				9日　○	
13日 両種二荷		11日 品物不明		11日　○ 品物不明		11日　○ 品物不明	11日　○ 百疋
4日 品物不明		10日　○ 品物不明	10日　○ 品物不明	12日 品物不明		2日10日○ 品物不明	

第1表　生見玉に尚通へ品を贈った人々（『後法成寺関白記』から）

年号＼人名	一乗院	智園寺	継孝院	慈照寺	御霊殿	奥御所	大祥院
永正 3年(1506)	5日 一荷両種	9日 品物不明	12日 一荷三種	12日榼一荷 瓜一荷食籠	13日 柳一両種		
永正 4年(1507)	1日 一荷両種						
永正 5年(1508)			3日 一荷三色			6日 一桶両種	
永正 6年(1509)			8日 一荷両種	5日 一荷両種			
永正 7年(1510)	4日 一荷両種		10日 一荷三種	12日 一荷三種	4日 一桶両種		9日 両種一桶
永正 8年(1511)			8日 一荷両種	10日 一荷二色			
永正 9年(1512)			10日 一荷三色				11日 一桶二色
永正10年(1513)	11日 一荷二色	12日 御樽代	10日 一荷三種	10日 一荷両種			10日 一荷二色
永正13年(1516)	2日 一荷両種	10日 両種樽	10日 三種一荷	5日 三種一荷		4日 両種一桶	12日 一荷両種
永正14年(1517)	8日 両種三荷	14日 両種一桶	10日 一荷両種	10日 一荷両種			12日 両種一桶
永正16年(1519)	1日 一荷両種	11日 品物不明	11日 三色一荷	13日 両種一荷		1日 一荷両種	5日 両種一桶
永正17年(1520)	2日 両種一荷	7日 品物不明	10日　○ 三種一荷	12日 両種一荷			
大永 3年(1523)	12日 両種一荷		10日　○ 三色一荷			7日 二色一桶	7日 二種一桶
大永 6年(1526)	8日 百疋		9日 三種二荷	12日 両種二荷		9日 両種一桶	9日　○ 三種一荷
大永 8年(1528) (享禄元年)	9日 百疋		11日　○ 品物不明	11日　○ 品物不明		11日　○ 両種一桶	11日　○ 両種一荷
享禄 2年(1529)	5日 二色一荷 両種一荷		11日　○	11日　○	11日　○		11日　○
享禄 3年(1530)	13日 両種二荷		11日　○	11日　○	11日　○		11日　○
享禄 4年(1531)			6日12日○ 品物不明	4日12日○ 品物不明	12日　○ 品物不明		12日　○ 品物不明
享禄 5年(1532) (天文元年)			9日　○	9日　○	9日　○		9日　○
天文 2年(1533)	11日　○ 品物不明		11日　○ 品物不明	11日　○ 品物不明	11日　○ 品物不明		11日　○ 品物不明
天文 5年(1536)	12日　○ 品物不明		2日 品物不明		10日　○ 品物不明		10日　○ 品物不明

右の記事のAの「小女」、Bの「小童」、Cの「小女」の誕生を逆算すると、それぞれ文明十年、文明七年、文明六年となる。しかし『後法興院記』では、文明元年（一四六九）から文明十年の間は欠落しており、それらの誕生記事を見ることはできない。Bは一乗院良誉のことで後述する。

Dの「糸法師」の誕生は文明十六年であるが、『後法興院記』に誕生記事はない。糸法師はこの時（延徳四年四月十一日）日野富子の猶子となり承尊の名で金龍寺へ入室する。(9)

次にG・I・Jは尚通と維子との間にできた子であることがわかる。Fは註（6）に示したように、藤井嗣賢の女との間にできた子である。この例からみて政家は、尚通の正妻の出産は「北方有産事」と記し、「北方」の語を入れることで正妻の子と側室の子かを判るようにしたのであろう。また『後法興院記』では政家の子と尚通の子を区別した記し方も行われている。政家の子は『後法興院記』の最初から「小女」としているが、尚通の子については、「前関白息女、有祝言事」（明応七年十月二十三日・明応八年十二月二十五日）、「此四・五日前関白息女三歳以外歓楽風気、虫云々」（明応九年六月二十六日）、「前関白息女、有魚味事」（文亀元年六月二十六日）などがそれである。こうした例から考えると、E・Hは政家の子と考えてよいであろう。

尚通は子供に関して記述する場合、寺院へ入室した子は「聖門小童」・「大覚寺小童」など入室先をかぶせてはいるが、誕生や儀式の記述には、右の政家ほどいきとどいた記述はしていない。

KからNは尚通の年齢から推して彼の子として間違いなかろう。O・Pは尚通の出家後になるので、Pは稙家の子、つまり尚通の孫前久であり、Oもまた孫であろう。(10)

二　政家・尚通と子女

第1表に記載した贈り主の順序に従い誕生記事と関連を見ていくこととする。

一乗院（良誉）[11]　一乗院は興福寺の子院で大乗院とならぶ門跡寺として知られている。文明十五年（一四八三）八月十日、一乗院門跡教玄は法嗣の信玄を廃した。修行中に不浄の事を行い、狂気の体となったからである。[12]このため一乗院では、政家に良誉を附弟に請うべく「連署」でもって要請してきた。[13]良誉は当初実相院と附弟の約束がなされていたが、政家は一乗院の要請を受け入れるため、実相院へ断りを申し入れている（『後法興院記』文明十五年十一月十二日条）。これには実相院は迷惑の意を示してきた。[14]そのうえ一乗院からは、再度「注進」（『後法興院記』文明十六年七月二十日条）で、良誉を附弟とするのを断った場合は「放氏」とする旨訴えてきた。政家は困って足利義政に相談するが、義政も返答に迷い南都伝奏・勧修寺教秀に相談せよとのことであった。政家は相談した。教秀は実相院との約束について「理運至極也、雖然及南訴上者、無領状者不可然」と意見した。これを義政に報告したところ、義政は一乗院の附弟として入室するのは差しつかえないだろう、という返事をしてきたので、良誉の問題は落着した。後で政家は一乗院の厳しい訴えで判断に迷ったと述懐し、一乗院へは義政に礼として樽十荷を送ることを命じている（『後法興院記』文明十六年八月二十七日条）。

良誉は文明十六年十二月二日、一乗院の附弟となった。[15]時に十歳である。附弟となった年齢から逆算すれば誕生は文明七年となる。政家と和泉守入道源栄の女との子で、[16]尚通の異母弟にあたる。良誉は延徳元年（一四八九）十一月二十一日、十五歳で得度する。[17]そして明応二年（一四九三）正月二日以来『後法興院記』には「得業房」と記されていることから、得度以後、興福寺の維摩会・法華会の竪義を勤め終っていたことがわかる。

明応六年一乗院門跡となり、[18] 翌年正月十四日に少僧都、[19] 永正九年（一五一二）二月二十一日興福寺別当、[20] 永正十三年（一五一六）に大僧正、[21] 翌年法務となっている。[22]『後法成寺関白記』では良誉が興福寺別当となってからも「一乗院」・「一門」と記されている。

ところで尚通の息、覚誉も後に一乗院門跡になるが、『後法成寺関白記』には「一乗院小童」・「一乗院附弟」と記し、大永三年（一五二三）以降、「増長院」（後述）と記されている。したがって尚通に生見玉に品を贈る「一乗院」は良誉である。

智園寺　坂本にあった寺で文亀三年（一五〇三）十二月六日、尚通の女が五歳で入室している。[23] 誕生を逆算すれば明応八年（一四九九）となり、Iの「女子」であったことがわかる。智園寺入室には細川六郎（高国）の働きがあり、[24] 永正三年（一五〇六）四月五日、智園寺方丈が入滅した後、[25] 跡を継いだ。[26] そして永正八年十二月二十四日得度し、[27] 元応寺で受戒した。[28]

継孝院　後述の宝鏡寺に属する尼寺で、細川氏に関係した寺である。[29] 永正元年（一五〇四）四月十日に尚通の女が七歳で「慶光院」へ入室している。[30]『後法興院記』ではこの時が継孝院の初見であり、政家は日記の最後まで「慶光院」と記している。

『後法成寺関白記』で継孝院の初見は、永正三年（一五〇六）正月八日の条であるが、慶光院・継孝院は同じ寺院と考えてよかろう。『後法興院記』には慶光院の誕生を示す記事の記載はないが、入室した年齢から逆算すれば、三歳の時の記事が『後法興院記』にあり、[31] 継孝院（慶光院）のことと考えられる。

享禄四年（一五三一）六月八日、細川高国が細川晴元に尼崎で敗れた。高国は辞世の歌を残し、その歌を継孝院は手に入れ、尚通に見せている。(32)

慈照寺（瑞照）　慈照寺は足利義政によって建立された銀閣寺のことである。明応九年（一五〇〇）十一月二十七日、五歳になる尚通の息が、足利義材（後に義尹・義稙と改名）の猶子となって、院主を約束され入院した。名を瑞照という。(33)瑞照は永正七年（一五一〇）三月二十六日得度し、(34)永正十四年三月二十七日蔵主となっている。(35)瑞照が入院した年齢から誕生を逆算すればFにあたり、註（6）に示した尚通と藤井嗣賢(36)の女との間に生まれた子である。近衛家の子息が慈照寺へ入る場合、将軍の猶子となる必要があったのだろうか。尚通の孫も足利義晴の猶子となり入院している。(37)

御霊殿　近衛家の敷地内にある建物の名でもある。文明十年（一四七八）十二月二十五日、火事で近衛家の居宅とともに焼失した。(38)しかし御霊殿は同十六年四月八日再建され、(39)翌年の十二月七日先代御霊殿の十三回忌に政家の姪がここで得度している。『後法興院記』同日条に、

今夜五霊(御)殿被得度也、後九条右府嫡女今年廿七歳也、（略）法名浄心仁、

とあり、さらに『後法興院記』長享元年（一四八七）九月二十九日条に、

後九条殿嫡女奥御所遂以巳刻入滅廿九歳、

とある。右の二つの記事にある「後九条」は近衛教基の法号で、政家の兄にあたる。教基は政家の前に近衛家を継いでいたが、寛正三年（一四六二）八月一日、四十歳で薨じたため、(40)政家が近衛家を継いだのである。

ともあれ前者の「五霊殿」も後者の「奥御所」も教基の女であり、得度の年齢及び入滅の年齢から逆算すると誕生

はどちらも長禄三年（一四五九）となり、両者は同一人物であろう。

政家の姪に御霊殿がいたことはわかったが、『後法興院記』では彼女の入滅後も御霊殿の記事は見え、さらにそれは『後法成寺関白記』へも続く。しかし政家の姪の御霊殿のほかは、尚通との関係を見い出す明確な記事はない。

奥御所　前項でも少し触れたが、御霊殿内での人物を区別するための呼称ではなかろうか。第1表に見られるように、尚通へ生見玉に品を贈り、会食にも加わっているが人物像は不明である。

大祥院（尊永）　政家の妹、[41]春渓がいた寺である。春渓は永正四年（一五〇七）五月十九日入滅するが、[42]その五年前の文亀二年（一五〇二）四月九日に大祥院へ入室した「小女」がいる。尊永と名付けられているが、[43]その時の年齢が付記されていないため、誕生の逆算はできない。『後法興院記』では「小女」[44]と記されており、前節で政家の記述の仕方を検討した結果から考え、尊永は政家の女であろう。尚通のところへ生見玉に品を贈るのは尊永であり、永正十四年三月二十七日将軍義稙の猶子となった。[45]

聖護院（道増）　聖護院は山伏の総本山として知られており、藤原経輔の子増誉が寛治四年（一〇九〇）に開基した門跡寺院である。

政家・尚通の時代、近衛家と聖護院の関係は、政家の兄の道興[46]及び尚通の息の道増がともに聖護院門跡となっている。道興は文亀元年（一五〇一）九月二十四日「入滅」[47]するが、道興は鶴崎裕雄「美濃国における連歌黄金時代」（『帝塚山学院短期大学研究年報』二七号・昭和五十四年、後に鶴崎裕雄『戦国の権力と寄合の文芸』和泉書院　昭和六十三年所収）で紹介されている。

道興のあと、聖護院門跡は伏見宮貞常親王の息道応が継ぐ。道応は文明十三年十二月二十六日、十五歳で聖護院の附弟となり、明応三年（一四九四）三月四日政家の猶子となった。[48] 附弟時代の名は興誉[49]で、道興入滅後門跡となって道応と改めている。[50]

道増は生まれてまもなく聖護院から附弟に請われている。[51] そのため尚通と道応の間で、たびたび道増入室のための話し合いが行われたが、永正七年（一五一〇）六月十六日道応は道増の入室を待たず入滅する。[52] このため聖護院内部では、道増が「幼少」で入室するについて異議が生じる。[53] 附弟は法統を受け継ぎ法脈を伝えるよう託された弟子であるため、幼少ではそれが勤まるか懸念されたからであろう。しかし異議は大きくならず、道増は永正七年九月二十八日入室する。[54] 道応入滅後次の『後法成寺関白記』の記事に、

永正八年四月十二日

自細川京兆(高国)聖門事、不可有等閑由、令返答、

永正八年四月十七日

長泰朝臣(進藤)遣若王子(聖護院坊官)、

永正八年四月十九日

従若王子公事之儀申送間、則談合京兆・式部少輔(畠山順光)等、各無等閑之由令返事間、祝着也、

永正八年四月二十一日

若王子以了阿弥、種々申送子細有之、

とあるところから、聖護院門跡はしばらくの間空席になっていたことが考えられる。

道増は幼少の身ながら門跡を継いだ。しかし道増は一時上乗院へ移る。[55] 上乗院で道増は道応から受け継ぐべき法脈

を学んだと考えられ、その期間は永正十七年ころまでではなかろうか。[56]道増は大永六年（一五二六）正月二十二日、足利義晴から三山検校職を安堵され、[57]次いで僧正となり、[58]天文二十一年（一五五二）九月二日、四十四歳で入寂する。[59]この年から誕生を逆算すればLにあたる。

正受寺　賀茂にあった寺で[60]『後法成寺関白記』での初見は永正七年（一五一〇）正月十六日条で、それ以前には「成就寺」[61]・「正寿寺」[62]と記した記事が見られる。それぞれ一度だけの記載であるが正受寺のことであろう。尚通との関係は明らかでない。

宝鏡寺　百々御所とも称せられる臨済宗の尼寺で、現在は「人形の寺」として知られている。足利義澄の妹、宝鏡寺殿は永正五年（一五〇八）三月「他行頓死」[63]した。この五年のちに尚通の女が宝鏡寺へ入室する。

宝鏡寺入室の話[64]は飛鳥井雅俊の計らいにより、永正九年（一五一二）十一月二十七日に始まる。雅俊からの話を尚通は喜んでいる。しかし宝鏡寺側では衆僧の反対があり、その「承伏」に時間を費していた。一方、将軍義稙も「思案」していた。この間宗持院が曇花院を通じて尚通の女を附弟に望んでいるうわさも立って、尚通も驚いた様子で「異変歟」（永正九・十二・十八）と記している。曲折を経ての永正十年十二月二十一日、[65]尚通の女は義稙の猶子となり入室。永正十三年四月二十七日得度した。[66]しかし『後法成寺関白記』に年齢が記されていないため誕生は不明。

仁木氏　仁木氏は南北朝時代に義長が出て足利氏に従い、三河・伊勢・伊賀の守護となったが、室町中期ころから衰え始めた家である。

永正四年（一五〇七）十二月二十九日、伊勢の仁木右馬助のもとへ徳大寺実淳の女が嫁いだ。尚通の妻維子の妹[67]で、衰退期の仁木氏の許へ清華家から女が嫁すことは興味深い。仁木右馬助と実淳の女との間にできた子と思える人物を

『後法成寺関白記』から二人知ることができる。一人は尚通の許に出仕している千代菊で、元服後も引き続いて出仕している。[68] もう一人は女で、維子の猶子となっている。[69] 尚通と仁木氏の間は維子を介してのもので、永正十四年以来仁木氏は近衛家の生見玉に夫婦で出席している。[70]

増長院（一乗院覚誉）　増長院は覚誉の法号であるが、[71] 一乗院の附弟になるまえ将軍義尹（義稙）の猶子となり、[72] 永正十一年（一五一四）四月二十日、九歳で一乗院へ入室し附弟となった。[73] 誕生を逆算すればKにあたる。

覚誉は修行中、叔父の一乗院良誉の「折檻」が厳しく、堪えかねたからであろう。一時、一乗院を去っている。[74] 師との間に問題が生じ一乗院を去る事は良誉にもあった。良誉の場合は少僧都になってからのことである。[75] 門主に対し「述懐」があり一乗院を去り忍辱山へ入った。その情報を伝え聞いた政家は「驚入」っている。良誉の忍辱山移住は一時的なことであって、数日後に一乗院へ戻った。この事件の一年後に門主が隠居しているが、良誉と述懐があったことが影響したためであろうか。

ともあれ、覚誉の場合もまもなく一乗院へ復帰した。[76] このころの覚誉は「一乗院小童」・「一乗院附弟」と記されており、増長院としての初見は、大永三年（一五二三）正月十一日条で、[77] 生見玉に参会する記事もこの年に始まる。

なお覚誉は義尹の猶子となっているため、数カ年義尹へ生見玉に品を贈っている。[78]

聯輝軒　虎山永隆により開基された相国寺の塔頭である。大永三年（一五二三）二月一日に尚通の子が入室し、[79] 生見玉に品を贈るのもこの年から始まっているが、年齢はわからない。

大覚寺（義俊）　大覚寺は嵯峨天皇の離宮であったが、貞観十八年（八七六）淳和天皇の皇后の請により寺院となった真言宗の門跡寺である。

義俊が大覚寺の附弟となったのは、永正十年（一五一三）以前のことと考えられる。[80] 附弟となって以来、大覚寺から尚通へ「御服料」が贈られており、[81] 義俊は得度するころまで近衛邸で起居していた様子である。[82] 義俊の得度は『華頂要略』や「大覚寺門跡略記」[83] によれば、永正十三年三月二十一日十三歳のときとされているが、『後法成寺関白記』にはその年に得度の記事は見られない。また得度の年齢から逆算すれば、誕生は永正元年となるが、『後法興院記』のその年に尚通の子の誕生記事はない。尚通は政家と同様に自分の子にまつわる儀式はできるだけ書きとめていた。しかし『後法成寺関白記』で義俊の得度を知る唯一の手がかりとなる記事を掲げると、大永六年（一五二六）正月十日条に、

大覚寺弟子、得度以後始被来、

とあり、義俊はこの少し以前に得度したのではなかろうか。ただ残念なことに『後法成寺関白記』は大永四・五年は欠落しているため、得度の儀式の記事を見ることはできない。『後法成寺関白記』には義俊の年齢を示す記事はない。しかし誕生を推測できる記事として、大永三年正月七日条に、

大覚寺附弟、御ハクロミ也、

とある。ハクロミはカネツケのことで、貴族などが元服の時に男子でも行った儀式の一つである。この時代の元服は一般的には十二歳から十六歳ころに行われており、右の記事のハクロミの年から元服の年齢を差し引くと永正五年から永正九年の間に当たる。前に示した誕生記事でこの期間に当るのはLのみである。しかしLは聖護院道増であった。もう少し幅を引げKからMを見ると、Kは増長院覚誉であったため除外すると、Mのみが前に考察してきた人々の中にはおらず、また後述する人々の中にも該当の人物はいない。したがってMが義俊ではなかろうか。

義俊が附弟となった時の師は性守で、准三后であった[84]。義俊が准三后になったのは大永六年（一五二六）五月二十五日以前と推測することができ[85]、尚通はこのころから性守と義俊を区別して、性守を「大覚寺新門主」[86]・「大覚寺御門主」[87]とし、義俊を「新御所」[88]と記している[89]。義俊が門主になるのは大永八年（享禄元年）四月十九日ころで[90]、その三ヵ月後に大覚寺門跡就任の話が起こり[91]、翌年の享禄二年（一五二九）四月七日、義俊は性守から門跡を継ぎ[92]、天文二十年（一五五一）十月二十八日、天王寺別当の勅許をも受ける[93]。

久我（晴通）　久我家は村上源氏の一流で平安中期の雅実を祖として、山城国乙訓郡久我に住んだことから久我を家名とした。通光が寛元四年（一二四六）十二月に太政大臣となって以来、歴代続く七清華の一つである。

尚通の時代久我家の当主は通言で、息邦通がいた。しかし邦通は享禄四年（一五三一）六月八日、二十五歳で薨じた[94]。このため通言は家督継承者を尚通の息、晴通に求め猶子とすることになる。通言は尚通と同様に徳大寺実淳の女を娶っており[95]、通言と晴通は叔父・甥の間柄になる。邦通の死後猶子の話は早急に行われたらしく、通言から尚通に晴通猶子のための「一行」と祗候人の連判が送られてきており[96]、享禄四年十一月十四日晴通は徳大寺家へ入った[97]。この後、尚通は晴通のために朝廷へ叙爵を働きかけるが、なかなかはかどらず尚通は日記へ怒りを表わしている[98]。

天文五年（一五三六）正月五日晴通は十八歳で従三位に叙せられ、同年三月六日中納言に補任されたことで[99]、義父の通言も安心したためか、にわかに出家する[100]。その後、晴通は権大納言正二位まで昇進し、天文二十二年四月八日「世上之儀」を慶寿院（後述）へ具申した時、聞き入れられず出家する[101]。晴通が従三位になった年齢（十八歳）から逆算すれば、誕生はNにあたる。

以上、第1表の生見玉に品を贈った者と尚通の関係を見てきた。しかし『後法成寺関白記』の生見玉の記事には、これらの人々以外に、生見玉の行事を尚通とともに祝っている人々がいる。尚通へ生見玉に品を贈っていないため、第1表には載せなかったのであるが、これらの人々についても考察しておく必要がある。

稙家　尚通のあと近衛家の家督を継ぐ人物で、生見玉の記事では「右府」（大永三年七月十日）・「御方」（大永六年七月七日・大永八年七月十一日・享禄五年七月九日・天文二年七月十一日）・「関白」（享禄三年七月十一日）と記されている。

稙家は『公卿補任』によれば、永正十一年（一五一四）八月十二日に十二歳で元服し、同年十二月二十九日に従三位、以来右大臣・関白を歴任し、永禄九年（一五六六）七月十日に六十四歳で薨じたと記されている。(102) 永禄九年に六十四歳であれば、(103) 誕生は文亀三年（一五〇三）となるが、『後法興院記』ではその年には子供の誕生記事はない。稙家の生没年は「近衛家家譜」(104) にもあり、誕生は文亀二年（一五〇二）十二月、没年は永禄九年七月十日、六十五歳となっている。またもや『後法興院記』文亀二年十二月にも子供の誕生記事はない。しかし『後法興院記』文亀四年二月二十七日条に、

前関白(近衛尚通)息小児三歳有祝言事、

という記事があり、また『後法成寺関白記』永正三年（一五〇六）四月二十六日条には、

小童五歳着袴也、フカソキ也、御祝如形有三献、

の記事がある。この二つの記事に付された年齢から逆算すれば、誕生はいずれも文亀二年となり、「近衛家家譜」にいう稙家の誕生年と合致する。したがって「近衛家家譜」の稙家条が正しく、『公卿補任』の稙家条に付された年齢を一歳ずつくり下げ、没年を六十五歳と訂正する必要がある。

なお生見玉の記事で、永正三年七月十二日に生見玉の祝いに参加している「小童」は稙家であろう。

慶寿院(105)　天文三年（一五三四）六月八日、尚通の女は雷鳴の轟く夕立の中を足利義晴のもとへ嫁いでいった。(106) 義晴は細川高国によって擁立された将軍で、慶寿院との間には義輝が生まれる。(107) 足利氏も義晴の代になるころには退潮の兆しにあり、頼るべく細川氏ですら被官の三好氏の抬頭に手を焼いていた。一方三好氏には内紛の火種もあり、そこへ細川氏が加担し、義晴さえもそれに巻き込まれる状態にあった。義晴は危険が襲うたびに近江や岩倉へ亡命している。

このような中の天文十五年（一五四六）十二月二十日、義晴は義輝に将軍職を譲り引退するが、その四年後に義晴は亡命先の坂本の穴太で「水腫」のため薨じる。(108) 義晴の妻である尚通の女は、義晴の死により髪を落しこのとき以来慶寿院を号するのである。(109)

義輝の代になっても三好氏の内紛は続くのであるが、このころ松永久秀が登場してくる。久秀は三好氏の内紛に乗じ、足利義維の息義栄擁立を計っていた。この風聞により義輝は身辺を備えるが、逆に久秀と三好義継の連合軍に二条第を包囲され義輝は敗死する。時に永禄八年（一五六五）五月十九日のことである。慶寿院はこの時自害して果てる。(110) 五十二歳であった。彼女の没した年齢から誕生を逆算すれば、永正十一年（一五一四）となるが『後法成寺関白記』はこの年欠落しており、誕生記事をみることはできない。ただ生見玉の記事の永正十七年七月十日条に「小女」・大永三年（一五二三）七月十日・大永八年七月十一日・享禄五年（一五三二）七月九日「姫君」が会食に参加している。これが後の慶寿院ではなかろうか。というのも永正十七年以前、尚通の女は一人（Jの女子）を除いて他は皆寺へ入っている。彼女たちは入室した寺院名で記されており「小女」・「姫君」に該当する女性はいないからである。

姫君　生見玉の記事の永正三年（一五〇六）七月十二日条の姫君であるが、彼女はJの「女子」ではなかろうか。

今若・小若　生見玉の記事の大永三年七月十日条で、尚通と会食を行っているが人物については不明である。

むすびにかえて

生見玉に尚通へ品物を贈った人、および尚通と会食をともにした人々から尚通との関係をみてきた。その結果、尚通の子は智園寺・継孝院・慈照寺瑞照・聖護院道増・宝鏡寺・増長院（一乗院）覚誉・聯輝軒・大覚寺義俊・久我晴通・稙家・慶寿院の十一名が判明した。さらに智園寺・慈照寺瑞照・聖護院道増・増長院覚誉・大覚寺義俊・久我晴通については誕生日まで判明した。以上の人物を『尊卑分脈』近衛家条記載の尚通の子と比べたものが次頁の系図である。序列は誕生順に右から並べ、宝鏡寺については誕生日が不明のため末尾へ置いた。またG・Jは名が不明であるため女子とした。

生見玉の行事についても、尚通の時代は実の親子の間で行われるだけでなく、

兄弟（妹）間　　尚通と一乗院良誉・大祥院。

師弟間　　良誉と覚誉。(11) 道増と上乗院。(12)

猶子先の親との間　義尹と覚誉・尚通と仁木千代菊、仁木女。

などの例に見られるように、実の親子の間を離れた範囲で広く行われていたことがわかる。

生見玉行事を介して戦国期近衛家を例に家族構成や家族像を見てきた。本章は公家研究の序説とも言うべき内容である。公家筆頭の摂関家の例だけでなく近衛家以外の家、清華家・大臣家・名家等の家の状況も知って、それぞれを比較することにより、戦国期の公家像も浮かぶことになろう。今後の研究課題としたい。

尚通の子を中心とした近衛氏系図

（略）――政家――尚通

- 瑞照（慈照寺）　明応五・十一・十四生
- 女子（G）　明応七・六・七生
- 女子（智園寺）　明応八・七・六生
- 女子（J）　文亀元・三・六生
- 稙家　文亀二生――前久
- 覚誉（一乗院）　永正三・九・十三生
- 道増（聖護院）　号増長院　永正五・四・五生
- 義俊（大覚寺）　永正十・五・八生
- 女子（慶寿院）　永正十一生
- 晴通（久我）　永正十六・六・二九生
- （女子）（宝鏡寺）　誕生年不明のため末尾へおく。右のG・Jのうちどちらかが宝鏡寺とも考えられるので（　）を付した。

『尊卑分脈』尚通の子の条

（略）――政家――尚通

- 稙家――（略）
- 覚誉
- 道増
- 禅意（改義俊）
- 晴通
- 女子

〔註〕

（1）本章では陽明文庫蔵、尚通自筆本『後法成寺関白記』を使用した。

（2）『後法興院記』明応二年三月二十八日条に、

右大臣尚通公蒙関白詔廿二、

とある年齢記事から逆算した。『公卿補任』明応三年条・明応四年条で年齢は、「関白正二位 (近衛)藤尚通二十二」「関白正二位 (近衛)藤尚通二十四」とあり、明応四年で訂正されている。

（3）『後法成寺関白記』天文二年四月二十七日条、『実隆公記』同日条。

（4）『言継卿記』天文十三年八月二十六日条。

（5）『後法興院記』明応六年七月二十六日条。『実隆公記』同日条。

（6）『実隆公記』明応五年十一月十六日条。

関白(近衛尚通)被誕生男子云々、嗣賢朝臣息女腹云々、珍重々々、

他に次に示す『尊卑分脈』から家女房が二人いたことが確認されるが、尚通の側室とする確証がないため、提示にとどめる。

『尊卑分脈』（『国史大系』）

町氏条

広光
- 資将
- 女子
- 女子
- 女子
- 女子　後法成寺関白家女房　天文十六壬七十九卒　法林精

竹屋氏条

光継
- 兼範
- 孝海
- 女子　(藤尚通)後法成寺関白家女房　ｷ中納言資将卿室　(藤)淳光母

（7）柳田国男監修『民俗学辞典』（東京堂書店）。

（8）田中久夫「いきみたま考——室町時代の盂蘭盆会の一側面——」（日本仏教研究会『日本仏教』四一　昭和五十二年）。

（9）『蔭涼軒日録』延徳四年四月六日条、『後法興院記』同年四月十一日条。

（10）初名は晴嗣、次いで前嗣、前久と改めており、誕生の年は『公卿補任』天文十年、晴嗣の初出年齢から逆算。

（11）良誉は得度してからの法名であるが、本章では法名しかわからないものは、得度以前であっても法名を用いた。

（12）『後法興院記』文明十五年八月十日・八月十一日条。

（13）『後法興院記』文明十五年十月十六日条。

自一乗院并門徒中有書状、一乗院附弟事、家門若公(良誉)可有入室由以連署申之、実門契約之小童事也、

（関連記事）文明十五年十月十七日・十月二十五日・十一月十日条。

（14）『後法興院記』文明十五年十一月二十日条。

為実相院使成伝法眼来、令対面、先日就小童(良誉)事令申子細也、契約之儀違変迷惑由有返答、条々難尽筆端、

（関連記事）文明十五年十一月十二日条。

（15）『後法興院記』文明十六年十二月二日条。

是日小童(良誉)令下向南都、水干（浮織物、縦紅横白、裏紅、文亀甲、袖括、面紫、裏白、有文亀甲）、重大口下結之躰也、（略）

（関連記事）文明十六年十一月九日・十一月二十九日・十二月一日条。

『大乗院寺社雑事記』文明十六年十一月十七日条。

（16）『雑々記』文明七年九月二十四日条。

内府息男子誕生（次男也、母和泉守入道余孫也、源栄女也、）

『雑事要録』『雑々記』については、本書、第二部第一章「近衛家の家産経済の記録——『雑事要録』『雑々記』について——」参照。

(17)『後法興院記』延徳元年十一月二十五日条。
従一乗院有書状、去廿一日得度無為無事祝着云々、名字被用良誉云々、
(関連記事)『大乗院寺社雑事記』延徳元年十一月二十二日条。
(18)京都府立総合資料館蔵『華頂要略』第百四十四　諸門跡伝五　興福寺一乗院条。
(19)『後法興院記』明応七年十一月十四日条。
一乗院得業任少僧都、
(20)『元長卿記』永正九年二月二十一日条。
一乗院寺務所望披露殿下、御裁許也、
(関連記事)『後法成寺関白記』永正九年二月二十四日条。
(21)『後法成寺関白記』永正十三年四月十九日条。
一門(一乗院良誉)就大僧正義(儀)　禁裏江五合五荷被進之、御不例間、明日可有参賀之由、内々被仰出候、

(関連記事)永正十三年四月二十一日条。
(22)『後法成寺関白記』永正十四年三月十七日条。
今日一門　禁裏江折五合五荷進上之、法務　勅許其御礼也、有御対面云々、
(23)『後法興院記』文亀三年十二月六日条。
前関白(近衛尚通)息女五歳入室知園寺坂本、長泰朝臣(進藤)(マヽ)在共、
(24)『後法興院記』文亀三年十二月七日条。
(25)『後法成寺関白記』永正三年四月五日条。
(26)『後法成寺関白記』永正三年六月三日条。
智園寺来、代始也、

(27)『後法成寺関白記』永正八年十二月二十四日条。
(関連記事) 永正八年十二月二十五日条。
(28)『後法成寺関白記』永正十四年十一月三日条。
智園寺為受戒被向元応寺、入夜被来、両種一荷被持来之、
(29)『雍州府志』(増補京都叢書刊行会　『増補京都叢書』第二十)。
(30)『後法興院記』永正元年四月十日条。
前関白(近衛尚通)小女七歳入室慶光院、細川京兆寺云々、(略)
(31)『後法興院記』明応九年十二月十一日条。
(32)『後法成寺関白記』享禄四年七月八日条。
常桓(細川高国)辞世哥、従継孝院被見之、
徳殿(徳大寺実淳)　なしといひ又ありといふことのはや
道殿(三条西実隆)　法のまことの心なるらん　常桓
如此即返遣之、
なお、『細川両家記』では右の歌は徳大寺実淳に遣され、三条西実隆には別の歌が送られている。
(33)『後法興院記』明応九年十一月二十七日条。
前関白息五歳今日向慈照寺、院主分也、武家猶子分云々、伊勢守(伊勢)貞親朝臣申沙汰也、今日則挟髪、名字瑞照云々、折三合
三荷送長老許、
(34)『後法成寺関白記』永正七年三月二十五日条。
明日慈照寺(瑞照)喝食得度之由申送間、俊泰(北小路)朝臣為使三荷三種遣之、
『後法成寺関白記』永正七年三月二十九日条。

慈照寺去廿六日得度、今日為礼大樹并所々江罷向云々、

(35)『後法成寺関白記』永正十四年三月二十七日条。

慈照寺為大樹（足利義稙）被蔵主、今日御礼ニ祗候云々、檀紙十帖香合可進之云々、

(36) 藤井嗣賢は近衛家の家僕で、嗣賢の女が尚通の子を懐妊するまでは、正四位下（『歴名土代』明応二年正月六日）であった。政家のたびたびの上階具申（『後法興院記』明応五年八月一日）により、従三位（『公卿補任』明応五年八月一日）に昇進する。しかし永正十七年まで従三位のままで十八年以後名は見えない。

(37)『大館常興日記』天文九年十月二十六日条。

(38)『親長卿記』文明十年十二月二十五日条。

『史料綜覧』文明十年十二月二十五日条に「京都火アリ、御霊社及び近衛政家等廷臣ノ第火ク」とあるが、森田恭二氏の御教示によれば関係史料では全て御霊殿となっている。御霊殿は近衛邸にあった建物である。

なお『後法興院記』は応仁三年（文明元）～文明十年を欠いているのは、この火災で失ったのではなかろうか。

(39)『後法興院記』文明十六年四月八日条。

(40)『公卿補任』寛正三年　近衛教基条。

(41)『後法興院記』文明十一年正月十二日条。

(42)『後法成寺関白記』永正四年五月十九日条。

（関連記事）永正六年五月十九日・永正十六年五月十九日条。

(43)『後法興院記』文亀二年四月九日条。

(44)『後法興院記』明応九年十二月九日・十二月十日・十二月二十五日条。

(45)『後法成寺関白記』永正十四年三月二十七日条。

(46) 政家は永正二年（一五〇五）六月十九日、六十二歳で薨じているところから（『公卿補任』）、誕生は文安元年（一四四四）

となる。道興は文亀元年（一五〇一）九月二十四日、七十二歳で入寂（次註〈47〉）。誕生は永享二年（一四三〇）となる。

(47) 『実隆公記』文亀元年九月二十四日条。

（関連記事）『後法興院記』文亀元年九月十八日・九月二十二日・九月二十四日・十月八日条。

『華頂要略』第百四十三　諸門跡伝四　聖護院道興条では、道興の入寂を大永七年（一五二七）七月七日、九十八歳としている。この記事に基づくと考えられる『読史備要』宗派本山門跡住持歴代表聖護院条も道興の入寂を「大永七・七・七」としてある。

(48) 『後法興院記』明応三年三月四日条。

聖護院宮（興誉）可為余（近衛政家）猶子之由頻有其命間令領状、有三献事、給折紙一緡従去晦日逗留也、

右の史料について『史料綜覧』には、「近衛政家、其孫聖護院道増ヲ猶子ト為ス」とある。この時、道増はまだ誕生しておらず、政家が猶子としたのは聖護院宮興誉（道応）である。

(49) 『華頂要略』第百四十三　諸門跡伝四　聖護院道応条。

道応法親王 後土御門院御猶子 伏見宮貞常親王息、母贈一品重有卿女 無品 始諱興誉 四十三歳而寂年月不詳

『後法興院記』延徳三年七月十六日条。

(50) 『後法興院記』文亀二年正月八日条が道応の初見。

(51) 『後法成寺関白記』永正五年七月三日条。

備後来、令対面勧一盞、内々小童事（道増）、聖門（聖護院道応）弟子ニ申定之儀也、

（関連記事）永正五年五月一日・八月十二日・八月十三日・十二月十九日・十二月二十八日・永正六年三月二十四日・四月七日・五月九日・五月二十日・十一月二十九日条。

(52)　『後法成寺関白記』永正七年六月十六日条。
今朝、聖門(道増)他界、言語道断之次第也、此間不例云々、
『実隆公記』永正七年六月十七日条。
□(聖)護院宮去十五日入滅之由今日有風聞、四十四歳云々、□四月廿五日給消息其後無音驚歎周章此事也、
道応(道応)の入滅日は『後法成寺関白記』と『実隆公記』では一日違う。尚通と聖護院の関係からみて『後法成寺関白記』の日付に従った。

(53)　『後法成寺関白記』永正七年六月十八日条。
長泰朝臣(進藤)遣長谷、伽耶坊・花台院無等閑也、小童幼少之間、如何之由若王子以下少々申云々、雖然伽・花申破之由、内々申送也、

(54)　『後法成寺関白記』永正七年九月二十八日条。
(関連記事)永正七年六月十九日・六月二十日・八月二十三日・八月二十四日・八月二十八日条。

『史料綜覧』永正七年九月二十八日条には「前関白近衛尚通ノ子道増聖護院道興ノ附弟ト為リ、是日入室ス」とあるが、道興は註(47)で示したように文亀元年に入寂している。

(55)　『後法成寺関白記』永正十四年三月二十七日条。
今日従聖護院、門跡移住上乗院、此間一向無学問之間、雖斟酌堅申付也、以長英(進藤)賀遣也、三種三荷遣之也、

(56)　『後法成寺関白記』永正十七年七月九日条で、上乗院から聖護院門跡へ生見玉に品を贈っていることによる判断。

(57)　『後法成寺関白記』大永六年正月二十二日条。
聖門就三山検校職之儀、為武家継目被出内書之間、為其礼被参賀、大樹へ太刀持千疋、京兆(細川高国)へ太刀持五百疋、両所へ被罷向、徳大寺(公胤)へ樽代百疋被遣之、家門樽代二百疋、関白(近衛稙家)樽代百疋被遣之、上乗院朝飯相伴也、有加持、

(58)　『後法成寺関白記』天文五年正月二十三日条。

聖門（聖護院道増）、大樹　禁裏江被参、今度僧正御礼、　内裏江三合三荷被進之、
(59)『華頂要略』第百四十三　諸門跡伝四　聖護院道増条。
(60)『後法成寺関白記』永正十六年七月七日条。
従賀茂、正受寺有生見玉、
(61)『後法成寺関白記』永正六年八月二十七日条。
成就寺江参候所、入室也、
(62)『後法成寺関白記』永正六年九月二十三日条。
正寿寺喝食帰寺、
(63)『後法成寺関白記』永正五年三月十三日条。
日野侍従（内光）来、令対面勧一盞、去暁法香（宝鏡）寺殿他行頓死云々、言語道断子細也、

『守光公記』永正五年三月十三日条。

今朝宝鏡寺□□（室）町殿御妹頓死云々、諸人仰天、□□□云々、

『守光公記』永正五年三月二十四日条。

宝鏡殿於曇（マヽ）寺御葬礼云々、禁中来廿四日迄丙穢云々、
(64)『後法成寺関白記』永正九年十一月二十七日条。
飛鳥井中納言（雅俊）来云、内々宝鏡寺殿御跡事申入処、凡無子細、但条々承間、其趣申返事明日可申遣云々、殊家門好存儀共承間、祝着此事也、
以下、入室に至るまでは次の各条による。永正九年十二月五日・十二月十四日・十二月十五日・十二月十八日・永正十年二月二十五日・二月二十六日・二月二十八日・二月二十九日・三月六日・七月一日・十一月二十四日・十一月二十五日・十二月十四日条。

(65)『後法成寺関白記』永正十年十二月二十一日条。
今日小姫君為御猶子参大樹（足利義稙）、三荷三合進之、申畠山式部少輔（順光）従大樹向京兆《細川》亭云々、五合五荷遣之、輿寄時分京兆下庭上、駿河四郎寄御輿云々、入院之時此分云々、（略）
（関連記事）永正十年十二月二十三日・十二月二十四日条。
(66)『後法成寺関白記』永正十三年四月二十七日条。
宝鏡寺得度、以長泰朝臣（進藤）遣三合三荷三百疋、今日即参大樹云々、（略）
(67)『後法成寺関白記』永正四年十二月二十九日条。
今夕、北方（維子）妹伊勢仁木許江入室也、
嫁ぎ先が仁木右馬助であることは『後法成寺関白記』永正九年閏四月三日・閏四月十六日条による。
(68)『後法成寺関白記』永正十三年十一月十三日条。
千代菊加首服、御承仕一向無之間、一人可残置処、当時侍無人之間、先如此彼息又可為承仕也、両種一荷進上之、賜盃、
(69)『後法成寺関白記』永正十六年二月三十日条。
仁木女中・小女被来、有三献、北政所（維子）猶子也、樽代百疋持来、
(70)『後法成寺関白記』天文五年七月十日条。
有生見玉、御霊殿・宝鏡寺・大祥院・大覚寺・仁木夫婦等来、有夕飯、
(71)『華頂要略』第百四十四　諸門跡伝五　興福寺一乗院覚誉条。
(72)『後法成寺関白記』永正七年二月二十三日条。
(73)「権宮中雑々記」（『大日本史料』九ノ五）
永正十一庚戌四月廿日条。
一乗院御附弟若君御下向、御歳九歳当関白近衛殿尚通之御息門主之御甥子也、（略）

（関連記事）『後法成寺関白記』永正十年七月十一日条。

(74)『後法成寺関白記』永正十七年八月二十六日条。
小童(覚誉)、一門(一乗院良誉)折檻之間、何方へも可出云々、然間為迎刑部少輔・太郎左衛門尉・兵庫助・等悦等指下之、

『後法成寺関白記』永正十七年八月二十九日条。

従一乗院有注進、昨日小童出門跡云々、此間折檻之間、退堀堪忍難叶歟云々、良家中・寺門中学侶有注進、若公涯分可致奉公云々、祝着之由令返答、

『後法成寺関白記』永正十七年九月一日条。

及晩従南都有注進、等悦・昇《良家中》・京兆・典厩状等相調之、自門跡(良誉)又有注進伺候人中無殊義、

『後法成寺関白記』永正十七年九月四日条。

自南都有注進、無殊儀、

『後法成寺関白記』永正十七年十二月九日条。

自南都一書印判事、雖申上文言不可然間、無覚悟由申下之、即返遣也、

(75)『後法興院記』文亀二年正月三日条。
自南都有注進、僧都(良誉)房対門主(教玄)有述懐事、去暁退出門跡云々、驚入了、

（関連記事）文亀二年正月五日・正月十八日・五月九日・八月二十八日条。

(76)『後法成寺関白記』永正十七年十二月十三日条。
従南都門主(良誉)与若公(覚誉)被申合、一書印判事重申上間加之、猶以後儀良家・筒井・寺門等不可有等閑之由申間、加之者也、

(77)『後法成寺関白記』大永三年正月十一日条。
従増長院、両種一荷被送之、

(78)『後法成寺関白記』永正八年七月十二日・永正九年七月十二日・永正十三年七月十二日条。

(79)『後法成寺関白記』大永三年正月九日条。
民部大輔来云、旧冬右京兆(細川高国)家門小童・竹園宮両人可相定聯輝哉之由申入処、小童可然之由被仰下間、共旨可心得云々、先以祝着之由令返答、但寺領一向無正躰云々、猶渡分可申付云々、

『後法成寺関白記』大永三年二月一日条。

従聯輝軒小童相定間、令祝着、（略）
(80)「大覚寺附弟」の初見は『後法成寺関白記』永正十年十月十二日条で「大覚寺附弟小童祝言、五荷五合遣之祝着之由有御郷返事、俊泰(北小路)朝臣使也」とある。
(81)『後法成寺関白記』永正十六年十二月三十日条。
自大覚寺以三上民部卿、附弟御服料且五百疋被送、祝着由令返答、勧一盞、

『後法成寺関白記』永正十七年十二月十九日条。

従大学寺(マ、)御服物五百疋、三上民部持参来、
(82)『後法成寺関白記』永正十六年十二月二十一日条。
清法印大覚寺附弟(義俊)歓楽得大験之間、猶為脈来、
『後法成寺関白記』大永三年四月十四日
大覚寺小童(義俊)、従昨夜歓楽之間、召宝樹院之処、即治部卿ニ来間、見脈申風気之由、即進良薬、
とあるところから、義俊が病気で近衛邸へ帰ったと考えられず、尚通と同居していると考えた。
(83)「大覚寺門跡略記」（『続群書類従』四下　補任部）。
(84)性守は二条政嗣の息（『華頂要略』第百四十　諸門跡伝一　大覚寺性守条）。享禄三年十一月二十四日、大覚寺へ盗人が乱入した際、疵を負い横死する（『後法成寺関白記』享禄三年十一月二十四日・十一月二十五日・十一月二十六日、『実隆公記』享禄三年十一月二十六日条）。

(85)『後法成寺関白記』で大覚寺准后の初見は、永正十七年十一月三十日条。
大覚寺(性守)准后被来、折五合柳五荷、余(近衛尚通)被送之、北政所(維子)へ五百疋被送之、五献有之、頗及大飲、(略)

(86)『後法成寺関白記』大永六年五月二十五日条。
大覚寺新御所(義俊)被来、大勝院・筑後共也、勧一盞、

御所は三后の居所および敬称であるところから、「新御所」は義俊を指すと考えた。なお『華頂要略』では義俊が三后に准ぜられたのは、天文七年三月十七日としてある。

(87)『後法成寺関白記』大永六年三月十三日条。

(88)『後法成寺関白記』大永六年十二月二日条。

(89)前註(86)。

(90)『後法成寺関白記』大永八年四月十六日条。
三上民部卿来、新門主両三日之間ニ可被成申云々、令対面申祝着之由、給盃、

(91)『後法成寺関白記』大永八年七月十九日条。
従二条以丹波守、大覚寺事内々被申送之、

(92)『後法成寺関白記』享禄二年四月七日条。
大勝院・宰相・少将等来、勧一盞、門跡之儀大略属無事下知等持来之、

(関連記事)大永八年十月二十九日・十月三十日・享禄二年八月十六日・八月二十四日・八月二十五日・八月二十八日条。

(93)『御湯殿上日記』同日条。

(94)『実隆公記』享禄四年六月八日条。

(95)『公卿補任』大永二年　久我源邦通条。

(96)『後法成寺関白記』享禄四年九月九日条。

従久我小童(晴通)相続事、一行并祇候人連判等被送之、

(97)　『後法成寺関白記』享禄四年十一月十四日条。

小童(晴通)久我江罷向、三種五荷久我江遣之、三種三荷遣西園(西園寺実宣)、両種一荷遣大御所、各祝着之由有返事、大蔵卿(竹屋光継)共トシ遣之、太刀百疋遣之云々、（略）

晴通が久我家へ入ってから久我家の妻と徳大寺家の妻の間に折合いの悪いことが起っていたらしい。

『後法成寺関白記』天文元年八月十二日条。

久我女中以外之由有注進間、北政所・若之御所令下向、

『後法成寺関白記』天文元年八月十三日条。

従暁天久我江迎輿遣之、昼時分被帰同篇云々、昨日徳大寺女中被下、久我女中和与之儀被相調云々、

しかし右の史料を見ると、両者はほどなく和解したようである。一方、近衛家から従った晴通の乳母が、尚通に久我家のことを涙ながらに語っているところをみると、晴通も右の事件の渦中にあったのではなかろうか。

『後法成寺関白記』天文元年八月二十五日条。

今乳母来、久我事相語、一段催愁涙歟也、

ところで『史料綜覧』天文元年二月二十日条に「久我通言、近衛尚通ノ猶子ト為ルニ依リ、是日、通言、近衛稙家ニ礼物ヲ贈ル」とあるが、本章に述べたように近衛晴通が久我通言の猶子になったのである。なおこの記事にいう『後法成寺関白記』の記事は、享禄五年(天文元)二月二十日条に、

久我ヨリ両種一荷被送、御方猶子御礼也、

とある記事のことと考える。

(98)　『後法成寺関白記』享禄四年十二月二十九日条。

抑久我息叙爵之事、内々申入処、右府(久我通言)致出仕者可有　勅許云々、此旨内々久我江申遣了、

『後法成寺関白記』天文元年十二月二日条。

広橋来、久我事内々申入処、依取申内々被成御心得由、被仰既退出之処、帥卿(三条西公条)相支同篇御返事也、言語道断曲事也、近江守来、久我事申之、三色一荷持参、令対面給盃、
(99)『公卿補任』天文五年　久我源晴通条。
(100)『公卿補任』天文五年　久我源通言条。
(101)『言継卿記』天文二十二年四月九日条。
(102)『公卿補任』の稙家に付された年齢で、天文十一年は前年より一歳跳んでいる。しかし翌年はそのままであるため訂正されていることがわかる。『公卿補任』でこのような年齢の操作は、尚通の条にもある。明応二年、尚通は関白に補任されるが、その時の年齢は二十一歳となっていて、明応四年に訂正されている。なお、『後法興院記』明応二年三月二十八日条の関白宣下記事に尚通の年齢は二十二歳とある。
(103)『華頂要略』第百三十六中　近衛稙家条も誕生を文亀三年、薨じた年齢を六十四歳としている。他に稙家の死を記す史料には、『言継卿記』永禄九年七月十日・七月十八日条・『御湯殿上日記』永禄九年七月十八日条・『多聞院日記』永禄九年七月十一日条があり、このうち稙家の年齢は『多聞院日記』以外付記されていない。しかし『多聞院日記』は薨じた年齢を八十余歳としているため誕生を逆算すれば、文明十七、八年となり、尚通の十四、五歳の時の子となる。記主の誤りであろう。
(104)陽明文庫蔵本。
(105)同時代の女性で本願寺蓮如の孫に鎮永がいる。『本願寺系図』によれば鎮永が隠遁した時、慶寿院と称するが、本章で扱った女性とは別人。
(106)『御湯殿上日記』天文三年六月八日条。
(107)『後法成寺関白記』天文五年三月十一日条。
昨夜聖門(聖護院道増)被来、大樹(足利義晴)若公(義輝)御誕生云々、祝着無極者也、

（関連記事）天文五年三月十日・三月十二日・三月十四日・三月十五日・三月十六日・三月十七日・三月二十日・三月二十一日・三月二十二日・三月二十三日・三月二十七日・四月六日・四月九日・四月十一日条。

なお、四月六日条は義輝が尚通の猶子となっている記事である。

(108)『言継卿記』天文十九年五月三日条。
一昨夕右大将殿（足利義晴）於坂本穴太被薨云々、但慥無注進、従旧冬水腫張満也、
（関連記事）天文十九年五月四日条。

(109)『続応仁後記』天文十九年五月九日条。
辰刻於鹿苑院先君ノ御台所御落飾有之、御法名慶寿院ト号シ奉、御戒師ハ当寺ノ院主妙安和尚也、其日慶寿院殿御詠歌有之、心ノミ思ヒ乱レテ黒髪ノオツル涙モムスホフレツヽ、

(110)「年代記抄節」（『後鑑』所収）永禄八年五月十九日条。
辰刻袴着ニテ殿中ヘカケ入。御城ノ内外多人数ニテ取巻申候。御近所ノ衆身命ヲ捨雖合戦、多勢ニ無勢無力各討死候。午刻ニ将軍義輝（宰相中将。三十歳）御自害。同御母慶寿院殿（五十二歳）御自害。（略）

(111)『後法成寺関白記』永正五年七月三日・七月四日条。

(112)前註（54）。道増が上乗院で修行するようになった後『後法成寺関白記』永正十七年七月九日条では、上乗院から道増へ生見玉に品が贈られている記事がある。

第三章　公家女性の生活

——近衛尚通の正妻、維子の場合——

はじめに

従来女性史の研究は、家族史研究の一分野として行われてきた感がある。しかし最近では独立した分野として扱い、今までの研究を見直し、様々な面から研究が行われ目ざましい成果を遂げている。(1)そうした中において、戦国期の公家女性に関する研究は、管見の限り芳賀幸四郎氏が『三条西実隆』（人物叢書43　吉川弘文館　昭和三十五年）で、断片的に実隆の妻に触れられているだけで、生活面総てを眺めた研究は皆無に等しいのではなかろうか。

私は戦国期の公家について、近衛家を中心に荘園経営・家政機構などの様相を考察し、その実態を明らかにしてきたところであるが、その一環として公家女性に関する研究も必要であると考えると同時に、女性史研究の裾野をひろげるため看過できない問題であろうと思う。したがって本章では戦国期の公家、近衛尚通の妻維子《ふさ》を中心に結婚・出産・里帰り・社交・遊興・寺社参詣・病などを見ていくことにより、公家女性の生活像を明らかにするとともに、家における正妻の役割についての考察も試みることとする。

維子を取り上げたのは、政家・尚通父子の日記『後法興院記』『雑事要録』『後法成寺関白記』に多くの記事が拾え、公家女性の生活状況がわかるからである。『後法興院記』では維子を「北方」「関白室」と記し、『後法成寺関白記』では「北方」「北政所」と記している。また『後法興院記』『後法成寺関白記』ともに「女中衆」と記されている箇所もあり、さらに『後法成寺関白記』には「女中・北政所・宝鏡寺・正受寺、祇園・清水参詣也」[2]とあるように、「女中」と「北政所」を区別して記す箇所も散見する。

本章では維子の記事を引用するに当たり「北方」「関白室」「北政所」の記事を対象とし、「女中」「女中衆」は割愛した。以下、維子の生活について、項目を立てそれぞれの実態を見ていくこととする。

婚姻と出産

婚姻

維子は徳大寺実淳の女[3]で、誕生は文明十三年（『言継卿記』永禄九年三月八日記事の没年より逆算）。徳大寺家は摂関家に次ぐ清華家の家格であり、藤原北家閑院流の権大納言公実の五男、左大臣実能を始祖とする家系である。

維子が近衛尚通に嫁いだのは、明応六年（一四九七）七月二十六日のことで、尚通は二十六歳。維子は十七歳であった。維子には上臈・下臈が従い、当時の習慣どおり夜もふけてからの嫁入りである。この日のため徳大寺家では、数日前から輿入れに迎えの侍を寄こすよう、近衛家へ依頼していたが、政家は先例がないとの理由で断わりの返答をしていた。ところが後日「園太記」（マヽ）に記してあった近衛道嗣と洞院公賢の女の結婚では、近衛家が八葉車を送り、迎えたことを知ったため、徳大寺家の希望どおり迎輿を行った。しかし政家にとっては、意に反することであったらしく「件例不快」により、当日は諸事を省略したのである[4]。嫁を迎える側の当主の裁量で式を挙行しようとしても、先例優先の慣習に従わざるを得なかったのであろう。しかし、諸事を省略したことは、将来の先例となることを期待したものであったとも考えられる。

ついでながら他家の婚姻の様子を見ておくと、同じ摂関家である九条家には、尚通と同世代に当たる息尚経がいた。尚経が三条西実隆の女保子と結婚したのは、尚通より二年早い明応四年七月二十五日のことである。輿は九条家より「為迎到来」し、青侍四人及び雑色が配置されていた。夜九条家へ着き、路次には数十人の迎衆がいた。(5)

摂関家より家格の低い官務家の場合、どのような婚姻形態であったのであろうか。壬生家に例を見ておこう。

文明十年（一四七八）二月二十八日、壬生晴富の息雅久と山名政之の女の間に「芳契事」が行われ、来秋迎え取ることが約束された。(6)その後、雅久は「女房(7)（政之女）」の許へ向い、また数日間そこに逗留することもある。(8)政之女が壬生家へ入って同居するのは文明十年九月九日(9)のことで、同居後は西向と称されている。(10)

婚姻の形態について三例見たのであるが、近衛家・九条家はともに迎輿式で行われ、壬生家はそれより古い形態の妻問婚であった。これらの例を見る限り、当時、婚姻は家ごとに慣習に従った形で行われていたものと考えられる。

結婚後の維子の呼称については、高群逸枝が「近衛家では、恰も関白尚通の妻として入輿したのであるから、一定の時期に北政所呼称の治定があったと思われるのであり(11)」として、治定の日を確定していない。

『後法興院記』明応六年七月二十八日条に、

入夜令対面北方、有一献事、

とあり、維子が入輿の二日後、義父政家に挨拶を行ったとき、すでに正妻としての呼称北政所が用いられている。さらに『後法成寺関白記』永正十年（一五一三）十月二十七日条に、

春日社新権預祐称神供御樽一荷進上、北政所油煙三丁進上、

とあって、維子の北政所呼称の初見記事がある。この年北政所呼称の治定が下っていたのであれば、結婚後十六年目に当たる。その後尚通は維子の品位を朝廷へ申し入れ、同年十一月二十日、三位が勅許されている。

九条家の保子の場合、実隆が保子の北政所呼称勅許を内々朝廷へ働きかけていた結果、嫁いで八年目の文亀三年（一五〇三）十二月二十八日治定となった。[12] 維子に比べ、八年早く北政所の呼称勅許が下されたことになる。それまで実隆は保子を「九条姫御料人」[13]「九条御料人」[14]と記している。北政所の呼称について二例だけ見たのであるが、北政所の呼称が勅許される時期は定まっておらず、また結婚後の年数に対して下されるものではないことがわかる。

出産

尚通には十一人の子がいたことが確認できるが、[15] そのうち維子との間にできた子は七人いる。最初の子は明応七年（一四九七）六月七日に誕生した女児であるが、維子は出産に先立つ四月二十五日（辛卯の日）に着帯を行っている。[16] 産後は三十日目の七月八日忌み明けとなって戻った。[17] この女児は後に継孝院へ入室する。明応八年七月六日にも女児が生まれた。[18] この女児は後に細川高国の世話で、大津坂本の智園寺へ入室する（後述）。文亀元年（一五〇一）三月六日の出産も女児であった。突然の出産であったため、近衛邸は触穢となり政家は大江邸へ移る。[19] この女児は後に宝鏡寺へ入室したと考えられる。

四人目の出産は永正三年（一五〇六）九月十三日、男児が誕生した。後に一乗院へ入室する覚誉である。出産後十四日目に維子の母徳大寺女中が産所を訪れ、小童に小袖を贈り祝った。[20] 十八日たった十月一日には尚通も産所を訪れ、一盞が催されている。十月四日尚通が再び産所を訪れた時、家僕の北小路俊泰や進藤忠綱から盃や樽が進上された。[21] 女児が三人続いた後の男児誕生のためか祝いも多い。二十七日目に北方は産所を出て一献が催された。[22] この後も維子は男児を二人出産する。後の聖護院道増と大覚寺義俊である。

聖護院道増の誕生は永正五年四月五日であるが、[23]生後病弱だった様子で、産所より帰って後、数回医師の世話を受け、祈禱も行われた。[24]

大覚寺義俊の誕生は永正十年五月八日である。他の子供の出産の時とは異なり、細川澄賢・同女中・細川高基妹・細川尹賢妻女・千秋刑部少輔らの武士やその妻女らからも祝いがあったことは、[25]近衛家と細川氏一族との交際の深さを見ることができる（細川氏との交際は後述）。徳大寺女中も三度訪れ、[26]維子は二十三日目に産所を出た。[27]

『後法興院記』『後法成寺関白記』からは六人の子が数えられる。しかし『公卿補任』『尊卑分脈』では、尚通の息、稙家の母も維子と記す。もう一人子がいたのである。

まず稙家の誕生についてみると、『公卿補任』で稙家が従三位になったのは、永正十一年（一五一四）で十二歳の時であった。誕生を逆算すると文亀三年（一五〇三）となる。しかし文亀三年の誕生は、誤りであることはかつて触れ、[28]理由を『後法興院記』文亀四年二月二十七日条、

前関白息小児三歳有祝言事、

の記事と、『後法成寺関白記』永正三年（一五〇六）四月二十六日条の、

小童五歳着袴也、フカソキ也、御祝如形有三献、

の記事に求め、右の小児及び小童の誕生はいずれも文亀二年であることから『近衛家譜』に言う稙家の誕生年と合うことを指摘したのである。ところが『後法興院記』文亀二年には、子供の誕生記事がない。

維子の出産で男児の場合、道増・義俊に見たように里から母親（徳大寺女中）が産所を訪れることがある。当時の

習慣と考え、『後法興院記』文亀二年の記事に徳大寺女中の訪問を探し、稙家誕生の推察しようとしたが、全く記されていない。政家は同年九月二十四日から十月十一日まで、湯山（神戸市北区有馬）へ湯治に下っており[29]、京都を不在にしたことがあった。この間に稙家は誕生したのであろうか。几帳面に『後法興院記』へ子供の誕生を記す政家であるが、稙家の誕生記事だけ記されていない。なぜであろうか疑問が残る。

維子を稙家の母とすることについて、文亀元年三月に女児を出産した後、十カ月後の文亀二年中の出産は可能である。したがって現状では『公卿補任』『尊卑分脈』で稙家の母を維子とすることの確定はできないが、従わざるを得ない。

子供を七人出産した維子であるが、母として子を抱き、あやしたりする育児の記事は見あたらない。乳母が育児を行ったからであろう。維子の出産の時、誕生が男児であった場合、母徳大寺女中は女の産所をしばしば訪ねることは先に触れた。維子が出産した女ではないが、尚通の子で将軍足利義晴に嫁いだ女性（後の慶寿院）がいる。天文五年（一五三六）三月十日、義晴の下から「御台産気付之由申送」りがあり、維子は産所へ向かった[30]。後の将軍義輝の誕生であり、産所は南禅寺で[31]、維子は五月三日まで近衛邸と南禅寺の間を往復する[32]。義輝の世話と考えられるが、男子誕生の時だけ実家の母が産所を訪れ、世話をすることは当時の習慣であろう。

義輝の誕生に際し、近衛家へも諸家から祝いが届き[33]、維子にも義晴室から進物が贈られる[34]。近衛家が将軍家の外祖となったからであろう。

女性の生涯のうち、一つの転機とも言える婚姻と出産を最初に見た。次に維子の社交の様子を見ることにより正室の役割を考えてみたい。

一　他家との社交

かつて鶴崎裕雄氏は近衛尚通の社交を文芸面から分析され、「近衛家には開放的な家風が醸されている」[35]と述べられた。このような家風の中、近衛家を訪れる人々と維子はどのように社交を行っていたのであろうか。

武士及びその妻女との社交

① 細川高国

高国と近衛家の交際は政家の時代から行われている。政家は蹴鞠を好み公家仲間だけでなく、武士、特に細川氏一族及びその被官人と行うことも多い。

明応七年三月二十六日以来、高国（当時六郎）も父政春とともに参加する。その時の様子は『後法興院記』に記され、政家・尚通父子に初対面の挨拶として、鞠以後に太刀を贈った。以後『後法興院記』に親子で鞠に参加することは六回、高国（六郎）のみ参加することは七回数えられる。

鞠を介して近衛家を訪問し始めた高国は、文亀三年に小女の坂本智園寺入室の世話をする。この小女は明応八年七月に生まれた女で五歳になっていた。入室は十二月六日のことである。[36]この時、高国は「安房守六郎」と記されており、父政春の官途を継承していたことがわかる。

永正元年（一五〇四）十二月二十七日、歳末の挨拶に訪れた時は民部少輔となっている。[37]尚通の代になった永正三年七月八日には「八雲・夫木等不審之事相尋之」[38]ため訪れた。八雲・夫木は歌論『八雲御抄』と歌集『夫木和歌集』であり、高国は文芸にも造詣深い武将であった。

高国は近衛家を頻繁に訪れ、また文亀三年に智恩寺入室の世話まで行っているだけに、それまでにも維子との対話があったことは推測できる。しかし、維子が高国と対談したことを記す記事は、『後法成寺関白記』永正七年正月十五日が最初である。

及晩細川右京大夫来、令対面勧一義、北方被対談、

とあって、高国は宗家の家督を継ぎ、右京大夫となっている。新年の挨拶に訪れたのであろう。尚通と一盞を交わした後、維子とも対談している。永正十三年正月十五日には、

広橋中納言・諏訪左近大夫・宮下野守・時元宿禰・細川右京大夫等来、余并亜相・北政所被対面、勧一盞、

とあって、このときも尚通へ新年の挨拶を行い、その場には維子や亜相（稙家）も同席し対面している。

さらに永正十四年十一月三日には、

入夜右京兆女房衆来、北政所被対面、

の記事がある。右京兆（高国）の「女房衆」たちが来て維子に対面する。文面から女性たちだけの場であることが想像でき、さぞかし華やぎ賑やかなことであったに違いない。女性だけが集まって賑やかな場を作るだけでなく、永正十七年閏六月九日には、

有風呂、典厩焼之、京兆入之、民部大輔各令対面勧一盞、京兆種々雑談、一献以後宝鏡寺・正受寺・継孝院・久我女中父子被見参、徳大寺女中・北政所・亜相等従前被相伴、

とある。近衛邸で細川典厩（尹賢）が風呂を焼き、高国が入る。風呂から上がった高国や細川高基（民部大輔）と尚通の「種々雑談」の中へは、維子だけでなく稙家や維子の母も相伴し、後には尚通の女（宝鏡寺・正受寺・継孝院）や維

子の妹（久我女中）までも加わる。一カ月前の六月十日、高国の宿敵であった細川澄元は阿波に没し、高国にとってこの時期は、束の間の休息の時期でもあった。

② 細川尹賢

高国だけでなく尹賢も維子と交際を始めるのは、永正十六年七月十九日からである。尹賢は尚通から古今伝授を受けていたのであるが、[39] 七月は中断していた。その間に維子を継孝院へ招請し一盞を催したのである。維子は献料二百疋を持参し参加した。[40] その年の十二月三日に維子は、尹賢へ五合五荷を贈り、[41] 三十日には尹賢の妻から五合五荷が維子へ贈られてくる。[42] どちらも年末の挨拶であろう。

翌年の閏六月二十三日には、細川尹賢が尚通をはじめ稙家や宝鏡寺を大祥院へ招請し、夕食が催された。夜には維子も交わり「大飲」は暁鐘の時分まで続いた。[43]

③ 高国の母

政家の時代に蹴鞠を契機として始まった高国との交際は、その後高国の母も近衛邸を訪れるようになる。維子が結婚後始めて進物を贈られるのも高国の母が最初である。『雑事要録』「従処々礼物」明応十年正月四日条に、

三合三荷、安房守内北方へ、使者ニ遣帯下、二スチ、

とある。安房守内は細川政春の内儀（妻）で高国の母。そこから三合三荷が贈られたのである。『雑事要録』には、この後も高国の母と維子の間で両種三荷・一種一荷を贈る記事が見られる。[44][45]

尚通の代となって、「房州妻」が維子へ両種二荷を贈り、[46]「右京兆母儀」が三種三荷を贈る。[47] 房州妻・右京兆母はともに高国の母のこと。近衛家では永正七年以来、正月に高国の母へ進物を贈ることが習慣となっていた様子で、永正

十三年まで続く。[48] 高国の母の近衛邸訪問は頻繁にあり、相互に進物を贈るだけでなく、近衛邸の風呂を焼くこともあり、高国や細川氏一族の者も相伴に預かることもあった。[49]

④　高国の妻

高国の妻も維子へ永正八年十月十九日に平籠に入れた栗を贈る。[50] さらに永正十三年八月十五日には維子に虫屋[51]（虫籠）が贈られた。

永正十三年九月三十日、継光院で女曲舞が行われた時、維子は高国の妻から招請を受け、母と継光院へ赴いた。前々より高国の妻は維子に「参会望之由申送」っていたため、この機会を持ったのである。[52] しかし「参会」を望んだ理由を尚通は記していない。

⑤　細川澄賢（和泉守護）

細川両家が争う中、高国に逐われた澄元は近江から阿波へ落ちていたのであるが、永正十六年再挙し、摂津兵庫（神戸市）に上陸した後、高国に挑む。十二月、高国は池田から武庫川へ兵を進め、澄元と対陣する。

明けて十七年正月二十四日、尚通は高国の陣へ台物・柳五荷を贈り、一方で維子は細川澄賢へ書状を送る。このときの書状の内容は記されていないが、澄賢からは「陣儀無殊儀、何様近日達本意、可上洛」[53]との返事が使者を通じ、もたらされた。維子の書状はおそらく戦場での安否を問い、戦勝後上洛を待つ、というような内容ではなかっただろうか。女性が武士に書状を送るということは興味深いが、維子自らの意志で認《したた》めたのではないと思われる。すなわち勾当内侍が天皇の意を奉じて発給する女房奉書のように、尚通の意を受け認めた書状で、仮名書きであっただろう。

⑥　土岐氏

近衛家は細川氏のように中央の武士だけでなく、地方の武士と交際があったこともよく知られている。その例を土岐氏に見よう。

美濃国には戦国期にも近衛家領が九箇所散在しており、家領を介し美濃守護土岐氏と交際する契機があったことは十分考えられる。政家の代には一族の土岐九郎が新年の挨拶で訪れたり、[54]明応二年から三年にかけ土岐民部大輔が六回近衛邸を訪れ蹴鞠・楊弓に加わる記事が見られる。[55]

尚通の代になっても土岐政房が尚通に伊勢物語を所望する[56]など交際が続けられていた。永正八年五月十四日、禅正(昌カ)院が近衛家を訪れ、土岐氏の妻女から預かった「絹二疋・文」を維子へ贈った。[57]禅昌院は美濃国の近衛家領の代官であろう。永正十六年五月十二日にも美濃から上洛し、特産物である美濃紙二十帖・物タチ刀・爪刀・ケヌキを維子に贈る。維子は対面し一盞を進めている。[58]

⑦　木沢長政

細川高国の死後、家督は澄元の息晴元へ移る。晴元には畠山氏の臣であった木沢長政が帰順し、三条西実隆をして「当時権勢[59]」と言わしめる勢力を持つに至っていた。

天文五年十月二十日、長政は維子へ三種三荷を贈り、[60]近衛家と交際を始める。しかし『後法成寺関白記』は天文五年以後残っていないため、その後の詳しい交際の内容はわからない。

僧侶・神官との社交

『後法成寺関白記』で維子が僧侶や神官と交流する記事は十四箇所あるが、僧侶に対面したのは二回だけである。

大永三年四月三日に尚通以下維子や稙家その他尚通の息女六人が連れだって、慈照寺を訪れ夜明けまで飲み明かした。その場に同席していた椿首座世継と三川寺は三日後の六日に尚通の渡御に対する礼で近衛家を来訪。維子が尚通に代わり対面し盃を交わしている。(61)

同年十二月二十四日には、聯輝軒の使で松蔵主が御服物二百疋を持参した。聯輝軒は相国寺の塔頭で、尚通の息が入室している。この時も尚通は場に出なかった様子で、維子が会った。(62)松蔵主の訪問は年末の挨拶であろう。

神官から進物が贈られた記事は、維子の北政所の初見記事に示したもので、近衛家へ樽一荷進上するとともに、維子へ油煙（墨）を贈っている。しかし維子との対面の有無はわからない。

公家との社交

維子と公家の交流記事は少なく、永正十六年七月一日飛鳥井頼孝の母が維子へ瓜一蓋を贈ったことと、大永六年九月二十七日に広橋兼秀が武家伝奏就任挨拶で訪れ、稙家と維子へそれぞれ両種二荷づつ贈った記事である。

飛鳥井家からは政家の妻室、柏木上臈（大上御方）が出ており、(63)また頼孝は蹴鞠・古今講釈・続歌の他に正月の挨拶(64)などで近衛家との交流があった。

広橋兼秀は大永六年（一五二六）四月一日父守光が薨じた後、武家伝奏(65)に補任されていることから、補任後の挨拶として稙家と維子へ品を贈ったのであろう。

以上、維子の社交を見てきた。戦国期における近衛家は、政家の代から細川氏一族との交際が目立つ。政家が蹴鞠を好んだことはすでに触れたが、明応元年（一四九二）四月二十八日、近衛邸で鞠会があったとき公家に交じって細川氏被官の四宮長能や斎藤元右が、飛鳥井宋世（雅綱）に同道し加わった。このことについて政家は「武辺輩雖不可然、当時之儀不可苦之由、宋世指南之間不及是非也(66)」と感じている。武士の参加も認める時代性を感じ近衛邸を武士にも開放するようになる契機は、このあたりにあったのかも知れない。

近衛家が武士を交え蹴鞠や古今伝授を行う場は、公的な場として位置づけられていたのであろう。したがって、その場に女性は入れなかったのである。公的な場の後に私的交際の場が持たれたとき、始めて女性も同席できることになり、維子も参加できた。時には訪れた武士の妻女も同席する。しかし、側室の参加が見られないことは、私的交際の場といっても、正室にしか許されなかった場であった。また、尚通が場に出られない時は、その代行として挨拶を受ける。特に僧侶との場で顕著にそれが見られたが、夫の代行も正室の務めであったと考えられる。

正室として維子の交際を見てきたのであるが、身内とはどのような交際を行っていたのであろうか。実家である徳大寺家との社交を見ておこう。

実家との社交

実家との交際で顕著なものは里帰りであろう。里帰りには定期的なものと不定期なものにわけて見ることができる。定期的な里帰りは正月と七月にある。正月の里帰りは結婚した翌年の明応七年から永正四年までは、毎年正月五日に帰り、近衛家では両種二荷を贈る習わしとなっていた[67]。

永正五年以後は毎年正月四日に帰り、その日の内に近衛家へ戻る。従来四日には実家徳大寺家から酒・御鏡(鏡餅)・その他の品が贈られていたのであるが、正月四日に帰るようになってからは維子がそれらを持って帰る。

妻が正月に定期的に実家に帰ることは、公家にも風習としてあったことは『実隆公記』にも見ることができる。実隆の妻は毎年正月勧修寺家へ帰る。また甘露寺家においては、正月に中御門宣胤へ嫁いだ女とともに、宣胤の家族を交え会食するのが「佳例[68]」であり、宣胤もまた甘露寺親長の家族を招き会食する。

七月の里帰りは生見玉行事である。生見玉は両親の健在なものが旧暦七月盆前に祝う行事で、維子が徳大寺家へ里帰りするのは明応七年・八年を除いて、毎年七月十一日のことである。近衛家からは三種二荷もしくは両種二荷を贈り、盆の七月十五日に徳大寺家から両種一荷が贈られてくる。尚通の代となってからも、維子は七月十一日に近衛家からの品を持参して帰る。十五日には、「北方里ヨリ如例年御棰被送之」(69)とあるように習慣は続いている。

維子の定期的な里帰りは、毎年一年の内この二回だけであり、永正十七年まで続き、それ以後は帰らなくなる。それに反してと言うべきか、大永三年（一五二三）以降鞍馬寺や清水寺参詣が目立つようになる（後述）。

不定期な里帰りの中で理由のわかるものを揚げると、明応八年（一四九九）十二月十七日、弟の徳大寺公胤の元服で「堅固密々」帰ったこと。徳大寺家の花見が永正七年三月九日・同十年二月二十四日にあり帰ったこと。天文二年八月には父の病気の見舞いに帰り、その後すぐ父が薨去したため葬礼に帰ったことがある(70)。これら以外にも里帰りは散見するが、理由は記されていない。

次に兄弟たちとの交流を見ると、公胤と日野家の養子となった内光だけにあるが、一・二度の交際だけで以外と少ない(71)。それに比べ姉妹との交際は多い。理由がわかる主なものを揚げると、まず久我女中との交際がある。

久我家は維子との関わりだけでなく、近衛家にとっても後に晴通が猶子として徳大寺家へ入るだけに関係は深い(72)。久我女中は通言に嫁いでおり、毎日のように近衛邸を訪れ、主に風呂へ入って帰る。彼女たちの間には当然会話も交わされたことは推測できるが、余りにも日常的なことであるためか会話の内容まで記されていない。

久我女中は享禄五年八月二十四日に他界する(73)。近衛家では経代百疋を贈り(74)、維子は翌月久我家を訪問し樽を贈った。その日は泊まって翌日帰っている(75)。

天文五年には久我通言の父豊通が薨じた。[76] それが誘因となったのであろうか、閏十月八日通言が突然隠居する。維子は制止のため久我家へ赴くが、制止できず、十日に帰り、通言の落髪と猶子晴通の家督相続を尚通に伝えた。尚通は「言語道断」[77]と感想している。通言の出家は「不及上表」[78]とのことで、天皇へ辞表を提出せず出家したため、尚通が制止に赴かず、維子を行かせたのではなかろうか。

維子には仁木氏へ嫁いだ妹もいる。仁木氏は妻が維子と姉妹という関係で、近衛家と交流を持っていただけでなく、息千代菊が近衛家へ出仕しており、女も維子の猶子となっていた。その交際内容については前章でも触れたが、[79] 維子は仁木女中が病で臥せたとき、三回見舞いに行っている。一度は久我女中を伴った見舞いであった。[80] 回復後に仁木右馬助の許より、礼として両種三荷が贈られた。[81]

男兄弟との交際に比べ、姉妹達は嫁いだ後も相互に嫁ぎ先を訪問し親しく交際を続けている。それぞれの家の女性同士の交際があって、家同士の交際へ発展するのではなかろうか。

日常様々な人々と社交する維子の様子を見てきたのであるが、次に維子の日常の遊興の様子を見ていこう。

二　遊興と寺社参詣

女性が外へ出て遊ぶことについて、実隆は、

抑今日猿楽宮女等密々見物、青女同道、太不可然、前代未聞事也、不拘制止之間閇口、向後尤可加諌言事也、

と、自分の妻が猿楽見物などをすることを批判的な目で見ている。[82] しかし近衛家は違っていた。妻の行動に対し不満的なことは記されていない。遊びについても同様で、先に見た高国の妻から女曲舞見物の招請を受け維子は赴く。ま

た近衛家の人々と花見を楽しみ、また町へも出て行く。ここにも近衛家の開放的な面が見られるのである。維子の活動の様子を見よう。

春になると近衛邸の有名な糸桜を愛で、また景陽軒まで赴く。(83)藤の花が咲けば、近衛邸のみならず、近衛家の菩提寺である本満寺(84)まで出かける。秋になれば栗拾いに賀茂へ出かける。(85)猿楽があれば、桟敷での見物や細川高国の招請を受けての見物もある。(86)将軍義晴から能の招請を受けたとき、尚通も維子も障りがあり参加できず、「無念此事也」と感想をもらしている。(87)遊山は嵯峨や北野辺りへ出かける。(88)いずれも維子が一人で行くことはなく、尚通や近衛家の一族・家礼・家僕らとともに参加し、時には徳女中も誘われる。それらの場所では大飲に及ぶ。

維子の外出は遊興を目的としたものだけでなく、寺社参詣もかなりある（以下、出典は特に断わらない限り『後法成寺関白記』による）。

鞍馬寺へは九回の参詣が数えられる。鞍馬寺は鎌倉時代以来、毘沙門天信仰で知られている。維子は永正三年（一五〇五）三月二十日に実家の父母と一晩参籠して以来、鞍馬寺参詣は暫く途絶えていたが、大永三年（一五二三）三月二十一日以降目立って参詣するようになる。一人で参詣することもあるが、小女や尚通の姉妹達とも参る。

清水寺への参詣は鞍馬寺参詣に比べ多い。清水寺は中世以来西国三十三ケ所の一つに数えられる観音信仰の寺である。『今昔物語』巻第十六に「毎月十八日に観音に詣でる男」の話があるが、維子の参詣は縁日を選ばず、特に日も定めての参詣もない。

清水寺参詣は吉田・祇園の各社を経由しての場合もある。永正四年正月二十五日の「北方清水寺江被参」を初見とするが、その後永正十三年まで参詣はない。大永三年の場合、女の宝鏡寺とともに三月十日から十二日まで参籠のためであった。大永三年以降、鞍馬寺及び清水寺への参詣が目立つ反面、定期的な里帰りをしなくなることは前述した。どのような理由が関連付けられるのであろうか。『後法成寺関白記』は永正十八年（大永元年）・大永二年分は欠落しており、その間の事情はわからない。他家にも妻が定期的な里帰りを突然しなくなり、その後特定の寺社への参詣を頻繁にする例を見ることができるのであろうか。

大永三年以後の清水寺参詣では一人で参ることもあり、近衛家の鞍馬寺参詣の人々と連れ立ち参詣することもある。享禄三年（一五三〇）九月十八日の参詣は近衛家を挙げての参詣で、清水山で松茸を取り、山中で一盞が催されている。

他に寺社参詣で目立つ先は、北野・八幡・御霊・春日の各社及び伊勢参宮がある。

春日社は藤原氏の氏神であったが、維子の社参は二回で以外と少ない。春日社参は南都へ下向するため、いずれのときも二日かかる。維子は氏神の春日社参詣だけでなく、天文五年（一五三六）十二月十五日の記事に、

北政所南都下向、勅使被同道、アカ・小少将・新宰相御共也、従慈照寺人夫三人・馬一疋・嵯峨馬一疋・仁木馬一疋被進之、多久人夫両人進上之、

とある。『公卿補任』天文五年十二月十六日条に、興福寺維摩会が行われている記事があるところから、維子が勅使と南都へ下向したのは維摩会のためであったことがわかる。

近衛家の家督は稙家が継いでおり、また稙家はこの年の十一月一日に関白氏長者に再任されていた。本来維摩会には氏長者である稙家が下向すべきではなかろうか。しかし稙家は、十二月十七日関白職就任挨拶のため参内し、また他家からの挨拶を受けるため在洛していた。尚通は天文二年四月に出家し公式の席へは出ない。維子は当主の代理と

して南都へ下ったのだろうか。上洛は二十五日のことであった。南都にいる間、維子は近衛邸へ二度書状を送っている。維摩会の状況報告であろう。

興味深いのは、維子の不在中の十九日に、

従御台為留守事御粥給之、

という記事がある。御台は足利義晴に嫁いだ尚通の女で、維子の「留守事」を安じて尚通に御粥を贈ったのである。

永正十三年三月十八日の伊勢参宮は、近衛家の代参ではなく、維子自身の参詣である。遠方であるため鶏鳴以前に出発し鳥羽（京都市伏見区）から奈良を経由して行く。道中久我女中が同道し、家僕たちが供奉する。留守を預かる尚通には、徳女中や女の宝鏡寺が食事の用意をしての訪問があるため、維子も家のことを気遣うことなく安心して参詣できたであろう。維子が帰る時には迎え衆が遣わされ、酒迎えが行われる。

維子の伊勢参宮は翌永正十四年十月十九日にも行われた。前年徳女中とともに参宮することになっていたのが、徳女中は孫の病で急遽取りやめていた。今回は徳女中を伴っての参宮であった。

維子の寺社参詣は、興福寺維摩会のため南都への下向を除いて、縁日を選び特定の寺社へ参詣していない。信仰のための参詣より、遊山を兼ねた参詣でもあったのだろう。

病

最後に維子の病について触れておかなくてはならない。

結婚後三カ月過ぎての明応六年十月二十九日維子は流産した。早い年齢の妊娠であったからではなかろうか。早い年齢で妊娠した例は清原宣賢の妻にあって、難産のため死去している。十五歳であった。(89) 最初の出産が流産であったため、維子も不安なことであっただろう。

流産を除いて、維子は六回煩っているが、いずれも長期に渡る煩いではなかった。血路が一度、蒙気が二度、霍乱が一度、病名不明が二度ある。「血路」は血の道のことであろう。永正十四年十一月九日に起こっている。女性特有の病で妊娠時や更年期に起こったりするとされている。[90] 維子は三十七歳で、このころ妊娠も出産もしていない。したがって更年期にさしかかってのものと考えられる。医師が治療に当たり薬を調合したが、全快まで至らなかったのであろう。十一月二十七日に維子自身因幡堂で祈禱とともに御千度祓を行っている。

蒙気は永正十七年五月二十三日と享禄三年七月二十二日の記事にある。永正十七年の蒙気は五月二十二日に起こり、二十四日には回復。翌日細川高国から見舞いとして昆玄丹が贈られた。二度目の蒙気は享禄三年七月十二日以前から二十二日ころまで続き、上池院が治療に当たった。

病名不明の病は永正十六年六月四日と享禄五年三月二十七日に起こっている。前者はいつまで煩ったかも不明であるが、後者は二日間で回復した様子である。

いずれの病も永正十四年以降で、更年期に入ってからのものである。若いころは子供を七人出産するほど元気で、心身ともに健康な女性であったことが想像できるが、更年期を過ぎてから、時には精神がやや不安定になることがあった。しかし頻繁に遊山や寺社参詣に出かけるところをみると、身体はいたって健康であったことがわかるのである。

むすびにかえて

近衛尚通の正妻、維子について、結婚した年の明応六年（一四九七）から天文五年（一五三六）までの三十九年間の生活を見てきた。時代は尚通が日記へその状況を「戦国」[91]と記した時代であった。しかし近衛家にとって、応仁の乱の時のように、宇治へ疎開するようなこともなく、生活への影響はほとんどなく普段の生活は続けられていた。その中で妻の役割について、本章で触れたことと重複することもあるが、まとめておくこととする。

第三部第一章の「公家日記にみる家政職員の実態」でそれぞれ家の家政は「主家主導」または「家政職員主導」で運営されていることを指摘した。近衛家は「主家主導型」であって、当主の意志が家を機能させていたのである。正妻である維子は、当主の代行者としての役割があった。その例として、近衛邸を訪れる武士及びその家族と交際することや、尚通に代わり来客を応接すること、更には当主尚通の意を書状に認め戦場の武士の安否を答うこと、氏長者の代行として興福寺維摩会に勅使とともに下向することなどを揚げた。当主の代行を行うことは、すなわち当主の意に則して、近衛家を機能させていたことも充分に考えられることである。側室にはこれらの権限はなく、正妻にのみ与えられていた権限であったものと言えよう。

今まで公家女性の日常生活を取り上げた論稿が皆無の状態であったため、維子の生活紹介が中心となり、十分な考察を加えるに至らなかった。さらに公家女性の生活基盤にまで言及できず、残した問題は多い。最後に生活基盤である家計について触れ、今後の課題を示唆しておきたい。

近衛家の場合、家計管理は当主に任されていたことは、政家が『雑事要録』に家領からの納入物を記し、それらの配分先を決めていたこと。尚通もまた同様に『大永三年雑々』『大永四年雑々』を残しているところから推測できる。[92]維子がそのことに携わった記録がないが、当主の代行者である限り何等かの権限があったものと考えられる。それがどの程度であったか、また自分で自由にできる金銭についても、今後他家との比較を試みる中で解明する必要があろう。二人の間には対話もあり、円満な家庭であったと考えられるだけに興味ある問題である。

〔註〕

(1) 家族史の一環としての研究は、高群逸枝『平安鎌倉室町家族の研究』(栗原弘校訂　国書刊行会　昭和六十年）を挙げられる。

女性史研究については、脇田晴子氏を中心に「女性史総合研究会」が組織され、多くの成果が発表されている。そのうち中世を扱った二・三の例を挙げると、女性史総合研究会編『日本女性史』2（東京大学出版会　一九八二）、田端泰子『日本中世の女性』(吉川弘文館　一九八七)、脇田晴子『日本中世女性史の研究　性別役割分担と母性・家政・性愛』(東京大学出版会　一九九二）などがある。こうした傾向にあるため、『史学雑誌一九九一の歴史学会――回顧と展望』(一〇一の五　史学会)でも「女性史」のジャンルが設けられ、また、『日本史研究』三六六（一九九三・二）では、「〈身体論〉からみた女性」の特集が組まれた。

(2) 『後法成寺関白記』享禄三年正月二十七日条。

(3) 『尊卑分脈』徳大寺条。

(4) 『後法興院記』明応六年七月二十六日条。

(5) 『実隆公記』明応四年七月二十五日条。

(6) 『晴富宿禰記』同日条。

(7) 『晴富宿禰記』文明十年三月三日条。

(8) 『晴富宿禰記』文明十年三月六日条。

(9) 『晴富宿禰記』同日条。

(10)『晴富宿禰記』文明十年十二月二十二日条。
(11) 高群。前掲註（1）。
(12)『実隆公記』同日条。
北政所の呼称は、宣旨を受けて正式となる（『国史大辞典4』北政所条）。
(13)『実隆公記』明応四年八月二日条。
(14)『実隆公記』明応八年二月二十一日条。
(15) 本書、第一部第二章「中世公家家族の一側面——『後法成寺関白記』の生見玉行事を中心に——」・柴田真一「近衛尚通とその家族」（中世公家日記研究会編『戦国期公家社会の諸様相』和泉書院　一九九二）。
(16)『後法興院記』明応七年四月二十五日条。
(17)『雑事要録』「遣処々物事」同日条。
(18)『後法興院記』同日条。
(19)『後法興院記』同日条。
(20)『後法成寺関白記』永正三年九月二十七日条。
(21)『後法成寺関白記』同日条。
(22)『後法成寺関白記』永正三年十月十日条。
(23)『後法成寺関白記』同日条。
なお今までに誕生した子供の入室寺院については、前註（15）による。
(24)『後法成寺関白記』永正六年五月三日条。
(25)『後法成寺関白記』永正十年五月八日条。
(26)『後法成寺関白記』永正十年五月十日・同十四日・同二十六日条。

(27) 『後法成寺関白記』永正十年六月二日条。
(28) 前掲註(15)。
(29) 『後法興院記』文亀二年九月二十四日〜十月十一日条。
(30) 『後法成寺関白記』天文五年三月十日条。
(31) 『後法成寺関白記』天文五年四月九日条によりわかる。
(32) 『後法成寺関白記』天文五年三月十日・同十六日・同二十八日・三十日・同四月二日・同九日・同十三日・同五月二日・同三日条。
(33) 『後法成寺関白記』天文五年三月十四日・同十五日・同十六日・同十七日・同二十一日・同二十二日各条。なお二十一日の「ウフ衣」は将軍に子息が誕生したとき、本来管領が調進すべき品であったが、「今度無其躰之間」伊勢氏が近衛家に届けたものである。
(34) 『後法成寺関白記』天文五年三月二十三日条。
(35) 鶴崎裕雄「中世後期の古典研究の一側面——近衛尚通の場合——」(『帝塚山学院短期大学研究年報』三一　一九八三)、同「風呂と寄合の文化」(芸能史研究会『芸能史研究』八四　一九八四)後、『戦国期公家社会の諸様相』(和泉書院　一九九二)所収。
(36) 『後法興院記』文亀三年十二月六日・七日条。
(37) 『後法興院記』同日条。
(38) 『後法成寺関白記』同日条。
(39) 『後法成寺関白記』永正十六年三月十一日以来六月二十二日まで数回行われ、七月は中断。八月五日から再開された。
(40) 『後法成寺関白記』永正十六年七月十九日条。
(41) 『後法成寺関白記』永正十六年十二月三日条。

(42) 『後法成寺関白記』永正十六年十二月三十日条。
(43) 『後法成寺関白記』永正十七年閏六月二十三日条。
(44) 『雑事要録』「遣処々礼物事」明応十年正月二十日条。
(45) 『雑事要録』「自処々礼物」文亀三年二月十六日条。
(46) 『後法成寺関白記』永正三年二月二十一日条。
(47) 『後法成寺関白記』永正八年九月二十九日条。
(48) 近衛家が高国の母に進物を贈る記事は、『後法成寺関白記』永正七年正月二十五日・同九年正月十四日・同十年正月十二日・永正十三年正月十二日条に見られ、正月の習慣であったと考えられるが、永正十四年以降は見られない。逆に高国の母から進物が贈られるのは、永正十年正月十六日だけである。
(49) 『後法成寺関白記』永正八年九月三十日条。
(50) 『後法成寺関白記』同日条。
(51) 『後法成寺関白記』同日条。
(52) 『後法成寺関白記』永正十三年九月三十日条。
(53) 『後法成寺関白記』永正十七年正月二十四日条。
(54) 『後法興院記』延徳三年正月四日・明応二年正月四日・同二月一日。同三年正月四日・同四年正月四日各条。
(55) 『後法興院記』明応二年五月十五日・同八月十三日・同二十九日・同十月一日・同四年四月二十二日・同六月九日条。
(56) 『後法成寺関白記』永正三年十一月四日条。
(57) 『後法成寺関白記』同日条。
(58) 『後法成寺関白記』同日条。
(59) 『実隆公記』天文元年十一月二十二日条。

(60)『後法成寺関白記』同日条。
(61)『後法成寺関白記』大永三年四月六日条。
(62)『後法成寺関白記』大永三年十二月二十四日条。
(63)本書、第一部第一章「近衛政家の妻室」。
(64)『後法成寺関白記』永正十六年正月二十日・同二月二十一日・同三月十日・同四月七日・同八日・同六月九日条。
(65)『公卿補任』天文四年　広橋兼秀条。
(66)『後法興院記』明応元年四月二十八日条。
(67)『雑事要録』「遺処々物事」明応七年正月五日条から文亀三年正月五日条及び永正二年正月五日条、『後法成寺関白記』永正四年正月五日条。
(68)『親長卿記』文明十九年二月一日条。
(69)『後法成寺関白記』永正三年七月十五日条。
(70)『後法成寺関白記』天文二年八月二十六日・三十日条。
(71)『後法成寺関白記』永正八年七月二日・同十三年十月六日・同十四年二月五日条。
(72)前註（15）。
(73)『後法成寺関白記』同日条。
(74)『後法成寺関白記』享禄五年八月二十六日条。
(75)『後法成寺関白記』享禄五年九月二十五日・同二十六日条。
(76)『公卿補任』天文五年　久我豊通条。
(77)『後法成寺関白記』天文五年閏十月八日・同十日条。
(78)『公卿補任』天文五年　久我通言条。

(79) 前掲註(15)。
(80)『後法成寺関白記』永正九年閏四月三日・四日・八日条。
(81)『後法成寺関白記』永正九年閏四月十六日条。
(82)『実隆公記』永正五年八月五日条。
(83)『後法興院記』明応七年三月九日・永正十四年三月八日条。
(84)『後法興院記』明応七年四月五日・永正十四年四月十一日条。
(85)『後法成寺関白記』永正十四年十月二日条。
(86)『後法興院記』明応七年三月十八日、『後法成寺関白記』永正十三年九月三十日・享禄二年五月三日条。
(87)『後法成寺関白記』天文五年十月二十七日条。
(88)『後法成寺関白記』大永三年閏三月十四日・同六年九月二十五日条。
(89)『実隆公記』明応五年十一月二十三日条。
(90)『日本国語大辞典』(小学館)ちのみち条。
(91)『後法成寺関白記』永正五年四月十六日条。
(92) 本書、第二部第一章「近衛家の家産経済の記録――『雑事要録』『雑々記』について――」。

第四章　足利義晴将軍期の近衛家の動向

――稙家と妹義晴室を中心に――

はじめに

戦国期の近衛家に関する研究は、近年各方面から進められており、その実態が徐々にではあるが明らかになってきている。[1] かつて私も政家・尚通の時代の近衛家の家族構成・家産経済や荘園経営の実態などを中心に考察し、戦国期近衛家の解明を進めてきた。[2] しかし、尚通の息稙家の時代の近衛家の状況については、未解明な部分が多い。したがって、本章では、稙家とその妹、足利義晴室に焦点を当て、戦国時代も終焉に近づくに従い、近衛家が政家・尚通の時代に比べどのように生活を変化させ、時代を過ごしていったか、そしてそのことが、近世への足がかりとして何をもたらすことになるのかについて考察することとしたい。

稙家には祖父政家や父尚通のような日記が、現在確認されていないので、本章では尚通の『後法成寺関白記』、天皇に近侍する女官の日記『御湯殿上日記』、山科言継の『言継卿記』を中心に、稙家の生活状況を

一　尚通剃髪以前

二　尚通剃髪後

三　尚通薨去後

の三期に分けて考察することとした。稙家の妹については、幕府内談衆の大館常興の日記『大館常興日記』に御台（義晴室）の記事がいくつか見られるため、そこからの引用を中心とした。

一　尚通剃髪以前

近衛家は五摂家の一つで、平安時代末の関白藤原忠通の息基実を祖とする公家筆頭家格の家柄である。稙家は十五代当主で、父は尚通、母を徳大寺維子として文亀二年（一五〇二）に誕生した。誕生時のことを記す記事として、稙家の祖父政家の日記『後法興院記』文亀二年十二月二十九日条に、細川高国（六郎）が「就若公誕生為礼来」たので尚通が対面している記事がある。高国は細川政元の養子として迎えられ、後に細川氏の家督を嗣ぐ人物である。その後『後法興院記』文亀四年二月二十七日条に「前関白息小児三歳有祝言事」とあり、また『後法成寺関白記』永正三年（一五〇六）四月二十六日条に「小童五歳着袴也フカソキ也、御祝如形有三献」とあって、稙家の成長の様子が窺える。稙家の名は永正十一年八月十二日、十二歳で元服したとき、将軍足利義植から偏諱「植」を下賜されたことによる。(3)『後法成寺関白記』は現在永正三年から残っているが、そこでの稙家の記事は右の記事の後意外になく、永正七年十二月二十四日条に、

小童・同小法師有祝、従徳大寺二荷二種被送、及晩北方・小法師向徳大寺、二荷二種被送之、

とある記事まで出てこない。この記事の小童が稙家である理由は、記された月日が十二月二十四日であることから、母の里である徳大寺家から、稙家の誕生日に祝いの品が届けられたときの記事と解釈できるからである。小法師は稙

家の弟で、後の一乗院覚誉（永正三年九月十三日誕生）か聖護院道増（永正五年四月五日誕生）のどちらかであろう。

次に稙家の記事が見られるのは永正十三年正月二十九日の条である。「有小月次会、発句亜相也」とあって、近衛邸で和歌の月次会が行われたとき、発句を詠んだのが稙家であった。この時稙家は大納言（亜相）に昇進していた。稙家は元服と同時に正五位下に叙せられ、永正十一年十月二十三日に従四位上、同年十二月二十九日に従三位に昇進し、永正十二年十二月十八日大納言に就任する。『後法成寺関白記』は永正十一・十二年分は欠落しており、昇進の記事を見ることはできない。

永正十三年二月二十六日、尚通は稙家の読書のため、高辻章長を召し『毛詩』を学ばせ始める。続いて三月二日には、『伊勢物語』であった。高辻家は菅原家の一族として学問の家柄であったため、尚通は招いたのであろう。読書が終わって尚通は章長を夕飯に招待している。稙家が尚通から古今伝授を受けるのは、永正十四年十月十七日からで、稙家十六歳の時であった。『後法成寺関白記』の記事には、「細川右馬頭此間古今所望、今日始講尺、有一盞」とあって、古今講釈は細川右馬頭（尹賢）の所望で始めたことになっている。しかし実態は、稙家のための古今伝授に尹賢が同席を所望したのではなかろうか。永正十四年の古今伝授開講はこの日だけで、次に行われたのは同十六年三月十一日のことで、以後六月二十二日まで開講された。七月は中断し八月五日から再開されている。いずれの記事でも出席は細川一族の名しか記されていないが、近衛邸で行われているだけに稙家の同席もあったことは想像に難くない。

稙家は文芸を学ぶ傍ら、家族とともに遊山や寺社詣にもよく出かけている。例えば『後法成寺関白記』には、鞍馬への花見遊山、(4) 鞍馬寺・清水寺などへの参詣に誘われたり、(5) 時には路次に風流を見ることなどの記事が多い。

一方、公家としての昇進は順調で、大永三年（一五二三）三月九日には右大臣、同五年四月五日には、関白・氏長者となっている。

天文二年（一五三三）二月五日、稙家は関白を辞任した。その二カ月後、父尚通は剃髪し出家する。六十二歳であった。今まで見てきた時代の稙家については、後述するように政治的行動を窺えるような記事はなく、平凡な公家生活を過ごしていたことがわかる。

二　尚通剃髪後

尚通出家後の翌天文三年（一五三四）、稙家の妹が将軍足利義晴に嫁ぐという慶事を『御湯殿上日記』同年六月八日条が伝えている。稙家は義晴の義兄となったのである。

義晴は将軍義澄の息で、永正八年（一五一一）近江に生まれたが、播磨守護赤松義村の許で育った。父義澄は天龍寺香厳院で僧籍にあったにもかかわらず、明応二年（一四九三）の政変で、細川政元によって還俗させられ、擁立された将軍であった。しかし、政元が永正四年六月二十三日横死し、前将軍義材が翌年七月に再び将軍に復帰したことで、義澄は近江へ走り、政権回復を謀るため九州の大友親治父子に頼ることとなる。しかし事ならず永正八年近江で没した。父の境遇を見て育った義晴は、将軍職に就任するに当たり親裁権を保持するため、九代将軍義尚期の側近衆をモデルにして内談衆を創設し組織した。内談衆は義晴の擁立に関わったとみなされる大館常興を中心に、義晴と強い信頼関係で結ばれる腹心および実務経験者で組織された側近衆からなり、政務を執行するうえで、補佐役、諮問の対象として、それまでの奉行衆より時の将軍の意向をもっと反映させるため、身分的封鎖性を打破し、従来の出身階層や職制の枠に拘らない人員構成を持つ内容で創設したのであった。(6) 室町末期の将軍像を見直すべき説であると考える。こうした政治に対する姿勢と同様に、婚姻についても三代将軍義満以来続けられていた日野家との婚姻をやめ、近衛家と姻戚関係を持つにいたったのではなかろうか。

近衛家としては将軍家と姻戚関係を持つに至ったのは、どのような理由があり、どのような方向をたどることになるのであろうか。『後法成寺関白記』は稙家が家督を継いだ天文二年以降、日記が残るのは天文五年分のみである。他家の日記により尚通が没する天文十三年までの稙家の行動を続けて見ていくこととする。

近衛家当主となった稙家は三十二歳であった。天文五年（一五三六）十一月一日、稙家は再び関白に就任した。公家として朝廷への公務に携わる様子や、禁裏との交際の様子は『御湯殿上日記』が伝えているところであり、それらのことは天文七年正月五日に行われた叙位の儀に祗候、酒饌や物の贈答などの記事などに例を見ることができる。(7)

ここに、母維子の行動を伝える興味深い記事がある。

一、近衛殿大政所殿より伊予の河野御相伴衆之事、及晩以佐蒙仰候、彼使僧円福寺一紙に先駈趣国持之事なと注申也、此通無相違様六角霜台へ申合候て、其御返事可申由蒙仰也、早々可申遣之云々、只今又及夜陰間、明朝可申分申之也、

（『大館常興日記』天文八年十二月四日）

佐は常興の息で幕府内談衆大館左衛門佐晴光、六角霜台は近江守護佐々木定頼のことであるが、この記事から維子は(8)河野通直を幕府の相伴衆に加えられるよう義晴に要請したことがわかる。彼女が大館晴光を通じ常興へ依頼し、常興から定頼へ伝え義晴の回答を得られるようにしてあった。翌日の十二月五日、常興は維子の依頼を定頼へ伝えたのであるが、定頼へはすでに慈雲庵の延首座より連絡があったため、そのことを定頼は知っていた。定頼からは通直が相伴衆に召し加えられることは上意次第であろうとの回答があり、常興は晴光へそのことを書状で伝えたのである。(9)

維子の行動は、明らかに幕府政治への干渉である。公家の女性が政治に干渉する行為は、『親長卿記』文明十年（一四七八）八月十九日条に見ることができる。それによれば、伊勢国聖寿寺住持が「可着紫衣香衣之間由望申」したため、後土御門天皇の生母大炊御門信子（東洞院殿）が執り申し、親長が天皇に意見を具申した記事である。公家社会の中で公家の女性が介入した例であるが、維子の例は公家女性が幕府政治へ介入したのである。維子にこのような行為を可能にさせた背景には、稙家の妹が天文五年に次期将軍義輝を出産したことで、近衛家は将軍家の外戚となっていたからであろう。なお、河野通直は天文九年四月十二日、相伴衆となり幕府へ太刀および二千疋を礼として進上した(10)。

次は稙家のことである。

一、佐重而今夕来入、近衛殿より以佐御申候、従　禁裏様被仰候、世間各相煩之事候、未伏之由不便至、一段不可然事候間、於　禁中為御祈禱みしほを可被行候、仍御要脚事四千疋之由申候へ共、三千疋可有御進納候、其外ハ又為　禁裏可被仰付之、然ニ時分柄御さ候はす候、地下之倉方へ御借用候ハヽ、可然之由仰也、此趣以伝奏可有御申候へ共、難届被思食候間、以近衛殿御申由仰也、仍此分披露申候処、尤ニ被思食候、各可談合仕候由被仰出候間、各申談候、無余儀存候由被申条、愚老も其分候ハヽ、手日記に如例式可加名之由被申候間、いかにも可然旨申之、則可加名也、仍政所伊《伊勢貞孝》へ可被仰事候哉、様体可為如何由被申候間、執事代を被召て、此分具被仰付、政所へ申合可遂其意由歟、可然存候旨申之也、

（『大館常興日記』天文九年五月二十五日）

天文九年当時、天皇は後奈良天皇、将軍は義晴。管領細川晴元も久しぶりに在京しており、洛中は一応静謐と言えたが、地方では戦乱が続いていた。このため、「世間の煩わしさはいまだ収束し」ていなかったと言える。後奈良天皇

としては、本来「此趣以伝奏可有御申」ことであるが、話の内容が幕府に対し十分「難届被思食」れたので、伝奏に代わり稙家が幕府に申し出ることとなった。常興のもとへ稙家が大館晴光を通じ、天皇の依頼を持ってきたのである。朝廷として世間の煩わしさがいまだ収束しないことは不憫で一段とよくない。そこで禁中においてご祈禱・みしほ(御修法)を行おうということである。ご祈禱の費用として四千疋必要とのことであった。しかし稙家が言うには、幕府からは費用として三千疋進納してほしい。残りの分は禁裏として、別に仰せ遣わす当てがある。地下の倉方から借りることが望ましいと天皇は仰せているとのことであった。

当時皇室費用は恒常的に逼迫しており、世間静謐のご祈禱を建て前に幕府に金策を願い出たのではなかろうか。建て前は建て前として隠れた本音をうまく伝えなければならない必要から、天皇は伝奏を外し将軍家外戚の稙家に命じたのであろう。しかし稙家としても幕府に遠慮があったためか、天皇が希望する四千疋を三千疋という判断で、幕府に申し出たのである。

内談の後に常興が披露した結果、「無余儀存候」と意見が一致し費用を政所へ要請した。そして翌日、『大館常興日記』天文九年五月二十六日の記事には、

一、早朝ニ佐方より以富左申、昨日の近衛殿より御申候儀、倉方へハ五千疋分と被仰て、可然候哉之由候旨申間、いかにも其分可然候、只三千疋なとの事かへりてれうしなるやうに存候、万疋とも可被仰候へ共、今の時分さやうにハ難調存候間、五千疋尤可然旨申之也、然間先伊勢守《(伊勢貞孝)》方へ被仰て可然哉之由被申候間、其分も可然哉、於愚意者先以執事代を被召て被仰て伊方へ申合候へと御さ候て、猶可然存候、但其段ハ何様にも不苦存候、於愚意者如此存候由申候也、惣別もと〳〵も加様趣、毎々執事代被召仰せのミ也、仍如此申也、

一、此儀則被召執事代被仰出之、政所へ可申合候由被仰下也云々、

とあって、幕府として朝廷が一万疋を要請してきたのであれば「難調」き額であったが、三千疋は「れうし」(聊爾＝失礼なこと)として、五千疋を倉方へ要請したことがみえる。朝廷が近衛家を利用し金策をしたことを伝える興味深い記事といえる。

天文十年(一五四一)、細川晴元の被官であった木沢長政は、摂津国衆の紛争をめぐり晴元と対立し、十月二十九日、晴元は東岩倉へ退去する。義晴は難を避け晴元に供奉を要請するが、晴元は応ぜず[11]、翌三十日義晴は銀閣寺へ渡御し、次いで近江坂本へ下る。稙家も義晴に従い坂本へ移る。

天文十一年三月七日、坂本の稙家を山科言継が訪ねてきた。三日から始まった禁裏の陣座の作事[12]に関し、材木の調達を清水寺山に求めることで天皇の命を受け、幕府へ取次の依頼であった。陣座とは紫宸殿にあって、公卿が着座し節会・神事・官位などの公事を行うところである。

清水寺山の材木を伐採するには幕府の了解を必要としたため、言継が幕府へ赴くこととなったが、ことを円滑に行うため御台やその御乳人(さゐもんの督)への女房奉書を通じ稙家に口添えを要請したのである[13]。武家伝奏として広橋兼秀がいるにもかかわらず、天皇は言継に稙家を相手に折衝させたのである。言継は京都と坂本を数回往復し、その間稙家は幕府内談衆の方針などを伝えてはいるものの、実行に移されるまで日時を要した。理由は年寄衆の意見として当年義晴は陰陽道にいう厄年の三合の年に当たり、神木を伐することは甚だ良くないとのことであった。しかし陣座の立柱は三月十九日に行われる運びとなった。陣座作事のための材木のことで義晴と年寄衆の間に確執があった様子である。しかし内談衆の談合の結果、奉行衆が山科七郷と清水寺へ下知状を発給したことで問題は一応の解決を

見たのである。

言継の奔走もさることながら、稙家もまた将軍（＝幕府）との仲介の役に利用されて行動している様子がわかる。稙家のように将軍の動座に従い京都を離れ、また朝廷と幕府の間を近衛家の当主が伝奏的役割で行動する姿は、政家や尚通の代にはなかったことである。政家は応仁の乱を避け宇治や信楽に滞在したことがあり、尚通は遊山・寺社詣以外、近衛邸を留守にすることはほとんどなかった。むしろ政家父子は邸内をサロン的雰囲気で文芸の場に解放し、自らも楽しんでいた様子が日記から窺うことができるのである。(14)

稙家にもそうした伝統は受け継がれており、断片的ではあるが他家の日記からそのことを垣間見ることができる。

①一、右京兆(細川晴元)近衛殿へ被参、屋うきう(楊弓)在之、仍左衛門佐(大館晴光)同参、播州(細川元常カ)同被参云々、やう弓後御鞠、其後大御酒候、左衛門佐供に富左罷出めし出を給也、将又京兆大こあそハし候、時富左におおつゝみ被打云々、面目至也、

（『大館常興日記』天文九年五月二十七日）

②けふやうめい(陽明＝近衛)にて右京大夫(細川晴元)なとみな〳〵あふきあはせあるよしきこゆ、いかなる風流そやとそ、

（『御湯殿上日記』天文十一年六月十七日）

③今日近衛殿御会始有之、武家に不出仕之間不参、懐紙計進之、依御家礼同之字書之、姓者依同姓不書之也、御題竹不改色、

君か代の春はかきりもなよ竹のすなほなるかけの常磐かきはに

（『言継卿記』天文十三年正月二十一日）

①は楊弓と鞠、②は扇合わせ、③は歌合に近衛邸を提供している。①②に見るようにとりわけ細川晴元と親しかった様子で、稙家は晴元たちと遊山することもあった。(15) 木沢長政と晴元との間に確執が起こったとき、稙家は晴元に協力

すべく御内書発給を義晴に言上していたが、このようなことにより両者の親密さが形づくられたのであろう。(16)

稙家と晴元の交際には、文芸面だけではなく政治的交際とも考えられる面も窺える。さらに稙家は単に将軍動座に従っただけでなく、幕府内の政治面でもかなりかかわりを持つようになっていた。

尚通は天文十三年八月二十六日薨じた。享年七十三、当時としては長命であった。こうして名実ともに近衛家十五代の当主となった稙家には、政治的行動が目だって多くなっていくのである。

三　尚通薨去後

尚通の薨去前後からの政治状況とともに、稙家の行動を追ってゆきたい。天文十一年（一五四二）十二月、細川尹賢の遺子氏綱が晴元に対抗し、和泉堺において挙兵した。尹賢は近衛邸で稙家とともに尚通から古今伝授の講義を受けた人物である。氏綱の挙兵は、晴元と反対の立場にある畿内国人を蜂起させることになるが、晴元の被官三好長慶により鎮圧されていた。しかし、氏綱による摂津国欠郡への侵攻は、晴元の有力国人であった三宅・池田氏の氏綱への帰参となり、長慶にとっては態勢を立て直す必要が生じた。一方将軍義晴は天文十四年九月、晴元・氏綱の細川両家の争いに巻き込まれることを避け、東山の慈照寺（銀閣寺）に入り座視の立場を取ることになる。

天文十五年十一月、義晴は晴元を抑えるため、慈照寺の裏山に白川城を築くことを企てた。

公方様東山白川山迄被搆御城、勝軍之下之山也、日々御普請竹木・人夫等、近江（郷カ）・他郷迷惑仕者也、為御城米山科七郷年貢一旦被借召之也、但三分一本給人、三分一地下、三分一御城米云々、北方散在之事、陽明迄被進勅書、雖被仰出不事行、言語道断事在之、

（『厳助往年記』天文十五年十一月日）

義晴は城普請のため山科七郷の年貢の三分一を城米とするほか、竹木・人夫等の割当を近郷・他郷に課したのである。禁裏としては迷惑な話で、稙家に勅書を下し義晴が課す割当の停止を求めた。勅書の効果の程はわからないが、義晴の城普請の結果、晴元は長慶の軍事力を頼み、領国丹波へ逃亡する。

しかし晴元は天文十六年に入ると反撃に転じ、摂津にある国人の城を次々落とし茨木へ進軍する。三月二十九日、義晴は晴元討伐のため北白川城へ入る。この時のことを『公卿補任』に見ると、義晴に従ったのは、息義輝は当然のことながら稙家・聖護院道増・大覚寺義俊が含まれており、道増・義俊とも稙家の兄弟である。形勢は近江守護六角定頼が晴元に通じたことで、氏綱の旗色は悪くなり義晴父子も孤立し、七月十九日城を焼き東坂本へ出奔する。義晴の出奔の二日後の二十一日、いわゆる舎利寺（大阪市生野区）の戦いがあり、氏綱の敗報は坂本にも届き、義晴は晴元と和睦し帰洛する。

天文十七年になると、それまでくすぶっていた三好氏の内紛（長慶対政長）が顕著となり、晴元・氏綱が三好家の家督争いに巻き込まれる事態に発展してくる。三好氏はもともとは細川氏の被官であり、三好長慶は晴元方として働いていたが、氏綱と同盟したことで、晴元・氏綱は三好のためといってもよい戦いに巻き込まれることとなり、両者は淀川河口流域で衝突した。晴元は江口（大阪市東淀川区）に敗れ、ここに晴元政権は崩壊する。その影響は義晴にも及び、天文十八年六月義晴父子とともに晴元は坂本へ下る。下る者の中には稙家だけでなく、聖護院道増・久我晴通（稙家の弟、久我家の養子）等の名もあった。将軍の動座に公家が従って都を離れることは、義尚が近江六角氏征討と称して近江鈎の陣（滋賀県栗東市）へ幕府機能を移したとき、一部の公家も同行したことがあったが、ここでは摂関家の当主が将軍に随行したのであった。

このころ山科言継の家領のある山科郷の地が、義輝の料所とされる事件が起こっている。言継は坂本（滋賀県大津市）へ下り、「山科七郷之内予知行分、一身可被相除之由、武家以御内書可申入云々、遅々間先近衛殿御書禁裏へ被進云々、此儀近衛殿御馳走之間、為御礼先参近衛殿[17]」として、義輝の料所からは山科郷のうち山科家領が除かれていた。このことは稙家の馳走によったもので、言継としては稙家が将軍義晴に従っていただけに、礼のため坂本へ下ったのであった。礼として稙家・稙家室・義晴室へは薬を持参しているのは、言継が医師であったことによる。山科家では山科郷の当知行をたびたび幕府に申し出、稙家の介在があって安堵されている記事が、この後も『言継卿記』に見ることができる。

例えば『言継卿記』天文二十一年十月三日条には、言継の申し出により朝廷が、山科家の知行している「名字地」からの年貢納入に、幕府の介入を禁止する女房奉書を発給したことがみえる。女房奉書は二通で一通は広橋兼秀の息国光が義輝へ届け、もう一通は兼秀が稙家に届けた。この後多少の曲折があるが、奉書が功を奏し十一月五日幕府から四石渡付され、次いで八日に米俵三俵が到来した。十二月十七日言継は稙家のもとへ礼に上がり、今回のことについて言継は「為武家不被仰付迷惑之由」と稙家へ不満を述べ、稙家は「聊無御粗略、但当時不可説之時分之間」と釈明している[18]。最初の女房奉書は義輝宛を武家伝奏が持参すればよいものを、稙家にも勅命の女房奉書が下り、武家伝奏の役割をさせたことになる。

この時期、将軍家の家督は義輝に移っていた。すなわち、義晴は坂本から近江穴太（滋賀県大津市）へ移り上洛を窺い、天文十九年二月十六日如意嶽に城を築き始め[19]（中尾城）、十七日を入城する日と定めていた。しかし入城は事情で果たせず、三月二日義晴は病となり五月四日没した。その時義晴の室は落髪し、慶寿院を名乗っている。稙家も義輝に従い穴太に滞在することになり、稙家の行動にも武家社会寄りの行動が目だつようになってくるのである。それらのことを具体的に見ると、小さなことでは武士の官途の口添えに始まる。『御湯殿上日記』天文二十一年六月十四日条には、

こんゑ殿よりとり申されて、たねか島の物しゆりの大夫を申て、御れいとして御太刀きよみつ・御むまの代三百疋まいる、

とあって、薩摩島津貴久が修理大夫の官途を稙家に依頼したのである。[20] 武士の官途依頼は、公家が受けても将軍が執奏することになっていたのであるが、[21] 貴久の場合稙家が受け執奏している。また、関東の二階堂照行の四品の口入[22]も稙家の執奏であった。

次に特筆すべきことは、長尾景虎（後の上杉謙信、本章では景虎で統一）との関係である。景虎と近衛家の関係については、註（1）に掲げた近衛通隆「近衛前久の関東下向」に詳しい。近衛前久は稙家の息で、次の近衛家の当主となる人物である。近衛通隆氏によれば前久が関東へ下向し、景虎の上洛を求めた背景には、皇室推戴の念が厚い有力な勢力の出現を待ち望んでいたこと、幕府政治の衰退と将軍の無力、三好長慶の圧迫の三つがあり、目的は京都政治の刷新にあったと結論づけられている。また、最近瀬田勝哉氏が「公方の構想――上杉本洛中洛外図の政治秩序――」[23]で、「上杉本洛中洛外図屏風」が上杉氏へ渡ったルート解明を論じ、その過程で前久の越後下向問題に触れ、近衛通隆氏の結論を認めたうえ、前久と義輝との姻戚関係から前久の行動は義輝の「暗黙の了解のうちになされたものであったにちがいない」とされている。

前久が関東へ下向するのは、永禄三年（一五六〇）九月十九日[24]のことで、兄弟の聖護院道澄と家僕の西洞院時秀、

智恩寺岌州が同行した。(25)岌州は陸奥国河沼郡青木村（福島県河沼郡坂下町）出身(26)で、景虎と深い関係にあったからという。下向に至るまでの様子を、「上杉文書」（以下引用の「上杉文書」の番号は『新潟県史　資料編3　中世一』一九八二　新潟県による）により概観すると、前久の下向計画は永禄二年四月ごろからあり、当初西国へ下る計画であったらしいが、両親の反対にあっていた（「上杉文書」九八九）。両親は下向に反対していたのではなく、下向先を西国としたことに反対していたのではなかろうか。西国はかつて大内氏の勢力下にあり、大内義隆は後奈良天皇の即位費用を要請され、その一部を受け持ったことがあった。(27)しかし天文二十年義隆は家臣の陶隆房の反乱に遭い敗死し、大内氏は滅亡し毛利氏が勃興の途にあったのである。

稙家は景虎が二度目の上洛（永禄二年四月）中、岌州に連絡を取り、「先日注進之候、前々一巻、只今見候へは、筆者誤候所候、直候て可進候」と依頼された書物の誤りを正すことにことよせて、景虎下国の時期を問うとともに「随分内儀令馳走候、何も〳〵直ニ猶々申度事共候」と内儀の馳走の結果、申したいことがあることを伝えており（同九八四）、こののち前久も岌州に書状を遣わし、景虎へ取りなしを請うている（同九八五・九八六）。続いて稙家は景虎へ「内々承候会席様体之事、具直談之望候」と書状を送った。これらの流れからこれからの前久の行動には稙家の隠密裏の工作が窺える。

前久の下向の段取りは進められ、永禄二年六月十日、将軍義輝は前久へ「以密々可被仰聞条々、一切不可令他言候」（同九九二）との起請文を送った。『関東管領記』によれば、景虎が前久を関東公方に推戴しようとして差し下されたとの記述があるが、いかがなものであろう。

前久の越後・関東下向は、稙家の画策にしたがったものであるとともに、義輝の母慶寿院、義輝の妻までが画策に加わっていたものと考えられる。このときの将軍家の構成をみると、義輝の母は植家の妹であり、義輝と前久とは従兄弟にあたるうえ、義輝の妻は植家の女（永禄元年十二月二十八日に結婚）で前久とは兄妹であった。将軍家の正室は近衛家が独占していたといっても過言ではない。

前久の行動を容認した近衛家であるが、天皇を中心とした公家社会において、これは単なる一摂家の行動と考えてよいのであろうか。裏付けする史料は見あたらないが、私は近衛一族の動きを天皇も背後で知っており、また相談を受けていたものと推測する。

当時の天皇は正親町天皇で後奈良天皇の第二皇子であった。両天皇と景虎のつながりは、後奈良天皇の時代の天文二十一年四月二十三日、大覚寺義俊（植家の兄弟）の奏請により、景虎が弾正少弼・従五位下に叙任され、翌年高野山詣を口実に官途御礼のため上洛したころに求められる。上洛後景虎は後奈良天皇に拝謁し（同八六五・一〇一三）、礼物を献上した。また、景虎が二度目の上洛の翌年の永禄三年六月十八日に内裏修理のための費用を進上するについて人を下すよう催促し、同年七月二日禁裏の使として、伝奏広橋国光の家僕、速水右近が越後へ下っている。[28]景虎は近衛通隆氏が説くように皇室推戴の念がある有力な勢力であっただけに、正親町天皇としては、「京都政治の刷新」を求め景虎のもとへ下すことを示唆したのではなかろうか。そのため前久の越後・関東下向の前日である永禄三年九月十七日、植家は参内し「としく〜」のまつたけを持参しているが、[29]正親町天皇と植家は何を話したのであろうか。恒例のまつたけ持参とは言いながら、気になる植家の参内である。前久は翌日参内し暇乞を申し伝え十九日出発した。このとき前久は関白在任中で、二十五歳であった。

義晴段階で一端浮上した幕府内の将軍の権威は、義輝の代になりまた弱体化する様相を帯びてきたため、その立て直しを景虎に託そうと考えたのは、天皇だけでなく、武家の立場にいた慶寿院もその一人であったと考えられる。慶寿院が幕府政治に介入する気性を持つ女性であったことは、『披露事記録』天文八年六月二十三日条に見ることができる。山城国河嶋庄は近衛家領として近衛家が当知行していた。しかし、相国寺の塔頭万松軒が異論を申して提訴したのである。近衛家としては「無謂儀」であったため、慶寿院は実家の問題を日行事である摂津元造に伝え、内談衆の間で評議することを元造に命じた。元造は慶寿院からの命令として披露したのである。結果は不明であるが、管見では慶寿院が政治に介入した最初ではなかろうか。

続いて天文八年・九年にも二、三の介入を見ることができる。一つは大内氏の被官杉興重の官途について、稙家とともに内談に付すよう働きかけていることである[30]。また、天文九年三月三日の『大館常興日記』によると、慶寿院は日野家出身の侍女のために、近江在の日野晴光の所領の年貢を、侍女に給付することを摂津元造に内談をするよう命じている。また同年七月二十七日、奉公衆の本郷光泰が細川高久とともに出仕を止められた。理由は殿中において内談が催されたとき、両人は「存外之様体」であったため除外されたとのことであった。同八月二十一日、「本郷常陸介御侘言之段、従御台様可有執御申候由」との記事がある[31]。

慶寿院は足利将軍義晴の正室として、将軍家の権威を高揚させる必要があるとともに、将軍の母として義輝を後見する立場でもあったことから、景虎の軍事力を求めたのであろう。天皇および近衛家の一族により画策され、若い前久が越後から関東へ下向したことが考えられる。しかしその下向は目的を達することなく、永禄五年八月二日前久はむなしく帰洛する[32]。稙家はこれより前の三月二日付で、景虎へ前久在国中の「懇切」に対し礼状を送った[33]。

話が少し前後するが、稙家には天文期以来、薩摩島津氏との交渉がありその関係からか、日向伊東義祐と島津貴久が日向飫肥に戦っていたときの永禄三年、稙家は義輝とともに戦いを仲裁することもあった。[34]

稙家には今まで見てきたように、武家側に立つ行動が目だって多くなってくるが、だからといって武家に同化はしておらず、公家の立場に立った行動も行っていることは、次の二、三の例からもわかる。

例えば、天文九年十二月三日には、参内し内裏の修理を奏上している。[35] また、永禄七年十二月七日、言継が稙家の招請で近衛邸へ赴いたところ、稙家から飛鳥井雅綱の孫の千代松丸が元服したので、官位の奏請および諸事を任されたのである。諸事とは千代松丸の河鰭家相続のことであった。同十月十日、千代松丸の叙爵は勅許され千代松丸は名を公虎と改め、十二月二十二日元服し河鰭家を嗣いだ。元服で加冠を行ったのは稙家であり、[36] 公家の立場で河鰭家の家督相続をとりもったのである。この例以外には、普段の行動として禁裏へ酒饌を献じたりする記事は枚挙に遑がないほど当時の史料から拾え、毎年近衛邸では公家や武家を招き和歌会始が行われ、政家以来のサロン的なことも続けられており、稙家の代に言継に招請が来るのは永禄九年正月十九日[37]まで続く。

永禄九年七月十日、稙家は薨じた。六日ごろより持病の中風が以っての外の状況となり、言継は見舞いに訪ねた。そのときは少し持ち直した様子であったのが、十日申刻他界したのである。享年六十五であった。[38]

むすびにかえて

三好氏の内紛は細川氏を巻き込むだけでなく、摂津国人もそれぞれに荷担し戦乱は続いていた。永禄七年七月四日、三好氏内紛の一方の旗頭であり、両三好氏にとっても重鎮であった長慶が没した。その前年には反三好党の細川晴元が摂津で没しており、義輝が反三好党の代表と見られていた。長慶没後、長慶の猶子義継が嗣ぎ、長逸・政康・友通のいわゆる三好三人衆が後見していた。しかし長慶の被官であった松永久秀の台頭がはなはだしく、三好政権を二分するに至っていた。久秀は永禄八年（一五六五）五月十九日、三人衆と謀り義輝を二条御所に急襲し暗殺。そのとき義輝の母の慶寿院も自ら火中に身を投じたのである。慶寿院の死は稙家より早かった。それも公家女性の死というより、武家の女性の死に方であった。

稙家とその妹慶寿院の行動から、当時の近衛家の動向を見てきた。『後法興院記』『後法成寺関白記』では、近衛家が公家社会の中で摂関家としての政治的行動があったが、この時代、尚通の正室維子には武士と雑談する場があったことは、前章「公家女性の生活――近衛尚通の正妻、維子の場合――」で述べたとおりであるが、政治的なことへの介入はなかったのである。しかし、稙家の妹が義晴へ嫁ぎ尚通が薨じて以来、徐々にではあるが稙家の武士社会への政治的行動が目だってくるのである。

近衛家がこのような行動を始めるに至った理由はなんであろうか。理由の一つとして考えられることは、経済的基盤であった近衛家領の衰退ではなかろうか。近衛家には遠隔地の荘園ではあるが、加賀国に安江保が機能していたことは『天文日記』により確認できる。すなわち天文六年（一五三七）十一月四日には、安江保の年貢未進の不法を本願寺光教に訴え、また天文七年九月十六日には、年貢徴収をやはり光教へ依頼している。結果はどうであったか不明であるが、安江保は機能していたからこそこのような手だてを行っていたのであろう。また京都郊外の近衛家領としては山城国に革嶋庄があり、万松軒との間に訴訟が行われたことは本文で述べたとおりである。いずれにしても祖父政家の『雑事要録』のような家産経済を記すものがないため、深入りすることができないのは残念である。

いずれの荘園も機能はしていても、本願寺光教や幕府の力を頼らない限り年貢収納は困難な様子であることがわかる。摂家の一つである一条家のように土佐へ下り、そこで土着し武士のように生活を行う家もあり、地方へ下り武士の食客となる公家も多くいたことは周知の事実である。たまたま近衛家は将軍家と姻戚関係にあったため、稙家の行動は将軍の食客としてのものであったかも知れない。

最初、稙家は将軍の義兄として、後には岳父として将軍の側にいたため武家政治への発言も可能となってきたのである。将軍の側にいるため朝廷までもが、武家伝奏広橋家があるにもかかわらず、武家との摩擦を少なくするため武家とのパイプ役に稙家を利用し始めたのである。その行動が武士側に片寄ったこともあったのである。前久の時代は近衛家による将軍家の独占の時代は終わり、室町将軍に替わり信長が勢力を持ち、さらには秀吉・家康へと続きもっと強烈な武士の世となり、そこへ身を置くことになるのである。したがって父稙家とは違った行動もとらなければならないことになってくる。

近世史においても公家を除いた歴史はありえない。近世の準備期間である戦国終焉期の天皇家・摂家の姿の考察は、近世の公家社会研究への通過点といえる。この通過点が近世に入り「禁中並公家諸法度」という形で公家の行動を制約する契機となっていくのではなかろうか。続けて前久の行動も考察する必要があろう。

〔註〕

(1) 近衛通隆「近衛第趾について」(『歴史地理』八六―二　一九五五)、吉村亨「戦国期の近衛家領について」(「地域研究いたみ」七　一九七七)、同「近衛家領研究序説」(『中世日本の歴史像』創元社　一九七八)、「戦国の争乱」(『宇治市史　2』第三章　第五節　宇治市　一九七四)、近衛通隆「近衛前久の関東下向」(『日本歴史』三九一　一九八〇)、鶴崎裕雄「「後法成寺関白記」に見る連歌師宗牧」（『堺女子短期大学紀要』一八　一九八二）、同「中世後期古典研究の一側面――近衛尚通の場合――」（『帝塚山学院短期大学研究年報』三一　一九八三）、同「風呂と寄合の文化」（『芸能史研究』八四　一九八四）、同「近衛殿の糸桜――洛中洛外図屏風に読む公家社会の位置――」（『文学』五二　岩波書店　一九八四）、橋本政宣「関白近衛前久の京都出奔」（『東京大学史料編纂所研究紀要』四　一九九四）、同「近衛家歴代の遺書について――政家・信尹・信尋・尚嗣・基熙――」（『古文書研究』四一・四二合併号　一九九五）、柴田真一「近衛尚通とその家族」（中世公家日記研究会編『戦国期公家社会の諸様相』和泉書院　一九九二）、谷口研語『流浪の戦国貴族近衛前久　天下一統に翻弄された生涯』（中公新書一二一三　一九九四）。なお、鶴崎論文はいずれも後に『戦国期公家社会の諸様相』（前掲）所収。また、橋本論文は後、『近世公家社会の研究』（吉川弘文館　二〇〇二）へ採録。

（2）本書、第一部第二章「中世公家家族の一側面――『後法成寺関白記』の生見玉行事を中心に――」。

（3）『守光公記』永正十一年八月十二日条。
今月殿下若公御元服也、御名字稙家被申出室町殿御字云々、御前例也、、禁色・昇殿・叙品等事□□□上卿中御門中納言(宣秀)、職事伊長朝臣、

（4）『後法成寺関白記』大永六年三月三日・享禄三年三月二十九日条。

（5）『後法成寺関白記』大永八年三月十七日・享禄元年六月九日・同三年五月十六日・同四年九月十九日・同五年三月六日条。

（6）清水久夫「将軍足利義晴期における御前沙汰――内談衆と「賦」――」（『日本史研究』二〇七　一九七九、後に『日本古文書学論集八　中世Ⅳ』　吉川弘文館　一九八七）。設楽薫「将軍足利義晴の政務決裁と「内談衆」」（『年報中世史研究』二〇　一九九五）。

（7）『御湯殿上日記』天文六年正月四日・同年十一月八日・天文七年正月十一日・同八年九月十日・同九年正月五日・同年十二月六日・同十年四月八日・同年九月二十二日・同十一年正月四日・同年三月二十九日・同年四月十五日・同年六月十八日・同年九月五日・同年十二月十七日・同十二年九月二十一日条。

（8）『史料綜覧　巻九』の同日条には「稙家、伊予守護河野通直ヲ相伴衆ニ加ヘラレンコトヲ義晴ニ請フ」とし、稙家が口添え

したように記されているが、『大館常興日記』の当該日には「近衛殿大政所」とあり、維子を指すことがわかる。政所は摂関家では正室を指し、稙家の代になっていたため尚通の妻維子は大政所と称されていたのである。

(9) 『大館常興日記』天文八年十二月五日条。

(10) 『大館常興日記』天文九年四月十二日条。

(11) 『惟房卿記』天文十年十月二十九日条。

(12) 『言継卿記』天文十一年三月三日条。

(13) 『言継卿記』天文十一年三月六日・同七日・八日・九日・十日・十一日・十二日・十三日・十六日・十七日・十九日・二十五日・二十六日・閏三月四日条。

(14) 例えば前掲註(1)、鶴崎裕雄「「後法成寺関白記」に見る連歌師宗牧」・同「中世後期古典研究の一側面——近衛尚通の場合——」・同「風呂と寄合の文化」などによる。

(15) 『大館常興日記』天文十一年閏三月二十八日条。

(16) 『大館常興日記』天文十年十一月十八日条。

(17) 『言継卿記』天文十七年五月二十五日・同二十八日・同三十日条。

(18) 『言継卿記』天文二十一年十月三日・六日・七日・九日・十八日・二十四日・十一月三日・五日・六日・十五日・十七日・十二月十七日条。

(19) 『万松院殿穴太記』天文十九年二月十六日条。

(20) 『御湯殿上日記』文明九年九月二十六日条では、大内政弘が従四位下を望んだとき、足利義政が広橋兼顕を通じ執奏している。

(21) 湯川敏治校訂『歴名土代』(続群書類従完成会　一九九六)天文二十一年六月十一日条。『御湯殿上日記』同年六月十四日条。

(22) 湯川敏治校訂『歴名土代』天文二十二年五月九日条。『御湯殿上日記』同年六月十五日条。
(23) 瀬田勝哉『洛中洛外の群像――失われた中世京都へ――』（平凡社　一九九四）。
(24) 『御湯殿上日記』永禄三年九月十八日条。『公卿補任』永禄三年　近衛稙家条。
(25) 『御湯殿上日記』天文三年四月二十四日条。
(26) 前掲註（1）。近衛通隆「近衛前久の関東下向」。
(27) 前掲註（1）。近衛通隆「近衛前久の関東下向」。
(28) 『御湯殿上日記』永禄三年六月十八日・同七月二日条。
(29) 『御湯殿上日記』永禄三年九月十七日条。
(30) 拙稿「『歴名土代』の史料的価値」（『季刊　ぐんしょ』三三　続群書類従完成会　一九九六）。
(31) 『大館常興日記』天文九年七月二十六日・同年八月二十一日各条。
(32) 『御湯殿上日記』永禄五年八月二日条。『公卿補任』永禄五年　近衛前久条。
(33) 「上杉文書」六七九（『新潟県史』資料編三　中世一　新潟県　一九八二）。
(34) 『島津国史』永禄三年六月二日条。
(35) 『御湯殿上日記』天文九年十二月三日条。
(36) 『言継卿記』永禄七年十二月七日・十日・十六日・十七日・二十二日条。
(37) 『言継卿記』永禄九年正月十九日・同二十日条。
(38) 『言継卿記』永禄九年七月九日、十日の各条。『公卿補任』永禄九年　近衛稙家条。

第五章　摂関家異色の後継者

――織豊期近衛家の当主――

はじめに

近衛信尹（初名は信基、次いで信輔、信尹と改名。本章では煩雑をさけ、信尹を用いる）は、織豊期から江戸時代初期を生きた公家で、近衛家の第十七代当主にあたる。近衛家は五摂家の一つで、摂政・関白に昇進できる家系であった。しかし信尹は父前久と同様に、覇者の道を歩む信長・秀吉・家康に接触し、彼らの枠内へ身を置いて生活したこともあるだけに、それまでの近衛家の当主とは違った生き方をしてきた。今まで信尹を中心とした研究は管見の限り、橋本政宣・名和修「解題」（『史料纂集　三藐院記』続群書類従完成会　昭和五十年）、橋本政宣「『三藐院記』の抹消文字」（『史料纂集会報』四五・四六　一九七五）、白井忠功「近衛信尹の旅――『三藐院記』と『信尹坊津紀行記別記』――」（『立正大学文学部研究紀要』昭和六十二年）、「慶長七年における近衛家と徳川家康の不和」（『書状研究』七・九　一九九〇）「近衛家歴代の遺書について」（『古文書研究』四一・四二　一九九五）・（以上橋本政宣、『近世公家社会の研究』吉川弘文館　二〇〇二へ所収。また、橋本氏著書発刊にあたり「豊臣政権と摂関家近衛家」「近衛信輔の薩摩左遷」を新稿掲載）、益田宗文化講座「三藐院近衛信尹と薩摩――文禄三年薩摩に流された貴族の紀行――」（尚古集成館　講座・講演集　平成九年）があり、信尹の政治的活動と坊津往還の紀行を論じたものに概括できる。本章では信尹を中心に前久を絡め、武士集団の統率者をめざす秀吉に翻弄され中世から近世を生き抜いた父子の姿を概観する。

一　信尹の生い立ち

信尹は永禄八年（一五六五）に生まれ、天正五年（一五七七）閏七月十二日に元服した。加冠役を務めたのが織田信長で、諱「信」を与えられ信基と名乗った。同年十一月十一日従三位となり、翌年大納言に昇進。天正八年には内大臣従二位。同十三年三月十日に左大臣正二位となり、関白職も望み勅許を得るため、申文を三度提出した。この時関白は二条昭実で、就任後一ヵ月しか経ってなかったため譲る気はなく、二人の間に関白争いが起こった。昭実は天皇に近侍する叔母の勾当内侍をつうじ、慣例による裁定を求め、秀吉へも所司代の前田玄以を介して働きかけた。玄以と信尹は親しかったことから、昭実の行動は逐次信尹に伝えられていたのである。

両者の関白争いは意外な方向に展開する。玄以は秀吉の命で書状を信尹に送り、前久が信長から拝領した光忠の刀の「一覧」を願っていることを伝えた。信尹は秀吉が機嫌を損ねることを恐れ、不本意ながらも前久に伝え、父子で大坂へ下り刀を披露した。このついでに秀吉は、玄以に自らが関白に就く気があることを話し、信尹の意向を打診させた。信尹は驚いて「関白は仁和三年（八八七）に藤原基経が関白に就いて以来、五摂家以外の者がなったことはない」と秀吉の申し出を拒否した。そこで秀吉は、前久の猶子となり信尹と兄弟の契約を結んでから関白職を手に入れようと画策し、礼として近衛家へ千石、他の摂関家へは五百石ずつ、永代家領として宛行うことを約束したのである。

秀吉は自分が近衛家の猶子として関白に就任することで、関白職の譲位を拒絶する昭実の主張も無駄になり、近衛家の主張どおりになるであろうと言う。[1] 秀吉の言葉に驚いた信尹は前久に相談した。しかし前久は、天下を掌にできる秀吉の威光を察知し、簡単に受け容れたのである。橋本政宣氏は信尹の日記『三藐院記』の解題で、このときの前久の態度について「流石に老練」と評価されている。老練なる前久とはどのような人物であったのだろうか。

二　前久の流浪

前久は天文五年（一五三六）、近衛稙家と久我通言の養女源慶子の間に生まれた。天文十年に従三位となって以来、昇進も順調で右大臣を経て天文二十三年三月二日、十九歳で関白となった。関白在任中の永禄三年、京都の情勢を憤り、長尾景虎を頼り越後へ下向する。[2] 景虎は関東へ出陣中であったため、厩橋（群馬県前橋市）へ追い古河に滞在するが、その後景虎とともに越後へ戻っている。越後へ下向した理由は景虎を授け、景虎の上洛を促すことにあったが果たせず、永禄五年に帰洛した。帰洛してからしばらくは、公家の普通の生活にもどつた様子で、景虎に在国中の懇志を謝したり、時には好きな鷹を京都近郊で放したりしていた。[3] しかし同十一年、織田信長に擁立された足利義昭が将軍に就くと、前久は義昭との間に隙が生じ京都を出奔する。そのため信尹は家督を継ぐことになる。京都を出奔した前久は、大坂・丹波を流浪し、その様子を山科言継は「大坂にお忍びの体、御牢(浪)人と云々」と記している。[4]

天正三年（一五七五）信長が正親町天皇へ前久の帰洛を奏請したことで許されたが、[5] 同年九月二十日島津義久を頼り薩摩へ下向している。帰洛したとき信尹が前久に料所五ケ庄（京都府宇治市）を返付しなかったかららしい。[6] 五ケ庄を信尹が返付しなかった理由はわからないが、天正十二年ごろ前久に返付されている。[7]

鎌倉時代の建長五年（一二五三）の「近衛家所領目録」には、島津庄が近衛家の荘園として記され、地頭職は島津家にあった。島津家は初代忠久の代に惟宗姓を名乗り、近衛家の下家司を勤めるとともに、源頼朝の御家人として、薩摩守護でもあった。戦国期にも近衛家の家僕に惟宗行治・行長・行量の名が見え、忠久と同じ系譜を引く人々と考えられる。前久の祖父尚通や父稙家も島津氏との交際があったことは、二人の書状が『島津家文書』に残っていることからもわかる。前久は天正五年二月二十六日薩摩から上洛する。この六カ月後に、冒頭に触れたように信尹は元服する。京都へ戻った前久は、天正八年信長の要請に応じ朝廷とともに本願寺光佐へ和睦を勧め、同九年には島津家と豊後大友家の和睦を取り持っている。

天正十年六月二日、信長は明智光秀の襲撃に遭い本能寺で敗死した。この時信長の息信孝に疑われ（一説には秀吉との不和ともされる）、前久成敗の風説が流れ、難を恐れた前久は剃髪し嵯峨に身を隠し、(8) 信尹は京都の異変による、近衛家の苦衷を島津家へ伝えている。(9) この時前久四十六歳、信尹十七歳であった。

薙髪した前久は家康を頼り遠江に下るが、翌年家康の斡旋で帰洛する。このような経験を持った前久は、秀吉の関白就任の難題に対しても、簡単に受け容れることができたのであろう。異を唱えた信尹は若かった。秀吉は関白となり、藤原姓に改め氏長者ともなった。前久には現米二百石が送られ、近衛家へは約束どおりの千石が与えられた。以後の信尹は前久が味わったような経験を持つことになる。

三　信尹の坊津配流

文禄元年（一五九二）三月、秀吉は十六万の兵を朝鮮に送った。世に言う文禄・慶長の役である。十二月になって信尹は肥前名護屋（佐賀県唐津市）へ赴き、秀吉軍への従軍を試みるが、拒否され翌年の三月十九日帰洛する。

この時代の秀吉と信尹について、朝尾直弘氏は天正十二年（一五八四）小牧・長久手の戦いで徳川家康に敗北した秀吉は、武家集団の統率者としての資格を示すことができなかった。そのため関白という官職制による政権の補完を必要としたが、公家と武家との間の区別が明瞭でなかった。そこを突いたのが信尹で、武家の真似をして権力をとりもどそうと企て、朝鮮出陣を望んだとされている。[10]

この行動は秀吉によって、信尹を糾弾するための口実となった。秀吉は上奏し後陽成天皇の勅勘の体裁をとって、薩摩坊津への配流となるのである。上奏の内容は豊臣秀次の右筆、駒井重勝の日記『駒井日記』に「太閤様御一書之覚」として、七カ条が記されている[11]（次頁参照）。第六条に信尹の高麗渡海計画について触れ、公家として「上儀」を軽んじる行為であるとしている。残る六カ条を見ると、第一条は上位の者を軽く見て近衛家の立場を考えず、普通の者と同じ行動をとっていること。第二条は、秀吉が関白に就いたときの経緯を正当化させる内容で、第三条は第二条を引き継ぎ、天下の儀を切り従えてこそ関白であって、五摂家で持ち廻りするのは理に合わないとする。第四条は時の関白豊臣秀次へ届けず、内覧を希望したこと。第五条は時として道理に合わない言動があること。第七条は再度名護屋下向を良くないこととし、切腹させるべきを配慮して遠国への配流としたと結んでいる。武士団の統率者として全国統一をめざす秀吉にとって、信尹の秀吉軍への従軍の試みは干渉とみなされ、配流は信尹への懲罰だけでなく、天皇を始め他の公家への牽制の意味もあったであろう。中には信尹の責任でないように思える条文もある。上奏は信尹を利用して、公家のあり方を規定しようとしたと考えられる。橋本政宣「禁中幷公家中諸法度の性格」（『近世公家社会の研究』所収　吉川弘文館　二〇〇二）によれば、「禁中幷公家諸法度」は簡単に成立したのでないことはわかるが、「太閤様御一書之覚」はその先駆的なものと感じるのは私だけであろうか。

近衛殿儀ニ付而　禁中様江従　太閤様御一書之覚、御使民部卿法印(前田玄以)・木下大膳(吉隆)

四月十三日

一、上之御為をかろしめ、近衛身持平人同前之事

一、関白職之儀、雖被仰出候、達而斟酌申上候処ニ、近衛・二条関白職廻持之儀ニ付而、互申事依有之、右両人衆雙方関白職之儀、尤之由被申ニ付而　上儀ヲ申、御請申申(衍)上候事

一、右之両人ニよらす九条・一条・鷹司両三人之衆茂関白職もたるゝよし、承及候間、天下之儀互ニ五人として廻持候段はおかしき次第与存候、其子細ハ右之五人衆御釼預り候有之(マヽ)ハ、天下之儀きりしたかゆへき為のよし聞及候、其下之儀者不及申、一在所之儀茂きりしたかへられす候間、自然秀吉御釼預申而、国之壱ケ国もきりしたかへ候ハ(カ)ゝ、右之五人之関白職ニハ少まし候ハん哉と存候事

一、信輔関白江茂不被相届、内覧之儀被望由、如何候事

一、信輔道ヲ相立、学問以下すくれ、諸事天下之重宝とも於有之者、縦内覧儀望無之候共、不限関白　大閤上之御前御取合茂申可馳走候処ニ、みちかたの儀者着果袴肩衣衣(衍)を帯、太刀をさし、菊亭(晴季)又者民卩卿法印両人所へ罷越、余事候子細哉雑言をあまし、沙汰限候儀共無其隠候条、右両人之者ニ可被成御尋候事

一、去々年名護屋江被越候其子細ハ、高麗江大閤於令渡海者、可有同道由被申候、右五ケ条之儀、其聞及候上ニ、又　上儀をもかろしめ、高麗へ可被越之由、不相届旨、雖可申出、はる〳〵の路次被相越候条、外聞能様ニ令馳走帰洛之儀申付候事

一、重而令用意、来春ニ成候ハゝ、可相越由被申候間、大閤右之狂気人を許容いたし候欤与　上ニ茂思召而者

与存、名護屋江不罷下様ニと御内儀申上候、又関白江茂堅被相留候得と、以朱印申候処ニ、重而去年名護屋江被越間、不覃見参返上、今日ニ至而不対面事
右七ケ条者定而　上ニ茂少ハ可被及聞召処ニ、信輔ニ御対面段不審ニ存候、彼者腹をも切せ候ハん哉、雖思案仕候、何茂一類有之ニ対而、天下之背御法度令遠慮、只今遠国江流者ニいたし候、雖然大閤一書之趣不相届与思召候者延引可仕候、此由有御披露、急度殿下江可被仰出候、恐々謹言、

文禄三
四月十二日　　秀吉御朱印

菊亭右大臣殿
勧修寺(晴豊)大納言殿
中山(親綱)大納言殿

文禄三年四月十一日の夜半、信尹は坊津へ発つ。『三藐院記』には「薩摩坊津左遷雑記」と題された記事があり、諸家から送られた餞別や留守方への扶持が記されている。餞別を送った人の中には前久を始め、家康や玉泉という唐人らの名が見える。さらに薩摩へ下る道すがらや、坊津の情景が記されてある。

『三藐院記』に記された坊津の情景「浪声物さハかしくて、さなから枕の下にうみある心ち」「四方ハ高山屛風を立たることくにて」「人家もすくなく」を見たくなり、梅雨の晴れ間に坊津を訪れた。歴史民俗資料館では、突然訪れたにも関わらず学芸員の橋口亘氏から多くのご教示を得て、信尹が住んだとされる「近衛屋敷跡」へ行った。屋敷跡は坊郵便局の側にあり、道路の位置より少し高台になっており、子孫の近衛文麿揮毫による碑がある。信尹の寓居

跡を示す碑で、坊泊戸主会が大正十四年に建てたそうである。その横には信尹のお手植えと伝える藤がある。藤の花の季節は終わっていたが、緑濃い葉だけが印象に残る立派な木であった。陸続きに対岸へ行き、近衛屋敷跡の方を眺めると、後ろには「高山屏風を立たることく」の山がそびえている。信尹の心境に少しは浸り、半日を過ごした。しかし近衛屋敷跡の付近は、枕崎への新ルートができ、山裾から海辺に沿うように明るい人家が並んでいる。海岸線には堤防や石垣が築かれ、「枕の下にうみある心ち」は遥か昔のことで、坊津は生活感が漂う町であることがわかる。

『三藐院記』の「三藐院殿御詠　薩州坊津」は、珠長法師が前久からの書状を携え、信尹を訪ねて来た記事で、信尹は「老父公の尊牒」を、披くのももどかしく拝覧した。配流中の信尹の平安を望んでいる書状で、前久の親としての情愛が感じられる。慶長元年（一五九六）九月十五日、秀吉の奏請により信尹は帰京できた。帰京した翌年、名を信尹と改めたのである。[12] 信尹は秀吉に翻弄されて生活してきたとも言える。

むすびにかえて

秀吉は慶長三年薨じた。翌年九月関ケ原の合戦が起こり、実質上天下は家康のものとなった。この合戦で信尹は敗れた島津兵を匿い、薩摩へ戻った義弘へは島津忠長をつうじ、家康へ弁明することを勧めており、[13] まだ政治に干渉する信尹の姿が見える。信尹が念願の関白に就任するのは、慶長十年のことである。中世から近世へ移行する時代に、あえて渦中に身を投じるような公家として生きた父子であった。二人とも近衛家にとっては異色の後継者であったと言えよう。前久は慶長十七年五日八日薨じた。享年七十七。信尹はその二年後の慶長十九年十一月二十五日薨じた。五十歳であった。二人とも激動期を生きたが、公家としての嗜みや素養は十分持っていた。それは二人が残した文芸作品から窺い知ることができる。

〔註〕

(1) 「近衛文書」(『大日本史料』十一ノ十七)。
(2) 『新潟県史』資料編3中世一「上杉文書」及び本書、第一部第四章「足利義晴将軍期の近衛家の動向——稙家と妹義晴室を中心に——」参照。
(3) 『言継卿記』永禄八年十二月二十三日・二十四日・二十五日条。
(4) 『言継卿記』永禄十一年十一月二十三日条。
(5) 『御湯殿上日記』天正三年六月二十八日条。
(6) 「島津家文書」六六五(『大日本古文書　島津家文書二』)。
(7) 『兼見卿記』天正十二年七月十九日条。
(8) 『兼見卿記』天正十年六月二十日条。
(9) 『後編薩藩旧記雑録』(『鹿児島県史料』)天正十年十一月二十六日条。
(10) 朝尾直弘「将軍と天皇」(永原慶二、ジョン・W・ホール、コーゾー・ヤマムラ編『戦国時代』——1550年から1650年の社会転換——』吉川弘文館　昭和五十三年)。
(11) 藤田恒春校訂『増補　駒井日記』文禄三年四月十三日条。
(12) 『続史愚抄』慶長二年六月一日条。
(13) 「島津家文書」七二一(『大日本古文書　島津家文書二』)。

第二部　公家の家産経済

第一章　近衛家の家産経済の記録

――『雑事要録』『雑々記』について――

はじめに

近衛政家の『後法興院記』、その息尚通の『後法成寺関白記』は、応仁・文明期から天文期にかけての公家の生活や、当時の社会情勢をよく伝えている日記である。しかしそこからは経済面について、たとえば生活基盤である家領収入や日常の収支等は充分知ることができない。近衛家の家領についていうと、古く鎌倉時代成立の「近衛家所領目録」[1]があるが、「目録」であるため、近衛家領の所在地はわかっても、その運営状況にまで立ち入って知ることはできない。平安時代以降の近衛家歴代の家伝文書や典籍類を蔵する陽明文庫には、『雑事要録』『雑々記』の二つの記録が残っている。これらの記録は戦国期の近衛家の家領経営をはじめ、日常の収支を記したもので、『後法興院記』や『後法成寺関白記』を経済面から補足することができる第一級の史料である。

両記録の一部は『大日本史料』にも採録されている。両記録を用いた先学の業績には平山敏治郎「多羅尾氏について」(『史林』第二四巻　第四号)、清水三男「摂関家大番保」(『清水三男著作集』第二巻　一九七四　校倉書房)、吉村亨「戦国期の近衛家領について」(伊丹市行政資料室『地域研究いたみ』七号　一九七七)・同「近衛家領研究序説」(『中世日本の歴史像』創元社　一九七八）・『宇治市史　第二巻「第三章　五節」』（宇治市役所　昭和四十九）などがあり、また竹内理三「日本荘園史」（『日本歴史』一三七〜一六二）、柴田實・高取正男編日本歴史地理大系『京都府の地名』（平凡社　一九八一）でも『雑事要録』『雑々記』に言及されている。しかし、これらの論考では両記録の紹介はほとんどされていない。そこで本章では両記録の内容を紹介し、その中から特定の年代を選び、近衛家の家産状況について具体的考察を試みることとする。

一　『雑事要録』『雑々記』の体裁と概要

『雑事要録』[2]は陽明文庫に文明十二年分・同十四年分・文亀二年分を欠いた、文明十年から永正二年までの二十三冊がほぼ完全な状態で保管されている。体裁は、第一冊目の文明十年分を例にみると、縦十五・三センチ、横二十二・八センチの表紙で、中央に『雑事要録』（文明十年）と墨書されその下に角印が押されている。角印は後世に整理の際に押印したものであろう。

以下各冊とも同様の体裁で、一年ごとに表紙が付けられ、『雑事要録廿八永正二年』まで続く。永正二年は近衛政家の薨じた年（六月十九日薨）であるため、一部に政家の書体と異なる部分があり、記述も簡略になっている。これは吉村氏も指摘されたように[3]、政家薨去後家僕の筆になったものと考えられる。

『雑事要録』の記載内容および構成は、一定の類型化した形式をとり項目ごとに収支貸借を記入する形をとっており、項目は年によって若干の出入りはあるが、主な項目は、①〔家領〕・②自処々之礼物・③遣処々礼物・④関白渡領事・⑤八朔事・⑥米銭事・⑦下行物事などであり、ほかに「東山殿（足利義政）御移徙御礼馬代」（文明十五年分）、「小童（後の一乗院良誉）入室色目条々」（文明十六年分）、「元日節会出仕入目」（延徳四年分）など、必要に応じて特定の項目を設け、収支を記入してある。特に長享二年分には、「御仏事以下入目」として、政家の父房嗣の葬儀費用が細かく記入されているほか、諸家からの香典の額の記入もある。また「憑子《頼母》事」（明応七年分）など興味ある項目も見られる。次に主な項目の内容を順序に従って紹介していくこととする。

①〔家領〕　各冊の冒頭には、近衛家の家領名を列挙し収入を記入した部分がある。これをとりあえず、私に〔家領〕とした。毎年、家領名を書きあげ、それぞれの家領名の後に、収入を記入するため空白部分を作ってある。年によっては収入がなかったためであろうか、空白のままになっている家領もある。

建長五年の「近衛家所領目録」によれば、鎌倉時代の近衛家には一二五個所の家領があった。[4]しかし『雑事要録』記載の家領を数えると、戦国時代には一一五個所（屋地子銭等も含む）に減少している（巻末「折込第1表　戦国期近衛家領表」参照）。さらに右のように、収入の記入がない家領があることは、当時一一五個所の家領すべてから毎年収入があったのではなく、収入のある家領数は年ごとに変動しているのである。家領によっては、そこから入る米・公事銭・公事物等について細かい内訳まで記し、これら収入の中には翌年か翌々年の追記にかかるものもまま見られる。すなわち、当該年分は未進となり、翌年もしくは翌々年になってから納められた場合は、納められた年ではなく、本来納めるべき年に戻って、その年の当該家領の余白に記入されているのである（なお、この点については三節①〔家領〕項参照）。文明十五年分からは家領のうち、個人の知行分として「禅閤様知行所」[5]・「御霊殿知行所」[6]・「端御所知行所」[7]と明確に区分けして記入されている。

②自処々之礼物　近衛家と交際がある諸家から到来した品および金銭などの収入を記載してある。家領の代官補任

料も記載されているが、前項〔家領〕との重複記入の年もある。

③遣処々礼物　前項とは逆に、近衛家と交際のある諸家へ贈った品および金銭の記入である。

④開白渡領事　代々藤原氏の氏長者が継承する荘園、いわゆる殿下渡領のことである。政家の関白就任は文明十一年（一四七九）二月三十日で、同十五年二月二十四日までその任にあった。また尚通の関白在任は、明応二年（一四九三）三月二十八日から同四月二十六日までである。したがって関白在任中の間の『雑事要録』にはこの項目が設けられ、渡領別に収入の記入がある。『雑事要録』文明十一年分記載の関白渡領のうち、収入のあった渡領を示すと、巽口関・坤口関・乾口関・艮口関、鹿田庄（備前）、桑村、田原村（丹波）、宇治散在（山城）、橋本庄（備中）、伊保庄（播磨）、河上庄、佐々江大谷両庄（近江）、賀茂村、成安名、中川原（摂津）があげられる。

⑤八朔事　八朔とは旧暦八月一日のことで、禁裏・竹園（親王家）・将軍・家僕等との間に行われた贈答品が記入されている。

⑥米銭事　政家が貸し付けた米や銭の控であろう。貸し出した日・相手・金額などが記入されており、場合によっては利平（利息）を付していることもある。これらはほとんど抹消されており判読が容易でない。返済されるごとに抹消したからであろう。

⑦下行物事　この項目は、年により繁簡がある。下行した月日・相手・金額が記入されているが、中には下行月日・金額だけの記入の年もあり、それらの下行相手は不明である。

以上が『雑事要録』の主な項目の紹介であるが、次に『雑々記』について紹介する。『雑々記』の名は『後法興院記』にも散見され、初見は文正元年（一四六六）十月二十日の記事、

石蔵ニ預置記録五十合之内、三合（大嘗会雑々一合、二合）召寄畢、

である。この記事は、応仁の乱勃発寸前に危険を避け「代々御記等伍十合」（『後法興院記』文正元年八月九日）を石蔵（岩倉）の実相院へ預けたのであるが、必要があって取り寄せたときの記事である。このように『雑々記』は洛中に戦乱が起こったときなど、他の記録類や道具類とともに疎開させている。

『雑々記』九冊は茶色の表紙で装丁され、一つの帙に収められている。表紙はいずれも新しく一目で後世のものとわかる。一冊目から八冊目までは、表紙の次に後世に貼付されたと考えられる付箋（縦六センチ、横三センチ）に、一から八の番号が付与されている。ただ九冊目には付箋はないが、以下本章ではこれを第九冊目とする。順序に従い紹介すると第一冊目は、表紙は原本に合わせた大きさで（以下同じ）、縦十三・五センチ、横二十二・八センチ。第一丁に細字で『雑々記』と墨書されている。これが本来の表紙であろう。次に文明七年（一四九八）九月二十四日の、

内府息男子誕生（近衛政家）（次男也、余孫也、母和泉守入道源栄女也、）

の記事に始まる。ここにいう「内府息男子」は後の一乗院良誉のことであり、また分注の「余」は、良誉の祖父近衛房嗣である。したがって、第一冊目の著者は房嗣であることがわかる。以下の内容は、房嗣の料所である近江国信楽郷（滋賀県甲賀市）や越前国宇坂庄（福井県美山町）などへ家僕を遣したこと、(10)それら料所からの年ごとの収入を簡単に記入した日記抄のようなもので、文明十一年に終る。

第二冊目の表紙は縦二十二・八センチ、横十五・九センチ。他の八冊と違い縦長となっている。本来の表紙らしきものはなく、文明十年に始まる信楽庄・宇坂庄からの収入が記入されている。ほかに「借物事」・「御随身用途」の項目があり、前者の内容は、文明十年十月中に四回にわたり合計八百疋「チヤコ」（後述する茶々御所か）から借りた記

事で、返済額の記入もある。後者の内容は文明十年十二月一日に二百疋、同三十日に三百疋、文明十一年六月十五日に百六十四疋六銭、御随身用途として支払った金額が記入されている。第二冊の記主は内容・書体から推して第一冊目と同様、房嗣であろう。

第三冊目の表紙は、縦十三・八センチ、横二十二・〇センチ。第一丁に、「銭米部類記」と記されている。文明十八年（一四八三）三月二十日に始まる、銭・米の貸し出しを記入したものである。内容は前述の『雑事要録』⑥米銭事の内容と同様であるが、やはり返済されたと考えられる個所は抹消され、記入は明応九年（一五〇〇）十月末まで続く。この部分は『雑事要録』と同時期に当たり、記入内容も類似しているため両方の判読可能な部分について照合し、考察を加えることができる。さらに著者については、長享二年までは房嗣も健在で政家と合作になるものか、政家のみの手になるものか、今後検討する必要がある。

第四冊目および以下の第五冊目・第六冊目・第九冊目は、『雑事要録』が順序不同に四冊に分けて綴じられ、表紙は各縦二十五・四センチから二十五・九センチ、横二十二・七センチから二十三・〇センチの大きさに装丁されている。これらの第四・五・六・九の四冊の記載内容を検討し、大まかに復元したところ『雑事要録』明応三年分と明応十年分の二冊になる。二冊とも本来の表紙に当たるものもなく、数丁の欠落個所もあるようである。この二冊の『雑事要録』は、戦乱時の疎開の際などに破損し、散逸を防ぐため仮りに綴じられて、以後そのままになって後世まで残り、四冊に分冊されたまま装丁されたのではなかろうか。

第七冊目の表紙は縦十五・七センチ、横二十二・二センチ、第一丁には、「大永三年記雑々」と筆太く書かれている。順序を示す「七」と書かれた付箋のほかに、これも後世の貼付と考えられる付箋（縦十三・四ｾﾝ、横一・八ｾﾝ）に

「尚通公雑々記大永三年」と書かれている。構成は『雑事要録』とはぼ同様であるが、記載内容は『雑事要録』ほど細かくはない。

第八冊目の表紙は縦十五・五センチ、横二十二・六センチ。第一丁に「大永六(四)年記雑々」と、第七冊目と同じ書体で書かれ、内容は第七冊と同様である。第七冊・八冊の著者は、表題の年号から推して近衛尚通と考えて間違いなかろう。

ところで、『国書総目録』では『雑々記』は『後法興院雑々記』と見出しにあり、著者は近衛政家、写本は京大(大正写一冊)・陽明(文明七―大永四、八冊)としてある。実際の『雑々記』は右に述べたとおりで、元の『雑々記』は第一冊目と第二冊目の近衛房嗣の手になるものを指すのであろう。

ともかく、現在陽明文庫には『雑々記』は九冊保管されている。しかしそのうちの第四・五・六・九の四冊分は、復元して『雑事要録』明応三年分・明応十年分として扱う必要がある(以下便宜上本章では『雑々記』として第七冊目『大永三年雑々』・第八冊目『大永四年雑々』を扱う)。

二　戦国期の近衛家領

本節では『雑事要録』『雑々記』により、当時の近衛家領からの収入状況を一覧表にまとめることから始め、そのうち収入のあった家領の数が最も多い年を代表的に取り上げ、戦国期近衛家の一年間における家産状況を見る。

巻末「折込第1表　戦国期近衛家領表」に近衛家領を示した。左端に『雑事要録』『雑々記』の巻数を記した。また表中の○印はその年、当該家領に収入があったことを示すが、遠隔地の家領で当該年の収入が翌年に繰り越されている場合、○印は翌年に付した。一印は家領名は記されているが、収入のなかった家領であり、無印はその年、家領名の記載がなかったものを指す。

なお信楽庄の小河郷は[11]、長享元年（一四八七）以前は「小河分」として信楽庄の収入に含め記入されている。しかし、長享二年からは小河郷として、別個に扱われ収入の記入がある。このように、ある年から別個に扱われる家領には、諸給（冨家殿）・山田（羽戸院）・牛飼給（桂殿）・松一分（西院庄）などがあるが、これらを巻末折込第1表ではすべて個別の家領として扱った。

御霊殿・端御所の知行分は別枠としたが、房嗣知行分（註〈5〉参照）については、房嗣の薨去後近衛家知行分として統合管理されるため別枠としなかった。これら家領のうち一部は家礼・家僕へ宛行われたものがある。すなわち、山城国では伊勢田郷[12]、池尾郷[13]、革嶋庄火内田[14]、小厩名[15]、東洞院御地[16]、猪熊庄[17]、永末名[18]、庵主名など[19]。摂津国では天王畑[20]、本御位田[21]。近江国では畑郷[22]、政所米[23]などがある。また鷹司室町御地は、長享二年から四年間の知行地であり、山城国小薬院[25]は明応九年、摂津国番匠給[26]は文亀三年にそれぞれ沽却している家領である。関白渡領はこの表から省略した。

巻末折込第1表により、収入のあった家領（御霊殿・端御所知行分を含む）の数が最も多かった年は、長享三年（一四八九）の五五個所であることがわかる。以下、『雑事要録』長享三年分をみていくこととする。

三　長享三年における近衛家の収支貸借

長享三年は、将軍足利義尚が近江六角氏征討中に鈎陣（滋賀県栗東市）で没した年であるが、京都は平穏な年であったといえる。また、近衛家にとっても政家の息（後の一乗院良誉）が十二月二十一日に得度したほかは、これといった出来事もなかった。

『雑事要録十二長享三為延徳元年』の項目は、①〔家領〕（一～二十五丁近衛家知行分・二十七～二十九丁御霊殿知行分・三十～三十一丁端御所知行分）、②蔵中米（二十六丁）、③米銭事（三十二～三十四丁）、④八朔事（三十五～三十六丁）、⑤自処々之礼物（三十七～四十二丁）、⑥遣処々物（四十三～四十六丁）、⑦実門アツケ物（四十七丁）、⑧項目名のないもの（四十八～四十九丁）、⑨風呂作事（五十丁）、⑩下行物（五十一丁）、⑪石蔵下行事（五十二丁）の十一項目がある。以下、右の項目ごとに検討してみよう。

①〔家領〕　長享三年、近衛家の収入は御霊殿・端御所の知行分を含め、銭で六二〇貫三八三文、米で九一石二斗、その他各種の特産物である。特に銭・米については全収入を算出したのであるが、その過程を「桂殿」の記載内容に従って示すと、

長享三年（延徳元）

桂殿　　松尾年頭公文名沙汰也、
正月六日　若菜廿籠、餅鏡三菱・花平・串柿・栗・柑子等居上、御祝之物十疋下行公事銭内也、
四月十日　松尾神供進上、
五月三日　蓬昌蒲（マヽ）、
　五日　鮎　酒塩代十六（マヽ）三月三日未進分也、
六月（マヽ）日　公事銭百疋、麦代五百文一石、
廿三日　麦代二百五十文五斗、

廿四日　麦八斗友重ニテ五百六十ニ屋行、
廿九日　公事銭三十疋、茅草、
七月十三日　麦代四斗分二十疋、夫銭百疋正月分、
廿八日　公事銭五十疋、
八月九日　公事銭百疋、
十七日　藁八丸去年分、
九月一日　公事銭二貫二百文、夫銭五十疋二月分且、藁三丸去年分、
六日　人夫銭五百文二月分残、藁一丸、
十六日　公事銭五百文、
廿三日　公事銭壱貫文、米五斗又五斗以上未進、
廿九日　公事銭五百文、
十月五日　公事銭百疋、夫銭五十疋三月分且、
十五日　米三斗七升友重、
十六日　米一石未進内、
十八日　公事銭二貫五百文、夫銭五百文三月分残、
廿四日　公事銭百疋、
廿五日　米二石、

廿七日　米一石五斗、
　卅日　米二石、人夫銭五十疋四月分且、藁十一丸、
十一月六日　公事銭二百疋、米二石五斗、
十四日　公事銭百五十疋、夫銭五十疋四月分残、
十五日　米四石七斗友重、
十七日　米五石、
廿三日　松尾御供進上、
廿五日　公事銭百疋、夫銭五十疋五月分且、
廿六日　米一石五斗、
廿七日　米一石、
十二月六日　米二石友重九斗、公事銭二百疋、夫銭五十疋五月分残、
十一日　公事銭二百五十疋、夫銭五十疋六月分且、米一石五斗、
廿日　公事銭百疋但千杷木御祝下行、藁十三丸七把、夫銭百疋六月分残五十疋、七月分且五十疋、、千杷木七百廿把、コモ二枚、
卅日　公事銭五百疋、夫銭五十疋七月分残、藁五丸、
二年(延徳)二月一日　公事銭百疋、
　二日　藁五丸、
四日　藁五丸、

九日　藁四丸、
十日　米五斗、公事銭五十疋、
三月十三日　公事銭五十疋、夫銭五十疋八月分且、
十七日　藁九丸十把、
廿五日　公事銭五十疋、
四月十七日　公事銭五十疋、
廿五日　米五斗開発、
卅日　米五斗開発、又一斗二升下用定、同開発
五月四日　公事銭四十疋、
廿日　公事銭五十疋、夫銭五十疋八月分残、
六月六日　公事銭八十疋、十四日　夫銭五十疋九月分且、
廿二日　公事銭二百五十一文、
八月廿一日　夫銭五百文九月分残、
後八月廿六日　開発一斗七升、

となる。

桂殿は、『雑事要録』『雑々記』とも毎年冒頭に記入されている家領であり、巻末折込第1表に示したようにそこからの収入は毎年ある。収入の内訳は、麦代・公事銭・人夫銭・麦・米・藁などが主なものである。このように収入内

訳を比較的明確に記入してある家領は桂殿のほか、冨家殿・羽戸院・西院庄などに見られる。収入内訳からわかることは、まず六月二十三日および七月十三日の記事から、桂殿では麦一斗の価格は五〇文であること。人夫銭は月一〇〇疋（一貫文）の納入と定めていた様子であるが、七月十三日に正月分として一〇〇疋の納入があったほか、九月分まで五〇疋ずつに分けて納入されている。

五月三日の「蓬昌蒲」は、五月五日の端午の節句用の公事物であり、六月二十九日の「茅草」は六月祓に用いる茅輪用の具であることがわかる。

次に長享三年の主な収入内訳をそれぞれ合計をすると、公事銭二八貫五〇〇文、人夫銭六貫文、麦代九五〇文、その他一六文、米二六石七斗、麦八斗となる。未進分で翌年（延徳二年）の収入となった分は、公事銭六貫五一文、人夫銭二貫五〇〇文、米一石七斗九升である。こうした方法で長享三年分の収支を銭・米について知行別に算出すると、次頁の第1表長享三年分近衛家領銭・米収支表のようになる（計算に当たっては疋は貫・文に換算した）。

これらの収入合計を家領所在地の国別にみた場合、一三五頁上段第1図国別収入比（長享三年）のようになり、銭・米とも山城国が最高となっている。次いで銭では近江国からが多く、山城・近江の二国は銭収入の五五パーセントを占めており、両国散在の家領が近衛家の大きな経済的基盤であったことがわかる。

また銭収入の内訳は、公事銭・人夫銭・米麦代・地子銭・その他の五項目に分けることができる。それらをまとめたのが一三六頁の第2表国別銭収入（長享三年）である。この表で「その他」の項目の占める割合が高いのは、山城・摂津以外の国では収入内訳がほとんど明確に記入されておらず、項目別に分類し難いので、「その他」へ計上したことによる。収入内訳が比較的明確に記入されている山城・摂津について、山城では地子銭の占める割合が最も大きく、

第1表　長享三年分近衛家領銭・米収支表

家領収支＼知行別		収入 当該年	収入 延納分 翌年(延徳二年)	収入 延納分 翌々年(延徳三年)	収入合計	支出 当該年	支出 翌年	支出 翌々年	支出合計	収支決算	備考
銭	近衛家	(七貫文)三七五貫五三五文	一七六貫三三八文	四貫三〇〇文	(七貫文)五五六貫一七三文	一貫一〇〇文	一〇〇文	〇	一貫二〇〇文	(七貫文)五五四貫九七三文	( )内は西院庄草米の米沽却代を再掲。※
銭	御霊殿	四八貫一一八文	九九二文	〇	四九貫一一〇文	五貫文	〇	〇	五貫文	四四貫一一〇文	
銭	端御所	一五貫一〇〇文	〇	〇	一五貫一〇〇文	〇	〇	〇	〇	一五貫一〇〇文	
銭合計		(七貫文)四三八貫七五三文	一七七貫三三〇文	四貫三〇〇文	(七貫文)六二〇貫三八三文	六貫一〇〇文	一〇〇文	〇	六貫二〇〇文	(七貫文)六一四貫一八三文	支出は下行・荘官等得分
米	近衛家	(一九石八斗)七八石六升	二石八斗四升	〇	(一九石八斗)八〇石九斗	六石六斗	〇	〇	六石六斗	(一九石八斗)七四石三斗	( )内は沽却米を別掲。
米	御霊殿	〇	二石	〇	二石	〇	〇	〇	〇	二石	
米	端御所	八石三斗	〇	〇	八石三斗	〇	〇	〇	〇	八石三斗	
米合計		(一九石八斗)八六石三斗六升	四石八斗四升	〇	(一九石八斗)九一石二斗	六石六斗	〇	〇	六石六斗	(一九石八斗)八四石六斗	

※西院庄草米から十一月六日に一七石一斗納入された。この分は十一月七日九〇疋、十一日五〇〇文、十八日六〇疋、二十四日二〇〇疋で沽却され、また十一月二十五日に八石三斗納入されたうち、琮首座へ五石六斗下行した残り二石七斗を十二月五日と十三日に沽却している。これら沽却した合計が七貫文である。

第1図　国別収入比（長享3年）

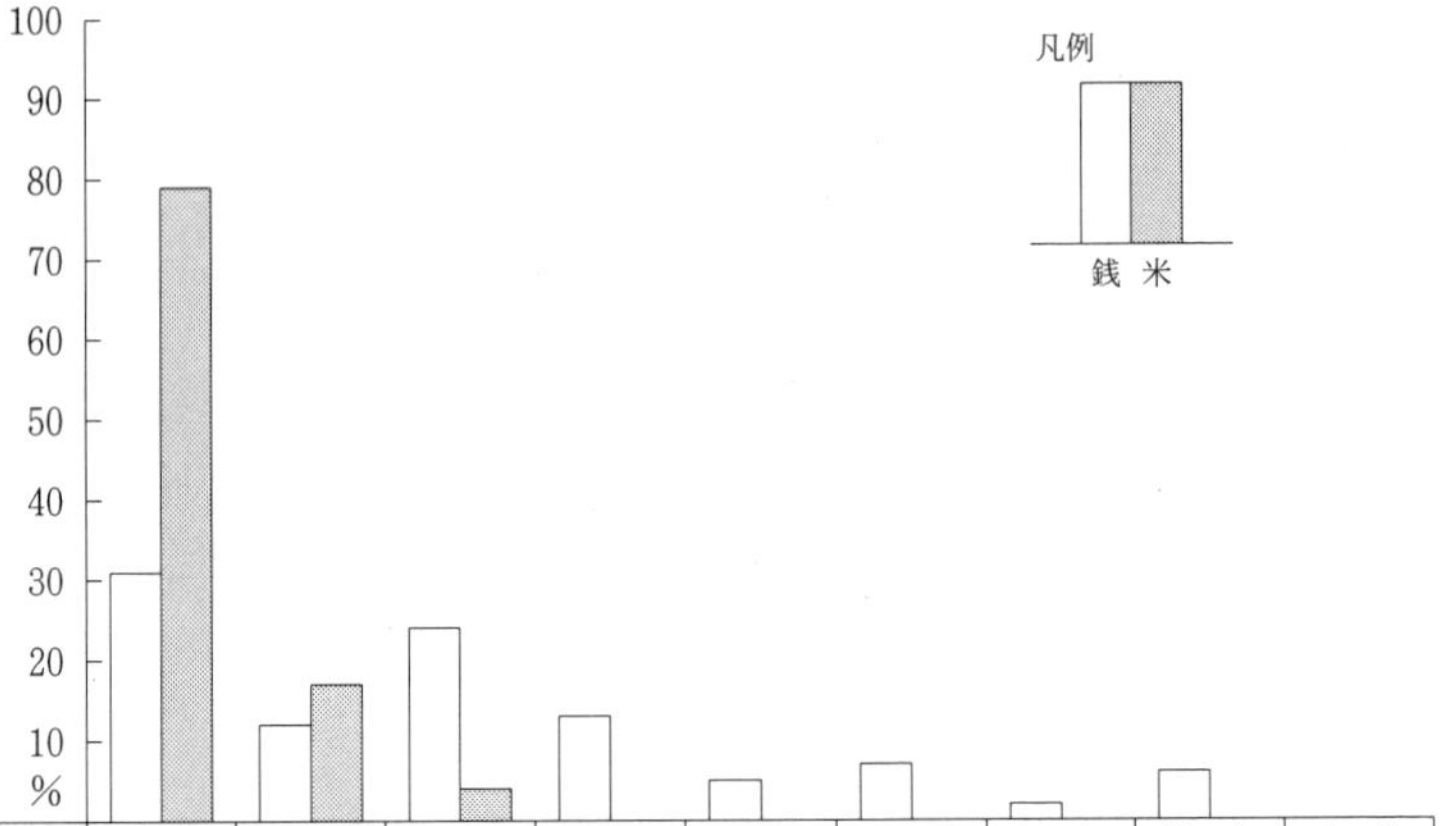

		山　城	摂　津	近　江	美　濃	尾　張	越　前	加　賀	越　中	合　計
銭	収入	194貫198文	72貫305文	146貫530文	80貫300文	32貫文	45貫50文	15貫文	35貫文	620貫383文
	比率	31%	12%	24%	13%	5%	7%	2%	6%	100%
米	収入	72石5斗5升	15石3斗	3石3斗5升	−	−	−	−	−	91石2斗
	比率	79%	17%	4%	−	−	−	−	−	100%

同国の収入額の約四二パーセントを占める。次いで公事銭の三五パーセントで、桂殿からの収入率が高い。摂津では「米麦代」の占める比率が大きい。

米以外の家領の特産物をまとめると、一三六頁の第3表家領からの特産物（長享三年）のとおりで、このうち特産物の種類の多い家領は冨家殿で、十四種の品目が数えられる。

⑥蔵中米　この項の記事には、

霜月三日　廿七俵此内二袋菱河　六日桂五袋西院廿一俵　八日桂五俵牛六俵
九日牛一石五斗又二斗四升下用　十三日五ケ三袋羽戸二袋　十五日山六袋桂九袋畑二俵　十
七日桂十袋　廿五日牛一袋西十袋　廿六日桂三袋　廿七日桂二俵
廿九日放四石　十二月三日放九俵　五日火三袋　六日桂六袋
九日羽七俵　十二日桂三俵　十四日放五俵　廿三日同二俵

とある。まず、分注の家領の略称を巻末折込第1表により確認すると、「菱河」は端御所の知行地の菱河庄、「桂」は桂殿、「牛」は桂殿内牛飼給、「五ケ」は五ケ庄で、冨家殿の号であるが[27]、ここでは冨家殿内諸給。「羽」は羽戸院、「山」は羽戸院山田分、「畑」は畑郷、「西」は西院内草米、「放」は放出

第2表　国別銭収入（長享三年）

国名＼収入項目	公事銭	人夫銭	米麦代	地子銭	その他※	計
山城	六八貫五二九文	九貫二一七文	一五貫七五〇文	八一貫七一六文	一八貫九八六文	一九四貫一九八文
摂津	四貫五五〇文		三四貫五五五文		三三貫二〇〇文	七二貫三〇五文
近江	六貫五三〇文				一四〇貫文	一四六貫五三〇文
美濃					八〇貫三〇〇文	八〇貫三〇〇文
尾張					三二貫文	三二貫文
越前	一貫五〇文				四四貫文	四五貫五〇文
加賀					一五貫文	一五貫文
越中					三五貫文	三五貫文

※「その他」欄の内容　藁代、布曝用途、竹代、山マハリノ料足、柴代、米沽却代など。

第3表　家領からの特産物（長享三年）

特産物＼項目	知行別 近衛家	知行別 御霊殿	知行別 端御所	納入家領	記事
麦	○		○	桂殿・菱河庄	
藁	○			桂殿・牛飼給・草米松一分	
柴	○	○		畑郷・花園	
餅	○	○	○	桂殿・冨家殿・羽戸院・水尾村・柿御園山上郷・田上郷・菱河庄・神田郷	季節に応じた各種の餅
若菜	○			桂殿・冨家殿・羽戸院・水尾村	正月
蓬昌蒲	○		○	桂殿・冨家殿・羽戸院・垂海・菱河庄	五月三日・五日
茅草	○			桂殿・冨家殿・羽戸院	六月末

	千把木	○			桂殿	用途不明
	コモ（薦）	○			桂殿	
	粽飯	○		○	柿御園山上郷・神田郷	五月
	竹	○			冨家殿・羽戸院	正月　三及打用
	宇治丸	○			冨家殿	鰻すし
	茶	○			冨家殿	
	綿	○			冨田庄・宇坂庄	
	木	○			冨家殿・畑郷・羽戸院	燃料用
	仙合	○			冨家殿	
	蕨	○	○		畑郷・大原庄	
	梅	○			畑郷	
	スモモ	○			畑郷	
	柿	○	○		桂殿・畑郷・大原村	串柿を含む
	栗	○	○		桂殿・畑郷・大原村	
	炭	○	○		畑郷・大原村・大原庄	
	瓜（白・赤）	○	○		西院庄・羽戸院・柿御園下郷・石田郷・神田郷	
	ヒサコ（瓢）	○			西院庄	
	シタユツリ葉	○			羽戸院	
供盆	小俵	○			冨家殿	
	米	○	○		羽戸院	
	ナスビ	○	○		冨家殿・羽戸院	
	根芋	○			冨家殿・羽戸院	
	枝ササケ	○	○		冨家殿・羽戸院	
	蓮の葉	○			羽戸院	
	ミヤウカ		○		大原村	
	チヤウホウ		○		大原村	
	竹子		○		大原村	
	シヤウカノ子		○		大原村	
	薪		○		大原村	

松茸			○		大原庄	
ミノ紙			○		河辺庄	
彼岸物	春	芋		○	神田郷	
		牛房		○	神田郷	
	秋	芋		○	神田郷	
		茗荷子		○	神田郷	
		白米		○	神田郷	
		黒米		○	神田郷	
柑子			○		桂殿	
ツクツク			○		冨家殿	亥子の日

村、「火」は革嶋庄内火打田の各家領である。これらの家領から米が納入された日と「蔵中米」の日を照合すると、いずれも「蔵中米」の日と同日、もしくは数日前に納入されていることがわかる。

〔家領〕での納入単位は、石・斗・升であるが、「蔵中米」では袋・俵の単位で記されていることが注目される。一袋（または俵）ごとの数量を確かめるために、一三九頁第4表蔵中米（長享三年）を作成した。横欄には「蔵中米」の記載単位、縦欄には〔家領〕の記載単位を掲げ両者を対照してみると、表中の納入量と蔵中米収納袋（俵）数との商が一袋（俵）当たりの量である。すなわち当時の近衛家領では、一袋（俵）は、おおむね五斗であったことが判る。

「蔵中米」の余白部分には「出分」として、次の記事がある

霜月七日西一俵　十一日三十石蔵　廿六日西三石二斗、琮　十二月十一日□（三カ）十石蔵　十五日二石四斗琮

十一月七日から十二月十五日の間に米を五回に分けて出している。この記事で十一月二十六日、十二月十五日に「琮」へ出した分は、〔家領〕の西院庄内松一分条にもある。

第4表　蔵中米（長享三年）

〔蔵中米〕家領 ＼ 〔家領〕納入月日		納入量	菱河庄	桂殿	西院（草米）	桂殿内牛飼給	冨家殿内諸給	羽戸院	羽戸院内山田分	畑郷	放出村	革嶋庄内火打田
11月3日	菱河	2袋	10月16日5斗 10月27日4斗8升									
6日	桂	5袋		2石5斗								
	西院	21俵			17石1斗							
8日	桂	5俵		11月6日2石5斗								
	牛	6俵				3石						
9日	牛	1石5斗				4石5斗						
		2斗4升下用				2斗4升						
13日	五ケ	3袋					1石5斗					
	羽戸	2袋						1石				
15日	山	6袋							2石9斗			
	桂	9袋		4石7斗								
	畑	2俵								1石3斗5升		
17日	桂	10袋		5石								
25日	牛	1袋				5斗						
	西	10袋			8石3斗							
26日	桂	3袋		25日1石5斗								
27日	桂	2俵		1石								
29日	放	4石									4石	
12月3日	放	9俵									4石5斗	
5日	火	3袋										1石4斗
6日	桂	6袋		2石								
9日	羽	7俵						3石5斗				
12日	桂	3俵		11日1石5斗								
14日	放	5俵									2石3斗	
23日	放	2俵									1石	

※日付は納入日を指す。

霜月廿五日　米八石三斗此内琮首座へ三石二斗遣之、又十二月十五日二石四斗遣之、

とある。重複して記入したものであろう。「出分」を終ったところで、政家は収入の合計を行っている。

今年自処々到来、年貢、

米七十五石余、

銭三百四十貫八百文、

樽六十九荷、

礼銭十六貫五百文

とある。「樽六十九荷」はともかくとして、第2表にみた銭の全収入額、六二〇貫三八三文と比較すると、大幅な違いがあることがわかる。しかし第1表で明らかなように、近衛家の当該年の収入は三七五貫五三五文であり、政家の算出結果とやや近似していることに気づく。このことから考えて当該年分が未進となり、翌年もしくは翌々年に繰越された場合、記入だけを行って繰越された未進分は計算しなかったものと思われる。

長享三年を例にとれば、新年になって各家領から長享三年分の納入が始まる。政家はそれを新しい『雑事要録』に記入していく。しかし家領によっては長享二年未進となっていた分を納入してくる。その収入は長享二年分の古い『雑事要録』へ記入される。（前述の①〔家領〕に例示した「桂殿」延徳二年二月二日以降の記録は、長享三年の未進分である）。ところが長享二年分はその年の終りに「今年自処々到来」として、すでに決算済みである。つまり、未進分は記入だけに終り、長享二年分へは加算されていないのである。このことは『雑事要録』長享三年の部分に記された、延徳二年以降の収入も、長享三年分に加算されていないことになる。なお御霊殿・端御所知行分は近衛家とは別会計になっ

ていたものと考えられる。米の収入についても同様の算出であろう。したがって政家の決算は、第1表に掲げた近衛家の当該年分だけであると推測できるのである。

③米銭事　前述したとおり、記事のほとんどが抹消されているが、判読可能な部分から推測すると、家領の庄官・家僕・実相院門跡・端御所などへの貸した控であることと推定する。それら貸金の利子なども付記されているほか、仏事料として下行した金額も記入されている。

④八朔事　旧暦八月一日に近衛家と交際のある人々との間に行われた贈答品を記入したものである。次にその部分を引用しよう。

八朔事

引合五束代百九十疋、太刀金三腰百八十文、扇一本ノ扇、二本ノ三、三本ノ四、杉原八束代二貫百文、台廿、引二束スハリ一、一束スハリ二、銚子提台一以上七十文、銚子提一貫二百文、帯二筋二百文、

此外禁裏・竹園へ進物古物也、

内裏様（後土御門天皇）　韻府、引合十帖、　御返、花瓶胡銅、引合十帖、

竹園（伏見宮邦高親王）　孟子一部、杉原十帖、　御返、葛一段、杉原十帖、

東山殿（足利義政）　太刀金、引合卅帖、　御返、鴨香炉胡銅、太刀糸、

御台（日野富子）　銚子提、引合十帖、　御返、扇一裏十本、杉原十帖、

一乗院（教玄カ）　奈良紙百束、　返、杉原十帖、花瓶卓胡銅、

浄土寺　太刀金、　返、同、

前藤大納言入道(武者小路資世)　太刀金、両御所へ、　返、檀帋十帖、筆一ツイ、
丹三位入道　薬両種、　返、檀帋十帖、扇二本ノ、
頼秀朝臣(錦小路)　麝香丸、御方分同、　返、檀帋十帖、太刀金、御方分同、
能円　扇一本三本ノ、筆二ツイ、ハリコ両御所同、　返、杉原二帖、茶二袋、御方分ヤハ〳〵二束、茶二袋、
実円　扇一本、筆二対御方分同、　返、杉原二帖、茶二袋、御方分ヤハ〳〵二束、茶二袋、
多羅尾四郎兵衛(嗣光)　茶五十袋、　返、檀帋十帖　帯一筋、
小河四郎左衛門　同、　返、同、
多羅尾北裏　茶十袋、　返、扇二本ノ、筆二ツイ、
林筑前守(盛次)　角粽籠二、　杉原二帖、扇三本ノ、
河原者　緒太三束、箒二、　返、二十疋、
盛顕　太刀金、両御所へ同、　返、扇二本ノ、犬箱三、扇三本ノ、犬箱三、
三福寺　唐鍋一、杉原十帖、　返、扇一本ノ、茶廿袋、
大蔵卿(勧修寺経茂)　太刀金、　返、茶十袋、
祗候面々　御憑一荷両種、　返、松茸、時給朝飡、
時顕朝臣　一荷両種、御方分円座十枚、太刀金、　返ヤハ〳〵三束、扇二本ノ、御方分、檀帋十帖、扇三本ノ、
御憑方入目、六貫二百五十文歟、

八朔は田実《たのむ》の節供ともいわれることから、日記によってはこの日のことを「御憑」と記していることもある。八朔

とは収穫に先だって行われる穂掛祭のことである。もともと農家で収穫した新しい稲を主家や知人などに贈って祝った風習が、町家にまで流布し、この日に上下貴賤それぞれ贈り物をし、祝賀と親和の意を表わすようになった（『日本国語大辞典』小学館刊）。

『後法興院記』には文正二年(応仁元年)（一四六七）・応仁二年を除いて、[28]毎年八朔の記事をみることができるが、「世俗の風に任せ」て八朔の行事を行ったというだけで、贈答の相手や品目についての記載はない。ただ明応九年（一五〇〇）七月二十八日、柳原からの出火で近衛邸が罹災した時、政家は八朔の行事をとりやめようとしたことがあった。しかし「或方」からとりやめると禁裏が不吉に思われる、との口添により急拠行ったことがあった。[29]この年の進物は禁裏・竹園・室町殿に贈っただけで、それも例年に比べ質素な物でまかなっている。[30]

「八朔事」の記事で贈答の相手は、禁裏・将軍家・僧・家領庄官・河原者・家僕など広範囲にわたっている。また近衛家からの贈物の中に「杉原」などの紙類が多いのは、家領に杉原紙の産地である杉原庄（兵庫県加美町）をもっていたからであろうか。この年の「御憑方入目」の総額は五貫八五〇文となることを付記しておく。

⑤自処々礼物・⑥遣処々物　両項目の記事からは近衛家の日常の交際を知ることができるほか、〔家領〕での記事や『後法興院記』と併用することにより事実が一層明確になる。とりあえず、「自処々礼物」の記事を次の四つに分類し、それぞれを具体例で示そう。

（ア）〔家領〕の記載内容は、「桂殿」条で例示したとおりであるが、ここで公事物などが納入された日と同じ日付が、「自処々礼物」にもある。

正月六日　林筑前(盛次)、久喜二桶、正月十三日　自宇治久喜二桶、梅漬一桶、五月廿一日　竹子一束、林筑前守、十

月廿一日　ツクミ（鶫）一連、林筑前守、

とあり、これらの日を〔家領〕に記入された家領ごとに捜すと、

羽戸院条　正月六日　　若菜三籠

冨家殿条　正月十三日　三及打竹五十本

羽戸院条　五月廿一日　六百四十三文、四月分公事銭

羽戸院条　十月廿一日　公事銭四百卌文、九月分残

がある。この結果、林筑前守は羽戸院の庄官であろうことが推測でき、政家は〔家領〕へ公事銭・公事物等を記録し、その時の手土産的なものは「自処々礼物」へ記載したのではなかろうか。

（イ）代官補任料など、〔家領〕へも記入されると同時に、「自処々礼物」にも記入があって重複している。例示すると、まづ「自処々礼物」に、

三月一日　二百疋山上郷補任料、　四月八日　太田郷御礼物三百疋、

とあるのを家領個々の記載から探すと、

山上郷条　三月一日　山田越中代官申請、任料二百疋、

太田郷条　四月八日　三百疋地下ヨリ御礼物、

とあるのがそうである。

（ウ）『後法興院記』の補足史料とすることができる。

「自処々礼物」

卯月五日　一荷両種、茶廿袋、仁木左京大夫(政長)進上、同廿日　一荷両種、三百疋、茶二百袋、仁木左京大夫信楽代官職事、就還補進上、　同廿五日紅梅桶五、仁木左京大夫、　五月三日　鮒千、仁木左京大夫、　十月五日松茸廿本、仁木進上、　十二月廿七日海老二籠、仁木左京大夫、

とあり、「遣処々物」には、

五月十日　二荷両種、遣仁木左京大夫許、

とある。これらの記事と『後法興院記』の記事を照合すると、

四月五日　就信楽郷代官職事仁木左京大夫有申送旨、

四月廿日　仁木左京大夫来、令対面、信楽庄代官職事、如元可有御下知之由申間、今日遣令旨、一荷両種・三百疋・茶二百袋等進上之、召前勧一盞、

信楽庄は「八朔事」で見た多羅尾氏が代官職にあった。しかし応仁の乱後多羅尾氏は年貢の未進を続けたため、近衛家は家僕を盛んに下向させ年貢を催促している。[31] こうしたことがあって、仁木氏を代官職に還補したのであろう。しかし近衛家と多羅尾氏の交際はこの後も続いている。

(エ) 他の項目等に関連記事がなく、「自処々礼物」だけで独立して使用できる記事。

「自処々礼物」

三月廿二日　美濃紙二束・太刀金・ハウチヨウ(包丁)一、元網進上、息実名余ヵ家ノ字遣之、家網也、為其礼進上之、

八月廿一日　太刀一腰則次安富新兵衛尉進上、去月始、就江州之儀相憑間遣折紙、仍為其礼也、

いずれも興味ある記事であるが、『後法興院記』には関連記事は見あたらない。しかし三月二十二日の記事にある

元綱は、『後法興院記』の記事[32]から美濃国河辺庄の庄官であることがわかり、たびたび上洛し河辺庄の情勢を政家に報告している。

このほか「自処々礼物」には、

正月四日　石蔵姫君、一荷両種給之、御銚子代五十疋、

また「遣処々物」には、

正月十七日　三十疋、五位御ミヤ里へ、

などの交際費ともいうべき諸経費も記入されていることも付記しておく。

そして「自処々礼物」では七貫四〇〇文の収入、「遣処々物」では一二貫二〇〇文の支出がある。

⑦実門アツケ物　実門は政家の兄で実相院門跡増運[33]のこと。増運へ預けた銭の控と考えられるが、「米銭事」と同様、日付を除いてほとんど抹消されており、預けた金額やその理由などは不明である。

⑧項目名のないもの　項目名がなく前後の項目に記入された内容との連続性はない。後世の綴じ誤りと考えられないため、一応「項目名のないもの」とした。内容は九月一日から十二月三十日まで記入があり〔家領〕・「米銭事」・「自処々礼物」での記入内容と重複するもの。「小袖代且五十疋」のように、その購入費と考えられるものなどが記入されている。

⑨風呂作事　近衛邸では二月十七日から六月十一日にかけて、風呂の作事を行っている。その際要した費用の内訳を、日別に列記したのが「風呂作事」である。記入の順に整理し表にまとめたものが次頁第5表風呂作事支出表（長享三年）である。二月十七日「コボチヤ（毀ち屋）」に始まり、同二十七日棟上祝いを行っている。三月二十三日に湯殿だけ竣工し

第5表　風呂作事支出表（長享3年）

日	2月 費用	2月 項目
17	10貫文	コホチヤ
	500文	ハコヒ賃テマチン
	400文	ヲカ板
	200文	縄
	(マヽ)	材木
18	200(文)	テマ
19	330(文)	テマ
	375(文)	ヲカ板
	100文	縄
	25(文)	イカキ
	100文	河原者
20	700文	竹
	600(文)	五三寸桧五丁
	600文	モミレウノモノ五丁
	330文	テマ
	40文	サシ縄
21	2貫640文	クレ六百シ
	500文	河原者
	675文	フキ板
	440文	テマ
	120文	ヲカヒキ
22	1貫250文	河原者
	770(文)	テマ
	240(文)	ヲカヒキ
23	770文	テマ
	90文	クレヘキ
	70文	ノホリハシ
24	660(文)	テマ
	120文	ヲカヒキ
	900文	クキ
25	660文	テマ
	103文	普請衆
	100文	河原者
26	770(文)	テマ
	100文	河原者
	325(文)	フキ板
27	880文	テマ
	200文	竹
	500文	クキ
	800文	ヌリキ
	6貫950文	材木
	1貫文	棟上御祝
28	860文	三尋木
	2貫220(文)	フキ板
	400文	クキ
	360文	杉板
	660文	テマ

日	2月 費用	2月 項目
29	860文	一□三尋木
	620(文)	ヲカ板五間
	860文	同三尋木
	540文	竹
	600(文)	フキ板
	300(文)	ヤ祢ふき
	770文	テマ

日	3月 費用	3月 項目
1	900文	クキ
	660文	テマ
	100文	河原者
	25銭	ヒチツホ（肘壺）
2	220(文)	テマ
	100文	三尋木三丁
	357(文)	フキ板
3	220(文)	テマ
4	220文	テマ
5	330文	テマ
6	330(文)	テマ
	195(文)	ハシウ
	900文	クキ
7	550(文)	テマ
	120(文)	ヲカ
	450文	三尋木
8	660文	テマ
9		無作事
10	220文	テマ
11	100文	カヘヌリ
	220文	テマ
	2貫390文	材木代
12	440文	テマ
13	330文	テマ
	450文	クキ
	1貫文	材木
14	440文	テマ
	120文	ヲカヒキ
15	440文	テマ
	120文	ヲカヒキ
23	1貫文	サイモク
合計	58貫500文歟（58貫810文）	

1．銭の単位疋は貫文に換算した。
2．原本に単位のないものは(文)とした。

たのであろうか、政家はここで一度費用を「以上五十八貫五百文歟」と締めくくっている。しかし計算し直してみると、五八貫八一〇文となる。費用のなかで前頁第5表の「ハシウ」は意味不明。また「ヲカ板」・「三尋木」など用途不明のものもみられる。

「テマ」賃は毎日支払われており、二月十七日を除き一一〇の倍数である。このことから、手間賃は一人一日につき一一〇文と考えられ、当日の手間賃総額を一一〇で割った商がその日に来た人数と考えられる。この計算方法で、「ヲカヒキ（大鋸挽き）」は一人一二〇文、「河原者」[34]は一人一〇〇文であったことがわかる。

四月二十八日から再び風呂の作事が行われる。第5表では省略したが、その日は番匠が二人来て、材木を一貫一二八（文脱カ）分購入している。以下、二十九日二人、五月一日三人、二日三人、三日五人、四日四人、六日四人、七日六人、八日五人、九日番匠五人、十日一人、十三日一人、十四日一人が来ている。これらの人々に支払った費用は総額九貫五〇〇文であった。その他の支払いとして、釜三貫文、石四七〇（文脱）[35]、釜塗り賃五〇〇文、「御大工入風呂時御祝物三十疋」、「クレ千支四貫三百文」、「ヒキチン百三十文」があり、風呂の作事に要した総費用は七七貫五一〇文となる。風呂は六月十一日から使用され始めた[36]。

⑩下行物　下行先およびその目的の記載はなく、下行月日とその額だけの記録でって、下行総額は七九貫文である。

⑪石蔵下行事　石蔵は京都市左京区岩倉のこと。石蔵には実相院がある。実相院は鎌倉時代に門跡寺院となったが、近衛家と関係の深い寺で門跡初祖の静基は近衛基通の孫であり[37]、この時代の門跡は政家の兄、増運であった。

石蔵には政家の姉の茶々御所・宝珠院・端御所[38]らも住していた。この項の記事は、

実門綿二屯、景陽一屯、二姫君各一屯、端御所三十五目、安茶ニ卅目、ヵ、卅目、小宰相廿目、茶子廿目、源次

郎十目、

に始まる。

綿[39]は次章で紹介する近衛家領、越前国宇坂庄からの公事物である。ここから納入された綿は、年により「綿クハリ注文」という項目を設け、右の人々やその他に配った記録を見ることができ、長享三年分は右のとおりである。

以下、この項は、

正月里出物、安茶ニ五十疋、カ、二十疋、ヨメ十疋、

と続き、「正月々宛、三貫二百八十三」（文脱）から「十二月分廿九日下行」と列記されているが、八月分以降からは下行額の記入はない。

二月分から七月分までは、下行先および下行額も見ることができる。すなわち「以繁分二十疋加之」（二月分）、「芝坊分、一貫六百四十」（文脱）（四月分）、「二百疋、景陽へ」（四月四日）、「石蔵衆御訪悉下行」（五月十六日）など例示できるが、記入内容については再考を要する。

むすびにかえて

以上、『雑事要録』『雑々記』を紹介し、『雑事要録』の長享三年分を例に近衛家の家産経済の概要を見てきた。その結果、判ったこととして、〔家領〕では未進分で翌年に繰越納入された分は収入合計に含まれていないこと。近衛家の家領収入のうち山城国の占める割合が多いこと。そして第3表により各地域の産物および栽培品、さらには家領の産業も知ることができた。

「蔵中米」の記事を表にすることにより、米一袋（俵）の量がわかった。「風呂作事」からは、職人の日当が判明した。

また、「八朔事」の内容紹介では試みなかったが、進物品として購入した品のうち、二・三種の単価がわかるのである。引合は五束購入し、代金は百九十疋（一九〇〇文）とある。したがって引合は一束当り三八〇文となる。大刀金三腰は一八〇文であり、単価は六〇文。杉原八束は二貫一〇〇文（二二〇〇文）であるため、単価は二六二・五文である。

紙の価格を見て「風呂作事」の職人一人当りの日当と比較すると、当時、引合・杉原など紙類のほうが日当より高かったことがわかり、今更ながらではあるが、日記などは書状の紙背を用いて記された事情も解る。

「米銭事」・「実門アッケ物」・「項目名のないもの」・「下行物」・「石蔵下行事」については記載内容の紹介だけにとどめたが、今後『雑事要録』『雑々記』を研究していく過程で、それらの内容の解明を行っていきたい。

〔註〕

（1）東京大学史料編纂所蔵、享徳三年九月十四日付写本。及び『鎌倉遺文』七六三一。

（2）『国書総目録』によると、『後法興院雑事要録』ともいい、写本は東京大学史料編纂所・京都大学に蔵されている。

（3）冒頭掲出、吉村亨「戦国期近衛家領について」・「近衛家領研究序説」。

（4）永原慶二「荘園領主経済の構造」（『日本経済史大系2　中世』　東京大学出版会　一九六五）。

（5）政家の父、近衛房嗣の料所分で、房嗣薨去（『後法興院記』長享二年十月十九日）の翌年から新免村を除き近衛家に統合される。なお巻末第1表の「戦国期近衛家領表」へ明示しなかった関係上、房嗣の料所を掲げると山城国では西院庄、摂津国では澤良宜村・新免村・小薬院・仲牧、近江国では信楽庄、尾張国では富田庄、越前国では宇坂庄がある。新免村は房嗣薨去後「右大将(近衛尚通)料所」となる。

(6) 御霊殿は本書、第一部第二章「中世公家家族の一側面――『後法成寺関白記』の生見玉行事を中心に――」で触れた。近衛家の女性が世襲していた呼称で、政家の姪が御霊殿と称されていたことがあるが、他は比定し得る人物は不明。

(7) 端御所は政家の姉(『後法興院記』明応九年十二月二日)であるが、この呼称も近衛家の女性が世襲していた様子で、『雑々記』にも見ることができる。

(8) 尚通の関白在任は本章で掲げた期間のほか、永正十年から同十一年にもある。

(9) 本書、第一部第二章「中世公家家族の一側面――『後法成寺関白記』の生見玉行事を中心に――」。

(10) 信楽庄へ年貢の催促に遣わされた家僕として『雑々記』から能円・治光朝臣・源栄・慶順・実円等の名を見ることができる。このうち源栄は本章で述べた一乗院良誉の外祖父である。慶順は明応四年(一四九五)十一月二十七日卒しているが、その時、政家は彼の死を悲しんでいる(『後法興院記』)。宇坂庄へは代々北小路氏が遣わされており、房嗣・政家の代は俊宣。俊宣出家(『後法興院記』明応三年八月二十八日)後は、その息俊泰が下向している。

(11) 『雑事要録』では巻末第1表に掲げた信楽郷の知行地に区分されるが、『後法興院記』からはもう少し細かく知行地名を得ることができる。神山郷(文明十三年六月十五日条等)・江田郷(文明十三年六月十五日条等)・長野郷(文明十三年六月二十二日条等)・杵原郷(文明十六年十月五日条等)で、いずれの地も材木が公事物である。

(12) 明応元年九月六日、嗣広に返付(『後法興院記』)。しかし明応十年分から再び収入の記載がある。近衛家に戻されたのであろうか。

(13) 大永三年、給孝三郎(『雑々記』池尾条)。

(14) 文明十六年、当年遺時顕(西洞院)朝臣(『雑事要録』革嶋内火打田条)。文明十九年から再び近衛家領として収入が記載され、文亀三年、給清重（『雑事要録』革嶋内火打田条）とある。

(15) 大永三年、給以康（『雑々記』小厩名条）。なお、以康の初名は尊千世丸と言い、明応三年十二月二十七日元服（『後法興院記』）。

(16) 文明十三年、宛行海住山亜相、十一丈也（『雑事要録』東洞院御地条）。『後法興院記』文明十三年四月二十七日、同六月十三日、同十一月二十六日に関連記事がある。

(17) 文明十三年、返付親康（『雑事要録』猪熊庄条）。

(18) 文明十七年、宛行俊宣朝臣（『雑事要録』桂内永末名条）。

(19) 大永三年、給以康（『雑々記』庵主名条）。

(20) 文明十九年、返付実治（『雑事要録』天王畑条）。

(21) 永正二年、時長給分（『雑事要録』本御位田条）。

(22) 前掲註（20）。

(23) 大永三年、給時長（『雑々記』政所米条）。

(24) 長享二年、自当年四ケ年可知行也（『雑事要録』鷹司室町地子条）。

(25) 明応九年、永代沽却、香西又六取之（『雑事要録』小薬院条）。

(26) 文亀三年四月十六日、二千七百疋ニ沽却（『雑事要録』番匠給条）。

(27) 『雑事要録』文明十九年冨家殿条。

(28) 『後法興院記』文正二年八月二日条。

伝聞、公武御憑之儀停止云々、京都之式無合戦冥々之躰正々、

とあり、翌年八月一日に八朔の記事はみえない。応仁の乱のため行事を取りやめたのであろう。八朔が公家の間に復活するのは、『後法興院記』によれば文明十二年からで、武家とは前年から行われている。

(29) 『後法興院記』明応九年八月一日条。

(30) 『雑事要録』明応九年　八朔条。

禁裏様　扇一本、引十帖、　御返、短尺二百枚、引十帖、

竹園　太刀金、杉原十帖、　御返、香炉、引十帖、

室町殿　太刀金、引卅帖、御返、太刀金、引廿帖、

(31) 冒頭掲出、平山敏治郎「多羅尾氏について」。

(32) 『後法興院記』長享元年十一月二十五日・同十二月十八日・長享二年四月二十三日・長享三年正月十九日・延徳四年三月十八日条。

(33) 増運は明応二年（一四九三）十一月二十五日、六十歳で入滅している（『後法興院記』）。誕生はこの年から逆算すると永享六年（一四三四）となる。政家の誕生は文安元年（一四四三）であるため、増運が政家の兄。

(34) 応永十二年（一四〇五）五月十四日、山科教言邸が火事で焼けた。山科家ではすぐ邸宅の建築を始めるが、この時、河原者が壁塗りとして雇われている（『教言卿記』応永十二年八月十三日・同二十三日）。近衛邸でも同様の作業として雇われたのであろうか。また『教言卿記』応永十四年八月十九日から十一月晦日までに湯殿を新築した記事を見ることができる。『雑事要録』の時代より少し古いものであるが、参考として紹介すると、まず八月十九日の風呂釜の購入に始まる。風呂釜は宗金という僧と当初「三貫」で契約された。しかし釜は一部破損しているということで二十疋値切り、引き取る時さらに二十疋値切っている。「中間已下六人、厩者二人、仕丁四人、以上十二人」で舁き引き取った。九月九日、風呂の材木を嵯峨から購入。

両柱十二本六十ッ、七百廿文桧木也、栗木柱廿本、七百文、二支替五束、五百文、車力百文、以上二貫廿文也、

同二十三日に釜を修理し、七百文下行した。十月十四日から風呂を作り始め、同二十九日に棟上を行い、大工に百疋下行している。この間、番匠は延十五人、塗師一人、大工（延三人カ）、人夫三人が来ている。棟上の後、再び番匠が延十六人来て、風呂板を敷き、釜を据えつけている。また湯桶師が「風呂桶、大桶《水ノレゥ》、湯ノレゥ四」により三百（文カ）下行され、十一月晦日

から入り始めている。

(35) 釜と石には当初手付として、それぞれに三貫五〇〇文、五〇〇文が支払われているが、実際の支払いは本章で述べたとおり。

(36) 『後法興院記』長享三年六月十一日条。

(37) 林屋辰三郎・村井康彦・森谷尅久編『京都市の地名』(平凡社) 実相院条。

(38) 茶々御所・宝珠院が政家の姉であることは、『後法興院記』文明十九年五月十六日条（茶々御所）、明応四年十月五日条（宝珠院）による。なお端御所は註（7）参照。

(39) 当時の綿は真綿（繭綿）を指す。

第二章　近衛家領越前国宇坂庄について

はじめに

戦国期の摂関家領を扱った論考には、九条家の和泉国日根庄（大阪府泉佐野市）に関する研究がいくつか目につく。(1)日根庄は九条政基が直務を行ったことで有名であり、在庄中のことは、『政基公旅引付』により詳しく知ることができる。

九条家と同様、摂関家の一つである近衛家については、『雑々記』『雑事要録』により知ることができ、そこには家領収入が年ごとに記されているだけでなく、戦国期近衛家の家産経済を知るうえで必要な収支貸借が記されている。詳しい内容については前章で紹介したところである。『雑々記』『雑事要録』によれば当時、近衛家領は山城・摂津・近江に多く存在しており、近衛家の経済的基盤となっていたことがわかる。他方、美濃・尾張・越前・越中・加賀等の遠隔地にある家領は、京都近郊の家領ほど毎年年貢の納入はなかった。しかし、本章で取り上げる宇坂庄は近江国などに比較して遠隔地にありながらほぼ毎年年貢が納入されている家領であった。

近衛家領宇坂庄は鎌倉時代の建長五年（一二五三）に成立した「近衛家所領目録」(2)中の「請所」の一つに「宇坂庄」の名が見え、目録の末尾には「所領濫觴者、高陽院領内委見延久二年十月六日進官目録、建長五年十月廿一日注出之」とあるところから、延久二年（一〇七〇）以前に成立していた家領であることがわかる。

宇坂庄は福井県足羽郡美山町にあった家領で、戦国大名朝倉氏[3]の居城のあった一乗谷の東側に接する地にある。しかし、残念なことに現地を訪れたが小字名などの地名はおろか、近衛家領に関した伝承も残っていなかった。そのような家領であるため、今まで竹内理三「講座日本荘園史」（『日本歴史』一六一　一九六一年十月）や小葉田淳編日本歴史地名大系『福井県の地名』（平凡社　一九八一年）でも紹介はされているが、近衛家領としての宇坂庄の実態などについては、ほとんど触れられていないのが実状である。[4]

本章では、『雑々記』『雑事要録』を中心に、戦国期の近衛家領宇坂庄について、近衛家がどのように運営していたか、また維持できた理由はどこにあったのかについて考察していくこととする。

一　直務定使の派遣

『雑々記』『雑事要録』は近衛房嗣・政家父子によって書かれた記録で、陽明文庫には『雑々記』は九冊、『雑事要録』は二十五冊残っている。『雑々記』九冊のうち、第一冊目・第二冊目を通して見ると、宇坂庄や近江国信楽庄（滋賀県甲賀市）に関する記事が多く、第一冊目では、房嗣が近衛家の家僕をそれぞれの家領へ年貢の催促のため派遣した記事、第二冊目では、文明十年分から同十二年分までの両家領からの年貢の納入記事が中心となっている。したがって宇坂庄は房嗣の料所の一つであったことがわかり、房嗣没（長享二年十月十九日）後の翌年からは近衛家領として統合管理されている。

政家には日記『後法興院記』があり、息尚通には『後法成寺関白記』があるが、いずれの日記にも宇坂庄の名は記されていない。しかし両日記を読んでいて、ほぼ毎年次のような記事があることに気づく。

『後法興院記』文明十一年十月十六日

（北小路）俊宣朝臣令下向越前、

『後法成寺関白記』永正三年閏十一月七日

（北小路）俊泰朝臣越前ニ下向、

右の記事は近衛家の家僕である北小路俊宣・俊泰が越前へ下向するときのそれぞれの日記での初見記事で、このころの北小路家は俊宣・俊泰・俊永と続く。俊宣は房嗣・政家の代の人で、明応三年（一四九四）八月二十八日に出家[5]（法名常勝）するまで毎年越前へ下っており、同年十二月十日、六十六歳で没する。[6]俊泰は政家・尚通の代の人で、俊宣出家後越前へ下る。永正十八年（一五二一）三月二十六日従三位に叙せられ、[7]大永六年（一五二六）六月に出家[8]し跡を俊永が嗣ぐ。俊永は永正二年（一五〇五）十一月一日従五位下越前守に任ぜられて以来、享禄四年（一五三一）二月八日には、正四位下大膳大夫に任ぜられている。[9]『後法成寺関白記』で俊永が越前より上洛する最後の記事は、天文二年（一五三三）正月十一日であり、[10]この年俊永は没する。[11]

北小路家の越前下向、および上洛記事を『後法興院記』から拾い、合わせて『雑事要録』の宇坂庄の北小路家関係の記事を抽出すると、明応二年（一四九三）は、『後法興院記』十月二十九日条に「差下俊宣朝臣於越前」、十二月十日条に「俊宣朝臣自越前上洛」とある。これを『雑事要録』で確認すると十月二十九日の宇坂庄条に「俊宣朝臣下向越前」、十二月十日の宇坂庄条に「上洛、御服年貢悉進納」とあり、俊宣の越前下向の事が『後法興院記』『雑事要録』ともに記されていることがわかる。このように双方に記された下向・上洛の月日が一致する年は、右の明応二年の他に、明応三年（一四九四）から八年、文亀三年（一五〇三）、同四年にあり併せて見ていくことで、俊宣の下向先は越前国宇坂庄であったこともわかる。

さらに『雑々記』文明七年九月三十日条に、

大膳大夫俊宣朝臣下向越前宇坂庄、為年貢催促也、

とあり、越前国宇坂庄への下向の目的は年貢の催促であった。

ここで、『雑々記』『雑事要録』『後法興院記』『後法成寺関白記』から歴代の北小路家の越前への下向および上洛記事を探すと次のようになる。〔下向・上洛年月日の下の括弧内は出典を示す。（雑々）は『雑々記』、（要録）は『雑事要録』、（政家）は『後法興院記』、（尚通）は『後法成寺関白記』である。以下本章での出典の扱いは同じ〕。

俊宣

文明七・九・三十　下向（雑々）〜文明七・十　・二十三　上洛（雑々）
文明七・十一・　八　下向（雑々）〜文明七・十二・三十　上洛（雑々）
文明八・　三・二十　下向（雑々）〜文明八・　五・　十六　上洛（雑々）
文明八・十　・　十三　下向（雑々）〜文明八・十二・二十六　上洛（雑々）
文明九・十　・　八　下向（雑々）〜文明九・十二・二十四　上洛（雑々）
文明十　・十　・　五　下向（雑々）〜文明十　・十二・二十九　上洛（要録）
文明十一・十　・　十六　下向（政家）〜文明十一・十　・二十一　上洛（政家）越前、国中合戦のため通路なし
文明十二・　正・　十九　下向（政家）〜文明十二・　六・二十九　上洛（要録）

文明十三・十一・　十五　下向（政家）〜　文明十四・　正・（日脱）　上洛（要録）
文明十四・十一・　十二　下向（政家）　上洛記事なし
下向記事なし　〜　文明十五・十二・二十七　上洛（要録）
長享（文明十九）元・十一・二十八　下向（政家）〜　長享　元・十二・二十六　上洛（政家）
延徳（長享三）元・十一・　八　下向（政家）〜　延徳　元・十二・二十二　上洛（政家）
延徳　二・十　・二十六　下向（要録）〜　延徳　二・十二・　十一　上洛（要録）
延徳　三・十　・　十八　下向（要録）〜　延徳　三・十二・二十五　上洛（要録）
明応（延徳四）元・十　・二十六　下向（要録）　上洛記事なし
明応　二・十　・二十九　下向（政家・要録）〜　明応　二・十二・　十　上洛（政家・要録）

俊泰

明応　三・十　・二十一　下向（政家・要録）〜　明応　三・十二・　三　上洛（政家・要録）
明応　四・十　・二十七　下向（政家・要録）〜　明応　四・十二・十五　上洛（政家・要録）
明応　五・十一・　四　下向（政家・要録）〜　明応　六・　正・　四　上洛（要録）
明応　六・十　・二十九　下向（政家・要録）〜　明応　七・　正・　一　上洛（政家・要録）
明応　七・閏十・二十　下向（政家・要録）〜　明応　八・　正・十六　上洛（政家・要録）
明応　八・十一・　八　下向（政家・要録）〜　明応　九・　二・　九　上洛（政家・要録）
明応　九・十　・二十九　下向（要録）〜　明応（文亀元）十　・　正・三十　上洛（政家・要録）

文亀（明応十）元・十一・八　下向（政家）〜文亀二・正・二十九　上洛（政家）
下向記事なし〜文亀三・四・二十三　上洛（政家）
文亀三・十一・十五　下向（政家・要録）〜永正（文亀四）元・四・二十七　上洛（政家・要録）
永正元・十一・二十三　下向（政家・要録）〜永正二・三・十一　上洛（政家・要録）
下向記事なし〜永正三・三・二十七　上洛（尚通）
永正三・閏十一・七　下向（尚通）　上洛記事なし
下向記事なし〜永正五・四・十八　上洛（尚通）
永正五・十一・十六　下向（尚通）〜永正六・三・十　上洛（尚通）
下向記事なし〜永正八・正・十二　上洛（尚通）
下向記事なし〜永正九・二・十五　上洛（尚通）
永正九・十・十四　下向（尚通）〜永正十・正・十四　上洛（尚通）
永正十・十・十九　下向（尚通）〜上洛記事なし
永正十三・十・二十五　下向（尚通）〜上洛記事なし
永正十四・閏十・十四　下向（尚通）〜上洛記事なし
下向記事なし〜永正十六・正・十三　上洛（尚通）
下向記事なし〜永正十七・四・十一　上洛（尚通）
永正十七・十・二十三　下向（尚通）〜上洛記事なし

俊永

下向記事なし　〜　大永　八・正・十二　上洛（尚通）

享禄　二・十一・　十　下向（尚通）〜　享禄　三・正・十八　上洛（尚通）

享禄　三・十一・　二　下向（尚通）〜　享禄　四・正・十八　上洛（尚通）

下向記事なし　〜　享禄　五・二・十六　上洛（尚通）

享禄　五・十・　九　下向（尚通）〜　上洛記事なし

下向記事なし　〜　天文　二・正・十一　上洛（尚通）

右のようにまとめると俊宣・俊泰・俊永らが下向する時期は、毎年十月に入ってからで、戻るのは早い時で下向した年の十二月、遅い時でも翌年三・四月ごろとなっている。宇坂庄は「近衛家所領目録」に記載された延久二年（一〇七〇）以来、戦国期においても近衛家領として存続していたことがわかるのである。

二　宇坂庄の状況

I　年貢・公事物の納入について

『雑々記』『雑事要録』で宇坂庄からの年貢に関する記事のうち、それぞれ最初の二年分を紹介すると、

『雑々記』文明十年分　宇坂庄条

十二月

晦日　綿十五把　用脚千疋

同(文明)十一年正月廿四日　千疋但両度ニ

二月　三日　五百疋　同十三日　五百疋

同十七日　五百疋　三月　一日　五百疋

同三月十日　五百疋　十九日　三百疋

同廿日　弐百疋

同四月五日　五百疋　同十日　五百疋

同廿六日　三百疋此内ニ疋不足

『雑々記』文明十一年分　宇坂庄条

三月(文明十二年)廿日比弐千疋到来云々、此内千疋ハ関白拝賀助成ニ被留之、

同四月九日　五百疋到来云々、此日自書状、以上去年分内也、

以上弐千五百疋、此内千疋ハ拝賀助成分、千五百疋此方へ到来也、かはしにてとるなり、

五月廿五日　綿三十一把　朝倉弾正(孝景)分御年貢　二千四百疋余令未進也、

俊宣上洛之時、百六十疋者到来也、如何、

『雑事要録』文明十年分　宇坂庄条

十二月廿九日　俊宣朝臣上洛、御服五十屯、但十五屯残用脚云々、　銭五千疋皆済、

『雑事要録』文明十一年分　宇坂庄条

文明十二年三月廿八日　二千疋未進分到来、但此内六百疋四月二日進上近日可沙汰云々、

四月八日　五百疋沙汰之、商人替、

五月廿五日　綿卅一屯、商人沙汰之、

六月廿九日　俊宣上洛、

御服五十屯、卅二屯綿、残十八屯料足十八貫云々、

年貢銭廿七貫九百七十三文沙汰云々、

未進廿四貫余云々、以上以前度々ニ京進也、散用状有之、

七月十二日　御年貢銭百六十疋、在庄下用礼物等散用残也、未進二千四百疋余也、

とあり、それぞれの二年分の記事は、ほぼ同様の内容となっている。

『雑々記』文明十一年分の三月二十日条の記事「此内千疋ハ関白拝賀助成ニ被留之」は、政家の関白就任（文明十二年三月二十六日）時の費用を指している。

『雑々記』『雑事要録』から、宇坂庄の記事を紹介したのであるが、両記録から右の記事も含め文亀四年分までをまとめたものが、巻末折込第2表「宇坂庄年別年貢収納表」である。表作成にあたっては次の事項を考慮した。

① 政家の記載した内容を簡略化したものの、できるだけ政家の記載を損なわないように努め、記事に付された割注・脚注等は、備考欄に記入した。

② 『雑事要録』文明十年分・同十二年分は簡単な記載であるため、それらの年は『雑々記』を用いた。

③ 各年次分の納入額の合計は、私に集計したもので、その際疋は貫・文に換算した。延徳三年分と明応六年分には、政家が算出した合計額が記入されている。その合計は延徳三年分を「銭四十貫六百」、（文脱）明応六年分を「以上

四十五貫四百卌一文」と算出しており、私の集計と多少違っている。

④　銭を納入する場合には割符が用いられている。割符到来に対し銭の額が記入されていない場合（例えば、文明十三年十二月二十四日）は、割符一は銭一〇〇〇疋と換算した。

すなわち文明十七年分で、十二月二十六日と二十八日に、銭は合計三〇〇〇疋納入されている。これは備考欄に示した十二月二十五日の割符三によるものである。また延徳三年分も同様にみると、十二月二十七日と翌四年正月十八日に合計二〇〇〇疋納入されているのは、備考欄の割符二（到来日不明）によるものである。

いずれも銭の納入額を割符数で割れば、割符二ケ当たりの金額が算出され一〇〇〇疋であることがわかる。従って割符の到来数だけの記載の年は、割符の数と一〇〇〇疋との積を銭の納入額とし括孤で表示した。中には延徳二年分のように翌三年正月十二日、十八日、二十五日に到来した年貢の合計二四〇〇疋とある。延徳二年十二月二十九日の割符二ケ半によるものであることがわかり、このうち「半」は四〇〇疋に相当する。また明応三年分で、十二月四日、六日、十四日、十五日の到来額の合計四三貫文（四三〇〇疋）は、十二月三日到来の割符五ケに対するもので、そのうちの三〇〇疋が割符一に当たっていることなど、例外的な場合も見うけられる。

⑤　納入額からの支出分、例えば夫賃（文明十三年分での四五〇文、二五〇文）などは備考欄へ示すにとどめ、合計額算出時にも差し引かなかった。

⑥　文明十二年分で同年冬の一四〇〇疋に対する注記は、備考欄へ記入できなかったため、次に示すと、

此内二百六十疋夫賃云々、此内替銭ニテ正月廿二日五百疋到来、商人高間沙汰、請取ハ千百疋遣之分、

とあり、一四〇〇疋に対し一一〇〇疋の請取を遣したことは、夫賃を引いた残り四〇疋が商人の手数料と考えられる。

巻末折込第2表により宇坂庄の主たる年貢は、銭と綿（繭綿）であることがわかる。銭の納入は平均（納入額の極端に少ない文明十九年分は除外）、四八貫四一四文あり、毎年正月、二月、十二月にほぼ集中して納入されている。綿の納入高の平均は三一屯余りである。文明十九年分では三〇屯七〇目と、ほぼ平均高に等しい量が納入されている。しかし同年の銭の納入額は少なく、平均納入額の半分近い額である。この年は足利義尚による近江六角氏征討が開始された年で、諸国へ軍事動員を課した。『蔭凉軒日録』同年十月二十一日条には、越前から朝倉氏が騎馬一四二騎、兵一四、五〇〇人を率いて参陣している記事があるところから宇坂庄へ半済が課せられたのではなかろうか。

ところで延徳四年分を例として、納入された銭の中には、打曇四〇枚、鳥子五〇枚代などのように紙代が含まれている。このことから宇坂庄は綿以外に紙も公事物として扱われていた時代があったことが考えられるとともに、宇坂庄において紙漉が行われていたことも推測できる。

Ⅱ 『雑事要録』宇坂庄明応八年分の付随記事について

『雑事要録』明応八年分の宇坂庄からの年貢の納入記事の後に、

朝倉納　廿四貫弐百廿四文　綿廿四屯弐両
下野　十二貫四百五十四文　綿八屯八両
弥七　六貫百文　綿六屯半
河内　三貫五十二文　綿二屯
三郎さゑもん　三貫三百文　綿三屯

窪田　二貫九百廿八文　(綿脱)二屯百五文目
神四郎　二貫九百廿八文　(綿脱)二屯百五文目

とある。「朝倉納」は近衛家が宇坂庄の朝倉以下七名に課した年貢高を記したものではなかろうか。前節に示した『雑々記』文明十二年五月二十五日条の「朝倉弾正分御年貢、二千四百疋余令未進也」および『雑事要録』文明十二年六月二十九日条「未進廿四貫余云々」は、右の記事の「朝倉納廿四貫弐百廿四文」のことと考えられるからである。個々に課せられた年貢、銭・綿についてそれぞれ合計してみると、銭が五四貫九八六文、綿が八〇屯一一〇文目一〇両となる（綿の量で文目から屯への換算は、二〇〇文目を一屯とした。後述）。これらの額が毎年近衛家から宇坂庄に課されていた年貢額であろう。なお、下野以下六名は宇坂庄の名主の名であろうか。

Ⅲ　宇坂庄からの綿について

綿（繭綿）の生産、すなわち養蚕を行うためには桑が必要である。中世、桑の栽植地について大小河川の合流点・氾濫源といった不安定な場所であったことが指摘され、[12]また近世の例ではあるが、本田畑以外の山間地や河岸地に桑畑が開拓されたことが説かれている。[13]宇坂庄は足羽川の蛇行に沿った山間の地で、まさしく右に指摘された地形であり、桑が栽植され養蚕が行われていたことが考えられる。

宇坂庄から納入された綿の一部は、近衛家の一族や家政職員達に分け与えられている。『雑事要録』には「綿クハリ注文」・「クハリ綿注文」などの項目が設けられ、長享二年から永正二年まで、十六年分が記されている。最初の記事である長享二年分を見ると、

綿クハリ注文
実門(実相院増運)二屯・景陽一屯・二姫君(宝珠院・瑞光院)各一屯・大祥院(春渓)一屯・端御所卅五目、
茶々御所卅目・安嘉御所廿目・上臈五十目・五位卅目、
安子廿目・安賀々廿目・新少将廿目・乳母十目、
茶々廿目・安五十目・安茶十目・ト、十目、
大上廿目・安茶々卅目・カ、卅目・小宰相廿目・茶子廿目、
以上八屯百廿五目、

とある。ここで実門は、実相院増運で政家の兄。[14]二姫君は宝珠院・瑞光院[15]のことで、端御所・茶々御所とともに政家の姉。大祥院は政家の妹春渓[16]である。また末尾に「以上八屯百廿五目」とあるのは、政家が算出したクバリ綿の合計量である。毎年記された「クバリ綿注文」の記事を年別にまとめると、次頁右の第1表のようになる。第1表については「クバリ綿注文」の記事で示したように、毎年、各人にそれぞれに分け与える綿の量が記されている。しかし表作成に当たり、年ごとの人数を横欄の「クバリ綿注文人数」とした。各人に付された綿の量は個々に明記せず、合計して一括表示した。合計は政家が行ったものと私の試算に分けた。「政家の算出合計」覧で斜線の部分は、その年政家が合計を算出していない年。右端の「試算」欄は一屯を二〇〇目として換算し合計を算出した場合と、一屯を一〇〇目として換算して合計を算出した場合に分けた。

表により「政家の算出合計」欄と、「試算」欄の一屯を二〇〇目と換算した場合を比べると、明応七年までの双方の合計は近似しているが、明応八年以後は大きく違っていることに気づく。政家の合計を見ると、長享二年、延徳三

第1表　クバリ綿注文表

項目／年号	注文人数クバリ綿	政家の算出合計	試算：1屯を200目と換算した場合	試算：1屯を100目と換算した場合
長享２年	23	８屯125目	8屯5文目	10屯5文目
長享３年	10		5屯145文目	6屯45文目
延徳３年	24	8屯109目	7屯195文目	9屯95文目
延徳４年	27	8屯160目	8屯45文目	10屯45文目
明応２年	27	9屯16文目	8屯45文目	10屯45文目
明応３年	28	7屯46文目	6屯75文目	8屯75文目
明応４年	27	6屯135文目	6屯145文目	9屯45文目
明応５年	27		5屯165文目	8屯65文目
明応６年	28		5屯175文目	8屯75文目
明応７年	28	9屯90目歟	9屯5文目	11屯5文目
明応８年	26	10屯計歟	8屯165文目	10屯65文目
明応９年	32	10屯余歟	9屯85文目	11屯85文目
明応10年	27		9屯170文目	11屯70文目
文亀３年	25	11屯計歟	6屯150文目	11屯50文目
文亀４年	25	11屯計歟	9屯150文目	11屯50文目
永正２年	23	11屯計歟	9屯110文目	11屯10文目

年、同四年、明応四年の各年の端数は、それぞれ一二五目、一〇九目、一六〇目、一三五目となっている。また巻末折込第2表の綿の納入量で、延徳二年分(十二月二十九日)、同四年分(十二月十八日)、明応四年分(十二月十六日)、同五年分(十二月十四日)、文亀四年分(翌四年四月二十七日)として納入された綿のそれぞれの端数は、一〇〇目、一〇一目、一二六目となっていた。これらの例からすれば、一屯は一〇〇目ではありえず、二〇〇目と見ることもできよう。

ところで、近衛家領のうち公事物として綿を納入している家領は、宇坂庄の外に尾張国富田庄があり、この家領も元は房嗣の料所であった。『雑事要録』には、文明十五年分から明応三年分まで年貢の納入が記載されており、そのうち綿の納入が記載されている年は、文明十五年分の三屯、長享三年分の二屯の二年分だけである。いずれも宇坂庄からの綿に比べ極めて少ない量であるが、長享三年分の年貢納入記事（延徳二年正月十一日条）に「千疋此内三百疋分綿二屯進之、一屯二百目也」とある。ここでは政家は明らかに綿一屯を二〇〇目と換算している。従って先に見た「クバリ綿注文」の合計や綿の納入量の記載で、政家は一〇一目から一九九目までは端数として扱っていることがわかる。ところが中御門宣胤の日記『宣胤卿記』の文亀二年二月十日条には、

去年下遣越前使者今日上、遅々以外事也、河合庄（内裏御料所）御年貢三千疋、知行分杣山庄分三千疋（乱以前請切万四千疋也）、到来、其外自朝倉孫次郎貞景方、綿五屯（一屯、百目）、（略）

とあり、宣胤は綿一屯を一〇〇目としている。

第1表「クバリ綿注文表」へ戻って、もう一度「試算」欄の一屯を一〇〇目で換算し合計を出した場合と、政家の算出合計を比べてみると、明応七年以前の合計では両者に大幅な違いがあり、また明応八年以後の合計は近似していることがわかる。従って一屯を二〇〇目と換算し、次に一屯を一〇〇目と換算しそれぞれの合計を試算したことにより、政家は宇坂庄から綿が納入された時、明応八年以後も一屯を二〇〇目とし「クバリ綿注文表」では、明応八年以後一屯を一〇〇目と換算して合計を記入していたことがわかる。明応八年以後、政家は綿を分け与えるに際し、一屯の量を少なくしていたのである。

この外、政家が綿の量を表す単位として使っているものに「把」「両」がある。把は本章第二節宇坂庄の状況の冒頭に示した『雑々記』文明十年分の納入綿に「綿十五把」、文明十一年分に「三十一把」と見える。また『雑事要録』では延徳三年分に「廿二日御服料卅六把」の記載があり、その年の合計では「御服卅六屯」としてある。また先ほどの『雑々記』文明十一年分の記主房嗣は「綿三十一把」と記入し、同年の『雑事要録』で政家は「綿卅一屯」と記し

ている。それぞれ納入された綿の単位を「把」・「屯」と表しているが同量である。

次に「両」は、前に示した『雑事要録』明応八年分の宇坂庄条の記事で使用されていたが、「両」の換算については詳かでない。また納入された綿は近衛家の一族や家政職員へ分け与えられた後、残った分を売却したという記事は見当たらず、『雑事要録』の他家へ贈った進物を記す「遣処々物」という箇所の明応四年正月二十四日条に、

綿一屯、忠綱妻ニ遣之、綿一屯、遣船橋坊了、

とあるところから、残った綿の一部は進物品として使用された例であり、他に政家が自分用に使ったものもあったと考えられる。宇坂庄からの年貢の実態について紹介してきた。次節では越前国の在地勢力である朝倉氏、およびその一族と近衛家の関係を見ていく。近衛家が宇坂庄の経営を維持できた理由について考えてみたい。

三　近衛家と朝倉氏

朝倉氏は周知のように応仁の乱以後、斯波氏に代わって越前を支配し、歴代一乗谷を居城としていた戦国大名である。『後法興院記』には朝倉氏との関係記事がたびたび記されており、近衛家と交際のあったことが窺われる。まず『後法興院記』文正元年九月十七日条に、

被遣太刀於治部大輔(斯波義廉)許、今度無為出仕目出之趣也、使時顕朝臣(西洞院)、同被遣朝倉(孝景)許、依為家門領代官也、使行量(惟宗)、各他行云々、

とある。この記事は斯波義敏と斯波義廉の家督争いで、一度は義敏が家督を継ぎ越前の守護となったものの、山名持豊が義廉に加担して義敏を追放し、義廉が義敏にとって代わったときの記事である。朝倉孝景は義廉に従い幕府へ出

仕した。孝景は斯波氏の被官ではあるが、近衛家領の「代官」であったため近衛家からも挨拶に出向いたのであろう。

宇坂庄を介して近衛家と朝倉氏の交際の様子を、まず政家の時代を中心に展望してみよう〔各出典の略称表示は前出と同様であるが、房嗣の日記『後知足院御記』は（房嗣）とした。また『雑事要録』には必要に応じて、記載項目名も付け加えた。

応仁二年二月二十九日　典薬頭定基(丹波)朝臣来、越前国年貢無沙汰事、彼代官朝倉依知音仰談子細、彼朝臣依有申談事也、（房嗣）

文明八年三月二十日　俊宣(北小路)朝臣又下向越前、棰四荷下遣也、此内一荷・三輪三荷、朝倉也、斉藤ニハ油煙二云々、是後日之了簡可尋也、（雑々）

文明十三年九月八日　下使者於越前朝倉弾正左衛門、七月廿六日死去云々、寿量品・焼香等遣之、（政家）

文明十三年　越前物経五十疋、白薄様二十疋、沈香三十疋、此分菱河ノ内ニテ引之、粮料五十疋、（要録）

文明十三年九月二十二日　自越前使上洛、以前御経・焼香等畏存之由有返答、治部大輔(斯波義廉)方没落云々、（政家）

文明十四年閏七月五日　自越前源次郎上洛、未進少事到来、自加治能登入道方僧上洛、等心院(北小路俊子)事種々周章之儀申送、腰刀一自去々年京都ニ預置訖、御方江令進上由有書状、使僧ニ令対面、（政家）

文明十五年九月二日　加治能登五十疋、三位中将母弟也、（要録　自処々礼物）

文明十六年六月二十八日　自加治民部丞許有使者僧、父能登入道去二月十三日死去云々、（政家）

文明十六年六月二十八日　加治民部丞百疋、又三位中将(近衛尚通)方へ百疋進上、（要録　自処々礼物）

文明十六年八月二十三日　加治民部丞許へ蘇合円一具・麝香丸具遣之、自御方扇三本遣之、（要録　遣処々物事）

文明十八年八月二十五日　源次郎自越前上洛、去月二日朝倉孫右衛門(氏景)死去云々、依是為其弔寿量品一巻白薄様・居柳筥焼香一裹等以愚状今月十二日遣孫次郎(貞景)息男許、又親類慈視院(朝倉光玖)許江同愚状、今日返事到来、使者ニ二百疋遣之云々、御経以下畏存由種々慈視院有返報、孫次郎年少間無返報云々、（政家）

文明十八年十二月二十七日　加治民部丞塩引一尺・蠟燭卅丁進上、（要録　自処々礼物）

長享三年(延徳元)八月二十七日　蠟燭十丁、加治民部丞泪躰円二貝遣之、鳥子百枚御方へ扇二本遣之、（要録　自処々礼物）

延徳二年十月二十八日　香裹二同朝倉孫右衛門、香裹一斉藤、油煙五丁加治、扇一本・牛黄円二貝遣之、自加治民部許蠟燭廿ケ・厚様百枚進上、薬二貝遣之、自朝倉四郎兵衛許鱈五進上、牛黄円三貝遣之、自斉藤弥太郎許（要録　遣処々物）

明応七年　内曇百五十枚・スチコ十進上、（要録　宇坂庄）

明応八年正月十六日　鱈五朝倉四郎兵衛、スチコ十・内曇五十枚斉藤弥太郎、厚様百枚・蠟燭廿丁加治民部丞、（要録　従処々礼物）

明応九年　朝倉四郎兵衛雪魚五進上、加治民部丞百疋進上、御方へ同、加治両御所へ百疋宛進上、四郎兵衛雪魚五進上、孫次郎伊勢物語・春日野百反、四郎兵衛春日野五十反・三種五貝、前□□□ゑもん春日野五十反・梅花五貝、、民部牛黄円二貝・沈香一裹、（要録　宇坂庄）

これらの記事から近衛家と朝倉氏の間には、日常の生活面での交際記事が目立つとともに、最後に掲げた明応九年条では政家が、朝倉貞景に『伊勢物語』を贈っているように、文芸面での交際もある。

朝倉氏との交際はともかく、文明十四年閏七月五日条は以後に見える加治氏に注目したい。加治氏は、右の明応七年条・同九年条など、『雑事要録』では朝倉四郎兵衛らと共に記載されている。朝倉四郎兵衛は苗字から推して朝倉氏一族と考えられる。しかし朝倉氏と加治氏の関係を明確にする史料は管見では見当たらないが、『雑事要録』では加治氏の記載が、朝倉氏と一連となっているところから、加治氏は朝倉氏の一族か、もしくはその有力被官人であったと考えられる。

文明十四年閏七月五日の記事は、同年七月六日に没した政家の妻俊子（等心院）[18]のため、加治能登入道が政家へ「周章之儀」を申し送った記事である。加治能登入道は文明十六年二月十三日に没するが、その死は息加治民部丞が同年六月二十八日に政家へ伝えている。文明十四年の記事で注目すべきは、「三位中将母弟也」とある加治民部丞の傍注である。三位中将は政家の息尚通で、加治民部丞は尚通の叔父に当たり、加治能登入道は尚通の外祖父に当たることがわかる。さらに『尊卑分脈』近衛家条の尚通の傍注には、

母家女房、従三位大江（北小路）俊宣卿養女、

とある。これら二つの史料から加治氏の女は、宇坂庄へ年貢の催促に下ってくる北小路俊宣の養女となり、政家の側室になったと考えられるのである。文明四年（一四七二）、二人の間には近衛家の家督を継ぐことになる尚通が誕生した。近衛家と加治氏の交際はこの後も続く。以下朝倉氏との交際も含め、『後法成寺関白記』からそれらを紹介していくこととする。

永正七年八月九日　加治大蔵一荷両種・綿一屯進上、令対面勧一盞、
永正七年九月二十日　加治左京亮打曇廿・鳥子五十枚進上之、
永正七年十二月三十日　加治左京亮鱒二進上之、近日従越前上洛、

永正八年四月十六日　加治左京亮等来、有鞠之興、
永正八年十二月二十日　加治能登鱈二進上之、
永正九年正月七日　加治左京亮・窪田・今井孫四郎・泰一勾当等来、令対面給一盞、
永正九年二月一日　加治左京亮来、令対面勧一盞、
永正九年三月一日　前藤中納言(武者小路縁光)・松宰相(松殿忠顕)・加治左京亮来、令対面、
永正九年三月二十二日　加治左京亮来、
永正九年三月二十三日　加治左京亮来、勧一盞、
永正九年四月十九日　越前下寿景品相副一首、
永正九年閏四月一日　前藤中納言・蒯庵・加治左京亮等来、令対面勧一盞、
永正九年閏四月九日　加治左京亮来、
永正九年閏四月二十日　龍尊寺・加治左京亮等来、令対面勧一盞、
永正九年五月一日　民部卿入道(冷泉為広)・前藤中納言・加治左京亮・王子・北小路父子・宗胤・金剛院・良識・幸
千世・熊寿等来、各令対面勧一盞、
永正九年六月二十三日　加治左京亮来、令対面給一盞、
永正九年七月七日　民部卿入道・前藤中納言・蒯庵・加治左京亮等来、令対面勧一盞、
永正九年七月二十三日　飛鳥井中納言(雅俊)・加治左京亮来、
永正九年九月九日　前藤中納言・千秋刑部少輔・加治左京亮等来、令対面、

永正十年正月十一日　従朝倉孫次郎方鱈・荒巻十進上、

永正十年八月十五日　加治左京亮上洛、塩引一進上、令対面、彼姉為参宮上洛、絹一疋進上、可来由雖申送不来、

永正十四年五月十九日　加治能登守近日令上洛来、御太刀宗吉・御馬進上之、御方太刀、北政所(徳大寺維子)へ二百疋、一門太刀、奥御所二百疋進上之、於前二献給之、頗及大飲、

永正十四年五月二十九日　加治能登守・同左京亮等来、有一献、北政所給小袖、

永正十四年六月六日　杉原十帖・織筋一給加治能登守、畏申入之由、

永正十四年七月七日　武者小路一品・薊庵・兵部少輔・玄清・田辺孫三郎・波賀・加治左京亮等来、各令対面勧一盞、

永正十四年十一月一日　玄清・加治左京亮等来、

永正十四年十二月二十九日　慈照寺瞳長老・鹿苑院枡長老・相国寺住持・飛鳥井少将(雅綱)・荻野・楞首座・広橋中納言(守光)・周桂・大内記・加治左京亮等来、各令対面、

永正十六年正月十三日　上冷泉民部卿入道・山科三位(言綱)・清少納言・加治左京亮等来、令対面勧一盞、

永正十六年三月八日　今朝、加治左京亮召朝飯、

永正十六年五月一日　岩栖院・冷泉民部卿入道・平松宰相入道・玄清・加治左京亮等来、各令対面勧一盞、

永正十六年九月九日　岩栖院・薊庵・補蔵主・飛鳥井少将・竹田法眼・桃井二郎・加治左京亮等来、各令対面給一盞、

永正十六年十二月三十日　日野・加治左京亮為歳末之礼来、
永正十七年正月九日　加治左京亮来、令対面給盃、
大永八年二月二十二日　加治丹三郎鳥子百枚持来、関白(近衛稙家)ニ同百枚進上之、令対面給盃、加治民部丞去年返事鳥子二百枚進上之、
大永八年三月三日　加治丹三郎越前カサ一折送之、
大永八年五月五日　飛鳥井宰相・治部卿入道・狩野縫助・宗碩・周桂・加治左京亮・井関・乗順・仁木六郎四郎・永原太郎左衛門鯉二進上之、
天文五年五月五日　飛鳥井・広橋・菅少納言・中山・中御門・山科・加治左京亮等来勧一盞、
天文五年八月五日　加治左京亮・大膳院・持明院宰相・上池院来、
天文五年十二月十九日　従朝倉許太刀・馬進上之、馬代五百疋、北政所綿十屯従女中進之、

尚通の時代ともなれば加治氏は尚通の母の家系ということからか、政家の時代に比べて近衛邸訪問は多く、さらに近衛家を介し他の公家との交わりも見られる。永正十年八月十五日加治左京亮の姉が参宮のため上洛した時などは、尚通の方から彼女を招いている。その時彼女は応じていないが、近衛家と加治氏の親しい交際の一端が窺えて興味深い。なお『後法成寺関白記』永正八年十二月二十日条の加治能登守は、『後法興院記』に見える加治民部丞と同一人物であるところから、父能登入道の跡を継いだのであろうか。いずれにしても『後法成寺関白記』で見た加治大蔵・加治能登守・加治左京亮・加治丹三郎等は加治氏一族と考えられるが、それらの間柄に関しては後考を待ちたい。

さらに尚通の時代も朝倉氏との交際は続いている。永正九年四月十九日の記事は、朝倉貞景の死（永正九年三月二十

五日）に対し、法華経寿量品を贈った記事である。

むすびにかえて

越前国足羽郡における戦国期の荘園経営の実態について、一、二の例を見ると、『宣胤卿記』には、禁裏の料所であった河合庄（号は河北庄）は応仁の乱以降、年貢は「一向不致沙汰」の状況にあったことが記されている。そのため中御門宣胤は朝倉氏と「有縁」であるとのことで、文明十八年越前に下り朝倉氏に禁裏料所である河北庄の管理を依頼した。しかし余り効果はなく河北庄は越前に二個所あったことから、朝倉氏はそれを口実に生産高の多い禁裏料所の河北庄と、生産高の少ない河北庄をすり替え、二万疋あった年貢を三〇〇〇疋しか納入しなかった。[20]

一条家の足羽御厨の場合は、朝倉美作入道を代官とし毎年四〇〇貫余りの年貢があった。しかし応仁の乱後、朝倉孝景の押領にあい、当主の兼良は越前に下りその回復を孝景に求めた。しかし説得は効なく兼良は[21]『桃花蘂葉』の中で「言語道断也」と記している。なお、『桃花蘂葉』とは兼良が作成し文明十二年に息冬良に与えた書物で、一条家の故実や由緒・現状などを説明してある。

いずれも朝倉氏の支配下にあった荘園の二つの例であるが、宇坂庄も同様の状況であったと考えられる。すなわち宇坂庄には「代官」である朝倉氏がおり、その下には朝倉四郎兵衛や加治氏がいた。さらにその下には『雑事要録』明応八年分の記事にあった下野以下六名がいたのであろう。朝倉氏の支配が行われるなかで、近衛家が宇坂庄を経営できたことは、まず朝倉氏の有力被官と考えられる加治氏から尚通の母が出ており近衛家と姻戚関係を結んでいたことが大きな理由に上げられる。さらに宇坂庄の管理を朝倉氏だけにまかせず、毎年北小路家を定使として派遣し年貢の催促を行っていたこと、そして朝倉氏の当主の死去に際しては供物を贈るなど、朝倉氏との交際を怠らなかったこともあげてよかろう。

宇坂庄は近衛家の他の家領と比較した場合、他の家領にない「綿」が公事物であっただけに近衛家にとって、重要な家領として位置づけられていたと考えられる。それだけに朝倉氏の有力被官加治氏と姻戚関係をもったことが重要な意味を持つものであろう。

〔註〕

(1) 諸研究については藤田達生「和泉国日根荘について――研究の成果と課題――」(『ヒストリア』一一六　一九八六)、及び小山靖憲「日根荘関係文献目録」(『シンポジュウム日根荘総合調査が語るもの――中世荘園世界の解明をめざして――』大阪府埋蔵文化財協会　一九九一) に詳しい。また森田恭二・鶴崎裕雄・柴田真一「共同研究『政基公旅引付』に見る生活と文芸」(『帝塚山学院短期大学研究年報』三九　一九九一) が発表されている。

(2) 東京大学史料編纂所蔵、享徳三年九月十四日付写本。

(3) 本章では「近衛家」「朝倉氏」「斯波氏」と「家」「氏」の区別をしているが、一般的慣習に従ったまでである。

(4) 清水正健編『荘園志料』(角川書店　一九六五)・永原慶二ほか編『中世史ハンドブック』荘園一覧 (近藤出版社　一九七七)・安田元久編『日本史小百科3　荘園』(近藤出版社　一九七七)・竹内理三編『荘園分布図』(吉川弘文館　一九七五) に宇坂庄の名は見られない。

(5) 『後法興院記』同日条。

(6) 『後法興院記』同日条。
俊宣の越前下向について、

『雑々記』文明八年十月十三日条。

下向越前俊宣朝臣路銭百疋持之、源二郎相副依之、

『雑々記』文明九年十月八日条。

大膳大夫俊宣朝臣下向越前宇坂庄、源二郎召具之、如例年路銭百疋給之、

とあって、旅費は一〇〇疋であったことがわかる。

(7) 『公卿補任』大永元年　北小路俊泰条。

俊泰は宮内卿であったため『後法成寺関白記』永正十四年閏十月十四日条では、「宮内卿越前下向」と記されている。

(8) 『公卿補任』大永六年　北小路俊泰条。

(9) 『地下家伝』北小路家伝俊永条。

(10) 『後法成寺関白記』天文二年正月十一日条。

従越前俊永朝臣上洛、

なお『後法成寺関白記』天文五年十一月十三日条に「息入道下越前」という記事がある。またこの翌日条には「息下越前」とあるが、これは前日の記事と重複であろうか。いずれにしても越前に下った「息入道」は不明のため、北小路家の越前下向の最終記事は天文二年とした。

(11) 『地下家伝』北小路家伝俊永条。

(12) 佐々木銀弥「中世衣料の生産と流通」(『講座・日本技術の社会史　三　紡織』日本評論社　一九八三)。

(13) 工藤恭吉・根本秀行・木村晴寿「近世の養蚕・製糸業」(『講座・日本技術の社会史　三　紡織』日本評論社　一九八三)。

(14) 柴田真一「近衛尚通とその家族」(中世公家日記研究会編『戦国期公家社会の諸様相』和泉書院　一九九二)。

(15) 「クバリ綿注文」で人名の記載順序は政家の兄姉に始まる。本章に示したように政家の兄実相院増運からである。また「二姫君」を宝珠院・瑞光院と比定したのは、延徳三年以降の記事に実相院増運・景陽・宝珠院・瑞光院の順に記載されていることから

とによる。

(16) 本書、第一部第二章「中世公家家族の一側面――『後法成寺関白記』の生見玉行事を中心に――」を参照。

(17) 水藤真『朝倉孝景』（人物叢書　吉川弘文館　一九八一）、一四一頁に永禄五年（一五六二）十二月十四日、朝倉義景の四奉行が織田神社への年貢納入を命じた文書を紹介し、宛名人を分析されている。その中に加治氏の一族と考えられる加治左近尉の名があり、水藤氏は宛名人を名主または名代職保持者と推定されている。

(18) 『後法興院記』文明十四年七月六日条。等心院については本書、第一部第一章「近衛政家の妻室」参照。

(19) 前掲註（16）。

(20) 『宣胤卿記』明応三年二月十日、文亀元年十月十三日条。

(21) 永島福太郎『一条兼良』（人物叢書　吉川弘文館　一九五九）。

第三章　近衛家領摂津国放出村について

はじめに

近衛家領放出村[1]は現在大阪市城東区および鶴見区に、それぞれ放出西・放出東としてその名を残している。放出村の初見と考えられる史料は、平安末期の保元二年（一一五七）四月「関白忠通家政所下文案」添付の「摂津国榎並庄相承次第」（『平安遺文』二八八二）にある。そこには、

此外以放出村清章譲与他人了、

とある。さらに鎌倉期の建長五年（一二五三）十月成立の「近衛家所領目録」（『鎌倉遺文』七六三一）には、

同国(摂津)　放　出　宗成
京極殿領内

とあり、「庄務本所進退所々」の一つに記載されている。「摂津国榎並庄相承次第」に見える清章は高階を姓とし、「近衛家所領目録」に見える宗成まで、高階家が本所である近衛家領荘園の預所職を継承してきたとされている。[2]放出村が近衛家領として成立した時期は、「近衛家所領目録」の末尾に「所領濫觴者、委見延久二年十月六日進官目録」とあるところから、少なくとも延久二年（一〇七〇）以前と考えることができる。

今まで放出村を扱った論考は、管見ではあるが竹内理三「講座日本荘園史」（『日本歴史』一五七　一九六一）、および『大阪府地名大辞典』（角川書店　一九八三）がある。また『吹田市史』第四巻史料編1（吹田市　一九七六）には、『雑事要録』が抄出翻刻され、その中に放出村の記事も含まれているが、一部不備な点も見受けられるため本章ではそれらを補いつつ放出村に関する史料を紹介し、併せて気付いたことに触れることとする。

一　文明十年の放出村

放出村は『雑事要録』(3)の文明十年（一四七八）から永正二年（一五〇五）までの二十七年間のうち、二十三年分に年貢の納入状況が記されている。以下『雑事要録』の中から放出村に関する記載を抄出し、各年次ごとに必要に応じて解説を付記する。

第一冊目（文明十年）には、

　雑事要録一　文明十年
　仲《摂》御牧放出村内御大工給　伍百疋請切本所円満寺名中也、但別納、
　仲御牧放出村内不断光院《九条》御寄進分　参貫文田二町、円満院之内、
　仲御牧放出村内円満院給田四町分合六貫文、

とあって、摂津国仲御牧放出村の目録(4)が記載されている。

まず御大工給から見ていこう。『後法興院記』によれば、近衛家では政家の代にたびたび邸内の作事を行っており、次の記事を見ることができる（本書、第二部第五章「貴族の邸宅建築に関する経済的考察」参照）。

応仁元年四月二十日　是日対屋東方立柱上棟也、祗候者皆々進太刀、刻限辰巳也、
文明十五年六月二日　(御)五霊殿敷地如形立一宇、今日立柱上棟也、午刻御大工ニ御祝物五百疋下行、
文明十六年二月二十二日　自今日新造亭有作事、
文明十六年八月十日　偶殿社頭造営事始也、
文明十六年十一月十三日　自今日有作事、
文明十七年二月八日　自今日有作事、
長享元年(文明十九)閏十一月十八日　自今日有作事、立仮馬屋、
延徳元年(長享二)二月十七日　自今日有作事風呂、
延徳元年七月十六日　自今日有作事文庫、
延徳四年正月二十二日　是日門立柱也、
明応四年十一月二十一日　従今日始作事、自聖門(聖護院道興)給一宇、関白(近衛尚通)居所也、就作事聖門有助成、
明応九年二月十八日　自今日有作事屏中門、
明応九年八月二十八日　是日立柱上棟也、御大工祝言三百疋下行、
文亀元年十一月二十二日　自今日有作事、立風呂、

さらにまた政家の父房嗣は晩年石蔵（岩倉）に住するが、その坊舎を修理する際「石蔵坊修理事俊宣朝臣(北小路)并実円・大工等遣之、令撿知」と文明十三年七月十七日条にあり、近衛家から大工を派遣し修理のための見積りをさせている。これらのことから近衛家では諸普請のために大工を抱えていた様子で、御大工給田が設けられていたものと考えられ

る。

また大工には御大工給田のほか、次の『後法興院記』長享元年十月十六日条の記事から、近江国山上郷（滋賀県東近江市）の年貢の一部も宛行われていることもわかる。

江州山上郷内率分《炭竈》事、御大工武次ニ任先例宛行訖、次第下知如此、進旧支証間彼文言令下知了、

（中　略）

此率分年貢、五月、七月、十二月三四ヶ度二千疋余致沙汰云々、

この記事によると長享元年頃の近衛家抱えの大工は武次であることがわかり、また政家の息尚通の『後法成寺関白記』には、毎年正月に大工が年始に祗候して庭上で尚通に対面し、檀紙・扇を賜わっている記事もある。(5)

不断光院御寄進分の田二町については、室町中期の応永二十五年（一四一八）十二月二十三日の「不断光院領目録」(6)に、

壱所在摂津国仲牧放出村内国貞名円満院田　弐町　得分参貫文近衛関白家御寄進此御寄進状者、建武三年八月廿三日当院深草炎上之時令紛失了、

とあって、放出村の一部は建武三年（一三三六）以前に不断光院へ寄進されていた田であることがわかる。不断光院は歴代の九条家息女が入院する尼寺であった。(7)「九条家文書」の中には不断光院関係の文書も含まれており、その中の「すけとう消息」(『九条家文書』(8)一九一五号文書　年号を欠くが、文明以前のものと考える）によれば、近衛家から寄進を受けた放出村は、代官請負となっていたが「とたのちとう《（地頭）》」や「たの〻しらうにうたう《（四郎入道）》」らの乱妨により寺領経営は悪化していた模様である。こうしたことが影響し、放出村の田は不断光院から近衛家へ返付されたのではなかろうか。

なお、円満院については未詳。

二　放出村からの年貢

次に文明十三年分以降の放出村年貢納入状況を紹介していこう。前述の文明十年分で見た放出村の目録中の大工給は、同十三年分以降には番匠給と改められ放出村の記事に続いて記載されているが、円満院給の記載は見えなくなる。

雑事要録四　文明十三年

同
放出村代官熊岡四郎右衛門尉任料二百疋、

十一月九日　三百疋此内二百疋任料、

同十二日　四百疋、

十二月十二日　米四石、

同廿七日　米三石五斗、

同
番匠給

十一月廿七日　三百疋、

十二月廿七日　三百疋、

熊岡四郎右衛門尉が任料二〇〇疋を納め、代官に補任されているところから、放出村は代官請所であったと考えられる。この熊岡四郎右衛門尉がいかなる人物であったかは未詳であるが、他に放出村代官について『後法興院記』文明十二年七月二十七日条に、

自昨日摂州住人西面三郎上洛、放出村并五位庄代官事遣補任了、

とあって、西面三郎の名が記されている。西面は高槻市南部に地名が残っており、西面三郎はその地を本貫とする住人であったと考えられる。西面三郎の名は『雑事要録』文明十三年の「御礼物事」の記事に、

十月廿五日　五位庄代官　任料二百疋、
十一月廿八日　西面三郎　二荷鷹一、
十二月廿八日　西面三郎　一荷一種、

と見える。「御礼物事」とは他家から近衛家に贈られた品等を記すための部分で、「自処々礼物」の項目名でも記されている。西面三郎は文明十二年に引き続き同十三年にも五位庄の代官に補任されたことに対する、礼として「二荷鷹一」や「一荷一種」を持参したのであろう。なお同年分の「御礼物事」の三月九日条には、

九条不断光院折二合・樽一荷、依放出村事也、

との記載もある。

雑事要録六　文明十五年
摂州 放出村
十一月十六日　米五斗沽却代五官七十文云々、
　　　廿四日　五貫二百五十文、
十二月　三日　三貫百五十文、
　　　九日　二貫百文、

十日　二貫文、
十五日　二貫文、
廿五日　百五十疋未進六十疋余遣尓一勾当、
(文明)十六年二月十三日　六百廿五文当年十九貫分也、遣尓一、
同番匠給
十二月廿七日　壱貫五百文、

雑事要録七　文明十六年
摂州放出村
十一月廿五日　米三石四斗、
十二月　三日　米三石、
十八日　三百疋、
廿四日　三百疋、
廿八日　三百七十疋、
廿九日　一貫九百文以上皆済、除徳分定、
同番匠給
十二月廿三日　三百疋此内百疋遣御大工、

文明十六年分の〔家領〕の項とは別の丁へ、各近衛家領から納入された米の一部を沽却したことが記されている。放出村の分を沽却した日は不明であるが、

此内沽却米放出村二石二貫二百卅文、

と記されている。

雑事要録八　文明十七年
摂州放出村
十一月十七日　米二石三斗、
十九日　米二石三斗　米代料足百疋、
廿四日　米代三百疋、
十二月三日　米代四百疋、
九日　米四斗、
廿日　四百疋、
廿九日　百疋皆済、

同番匠給
十二月廿二日　二百疋、百疋段銭ニ遣之云々、其外日損云々、百疋御大工ニ下行、

雑事要録九　文明十八年

放出村

十一月十二日　米一石五斗、

同十九日　米二石、

同廿五日　米二石二斗七升五合、

十二月五日　米九斗七升、　六石七斗四升、

十三日　四百五十疋、

廿八日　四百疋、

廿九日　百疋、

長享元年十二月卅日　百疋、

同番匠給

十二月廿四日　三貫五百文、

文明十八年十二月五日の米納入の下方に合点を付し、「六石七斗四升」とあるのは、政家が行った米の納入高合計である。文明十八年も文明十六年と同様、放出村から納入された米のうち、次のように四回に分けて沽却されている。

放出米一石二斗七升五合　代一貫五百五十文、

放出米一石沽却　一貫二百文、

放出米二石　代二貫四百文、

放出一石五斗　代一貫七百七十三文、

となっており沽却した米の総額は五石七斗七升五合で、総額六貫九二三文を得ている。

雑事要録十　文明十九年（長享元）
摂州
放出村
壬十一月十六日　二百疋、
　廿日　二百疋、
十二月十四日　三百七十疋、
　廿六日　二百疋、
　廿九日　五百疋、

同番匠給
十二月廿八日　二百疋比内百疋給大工、

雑事要録十一　長享二年
摂州
放出村
十二月八日　七百疋、
　十七日　三百疋、
　廿七日　百三十疋、

延徳元年十一月廿二日　百疋、
十二月晦日　百七十疋、
同番匠給

雑事要録十二　長享三年
摂州
放出村
十一月廿九日　米四石、
十二月三日　米四石五斗、
八日　米三石五斗、
十四日　米二石三斗、
廿三日　米一石、
（延徳二）
二年十一月十三日　二貫七百文皆済也、
同番匠給
十二月廿九日　百五十疋百疋遣御大工、

『雑事要録』長享三年分には、「蔵中米」という項が設けられ（本書、第二部第一章「近衛家の家産経済の記録――『雑事要録』『雑々記』について――」参照）、各家領から納入された年貢米のうち、蔵へ収納した分の記録がある。放出村分については、

霜月廿九日　放四石、
十二月三日　放九俵、
十四日　放五俵、
廿三日　同二俵、

とある。「放」は放出村の略で同年分の米の納入高と照合すると、十二月八日納入の米三石五斗のほかは、すべて蔵へ収納されている。そして「蔵中米」の収納記事は、「霜月廿九日」納入分を除いてすべて「俵」で記載されている。そこで納入された日の米の量を、同日蔵へ収納した俵数で割れば、一俵当たりの量が五斗詰であったことが判る。ただ十二月十四日のように、一俵当たり三斗の俵もあるのは例外であろう。

雑事要録十三　延徳二年
摂州
放出村
霜月十一日　百七十疋此内二貫七百文、去年未進ニ引之、
十三日　三百疋、
十八日　三百疋、
十二月六日　二百疋、
十三日　二百疋、
(延徳)
三年三月十二日　二百疋、
同番匠給

雑事要録十四　延徳三年
摂州
放出村
十二月四日　四百疋、
十三日　五百疋、
十七日　六百疋、
(延徳)
四年二月十二日　三百疋、
同
番匠給
十二月廿七日　百五十疋、

この年の「遣処々物」の十二月三十日条には、

百疋　給御大工摂州内也、

とある。「遣処々物」という項目は、近衛家から他家へ贈った品等を記載するための部分で、先に紹介した「自処々礼物」とは逆にあたる。したがって右の記事により番匠給からの一五〇疋のうち一〇〇疋が大工へ遣されたことになる。

雑事要録十五　延徳四年(明応元)
摂州
放出村
十二月九日　四石五斗、
廿八日　四石八斗、

二年（明応）二月一日　五百疋、

同番匠給

雑事要録十六　明応二年

放出村

十一月十日　七石、

廿五日　五石三斗、

廿七日　五石六斗、

同番匠給

十二月廿九日　百五十疋、

雑事要録十七　明応三年

放出村

十二月四日　米十石、

十五日　米八石、此外申次徳（得）分二石、

同番匠給

四年（明応）二月七日　百疋、

明応三年十二月十五日分に見える得分については後述する。

雑事要録十八　明応四年

(摂州)放出村

十二月一日　八石、

十一日　八石、

(明応)五年十二月九日　二百疋、此外得分二石、

同番匠給

十二月廿九日　百五十疋五十疋給御大工、

五年二月十五日　五十疋、

雑事要録十九　明応五年

(摂)放出村

十二月九日　二百疋、

廿二日　三百疋、

晦日　四十疋此外六十疋得分、

同番匠給

雑事要録二十　明応六年

摂州
放出村

(明応)
七年二月廿三日　五百疋此内五十疋徳分、

同
番匠給

雑事要録廿一　明応七年

摂
放出村

十二月廿六日　四貫文、

廿九日　四貫文此内得分八百文引之、

(明応)
八年二月十六日　二貫此内二百文得分、

四月十三日　百疋百文得分、

沢良宜村実円罷下、路銭上下分三十疋也、

八年二月九日　四百疋、

番匠給

『雑事要録』記載の近衛家領には、政家の父房嗣や姉たち個人の知行所も含まれており、沢良宜村（大阪府茨木市）は房嗣の知行所であった。房嗣没後（『雑事要録』長享三年分以降）沢良宜村は近衛家領として管理されるようになり、家領の記入順序は延徳二年（一四九〇）以来、放出村・番匠給・沢良宜村の順序となっていた。ところが明応七年

（一四九八）からは沢良宜村と番匠給の順序が入れ替わり、同番匠給の「同」がなくなっている。以下、『雑事要録』の記入順に従い「沢良宜村」を挿入するが、煩雑を避け記事は省略する。

雑事要録廿二　明応八年

摂放出村

（明応）九年四月廿四日　五百疋残二百疋、来秋可致沙汰云々、

十二月三日　二百疋、

沢良宜村

（中略）

番匠給

今春堤料ニ下行云々、

雑事要録廿三　明応九年

摂放出村　当年和市八十疋宛也、

十二月十七日　五百疋此内五十疋得分、

廿日　二百疋此内二十疋得分、

廿六日　五百疋此内五十疋得分、

（明応十）文亀元　六　廿一日　百疋此内十疋得分、

又百疋礼銭ニ立用、以上十四貫、当年和市八十疋宛也、雖為千八百疋、夫銭ニ二百疋令助成、

沢良宜村

（中略）

番匠給代官石井山城守、

六月十六日　麦四斗且下用六斗、

九月十二日　麦四斗一升、

十三日　年貢ニカケテ三百疋借用遣請取三子、

十年二月日（マヽ）　代八十文大豆代以下借銭利平ニ散用之残也、

番匠給は明応五年以来年貢の納入は見られず、明応九年再び年貢が納入されるようになる。しかし以前の銭納が麦納となっている。また新しく代官に石井山城守（親治）(9)の名が見える。これらのことと明応七年以後番匠給が沢良宜村の次に記入されるようになったことを併せて考えると、番匠給は明応七年以後沢良宜村の中に設営されたと考えられるのである。次に明応九年の番匠給、六月十六日に見える「下用六斗」の「下用」(10)は、下行枡と考えられ近衛家では四斗の麦を下行するときは、下行枡を用い六斗としていたことが考えられる。続いて九月十三日の記事から、政家が番匠給の年貢を引き当てに三〇〇疋借用している。貸主はおそらく代官の石井親治であろう。遣わした請取にある三子は支払った利子で三文子を指す。すなわち一〇〇文につき月三文の利子を支払ったことになる。番匠給は、文亀二年（一五〇二）以降(11)『雑事要録』には見えない。なお明応九年の放出村に初見する「和市」に関しては後述。

雑事要録廿六　文亀三年(12)
摂州放出村
十一月卅日　三石、
十二月二日　三石二斗、
　五日　四石五斗、
　廿七日　二石九斗、
(文亀四)
永正元年壬三月十四日　百疋当時和市五斗分也、
六月七日　五十疋、

雑事要録廿七　文亀四年
摂州放出村
十二月廿三日　千疋此内百疋得分、
　廿六日　二百疋此内二十疋得分、米十石代、
(永正)
二年三月八日　百疋、

雑事要録廿八　永正二年
摂放出村

十二月十九日　千疋、

永正二年（一五〇五）六月十九日、近衛政家は薨じた。従って「十二月十九日千疋」と記したのは政家ではなく他の人物である。永正二年分の記録のほとんどは、政家の書体と異っているところから別人が書き足したと考えられる。以上、『雑事要録』の中の放出村・番匠給の年貢の状況を紹介してきたが、得分についても触れておく必要があろう。放出村の文明十六年十二月二十九日条には「以上皆済、除徳（得）分定」とあるが、どれだけの額が得分として除かれたかは不明である。しかしこれまで見てきた文明十六年以降のうち、明応三年・四年・五年・六年・七年・九年・文亀四年には得分の記入がある。そのうち明応六年・七年・九年・文亀四年分には、納入額に含まれた得分の記載があり、それらは納入額の一割であることがわかる。明応三年・五年の得分は納入額には含まれていないが、得分を納入額に加算し、その合計と得分とを比較することにより、やはりこの両年の得分も納入額の一割となる。もっとも、明応四年分に記された「五年十二月九日　二百疋、此外得分二石」中の「得分二石」については、これ以前の十二月一日・同十一日に納入された米の合計石高は十六石で、これに得分の二石を加えても、得分は納入額の一割にはならない。そこで問題となるのは「二百疋」であるが、それを考える前に和市について見ておく必要がある。

和市とは市場での商品価格の相場であって、放出村については明応九年分から和市記載が見える。文亀三年分に記された「永正元年壬三月十四日　百疋当時和市五斗分也、」は、米五斗が一〇〇疋（一貫文）であることがわかる。また本書、第二部第一章「近衛家の家産経済の記録――『雑事要録』『雑々記』について――」および本章の『雑事要録十二　長享三年』分で「蔵中米」について触れたとき、放出村から納入される米は五斗ごとに俵に詰められていることを説明した。すなわち例外（文明十八年に売却した一石二斗七升五合）もあるが、放出村からの米は五斗＝一俵を単位に売却されているのである。このように見てくると文明十五年「十一月十六日　米五斗沽却代五百七十文云々、」とある「沽却代」は、和市であることがわかり、このことから文明十六年分で米二石が二貫二三〇文で沽却されていることは、五斗当たり五五七・五文となる。

前述の明応四年分に記された「五年（明応）十二月九日　二百疋、此外得分二石」とある「二百疋」の意味は、米を売却した額と推測でき和市であったと考えられる。すなわち同年には米が二十石納入され、その一割の二石が得分で二〇〇疋は二石分の売却代（五斗当たり五〇〇文）であることがわかる。

今まで見てきた放出村から納入された米の沽却代の記事をもとに、五斗当たりの米価を求めると次のようになる。

文明十五年　五七〇文

文明十六年　五五七・五文

文明十八年　六〇〇文

但し一石二斗七升五合の代、一貫五五〇文は算出対象から除外。また一石五斗代、一貫七七三文の五斗当たりは五九一文となる。

明応四年　五〇〇文

明応九年　八〇〇文

文亀三年　一貫文

文亀四年　六〇〇文

文亀三年の一貫文は他の年に比べて高い。その年の夏から初秋の気候を『政基公旅引付』『実隆公記』『後法興院記』

に見ると、

『政基公旅引付』

文亀三年六月十四日　炎干之由人々所語也、池之水共漸尽之条、今五日も十日も令照者、黎元可為迷惑云々、

文亀三年六月二十二日　雷鳴一両声、雲少集、則属晴、炎干以外也云々、

文亀三年六月二十六日　炎干以外也、黎元所愁也云々、

『実隆公記』

文亀三年六月十五日　天晴、連日暑気以外事也、

文亀三年六月十七日　朝間小雨、《近日》炎旱以外也、及晩夕立、民間所歎歟、

文亀三年六月十八日　霽、晩頭夕立、頗潤物、民有喜色歟、

『後法興院記』

文亀三年七月十八日　晴、（中略）民間有炎旱愁云々、

とあって、和泉・京都の炎旱の異常な様子が記され、民間においても愁い嘆いている。炎旱による不作が文亀三年の沽却米価を上げた一因ではなかろうか。

むすびにかえて

主として『雑事要録』による放出村の年貢納入状況は、大要以上のとおりであるが、番匠給について少々補足しておく。

給田は一般的な性格(13)として、領家から給人に対し耕作権もしくは年貢収取権が与えられている田である。近衛家の番匠給の場合、前述の放出村の目録に「伍百疋請切」とあったところから、近衛家と請所の契約を結んだ荘官の存在が考えられる。荘官の下に年貢負担者であり耕作者である百姓がおり、番匠給の年貢収集権を持つ近衛家がそこから収取した年貢のうちの一貫文を、既述の大工武次に与えるという仕組みになっていたのであろう。従って番匠給の名称はあるものの、給人すなわち大工武次には、年貢収取権はなかったと解釈できる。

放出村・番匠給の年貢収納を年別にまとめると、次頁掲載「放出村・番匠給年貢表」のようになる。表中、放出村の銭・米欄に記した括孤内の数値は沽却分を示し、納入総額の再掲である。たとえば文明十五年分の場合、一七貫一九五文のうち五七〇文は米五斗の沽却分が含まれており、米が五斗納入され、その分は沽却したということである。次に得分は明応五年（一四九六）十二月晦日の割注を例に、「此外六十疋得分」とある場合は記事欄へそのまま得分額を差し引いた額を銭欄へ記入した。なお、全般的に疋は貫・文に改めた。

最後に、放出村が『雑事要録』に記された時期以降、尚通の代までも存続していたことは、『後法成寺関白記』大永八年（一五二八）八月二十四日条に、

放出村代官二種二荷進上之、書遣哥仙為其礼両種一荷進上之、

とある記事からわかる。

尚通が放出村の代官のため、「哥仙」を書き与えたことは興味深いが、『後法成寺関白記』中の放出村に関する記事は、右の一行だけであり、その経営実態については不明である。

放出村・番匠給年貢表

年＼内訳	放出村 銭	放出村 米	放出村 記事	番匠給 銭	番匠給 麦	番匠給 記事
文明十三年	七貫文	七石五斗	代官任料二貫文を含む	六貫文	—	
文明十五年	（五七〇文）一七貫一九五文	（五斗）五斗		一貫五〇〇文	—	
文明十六年	（二貫二三〇文）一三貫八三〇文	（二石）六石四斗	徳分除	三貫文	—	一貫文大工に遣す
文明十七年	（一貫文）一三貫文	（二石三斗）五石		二貫文	—	一貫文段銭・一貫文大工に遣す
文明十八年	（六貫九二三文）一七貫四二三文	（五石七斗七升五合）六石七斗四升五合		三貫五〇〇文	—	
長享　元年	一四貫七〇〇文	〇		二貫文	—	一貫文大工に遣す
長享　二年	一四貫文	〇		—	—	
延徳　元年	二貫七〇〇文	一五石三斗		一貫五〇〇文	—	一貫文大工に遣す
延徳　二年	一三貫七〇〇文	〇		—	—	
延徳　三年	一八貫文	〇		一貫五〇〇文	—	一貫文大工に遣す
明応　元年	五貫文	九石三斗		—	—	
明応　二年	〇	一七石九斗		一貫五〇〇文	—	
明応　三年	〇	一八石	徳分二石	一貫文	—	
明応　四年	二貫文	一六石	得分二石	二貫文	—	五〇〇文大工に遣す
明応　五年	五貫四〇〇文	〇	六〇〇文得分	—	—	
明応　六年	四貫五〇〇文	〇	五〇〇文得分	—	—	
明応　七年	九貫九〇〇文	〇	一貫一〇〇文得分	—	—	
明応　八年	七貫文	〇		〇	〇	□□ニ下行
明応　九年	一二貫七〇〇文	〇	一貫三〇〇文得分	八〇文	八斗一升	
文亀　三年	一貫五〇〇文	一三石六斗		—	—	
永正　元年	一一貫八〇〇文	〇	一貫二〇〇文得分	—	—	
永正　二年	一〇貫文	〇		—	—	

注1　（　）内は沽却分で再掲　注2　記事欄の得分は別掲

〔註〕

（1）放出村は一般的慣習に従えば「放出庄」とすべきであると思うが、本章に用いた『雑事要録』ではすべて「放出村」と記載されているためこれに従った。

（2）有坂隆道他編『大阪府地名大辞典』（角川書店　一九八三）。

（3）本書、第二部第一章「近衛家の家産経済の記録――『雑事要録』『雑々記』について――」参照。

（4）『雑事要録』には放出村が属する「仲御牧」とは別に「仲牧」の名が見える。文明十六年分から明応三年分まで記載されており、年貢の納入は文明十六年分に「十石」とあるだけで、同十七年以降は記入されていない。この仲牧は、「近衛家所領目録」では「放出」と同じく「庄務本所進退所々」に記載されている「摂津国仲牧」が継承されてきたものと考えられる。その所在については『後法興院記』明応元年十二月三日条に、

春日社師中東民部少輔時就来、令対面、両種一荷持参、抑家門寄進地社領摂州中牧内辛崎村事、年来正真院大膳亮経頼致奉行処、去文明十七年沽却云々、入江与三左衛門買得云々、然処先年坂口秀泰件在所奉行之時、摂州住人奥田令買得云々、此儀本所無御下知上、依寺社訴訟被棄破、於御師職者被改補、被仰付経頼祖父家久畢、然而今度経頼沽却事、又本所非御下知間、任先例令棄破、以時就致新補者也、

とあって近衛家が春日社へ寄進した「摂州中牧内辛崎村」であることがわかる。（辛崎村は「近衛家所領目録」には見えない）・辛崎村は、現在の高槻市唐崎と考えられる。唐崎は「延書式」に記載された右馬寮経営の鳥養牧（摂津市鳥飼）に近い地である。

なお右の史料の中東時就は、このとき近衛家へ補任料を納めていて、『雑事要録』明応元年十二月五日の「自処々礼物」に、

三百疋、春日社御師辛崎村補任料、

と記されている。

（5）『後法成寺関白記』永正三年正月二日条に、

飯川山城守・結城十郎等来、令対面各給一盞、次御大工於庭上令対面、但被下御盃、時祗候御縁被下扇・杉原・檀紙（略）、

とあるのが初見である。

（6）『図書寮叢刊　九条家文書　三』（宮内庁書陵部　一九七三）八九二・八九四号文書。

（7）林屋辰三郎ほか編日本歴史地名大系『京都市の地名』（平凡社　一九七九）・なお不断光院は政家の代に毎年正月近衛家へ年始の挨拶に訪れている。当時院主は慶琳・慶乗と続き、慶琳は近衛邸での和歌会（『後法興院記』長享二年正月二十一日）や連歌会（同書長享三年六月十八日・延徳元年十一月六日）に参加しており、明応元年九月九日没（同書）。

（8）『図書寮叢刊　九条家文書　六』（宮内庁書陵部　一九七六）。

（9）『雑事要録』明応九年七月七日・同十年閏六月十三日条（いずれも「自処々礼物」）に、

唐瓜百、石井山城、

とある。石井山城守（雅楽助時代もある）は親治で、九条家の家僕であると同時に摂津守護代薬師寺元長にも与し、元長の命で近衛家領摂津国天王畑（大阪府能勢町）を押領したこともあった。

（10）『日本国語大辞典』には下用枡の項目はないが、下用米の項がある。下用米の意味は下行米に同じとあり、下用と下行は同義語であることがわかる。

（11）『雑事要録』明応十年分は房嗣の『雑々記』に混入されているが、混入部にも放出村・番匠給の記載はない。

（12）この年以来『雑事要録』に番匠給の記載はないが、文亀三年正月十六日「自処々礼物」条に、

両種一荷、御大工神森武継進上、遣扇二疋《マヽ》十ノ也、任左衛門少尉御礼也、

とある。「御大工神森武継」は、先述の「大工武次」と同一人物であろう。

（13）近衛家の番匠給を考えるに当たり、脇田晴子「中世商工業座の構造と展開」（『日本中世商業発達史の研究』御茶の水書房一九六九）、福田豊彦「給田（給田畠）荘官に与えられた職務給」（安田元久編『日本史小百科3　荘園』近藤出版社　一九七七）などを参考にした。

第四章　公家領荘園の運営機構

——近衛家領の荘官をめぐって——

はじめに

応仁の乱前後の公家領荘園について、支配構造および経営機構の研究は、近年萌芽しつつある感がする。たとえば、九条家では、田沼睦「公家領荘園の研究——十六世紀初頭における領主権と在地状勢——九条家領日根野荘の場合——」（『書陵部紀要』一二　一九六〇）、万里小路家では、新田英治「室町時代の公家領における代官請負に関する一考察」（寶月圭吾先生還暦記念会編『日本社会経済史研究』中世編　昭和四十二年）、三条西家では、小野博司「室町後期における三条西家の伝領と支配」（法政大学史学会『法政史学』三五　昭和五十八年）、山科家では、菅原正子「室町時代における公家の所領経営と機構——十五世紀山科家の場合——」（『日本歴史』四四三　昭和六十年）、近衛家では、吉村亨「戦国期の近衛家領について」（伊丹市行政資料室『地域研究いたみ』七　昭和五十二年）・同「近衛家領研究序説」（日本史研究会史料研究部会編『中世日本の歴史像』　昭和五十三年）・同『宇治市史』第二巻第三章（宇治市役所　昭和五十四年）、それと本書、第二部第一章・第二章・第三章などがある。

第二部第一章・第二章・第三章では近衛家の家産経済を記した『雑事要録』の紹介から始め、戦国期近衛家領の年貢の納入状況を跡づけ、一部家領の運営機構にも触れてきた。

本章では近衛政家の『後法興院記』『雑事要録』および政家の息尚通の『後法成寺関白記』を用い、政家・尚通時代の近衛家領の運営について、荘官との関係を中心に眺めていくこととする。

一　近衛家領の荘官

『後法興院記』『雑事要録』『後法成寺関白記』により、近衛家領の荘官をまとめたものが、次頁第1表近衛家領荘官表である。ここでは、国別・家領別に荘官を掲げ、人名の記載がある場合はそのまま人名を掲げ、職名だけで人名記載のない場合は、職名を括弧表示した。記載年は、出典の記載年で、出典欄の「政」は『後法興院記』、「要」は『雑事要録』、「尚」は『後法成寺関白記』を指す。なお補任料の記載がある場合は、その欄を設け、金額を記した。

第1表によりまず最初に気づくことは、近衛家領の荘官には在地武士が目立って多いことである。また摂津国は、管領細川宗家の領国でもあったことから、その被官である三宅・池田・能勢の各在地武士、同じく細川氏被官の香西氏が近衛家領の代官となっている。荘官のうち代官は補任された時、五〇疋から五〇〇疋の間で近衛家へ補任料を納めていることがわかる。

次に荘官のうち代官の補任過程を見ると、

A　『後法興院記』長享元年十二月十四日（近江　中郷）

自右馬（細川政国）許有使者、鴨野三郎右衛門去火事夜被殺害候、就其中郷代官事相続之者ニ不相替被仰付候者可為祝着之由命之、不可有子細之由令返答了、前夜三郎右衛門、同名五郎右衛門父子逢横死云々、言語道断也、

第1表　近衛家領荘官表

国名／項目	家領名	荘官名	人名	補任料	記載年	出典
山城	冨家殿(五ケ庄)	代官	戸津孫右衛門		文明15・1・22	政
			与利三郎右衛門	三百疋	明応6・4・5	
			福井小四郎	二百疋	明応6・9・8	政・要
			大仙坊		永正4・9・3	尚
		下司	田村		文明11・9・9 文明15・8・5	政・要
			竹千代		明応1・12・8	要
			(下司)		永正4・11・5	尚
			(下司)		永正9・8・27	
		公文	宇治大路		文明11・9・9	要
			(公文)		明応3・2・7	
			(公文)		永正3・閏11・11	尚
			(公文)		天文2・1・11	
			祐乗		天文5・1・13	
	冨家殿諸給	代官	清閑寺家幸		文明19・――	要
			林筑前守		明応2・――	
	岡屋名	下司	(下司)		永正9・8・4	尚

山城	西院内 草米	代官	千代□	二百疋	文明19・―	要
	西院内草米 松一分	代官	康蔵主	百疋	永正5・10・9	尚
			小泉新次郎	百疋	永正7・4・16	
	桂殿(下桂庄)	代官	忠綱		文明16・11・14	政
	畑郷	代官	醍醐理性院	百疋	文明16・12・14	要
			木幡森坊		延徳4・―	
		下司	(下司)		永正17・閏6・2	尚
摂津	放出村	代官	西面三郎		文明12・7・27	政
			熊岡四郎右衛門尉	二百疋	文明13・―	要
			(代官)		大永8・8・24	尚
	番匠給	代官	石井山城守		明応9・―	要
	水尾村	代官	三宅新三郎	百疋	延徳4・2・28	
			三宅五郎左衛門	二百疋	明応7・9・7	
	沢良木	代官	三宅出羽守		文明11・―	
	新免村	代官	孫右衛門	五十疋	文明17・―	
			清孫右衛門	百疋	明応5・2・12	
			(代官)	百疋	明応6・8・―	
			三宅五郎左衛門		明応8・―	

近江	神田郷	公文	（公文）		長享1・10・5	政
		下司	（下司）			
		代官	（代官）	三百疋	明応2・3・16	要
			板倉蔵人	百疋	延徳2・6・21	
	朝宮関	代官	多羅尾四郎兵衛		文明11・――	
	信楽郷	代官	仁木左京大夫政長	三百疋	長享3・4・20	政・要
			多羅尾四郎嗣光		文正1・8・30	政
摂津	天王畑	代官	能勢	百疋	延徳3・8・17	要
			能勢五郎左衛門	百疋	文明13・――	
	小薬院	代官	香西又六	三百疋	明応6・3・16	
			（代官）		長享1・8・23	政
	五位庄	代官	香西惣右衛門	二百疋	文明13・10・25	要
			西面三郎		文明12・7・27	政
	熊丸名	代官	野田藤左衛門		文明11・――	要
	舎人名・本五位田	代官	三宅修理亮	百疋	永正4・9・17	尚
			（代官）		永正5・6・13	
			池田五郎	百疋	永正4・9・21	

近江	柿御園　山上郷	代官	(代官)		長享1・11・3	政・要
			西村掃部助	二百疋	長享3・3・1	要
			山田越中守	二百疋	長享3・3・1	要
			桜本弘俊律師	百疋	延徳3・10・27	政・要
		公文	(公文)		文明13・2・21	要
			山田右京亮		文明18・7・24	政・要
			(公文)		長享2・2・3	要
			(公文)		長享3・1・29	
	柿御園　中郷	代官	鴨野三郎右衛門	五百疋	長享1・11・16	政
			鴨野息(徳千代カ)		長享2・2・18	
	河辺庄	代官カ	元綱		長享1・11・25	
美濃	苗木郷	代官	栈敷新五郎景秀	二百疋	長享2・9・5	政・要
	岩村郷			二百疋	長享3・9・8	要
	手向庄	代官	山内式部丞	三百疋	長享3・4・20	
越前	宇坂庄	代官	朝倉孝景		文正1・9・17	政
尾張	大須庄	代官	森帯刀	二百疋	明応1・7・23	
播磨	杉原庄	代官	赤松刑部少輔(政資カ)	三百疋	文明13・10・9	
			□縁将監	三百疋	文明19・8・8	

国	荘園	職	人物	任料	年月日	出典
加賀	安江保	代官	聖鏡院	三百疋	明応2・4・9	要
			(代官)	百五十疋	明応7・2・16	
			町野	三百疋	明応9・8・30	
			(代官カ)	三百疋	文亀3・8・30	
越中	相浦源浦	代官	片岡五郎		文明11・――	
			乗松法師	百疋	明応3・9・2	
丹波	石田庄	代官	石田彦左衛門	二百疋	明応7・11・12	政・要

B　『後法興院記』長享二年九月五日（美濃　苗木郷）

栈敷新五郎(景秀)為家門被官分、昨日令対面、濃州苗木郷代官職事競望間、令吹挙広橋(守光)之処、今日遣補任、年貢六千疋請切之、此在所為家恩広橋知行、此内二千疋自広橋執沙汰家門料所也、景秀乱後令任国濃州也、

C　『雑事要録』明応元年二月二十八日（摂津　水尾村）

五郎右衛門(三宅)死去、息新三郎任料百疋、

D　『雑事要録』明応二年四月九日（加賀　安江保）

改代官聖鏡院ニ仰付請口三十五貫文、任料三百疋沙汰、小倉中納言(季種)吹挙也、

E　『後法興院記』明応六年四月五日（山城　冨家殿）

五ヶ庄《山城》代官職事仰付与利三郎右衛門、近年地下人緩怠間、為退濫吹也、任料三百疋、

F　『雑事要録』明応七年九月七日（摂津　水尾村）
　　三宅新三郎依殺害人逐電、同名五郎左衛門任料百疋、

G　『後法成寺関白記』永正四年八月十九日（摂津）
　　伊蔵主来、摂州家領代官事望之、

H　『後法成寺関白記』永正四年十月十二日（摂津）
　　楽人景通(山井)来、摂州家領代官口入也、

I　『後法成寺関白記』永正七年四月十六日（山城　西院草米松一分）
　　西院内草米松一分代官事、小泉新次郎競望之間申付、為御礼太刀一腰百疋進上之、

とある。これらの補任過程を類型化すると、

ア、代官職を一族が相続するのは、C・F。
イ、本人が希望したものは、B・G・I。
ウ、他人の吹挙により代官に補任されたものは、A・B・D・H。
エ、地下人の年貢怠納に対し代官としての職務を果さず、別人に替えたものは、E。

となる。なおBは、桟敷新五郎自身代官職を望んでいるうえ、広橋守光の吹挙もあったため、イ・ウの両方に分類した。Aの史料は応仁の乱後、幕府の実権を握る細川氏一族の政国が、近衛家の代官補任に介入した例である。

細川氏は近衛家の代官補任に介入するだけでなく、次に見るように近衛家領内部の問題にまで干渉している。政家の時代を見ると、文明十六年（一四八四）十月二十四日、下桂庄の代官忠綱が細川九郎の被官であった下桂の百姓を

殺害した。政家は仲裁を飛鳥井雅親に依頼し、政国のもとへ送ったところ、政国からは、「不可有等閑」の返答があった（同二十七日）。政国の言葉どおりこの事件は十一月十三日に落居した。この間、飛鳥井雅親の仲裁もあり、政家もまた忠綱に対し「折檻」したうえ、「下桂代官事召放」ったためである。忠綱への措置は政家の書状で細川氏へも伝えられたが、雅親が語るには落居に至るまで、細川政国の「種々指南」があったということである（同十一月十四日）。

この事件の後、政家は政国に対し礼のため使者を送った（『後法興院記』文明十六年十一月十五日）。またAの史料で鴨野三郎右衛門が殺害される一月前の長享元年（一四八七）十一月十六日、政家は来訪した三郎右衛門に、政国への書状を託した。その文面は、

就柿御園中郷事、先日書状令披見候、当郷事譲与尊首座段無予儀候、雖然為寺領非寄附分候、其上庶流一旦之割分他人不可有相続之由古来定置法候、殊尊首座一期之後事者、家門如元可令知行由蹤跡候之間、以此旨被官人鴨野三郎右衛門尉ニ加催促候之処、号其方下知不致承引候、驚入候、所詮被聞披任理運被成敗候者可為祝着候、於代官職事者不可相替候也、仍状如件、

十一月十六日　（花押）

細川右馬頭入道殿

とある。書状の内容は近衛家領柿御園中郷のことで、近衛家と尊首座の間に交された契約を、代官鴨野三郎右衛門尉が政国の命令であるとして、承引しなかったことで、政家は政国に取り計らいを願ったものである。この件について、長享元年閏十一月十二日、政国から「家門知行可為勿論」の旨、書状が到来し決着した（『後法興院記』）。

このほか摂津国水尾村代官のことでも、細川九郎の使者が往復している記事が散見するが、詳しい内容は不明であ

る（『後法興院記』文明十六年五月十七日、同十一月十八日）。

尚通の代になってからは、摂津沢良宜村のことである。

『後法成寺関白記』永正八年十二月三日

弥九郎来、馬免奉書心得之由有御事、

『後法成寺関白記』永正八年十二月六日

弥九郎馬免クハリ持来、

これだけの記事であるため、事件の内容はわからない。しかし細川弥九郎が馬免（沢良宜村）[1]の奉書のことで来訪していることは、ここでも細川氏が何らかの形で近衛家領へ介入していたことが考えられる。

次節では、近衛家の代官の請負形態を見ていくこととする。

二　近衛家領代官の請負形態

まず最初に『雑事要録』に記された請負形態を列挙しておくと、

①　冨家殿諸給　長享元年

当年ヨリ七石五斗ニ清閑寺請切、

②　冨家殿諸給　明応二年

代官自当年仰付林、七石五斗請切也、

③　畑郷　文明十六年十二月五日

畑郷代官事、仰付醍醐理性院、自来年可執沙汰也、八貫又四季（二月二貫文、五月二貫文、八月二貫文、十一月二貫文、）、公事物（四月蕨廿把、五月梅一、六月李一、九月柿一、栗ツト六、）、

④　放出村御大工給　文明十年

仲御牧放出村内御大工給、伍百疋請切（本所円満寺名中也、但別納也、）

⑤　熊丸名　文明十一年

代官野田藤左衛門請切千疋、根本千五百疋也、

⑥　朝宮関　文明十一年

代官多羅尾四郎兵衛自六月請申、六月以来三百疋沙汰、仍壬九月マテ沙汰也、六十疋宛也、

⑦　手向郷　長享三年

代官山内式部丞任料三百疋白山南ト両所分六千疋請切也、

⑧　岩村郷　長享三年九月七日

桟敷新五郎ニ代官職事仰付、此在所三福寺江御寄進也、上米千疋分御料所也、根本六千疋在所云々、六ケ村也、

今度三千五百疋ニ請切之、

⑨　大須庄　明応元年七月二十三日

代官森帯刀任料二百疋、年貢内且百疋請切、京着二千疋也、根本七千疋也、正月ヨリ十カ月五百疋宛、霜月・十

二月両月千疋宛也、乱後依洪水減少之、

⑩　杉原庄　文明十三年十月九日

補杉原代官赤松刑部少輔任料三百疋、杉原六十四束・公事銭千五百疋・雑紙廿四束・公事物、御料櫃一桶一五入、杉一・鳥一・山イモ廿五・クルミ五升・折□廿五マイ・雑用代百疋今度定此分、

⑪　相浦源浦　文明十一年

代官片岡□□□(五郎、自)乱中請切卅五貫、乱以前七千五百疋也、

である。これらの史料は代官が近衛家へ提出した請文を、『雑事要録』へ記したものであろう。また近衛家が革嶋南庄（京都府西京区）の代官に紹竜知蔵禅師を補任したときの補任状[2]が残っている。この補任状には代官に対する請切も記され、また年貢の納期も明文化してある。こうした史料から近衛家が代官を補任する際には、請文と補任状の授受を行っていた。

①から⑪の史料及び前節のAからIのうち、年貢の納入形態が記されている記事について納期を分類してみると、

ア、一年を何回かに分け定期的な納入を決めてあるのは、③・⑥・⑨。

イ、一年分をまとめて納入するのは、⑩。

ウ、納入時期の不明のもの、B・D・①・②・④・⑤・⑦・⑧・⑪。

と分類できる。これらのうち請負額が旧来に比べ減少しているのは、⑤・⑧・⑨・⑪で、請負額と第1表の補任料を比較すると、請負額に対する補任料の割合は一定していなかったことがわかる。

三　近衛家と荘官の交際

『雑事要録』には「自処々礼物」という項目があり、この中の記事は諸家から近衛家に贈られた品物や金銭が日別

に記されている。またここには荘官から年貢以外に贈られた品、さらには補任料まで記されていることもある。したがって「自処々礼物」の記事からは、当時の近衛家の交際範囲もわかり、またどのような物が進物品として使用されていたかも知ることができる。

近衛家の荘官は請負った年貢を納入するだけでなく、それ以外のことでも近衛家と交際をしていた。いま、「自処々礼物」に記された荘官達が、近衛家を訪れた回数を年別にまとめ、その時の主な持参品を示すと、次頁第2表「年別荘官訪問回数表」となる。表でわかるように、林筑前守・多羅尾四郎兵衛・仁木左京大夫は、毎年のように訪問しているが、石田彦右衛門のように代官に補任された年だけしか来訪しない者もいる。

第2表「年別荘官訪問回数表」の荘官について、それぞれを見ておくこととする。

林筑前守　『後法興院記』『雑事要録』では、「林」と苗字だけ記されていることもあり、御室戸（京都府宇治市）に住している。[3] 文明十八年（一四八六）正月六日の記事には、林与三左衛門盛次、[4] 翌年正月十三日には林筑前守平盛次と記されている。盛次が筑前守に補任され、近衛家へ挨拶に訪れたときのものである。[5]

盛次の近衛邸訪問は、政家の息尚通の代になっても続いており、『後法成寺関白記』永正三年正月二十一日条に、

林筑前守父子上洛、久喜・茶等進上之、令対面給御盃、

とある。この記事は『後法成寺関白記』での盛次の初見記事でもある。尚通の時代ともなると地下人の盛次も尚通に対面ができ酒を給っている。盛次は永正五年（一五〇八）十月二十一日以後、「林筑前入道」と記されてあるため、出家していたのであろう。そして翌年正月十三日には、「林筑前入道同与三等来、令対面給一盞」とある。与三は盛次が以前使用していた与三左衛門の略称であるため、盛次の息であろう。与三左衛門は後に「修理進」[6] として『後法成

第2表　年別荘官訪問回数表

家領	冨家殿					冨家殿諸給	畑郷	水尾村				放出村	番匠給	小薬院	信楽郷		柿御園							苗木岩村郷	河辺庄	石田庄
																	山上郷				中郷					
職名	代官	下司	下司	公文		代官カ	代官	代官				代官	代官	代官	代官		代官			公文	代官カ	代官		代官	代官カ	代官
荘官名／年号	林筑前守	(下司)	竹千代	宇治大路	(公文)	清閑寺家幸	森坊	三宅	三宅三郎右衛門	三宅新三郎	三宅五郎左衛門	西面三郎	石井山城守	香西又六	多羅尾四郎兵衛	仁木左京大夫	西村掃部助	山田越中守	桜本弘俊律師	山田右京亮	鴨野徳満丸	鴨野三郎右衛門	鴨野徳千世	桟敷新五郎	元綱	石田彦右衛門
文明13年	1						2	1				2			3	4				(1)					1	
15年	1														3	4									1	
16年	3														3	3									1	
17年	1					2									3	1										
18年	8					3									3	2				1						
長享元年	4					1	1		1						3	3	1			(1)		2			2	
2年	7					2									3		3	2		(1)			2	2		
延徳元年	7			1		2	1								3	6	3			(1)			1	2	3	
2年	6					2			1						2	5	3			(1)				1		
3年	6	1				2	4								2	3	1	1	2	(2)			2	1		
明応元年	4		1			1	2		1						2	3					1					
2年	2					2				1					3	3				(1)						

主な持参品	柿・スシ・角粽 松茸・久喜・紅梅・ヒケコ・鯉・竹子・葛	一荷両種・鯉・二荷両種	一荷両種	一荷三種	一荷両種	久喜・鯉・柿餅・薯蕷・コンニャク	茶・木練・串柿・榼柑・柿餅・栗・柘榴・楊梅	雁一	雁一	雁一	雁一	二荷雁一・一荷一種	唐瓜	柳五荷・榼柑・鮒	(歳暮)炭・兎 (年始)棰一荷・鳥一・串柿一(八朔)茶	紅梅・鮒・瓜・雁・久喜 茶・栗籠・雉・串柿・指棰・松茸・海老	江瓜・スシ・納豆	一荷両種	一荷両種	棰一荷・荒巻・鮎スシ・一荷両種	一荷両種	三荷三種	江瓜	薄白・ツクミ・美濃紙	茶・一桶両種・美濃紙	二荷両種
3年	3				1	2	3	1							3	3								1		
4年	2						3			1					2	2										
5年	2					1	4			1					1	2										
6年	3	2				2	3			1					2	3										
7年	2					1	2			1					3	3								1		1
8年	2					1	1				1				3	2										
9年	1						1						1	2	2	2										
文亀元年	1												1		2	3										
3年	2						1							1	3	1										
永正元年	2						1			1					2	2										
2年	1									1					1	1										

寺関白記』に出てくる。

竹千代　後述のように近衛家の被官分であるが、詳細は不明。

宇治大路　『雑事要録』には近衛家領ごとに、年貢の納入状況を記してある個所がある。冨家殿から納入された年貢の中に、「宇治大路菓子代」があり、文明十年五月九日、二十疋・同十二月二十八日、三十疋・同十三年正月五日、三十疋・同十七年九月八日、三十疋・延徳四年二月三日、六十疋の納入が記されている。なお菓子代の性格については不明。

『宇治市史』(第二巻・第三章)によれば、宇治大路氏は女が将軍足利義教の側室であったことから、早くから将軍の直臣団に加わっていた可能性があるとされ、文明十七年(一四八五)に山城国一揆が成立するころまでは、荘園領主に忠実な荘官として活躍していたとされている。

清閑寺家幸　清閑寺家は鎌倉時代末期ころ甘露寺家から分かれ、資房を祖とする家系で、家幸の祖父家俊が応永三十二年(一四二五)に大納言に昇進したのが最高位となっている。[8] 家幸の父房幸は永享十一年(一四三九)正月二日に正親町持季と座次を争ったことで、官位・所領を召し上げられた。[7] このことが家幸の代にまで及び、家幸は宇治の森坊で起居していた。森坊は近衛政家の父房嗣が応仁の乱を避け、疎開していた報恩院(平等院子院)と考えられ、次項の森坊とは異なる。

文明十二年(一四八〇)四月十八日、家幸は勘解由小路(後に海住山)高清に伴われ中御門宣胤邸を訪れた。[9] 昨日元服したとのことであるが、家幸はこの時三十九歳であった。宣胤は家幸の元服した年齢に驚いたが、酒肴でもてなした。[10] なお家幸は、同日近衛邸へも挨拶に訪れている。

森坊　木幡森坊のことで、木幡は現在の宇治市に残る地名である。木幡森坊は畑郷代官であったことは、第1表に見たとおりであるが、明応四年（一四九五）に近衛家の口添えで冨家殿の公文職に還補され、両種一荷を持参し挨拶に訪れている（『後法興院記』『雑事要録』明応四年六月一日、『宇治市史』）。なお『宇治市史』（第二巻・第三章）には事あるごとに政家のもとへ赴く森坊の行動を指し、近衛家と森坊との間にかなり密接な関係が結ばれていたことをうかがわせ、それらのほとんどが家領を通じたものであることから、この「木幡森坊」とは在地における有力な土豪であったのだろうかと推測している。

三宅氏　三宅は大阪府茨木市と摂津市の境にあった旧地名、ここを三宅氏は本貫として勢力を持っていた。三宅氏が代官であった水尾村の地名も茨木市に残っている。第2表で見たように三宅氏は毎年一回、雁を持参し近衛邸を訪問している。『雑事要録』で見ると来訪する日は決まって一月か二月である。水尾村代官は三宅氏一族の間で相続されていたものと考えられる。

西面三郎　本書、第二部第三章「近衛家領摂津国放出村について」でも触れたように、西面《さいめ》は大阪府高槻市南部に残る地名であることから、西面三郎はその地を本貫とした土豪であろう。

石井山城守　本書、第二部第三章でも触れた石井親治のこと。文亀元年（一五〇一）九月十三日政家は、放出村番匠給の年貢を引き当てに、親治から三百疋借用した。年貢引き当ての条件と共に、代官に補任したのではなかろうか。借金は短期のものだったらしく、親治の名は以後見えない。なお政家が借金のかたに、代官補任を行ったと推定できる例は親治の例以外に見当たらない。

香西又六　細川政元の被官で明応六年（一四九七）山城守護代として入国。永正四年（一五〇七）六月二十四日、政元の養子澄之を擁立するため政元を殺害した。しかし同八月一日澄之に対立する政元の養子澄元により誅せられた。香西又六（元長）が代官であった小薬院は明応九年（一五〇〇）十月二十九日、又六に二千二百疋で「永代沽却」されている。(11)

多羅尾四郎兵衛（嗣光）　第2表で毎年年始・八朔・歳暮の三回、挨拶に近衛家を訪れている。『後法興院記』で多羅尾氏の初見は文正元年（一四六六）二月三十日の記事、「多羅尾参河入道来」で、近衛邸を訪問した理由は記されていない。次に多羅尾氏が近衛邸を訪れるのは、同年八月三十日のことである。このとき多羅尾四郎兵衛嗣光は、近衛家へ信楽郷代官職が、伊賀国人により妨げられていることを告げ、伊賀国人の代官職競望を退けるための配慮を請うと同時に、信楽郷直務沙汰の御内書写の借用も願っている。信楽郷直務沙汰の御内書については、五月二十九日に武家から日野勝光を経て近衛家へ届いていた。したがって、このころ多羅尾氏はすでに信楽郷代官であったことがわかる。

応仁の乱ごろの信楽郷は、赤松氏により代官職が違乱されたり（『後法興院記』応仁元年十一月二十七日）、幕府が足利義視の料所として、山城・近江・伊勢の寺社本所領へ半済を課したとき、その対象となったり（『後法興院記』応仁二年五月二十日）した。近衛家ではその都度幕府に訴えるなど、善後策に奔走している。(12)

戦乱を避け宇治に起居していた房嗣は、信楽郷のことで政家とともに談合し（『後法興院記』応仁二年七月二十六日）、その結果であろうか、政家は応仁二年八月十九日から十月十九日までの間、信楽郷の小河大興寺を宿所として、直務を行うことになる。

大興寺は現在大光寺と書き、信楽町小川に残る真言宗の寺院である。かつて宿坊があった所に寺を移してきたためということで、こぢんまりしており直務のため政家が宿所にしたという雰囲気ではない。境内を囲う築地はなく、本堂のすぐ傍に小堀遠州作と伝える小規模の池がある。その池に沿って左手に五〇メートルほど坂を登ると、鎌倉期の近衛家基・経平父子等をまつるという墓石が三基残っている。

政家が宇治から信楽郷へ入るには、現在の国道三〇七号線に沿って朝宮を経由したものと考えられる。朝宮には近衛家が管理する朝宮関があり、代官は多羅尾四郎兵衛が務めている（第1表参照）。現在の朝宮は沿線に茶畑があり、茶商が点在している。第2表で見たように、多羅尾氏は毎年八朔に近衛家へ、茶を持参（三十袋〜五十袋）しているところから茶は、朝宮産と考えられ、戦国期すでに茶を栽培していたのであろう。

政家の信楽郷滞在の日々は、多羅尾氏を始め信楽各郷の百姓の挨拶、伊勢から信楽を経て上洛する足利義視への応対、また信楽郷の「惣追職」（マヽ）の事での訴えに下知を加えたり、鞠や和歌にも興じるなど多忙な日を送っていた。そうした中で最も時日を要したことは、九月十一日から十月十九日の間信楽郷の代官職のことで、多羅尾氏のたびたびの来訪をうけている。その間には宇治に居る房嗣への報告のためか、家僕を往復させている。

十月十九日「信楽郷公事篇先以落居」し、政家は宇治へ戻った。翌日からは房嗣が信楽郷へ下り滞在する。戦乱を避けるための移動であろうか。

仁木左京大夫　第2表で見るように、仁木左京大夫は長享二年を除いて毎年近衛邸を訪問している。仁木氏が信楽郷の代官に補任された時期は不明であるが、『後法興院記』『雑事要録』の延徳元年四月二十日条には、信楽郷の代官職に還補された記事がある。仁木氏が近衛邸を来訪しなかった長享二年は、一時改易されていた年であろうか。

近衛家と仁木氏の交際は、尚通の代になって更に親密になる。尚通の妻（徳大寺実淳の女）の妹が仁木氏へ嫁し、二人の間にできた子で、千代菊は尚通のもとに出仕し、女は尚通の妻維子の猶子となっている。[13]

西村掃部助　詳細は不明。

山田越中守　山田姓は第1表の近江柿御園山上郷で代官と公文にいる。越中守は山上郷代官であって、山田一族の中心的人物ではなかろうか。

桜本弘俊律師　『雑事要録』「山上郷」延徳三年十月二十七日の記事に、「代官以桜本補之、任料百疋」とある。また同書「自処々礼物」同年十一月七日「一荷両種桜本」、『後法興院記』同日条には、「桜本弘俊律師来妙法院同宿、令対面」とあるため、代官の桜本氏は妙法院の桜本弘俊律師であることがわかる。なお妙法院は天台宗の門跡寺院である。

山田右京亮　『後法興院記』文明十八年七月二十四日、

　山上郷公文《父子》上洛、樽三荷・御肴両種・二百疋等進上、

とある。次いで『雑事要録』「自処々礼物」同日条を見ると、

　山田右京亮
　同中務丞
　同七郎等御園山上郷公文以下三人、樽三荷・荒巻二・鮎スシ桶二・料足二百疋進上、三人ニ対面、御縁ニテ祇候、
　各扇一本遣之、

とある。『雑事要録』により『後法興院記』の「山上郷公文《父子》」は、山田右京亮・中務丞・七郎のことであることがわかるが、第1表の山上郷公文で山田右京亮以外、確証できない公文は記載年に従い（公文）とした。第2表でも確認のできない公文の近衛邸来訪については、訪問回数だけ括弧表示し山田右京亮の列へ入れた。

鴨野氏　鴨野三郎右衛門については、第一節Aの史料で見たように、鴨野五郎右衛門とともに火事の夜に殺害された。

その翌年の長享二年二月十八日、代官の「鴨野息」が三種三荷を持参し近衛邸を訪れた。この時政家は「帯《上》二筋・杉原十帖」[14]を与えている。同年六月二十九日には、鴨野徳千代が江瓜二十籠を持参している。徳千代は鴨野三郎右衛門の息で代官職を継いだのであろう。第2表で徳千代が近衛邸を訪問する最後の年は延徳三年で、翌年の明応元年正月四日には鴨野徳満丸の近衛邸来訪がある。徳満丸は徳千代から代官職を継いで挨拶のための来訪であろうか。

栈敷新五郎　第一節Bおよび第二節⑧の史料で見たように、応仁の乱後美濃国に住し苗木郷（岐阜県中津川市）・岩村郷（岐阜県恵那市）の代官であった。新五郎が近衛家領代官に補任される以前に、「栈敷将監親類三井寺法師」（『雑事要録』「自処々礼物」文明十九年九月十一日・同十一月九日）・「栈敷将監」（『雑事要録』長享二年二月四日）が近衛家を訪れている。栈敷将監は栈敷一族であろう。

元綱　元綱が美濃国河辺庄（岐阜県川辺町）の代官であった確証はない。しかし次のことから推測すれば、代官的な任にあったことが考えられる。美濃国守護土岐成頼により、同国の近衛家領が押領されていたのであろう。政家はその回復を幕府に求めた。長享元年（一四八七）十二月十六日、家領安堵の奉書が届いた。[15]奉書は元綱にも伝えられたらしく、『雑事要録』「自処々礼物」長享元年十二月十七日条には、

元綱、一荷両種進上濃州奉書依下知也、

と記されている。翌十二月十八日、元綱は「濃州御領之儀」として河辺庄に下り、[16]翌年四月二十一日政家に「遵行」の終えたことを報告している。[17]七月十八日には河辺庄から御礼物千疋を送り、[18]長享三年正月十七日に上洛する。[19]そのとき元綱は美濃国の近衛家領の様子を伝えている。

以上第1表に掲げた荘官のうち、年貢の納入以外で近衛家を訪れた荘官について見てきた。これらの荘官の中には、

多羅尾氏や山田越中守のように、政家の父房嗣が薨じたとき（『後法興院記』長享二年十月十九日）「吊銭」を贈っている。『雑事要録』の「吊銭」の記事を紹介しておく。

『雑事要録』「御前方」長享二年

神田郷一荷両種五十疋、親康一種一荷、多羅尾二百疋、小河五十疋、一乗院二百疋・樽一双、海蔵院二百疋経一部、楞伽寺百疋・経一部紙、藤中納言（武者小路資世）寿量品、冷泉中納言（政為）同・頼秀朝臣折二・柳一荷、芥河百疋・理覚院両種二荷、御園三郷五荷両種、山田越中百疋、結城近江介千疋、同越後守三百疋、長泰（進藤）両種桶、頼秀朝臣御経一巻、浄土寺百疋、飛鳥井入道寿量品・二百疋、広橋寿量品・二百疋、以上吊銭二千八百疋、

この記事は、房嗣没に対する諸家からの吊銭を記したもので、公家・僧侶・武士に混じって荘官や近衛家領からも贈られていることがわかる。これらの吊銭の記事に関しては、ほぼ同じ内容のものが『後法興院記』『雑事要録』の「自処々礼物」にも記されている。ちなみに『雑事要録』の「自処々礼物」の記事のうち、右の「御訪方」記事の中から荘官や家領からの吊銭を抜粋すると、

十月廿四日　二百疋多羅尾、五十疋小河、以上禅閤様御他界御訪也、

十一月十五日　御園三郷御訪、棰五荷両種、山田越中御訪百疋、

十一月廿六日　神田郷御吊、両種一荷・五十疋、

であって、この記事により吊銭の贈られた日がわかる。

明応九年七月二十八日火事により近衛邸は罹災した。この時も建築資材が方々から贈られている。『後法興院記』明応九年八月六日の記事に、

就家門炎上自方々進竹木、注雑事要録、

とあるため、『雑事要録』の「自処々礼物」を見ると、

八月一日　桂より竹六荷、木幡執行竹百本、林竹二荷・なわ、以康兄、なわ四束、

八月六日　桂中路竹二荷、

八月九日　桧十本、畑郷ヨリ、

十六日　五ケ庄名主七人各竹七荷進上、

廿一日　五ケ(庄脱)名主竹一荷、

廿三日　畑郷柱三本、

卅日　下桂竹二荷、

九月十七日　竹一荷、五ケ庄名主中西、

とある。これらの記事は荘官及び家領から贈られた建築資材のみ抜粋した。いずれの資材も近衛家が臨時的に課したものではなく、好意で「進上」[20]されたものと考えられる。臨時的に家領へ課した場合、政家は『雑事要録』「自処々礼物」明応九年に見ることができるように、

九月十九日　百五十疋、桂より課役且、

十月四日　五十疋、桂より課役内、依火事也、

十月七日　百疋、桂ヨリ課役内、

十月十四日　百五十疋、桂ヨリ課役内、

と、「課役内」の語を注記をするほか、『後法興院記』明応九年九月十六日の、

従信楽郷材木到来、従去月加下知了、自五郷各六本宛、自小河村十本進上、

のように「下知」したことを記すからである。

吊銭や建築資材が公事銭や公事物としてではなく、近衛家へ進上されたことは日常荘官の間に親密な交際が行われていたことを物語っているのである。

一方近衛家の側からは荘官に対して、すでに第一節Bの桟敷新五郎に見たように「被官分」として扱っている例がある。西村掃部助や竹千世も被官分であった。[21] また河辺庄の荘官元綱の息の場合、政家から扁諱「家」が与えられている。[22] 近衛家領のうち信楽郷や越前国宇坂庄などは、年貢の徴収を荘官にだけまかせず家僕を直務として派遣している。それだけに信楽郷の年貢納入は、近江国の家領中で最も多いことはかつて紹介したところである。[23] さらに信楽郷は近衛家が邸内の作事を行うとき、臨時に材木の供出を課す家領でもあった。[24]

次に宇坂庄は第二部第二章「近衛家領越前国宇坂庄について」で詳述したように、他の家領にはない綿（繭綿）を公事物として毎年納入のあった家領である。このような家領は近衛家にとって、特に重要な家領であったため直務を派遣していたものと考えられる。

むすびにかえて

以上、近衛家領の荘官について見てきた。そのうち代官の補任例では一例だけであったが、特に注目されるのは細川氏の吹挙による補任があった。細川氏に吹挙され、近衛家領の代官になったのは鴨野氏であったが、摂津国の近衛

家領の代官に見た、三宅・池田・能勢・香西の諸氏は細川氏の被官であったところから、もともと細川氏の吹挙もしくは干渉により補任されたのではなかろうか。

室町時代も後半、特に応仁の乱前後から荘園領主の権力が著しく衰微していく中で、荘園経営は極めて困難になっていったことは周知のとおりである。近衛家でも経済的基盤である家領の維持管理は、重要な課題であったことは確かである。細川氏の被官を家領代官に補任したことは、細川氏に対し、その家領が当知行にあることを認めさせることでもあり、また細川氏の被官による家領の押領を防ぐためでもあったとも考えられる。摂津国以外の家領においても、その国の守護と近衛家の間に何らかのつながりがある場合、その守護の組織下にいる在地武士を代官に補任することは、家領を維持する上で必要な手段であった。しかしこれだけでは家領の維持経営のためには十分ではなかったのであろう。政家は将軍権力及び幕府にも家領の保護を求め奔走している。すでに一部見てきたところであるが、今少し見ておくこととする。

『後法興院記』の文明十五年（一四八三）五月二十五日条に、守護の下知と称して小串某が五ヶ庄（冨家殿）を兵粮所とするため入部してきた記事がある。地下からの注進で知った政家は、禁裏をつうじ足利義政に善処を訴えた。六月二十一日義政の「成敗」が下され、翌月の十八日に幕府奉行人松田頼親・布施英基連名による、近衛家領全般にわたる「公事免除奉書」が到来した。この後政家は松田頼親へ奉書に対する礼として百三十疋を贈っている。(25)

また、将軍義尚による近江六角氏征討が開始された年の長享元年（一四八七）八月二十一日、近江国の近衛家領への半済を恐れた政家は、幕府へ当知行を認めさせるため、家領目録を提出した。そして同時に奉行人飯尾加賀守(宗清)へ、太刀金と折紙二百疋を贈った。(26) この結果、十月二日に奉行所より近江国の近衛家領に対し、半済免除の奉書が到来したのである。

政家が、半済免除などのための保護を幕府に訴え、それが容易にはかどったのは、[27]奉行人へ金銭を贈ったことにもよろう。しかしそれだけではなく第一部第二章「中世公家家族の一側面――『後法成寺関白記』の生見玉行事を中心に――」で紹介したように、近衛家の子女が寺などへ入室する際、将軍家と養猶子関係を結ぶことがあった。これら養猶子関係は、形式的なものもあったかも知れないが、家領の保護を幕府に求めるときの手段として、利用したことも考えられるのである。このように見てくると、近衛家が家領の維持を行っていくためには武士権力への依存があり、その保護によって家領は経営されていったものと考えることができよう。

武士が公家に対し家領の当知行を認め、型式的にせよ安堵状を発給し保護したことは、その見返りとして公家文化を摂取するためのものであったことも、その理由の一つに考えることができる。

近衛家が家領経営を円滑なものとするため、武士に依存する一方、荘官に対しては近衛家の被官分としたり、偏諱を与えたりしたことは述べた。こうした中から荘官との間には、日常的な交際も生まれたものと考えられる。

近衛家と荘官の関係を中心に、戦国期近衛家領の運営状況を見てきた。近衛家には周知のように、鎌倉時代の建長五年（一二五三）に成立した「近衛家所領目録」が残っている。本章で扱ってきた『雑事要録』には、「近衛家所領目録」に記載された家領の大半が記載されていることは、戦国期に至るまでそれぞれの家領の維持経営が続けられてきたためである。今後、公家領を研究していくための課題として、「近衛家所領目録」に記された個々の家領がどのようにして、戦国期まで伝領され、経営が続けられてきたか検討していく必要があると考える。

〔註〕

(1) 『雑事要録』文明十三年、沢良宜村条に「号御馬免」と注記がある。

(2) 「革嶋家文書」(『資料館紀要』6　京都府立総合資料館)。

(3) 『後法興院記』文明十五年正月十二日条。

御室戸林父子来、

『雑事要録』「自処々礼物」同日条。

御室戸林久喜桶二、

『後法興院記』と『雑事要録』の記事は重複した内容で記されていることがある。本書、第二部第一章「近衛家の家産経済の記録――『雑事要録』『雑々記』について――」で触れたように、両書の記事を照合することにより、場合によっては、より具体的な事実を知ることができる。

(4) 『後法興院記』文明十八年正月六日条。

(前略) 林与三左衛門盛次等来、

『雑事要録』「自処々礼物」同日条。

林久喜桶二進上、

(5) 『後法興院記』文明十九年正月十三日条。

林筑前守平盛次申受領之間、旧冬任之、為其礼来、進一荷両種、

『雑事要録』「自処々礼物」同日条。

久喜桶二・梅漬一桶林進上、又一荷両種、申受領御礼ニ進上、

(6) 『後法成寺関白記』永正十年正月十三日条。

林修理進久喜二桶・茶一器進上、北方江二桶・串柿一連進上、令対面給盞、

(7) 坂本武雄編『公卿辞典』(七丈書院、昭和十九年)。
(8) 『公卿補任』永享三年　清閑家家俊条。
(9) 『後知足院御記』応仁元年六月十六日条。
(10) 『宣胤卿記』文明十二年四月十八日、『後法興院記』同日条。
(11) 『雑事要録』「小薬院」明応九年十月二十九日条。
(12) 『後法興院記』応仁元年十一月二十七日、同二年正月四日、同十一日条。
(13) 本書、第一部第二章「中世公家家族の一側面――『後法成寺関白記』の生見玉行事を中心に――」。
(14) 『雑事要録』「自処々礼物」長享二年二月十八日条。
　三荷三種鴨野進上、帯二筋・杉原十帖遣之、
『後法興院記』同日条。
　中郷代官鴨野息為礼来、
(15) 『後法興院記』長享元年十二月十六日条。
(16) 『後法興院記』長享元年十二月十八日条。
(17) 『後法興院記』長享二年四月二十三日条。
(18) 『雑事要録』「自処々礼物」長享二年七月十八日条。
(19) 『雑事要録』「自処々礼物」長享三年正月十七日、『後法興院記』長享三年正月十九日条。
(20) 本章では、荘官から近衛家へ吊銭や建築資材が贈られたことについて、『雑事要録』の記事を引用してきた。その中で「進上」の語が使用されていたのは、建築資材を示した明応九年八月十六日の記事に、一度だけあった。では吊銭の場合、贈り主がどのような人物のとき、政家は「進上」を用いるのか『後法興院記』でも見ておきたい。その中で「進」と記されている場合、「進上」の同義語として扱うこととする。

上表のとおり公卿では頼秀朝臣を除いて「送」、寺院では「給」・「送」、武士と荘官が「進上」もしくは「進」となっている。すなわち、近衛家を中心に階級的に見て下から贈られたものに対しては、「進上」「進」の語を用いた。近衛家自らが禁裏に対し物を贈る場合、

『後法興院記』明応七年正月五日条、

両種二荷令進上禁裏、

と、「進上」が用いられている。ちなみに、『日本国語大辞典』（小学館版）は、「進上」について、

たてまつること、さしあげること。献上、進呈、贈呈。

公卿			寺院		
人物	用語		寺名	用語	
藤中納言	送	経・寿量品	浄土寺	給	経代百疋
冷泉中納言	送	〃	本満寺	送	布施
頼秀朝臣	進	折二・柳一荷			
蔵人右衛門佐守光	送	二百疋			
武士			荘官		
人物	用語		荘官	用語	
芥川	進上	百疋	御園三卿	進上	樽三荷両種
結城近江介	進	千疋	山田越中守	進上	百疋
結城越後守	進	経代			

（注）頼秀朝臣を公卿に分類したのは、公卿を広義にとらえた。

とある。

（21）『後法興院記』長享元年閏十一月十四日条。

中郷西村掃部助釆、家門被官分也、

『雑事要録』「自処々礼物」延徳三年十一月九日条。

一荷両種、五ケ庄下司奉公ニマイル、

『雑事要録』延徳四年十二月八日条。

一荷両種、五ケ庄下司竹千世被官分也、

（22）『雑事要録』長享三年三月二十二日条。

美濃紙二束・太刀金・ハウチヤウ（包丁）一、元綱進上、息実名余力家ノ字遣之、家綱也、為其礼進上之、

（23）本書、第二部第一章「戦国期近衛家の家産経済の記録――『雑事要録』『雑々記』について――」。

(24)　本書、第二部第五章「貴族の邸宅建築に関する経済的考察――近衛邸の作事を中心に――」。

(25)　『雑事要録』文明十五年十月二十二日条。
就五ケ（庄脱）奉書事、百卅疋松田豊前ニ遣之、

(26)　『後法興院記』長享元年八月二十一日条。
武家江州御出陣治定云々、依是従処々奉書事申請云々、仍家門領目録今日注遣之、今度之奉行飯尾加賀守云々、太刀金折紙等二百疋非現物遣之、使俊宣朝臣・長泰両人也、申畏承之由、奉書事国静謐以後可有成敗云々、諸家此分也、
『雑事要録』長享元年八月二十一日条、
太刀金・二百疋折紙、兆現脚飯尾加賀守□（依カ）江州□□（奉書カ）事也、
『雑事要録』長享元年九月二十八日条、
□□奉行所二百疋、奏者百疋、依江州奉書事、

(27)　『後法興院記』長享元年九月二十八日条。
江州家門領所々奉書事、結城七郎依申沙汰昨日被下知云々、今日自坂本長泰有注進、祝着無比類者也、二条家門領同被成奉書、抑今度江州寺社本所領事、公衆申給兵粮料間、諸領主奉書事雖歎申無御下知云々、公家輩在陣之衆等又両冷泉外無成敗云々、門跡領聖護院今度御幡加持申沙汰・青蓮院自山門頻執申依座主也・梶井宮等外無成敗歟、
とあるように、近衛家と二条家には半済免除の奉書が下されている。しかし他の公家領や寺社領に対しては、それがなされていない。

(28)　たとえば、『後法興院記』文亀元年十一月二十二日条で、政家は信楽郷のことについて、近江守護佐々木高頼に「憑入」るため、飛鳥井雅俊の近江下向に染筆した詞華集を託した記事がある。前後の記事から高頼が詞華集を求めたことはない。家領保護のため政家は武士の公家文化志向を利用し、外交辞令として贈ったのであろう。

第五章　貴族の邸宅建築に関する経済的考察

――近衛邸の作事を中心に――

はじめに

いままでの建築史に関する研究[1]は、建築現場の職人の実態、建築様式の推移、諸道具の変遷の三つに分類することができるが、経済的視野に立ち考察した論考は管見の限り見当たらない。建築史を深めるためにも経済的観点から考察する必要があろう。本章では戦国期近衛家の収支貸借を記した記録『雑事要録』により、近衛邸の作事記事について経済的分析を行い、建築物価・職人の賃金について考察する。

一　戦国期近衛家の作事

『雑事要録』に記された作事記事は、購入した資材及びその価格、作事を行った職人及びその賃金が日記風に記されている場合と、購入した資材・価格、職人の賃金をそれぞれ一まとめにして合計したものを記している場合とがある。またそれらの記事の中には、邸内のどの個所の作事であったかがわかる項目を付したものとして「風呂作事」（長享三年）・「上葺事」（延徳三年）などがあり、「作事方注文」（文明十五年）や、「作事方事」（文明十六年）のように作

第1表　作事項目表

整理番号	年	作事項目	作事期間
1	文明13年	石蔵修理料事	7/10〜7/20
②	文明15年	五月十三日ヨリ作事番匠人数	5/13〜6/13
③		作事方注文	
4	文明16年	作事万事	2/5〜4/24
5		屏中門築地	10/10〜11/20
6	長享2年	十月七日ヨリ作事	10/7〜10/12
7	長享3年	風呂作事	2/7〜5/28
⑧	延徳3年	上葺事	?〜?
⑨	延徳4年	門材木事	?〜?
⑩		上葺事	
11		自正月十六日作事門築地等事	1/16〜1/21
⑫	明応2年	鎮主拝殿一間四方	?〜?
⑬		材木事	
⑭		上葺事	
15	明応4年	作事方	11/21〜12/18
⑯		上葺事	?〜?
17	明応5年	二月二日作事	2/2〜2/13
⑱		上葺事御殿并御蔵奏者所	?〜?
⑲	明応6年	自正月二十三日有作事	1/23〜2/4
⑳	明応7年	「明応七年作事記録」	4/9〜4/14
21	明応9年	屏中門并築地窪作事	2/18〜2/28
㉒		御殿上葺	6/26〜7/7
23		作事方物	7/晦〜9/28・11/3
24		八月二十六日ヨリ作事	8/26〜9/27・11/4〜11/29
25		材　木	8/26〜9/4・12/1〜12/25
26	明応10年	御末作事	11/3〜11/14
27		隅殿作事	(7/30〜?)
28		作事方風呂	11/22〜12/4

※作事期間( )内は「後法興院記」により補った。

事個所の不明な項目もある。作事個所が不明な場合、『後法興院記』の記事と照合して見ることによりどこの作事かわかることもある。このような状況であるため、『雑事要録』に記された作事項目と、その期間を整理しまとめ、右の第1表「作事項目表」を作成した。表で整理番号を○で囲んだものは、『後法興院記』にも関連記事(2)があるもの。

整理番号⑳は『雑事要録』に作事項目が付されていないため、便宜上「明応七年作事記録」とした。作事期間がわからないものは、期間欄を?〜?とした。作事項目の中で②の「五月十三日ヨリ作事番匠人数」は、③の「作事方注文」で作事に携わった番匠の人数だけを記したものであるため、②と③の日付に重複している個所が見られる。また23から26のそれぞれの日付にも重複個所があり、記載内容も相互に重複しているところがある。

以下、第1表に従い主な作事について、その内容を『後法興院記』とともにながめておきたい。

1の「石蔵修理料事」は応仁の乱後、政家の父房嗣が石蔵（京都市左京区岩倉）にあった実相院の坊舎を宿所としており、その宿所を修理したときのものである。

文明十年（一四七八）十二月二十五日、近衛家は邸内にあった御霊殿を火元とする火事により罹災した。(3) 罹災後、政家は広橋兼顕邸、(4) 南都一乗院、(5) 進藤長泰邸(6)を転々とする生活をしている。火事以後、作事は御霊殿から始められ、文明十五年六月二日に「立柱上棟」したのが②である。近衛邸の新造は、4の「作事方事」に始まり、文明十六年四月八日の戌刻に移徙が行われたが、まだ「半作体」であった。七月十日の「葺上」（『後法興院記』）や、5の「屏中門築地」の作事が残っていたことが「半作体」と記した理由であろう。

同年の八月十日には隅殿社頭の造営が行われている。隅殿の作事は⑫・27でも行っている。⑫の「鎮主」が隅殿であることは、27の作事に該当する記事が『後法興院記』文亀元年(明応十)七月三十日条にあり、「自今日鎮主小社之作事也」と記されていることからわかる。隅殿は、近衛邸にあった拝殿である。

7の「風呂作事」は本書、第二部第一章「近衛家の家産経済の記録――『雑事要録』『雑々記』について――」で触れた。風呂へは、長享三年（一四八九）六月十一日より入り始めている。15の「作事方」は、政家の息尚通の「居所」を新たに造ったときのもので、作事に際しては、聖護院道興からの助成もあった。明応四年十二月十三日尚通は新居へ移徙する。

後年、尚通も息稙家のため居所を邸内に新造している。『後法成寺関白記』により紹介しておくと、大永三年（一五二三）十一月八日「立柱上棟・礎等」を申し付けた後、翌九日から十五日まで作事が行われた。そして十六日の記事には、

今日棟上申剋御祝御移徙亥剋也、番匠上衣持笏、竹内太郎二郎裏打、与二郎同両人ツチヲウツ也、御祝二百疋給之、御太刀持給之、太郎二郎・与二郎御帯給之、棟上後テヲノ（手斧）初勤之、亥刻移徙也、有三献之儀、後祗候人御太刀御両御所へ進上之、召出給一盞、有作事、

とあって、棟上式を描写した興味深い記事でもある。

明応九年七月二十八日、近衛邸は再び火事に遭い焼失する。同年七月晦日、新たに作事が始められたのが23である。翌日「立柱上棟」が行われたが、九月三日大風で新造中の殿舎は悉く倒壊し、24の作事により再び殿舎の新造が始まる。

以上『雑事要録』に記された作事の主なものについて、『後法興院記』と合わせて見てきた。次節では資材の調達先及びそれらの価格について見ていくこととする。

二　資材調達とその価格

文明十三年「石蔵修理料事」の記事の紹介から始めると、

七月十日　百五十疋遣之、三色木下行、
同廿五日　七百疋下行之、番匠下行、
同廿九日　五百疋、同、以上千二百疋也、
八月三日　七百七十七文、三色木下行、
同十四日　一貫文、廉垣代、(縄代五十足)二百五十文進御□代下行小便所、
同十六日　番匠作料三十疋酒肴□□、くき(釘)二十疋小便所、
同十七日　立具・畳等車力八十疋、
同廿日　石蔵への車力四十疋、
障子紙代百三十五、(文脱)南都御迎衆路物廿五疋、

とある。

七月十日の「三色木」は三尋木のこと。三尋木の「尋」は材木の長さの単位で、室町時代の初期に現われ天井縁材や榧木材のほか、雑作材として用いられたもので(7)明応四年十一月二十一日の「作事方」では、鞍馬から購入している。鞍馬から購入する資材には、三尋木のほか「板」(延徳三年「上葺事」)・「葺板」(延徳四年「上葺事」)があり、いずれも屋根を葺くための板である。材木の調達は産地から直接購入する場合と、「大蔵、(勧修寺経茂)材木代五貫三百六十文」(文明十五年「作事方注文」)・「(民部卿)三尋木三くみ、代一貫百卅文」(同)とあるように、勧修寺経茂や民部卿(白川資氏)等の公家から購入する場合、「キハタ屋の材木十五本代未下、又二本」(明応四年「作事方」)のように、材木商と思われるところから購入する場合、近衛家領へ課する場合がある。近衛家領へ課す場合について、触れておくと戦国期一一五個所あっ

た近衛家領[8]のうち、材木は専ら近江国信楽郷（滋賀県甲賀市）へ課している。

近衛家領信楽郷は、神山・江田・長野・朝宮・杣原の五郷と小河村とで構成されており、これらの六つの地名は、現在も旧信楽町の字名として残っている。長野は甲賀市役所信楽支所附近に残る地名で、元は町の中心部であった。朝宮は信楽町域のほぼ西端に位置し、朝宮茶の産地として名が知られている。国道三〇七号線に沿う山の斜面には茶畑があり、茶商が点在する。近衛家では関を設け、関銭の徴収権を持っていたところでもある。

信楽郷からの材木調達状況を、『後法興院記』の記事を第1表の作事期間の日と合わせて見ると、「石蔵修理料事」では、文明十三年六月十六日と同二十二日に神山郷・江田郷・長野郷からそれぞれ五本ずつの材木が納入されている。続いて文明十四年七月二十九日・同十五年四月十一日・同十三日は、長野郷六本、神山郷十二本、長野・朝宮各十本の材木納入があるのは、③の「作事方注文」時の材木であろう。この時の『後法興院記』の記事は『雑事要録』では文明十五年分に記載されており、材木を課した郷や本数については『後法興院記』よりも詳しく記され、材木の本数を合計すると六十四本ある。第1表の5「屏中門築地」の作事について、『後法興院記』には文明十六年十月三日・五日・二十二日・十一月八日・九日の五回にわたって朝宮・杣原・江田・神山の各郷から合計十五本が到来していることが記されている。[9]

次に購入した資材の単価を見ていくと、板材である榑の単価を算出できる記事は次のとおりある。

A　延徳三年「上葺事」　　クレ千支、代四貫百文、ヒキチン《（挽き賃）》百卅文、

B　延徳四年「材木事」　　クレ百卅支、代五百四十五文、

C　明応二年「鎮主拝殿一間四方」　　クレ百七十支、七百五十二文、ヒキチンマテ、

D　明応二年「上葺事」　クレ千支、四貫三百文、ヒキチン百三十文、

E　明応四年「上葺事」　クレ五百支、ヒキチン六十五文、代二貫五十文、板数二千五百廿枚

F　明応四年「作事方」　クレ千七百支、六貫九百七十五文、

G　明応五年「上葺事御殿并御蔵奏者所」　榑千支フスマ、代三貫八百文、ヒキチン百卅文、

H　明応五年「上葺事御殿并御蔵奏者所」　榑三百支、代一貫二百文、ヒキチン三十九文、

I　明応六年「自正月廿三日有作事」　廿八日　榑四百十二文、百支、

J　明応七年「明応七年作事記録」　榑千支、板数四千六百枚三貫六百文、ヒキチン百卅文、

K　明応九年「材木」　榑千三百六十四支此内三百六十四支分下行、一貫五百五十五、千支分阿川ニカリ、（文脱）代四貫二百文也、

右の記事で榑を数えるとき、挽く前の単位は、「支」で、挽いて板になると、「枚」と数えられている。またKの割注に「阿川」とあるのは、先述の「キハタ屋」と同様に材木商であろう。榑の単価はいずれの記事からも代金÷支数によりそれぞれAは四・一文、Bは約四・二文、Cは約四・四文、Dは四・三文、Eは四・一文、F約四・一文、Gは三・八文、Hは四・〇文、Iは四・一文、Jは三・六文となる。またこの計算と同様にKのうち阿川に支払った分の単価は七・〇文で、借りた分は約一・六文である。

榑と同様の計算で三尋木・竹・角材・葺板も単価を算出することができる。各作事からそれらの記事を拾い個々に算出することができるが、煩雑をさけ算出結果のみ単価をまとめたのが、第2表「資材単価表」である。第2表で資材の購入単位を政家の記述に従い単価を算出すると、割り切れないものがあるので小数点以下（葺板は小数点二位）を四捨五入した。単価を算出した結果、同種の資材であって単価に差異があるのは、それぞれに質・長短・大小の違い

第2表　資材単価表

資材	年	月日	購入数	価格	単価	作事項目
三尋木	文明15年	5月24日	5組	二貫　九〇文	四一八文	作事方注文
		6月7日	3組	一貫一四〇文	三八〇文	
	文明16年	3月7日	1組	四四〇文	四四〇文	作事方事
		3月14日	2組	八八〇文	四四〇文	
		3月21日	1組	四三〇文	四三〇文	
		4月5日	5本	二八〇文	五六文	
		4月13日	5本	三〇〇文	六〇文	
		10月10日	1組	三八〇文	三八〇文	屏中門築地
	明応2年	/	1組	三六〇文	三六〇文	材木事
	明応4年	/	9組	三貫　五八文	約三四〇文	作事方
	明応6年	/	2組	六四〇文	三二〇文	自正月23日作事
	明応9年	9月15日	4組	一貫六〇〇文	四〇〇文	作事方物
		2月18日	1組	三〇〇文	三〇〇文	作事方屏中門并築地窪
		11月27日	1組	四五〇文	四五〇文	8月26日ヨリ作事
		11月28日	5組	二貫二〇〇文	四四〇文	
		8月26日	1組	四五〇文	四五〇文	材木
		9月4日	1組	四五〇文	四五〇文	
		9月5日	5組	二貫一五〇文	四三〇文	
			3組	一貫二九〇文	四三〇文	
		/	1組	三〇〇文	三〇〇文	隅殿作事
		6月7日	2荷	三五〇文	一七五文	
		6月10日	2荷	一五〇文	七五文	

竹	文明15年	6月11日	2荷	一三〇文	六五文	作事方注文
			1荷	七五文	七五文	
		6月12日	2荷	六五文	約三三文	
			1荷	七〇文	七〇文	
		6月13日	2荷	二二〇文	一一〇文	
			1荷	六〇文	六〇文	
	文明16年	10月10日	2荷	二七〇文	一三五文	屏中門築地
		2月22日	3荷	三〇〇文	一〇〇文	作事方事
		2月24日	2荷	二〇〇文	一〇〇文	
		3月23日	2荷	一三〇文	六五文	
	明応4年		1荷(24本)	五〇〇文	五〇〇文(21文)	上葺事
			1荷(26本)	四三〇文	四三〇文(17文)	
	明応5年		24本	三〇〇文	約一三文	上葺事 御殿并御蔵奏者所
			24本	三二〇文	約一三文	
			35本	四三六文	約一二文	
			24本	二〇〇文	約八文	
			50本	一〇〇〇文	二〇文	
	明応7年		16本	二〇〇文	約一三文	明応7年作事記録
			18本	三〇〇文	約一六文	
			14本	一五〇文	約一一文	
			27本	三〇〇文	約一一文	
	明応9年	11月3日	40本	二〇〇文	五文	御末作事
		11月5日	10本	一〇〇文	一〇文	
		6月29日	20本	三〇〇文	一五文	御殿上葺

桧(角材)	長享2年	10月7日	大カク2本	四六〇文	二三〇文	10月7日ヨリ作事
	長享2年	10月10日	大カク1本	二三〇文	二三〇文	
	長享3年	2月20日	五三寸5丁	六〇〇文	一二〇文	風呂作事
	延徳4年		大角　2本	四四〇文	二二〇文	門材木事
			五三寸2本	二四〇文	一二〇文	
			中カク5本	五五〇文	一一〇文	
			三寸方18本	九〇〇文	五〇文	
	明応9年	8月11日	五三寸4丁	二八〇文	七〇文	作事方事
杉(角材)	文明16年		11　本	五〇文	約五文	作事方事
	長享2年	10月7日	五三寸10本	七〇〇文	七〇文	10月7日ヨリ作事
		10月10日	大カク2本	二五〇文	一二五文	
		10月11日	大カク1本	一三〇文	一三〇文	
			中カク6本	四〇〇文	約六七文	
	明応9年	9月15日	大角　3本	三六〇文	一二〇文	作事方物
栗(角材)	文明16年		三寸方6本	二七〇文	四五文	屏中門築地
			柱　4本	五〇文	約一三文	
			柱　5本	一〇〇文	二〇文	作事方事
	長享2年		中カク3本	二七〇文	九〇文	10月7日ヨリ作事
角材(材質不明)	文明15年	5月24日	モカリ柱14本	九五文	約七文	作事方注文
		10月10日	五三寸2本	一四〇文	七〇文	10月7日ヨリ作事
			中カク2本	二二〇文	一一〇文	
		10月11日	長柱　8本	六四〇文	八〇文	
	延徳4年		三寸方3本	四六〇文	約一五文	門材木事
	明応4年		三寸方17本	六八〇文	四〇文	作事方

第3表　近衛邸作事別購入資材一覧表

年	作事項目	板	葺板
文明13	石蔵修理料事		
文明15	作事方注文		24回 11736
文明16	作事方事	2回 495	6回 2548
	屏・中門・築地		250
長享2	10月7日ヨリ作事		1197
長享3	風呂作事		5回 4187
延徳3	上葺事	700	
延徳4	門材木事	700	
	上葺事		1042
明応2	鎮主拝殿1間4方		
	材木事		
	上葺事		
明応4	作事方		
	上葺事	4回 2042	
明応5	2月2日作事		
	上葺事 御殿并御蔵奏者所		
明応6	自正月23日有作事		
明応7	「明応7年作事記録」		
明応9	作事方 屏中門并築地窪作事	○	
	御殿上葺		
	作事方物		550
	御末作事		282
	8月26日ヨリ作事		3回 655
	材木		
明応10	隅殿作事		
	作事方風呂		2回 1050

葺板					
明応9年	11月28日	五三寸4丁	二六〇文	六五文	8月26日ヨリ作事
文明15年	5月24日	二九五〇枚	八七一文	約〇・三文	作事方注文
文明15年	5月24日	二四八〇枚	七三一文	約〇・三文	作事方注文
文明15年	5月24日	九四〇枚	二〇〇文	約〇・二文	作事方注文
文明15年	5月24日	一四四〇枚	三六五文	約〇・三文	作事方注文
文明15年	5月24日	七二一枚	二一五文	約〇・三文	作事方注文
文明15年	6月8日	一八〇〇枚	五三三文	約〇・三文	作事方注文
文明15年	6月12日	4荷	一貫一六〇文	二九〇文	作事方注文
文明15年	6月15日	2荷	五〇〇文	二五〇文	作事方注文
文明16年	3月1日	2荷(四五〇〇枚)	五七〇文	二八五文(約〇・一文)	作事方事
長享2年		二九二〇枚	一貫一二〇文	約〇・四文	10月7日ヨリ作事

資材															
柱（角材を含）							板								
松柱	モカリ柱	モミ柱	杉柱	栗柱	桧柱	柱	口板	千板	松板	杉板	引重板	サ、板	ヲカ柱	ヲシ板	チカヘタナ板
	95	520			2回 360									750	80
			5回 1910	3回 438	250				2回 900	1260			19回 11735		
				2回 325		80		432		300		50	1220		
			4回 1480	270	2回 690	3回 3000				2回 1300			2回 945		
					600					360			4回 1515		
					5回 4130	46		140	2回 2440				775		
													345		
								515			3回 985				
400					320	3回 440	2回 5800			4回 835	6回 2140	100	6回 1130		
													900		
						40							115		
								3回 1410							
						2回 180	125			250			350		
								2回 1880							
					3回 570	○		300		130			○		
								400							
					360	280				160			1140		
				135									5回 1982		
						2回 594			2回 170				13回 4507		
			3回 675		50					100			2回 600		
		○	○	4回 ○	2回 ○	340			265	3回 655			5回 1996	230	

資材															
カヤ	ミス	ツマト	脇戸	クキ(釘)	ヨシ	フスマ	障子	畳	莚	縄	竹	クレ(榑)	三尋木(三色木)	材木	料の物
				200						500			2回 2270		
			300	7回 6701			2回 1500		1000	8回 877	17回 7653		3回 3670	2回 8360	
250	200			23回 6778				2回 4000		3回 390	9回 2220		10回 4080	958	
				11回 1230			700	2回 600	120	200	7回 757	350	4回 755		310
															2回 690
				7回 4850						3回 340	3回 1440	3回 7540	5回 3130	5回 12468	600
										300	1800	4100			
				767								545	525		270
										200	900				
				350								752		990	
									120				360		
										300	2回 2340	4300			
				4回 1330				3回 3825	450			2825	15回 3343	400	
										300	4回 1362	2050			
				2回 500											
				500						70	5回 2256	2回 5000			
				3回 594								412	640		
										50	4回 950	2回 4300			
				300									300		
											300	3700			
		600		1000		1330	1330	3回 1025					2回 2050		
				2回 300	2回 53					3回 155	18回 4180		3回 580		
		600									5回 465	2回 4571	12回 10658		
				6回 2700				3回 4200				25440			
				2回 300								640	300		
				5回 2360						2回 309	11回 2393	○	2回 570	2回 ○	2回 ○

資　材

カナモノ	ツイチ	タルキ	ツリヤネ	針	カスカイ	石	カマ(釜)	カキカネ	紙	天井フチ	カマチ	トコ	チカヘタナ	書縁	長押
									135						
220	2回 3500							2回 195	2回 2710	3回 1170	350	350	350	300	1650
530															
						970	6500								
2300															
				2回 2460	2回 760	60									
350			100					2回 520							
		○													

道具					資材								
					用途・意味不明								
ハ子モチ	イカキ	ナタ	ノホリハシ	ノコキリ	ハシウ	カナカリ	ヌリ物	立物	合物	廉垣	ヒチツホ	ヌリサマ	クキヌキノ金物
										1000			
						63		2回 2000					800
	50	70		40			200		2回 1270		2回 159	150	
			70		195						25		
105													
80													

によるものと考えられ、竹では、丸竹・割竹の違いもあろう。

「資材単価表」の次に作事ごとに購入した資材を価格とともにまとめた表が、第3表「近衛邸作事別購入資材一覧表」である。第3表作成に当たり、価格の単位は総て文に統一した。一つの作事で同一の資材を複数回購入したものは上段に購入回数、下段にその費用の合計額を示した。一回だけ購入した資材はその費用だけ記入とし、回数は省いた。○印は購入費用が記されていないものである。

作事における資材の価格を見てきた。次に職人の賃金について見ていくこととする。

三　職人の賃金

作事に携わった職人一人当たりの賃金を算出し表にしたのが、次頁第4表「近衛邸作事別職人別賃金表」である。第4表で文明十五年の「五月十三日ヨリ作事方番匠人数」「作事方注文」、明応九年の火事以後の「作事方物」「御末作事」「八月廿六日ヨリ作事」「材木」は、作事項目として、第1表に従いそれぞれ別々に掲げたが、職人の賃金をまとめるに当たっては、いずれも一連の作事と見なし賃金欄は一つにまとめた。なお賃金の単位が疋・貫で記載のあるものは総て文に統一した。以下、賃金欄の○で囲んだ数字の順に従い、賃金の算出過程を追っていくこととする。

御大工の①～⑤、番匠の⑥、普請衆の㉔、くれへきの㉜㉝、ヤネフキの㉒㉔㉘、タ、ミサシの㉙、車力の㉛～㉟、テマの⑳、カマヌリの㉓～㉕、雑用の㉘の賃金に括弧を付したのは、それぞれに賃金は記載されているが、人数の記載がないため、一人当たりの賃金が算出できないものである。⑥を例にとれば前節冒頭の「石蔵修理料事」での番匠の賃金が該当し、このような場合賃金合計を括弧表示とした。

①の御大工の賃金は、文明十五年（一四八三）の「作事方注文」五月十七日・同二十二日・同二十四日・七月十四日・同二十九日に下行された作料の合計に、六月一日の立柱上棟時の「御祝物五百疋」も加えた。また御大工は延徳

第4表　近衛邸作事別職人別賃金表

年	作事項目	御大工 賃金	御大工 延人数	番匠 賃金	番匠 延人数	普請衆 賃金	普請衆 延人数	日役 賃金	日役 延人数	日養 賃金	日養 延人数
文明13	石蔵修理料事			⑥(12貫文)							
文明15	5月13日ヨリ作事番匠人数	①(24貫874文)		⑦110文	178人						
文明15	作事方注文										
文明16	作事方事			⑧1250文 ⑨750文	4人 4人	㉒20文	34人	㉕100文	(15人)		
文明16	塀・中門・築地			⑩250文	16人			㉖100文	(6人)		
長享2	10月7日ヨリ作事			⑪●	16人	㉓●	3人				
長享3	風呂作事	② 1貫(300文)		⑫●	7人	㉔(105文)					
延徳3	上葺事										
延徳4	上葺事										
延徳4	自正月16日作事門築地等事也	③(1貫文)		⑬110文	37人						
明応2	鎮主拝殿一間四方			⑭110文	7人						
明応2	上葺事本御殿并御蔵上										
明応4	作事方	④(3貫文)		⑮110文	100人						
明応4	上葺事										
明応5	2月2日作事			⑯110文	12人					㉗95文	15人
明応5	上葺事御殿并御蔵奏者所			⑰110文	3人						
明応6	自正月23日有作事										
明応7	「明応7年作事記録」										
明応9	作事方屏中門并築地窪作事			⑱110文	11人						
明応9	御殿上葺										
明応9	作事方物	⑤(3貫500文)		⑲●	37人						
明応9	御末作事										
明応9	8月26日ヨリ作事										
明応9	材木										
明応10	隅殿作事			⑳●	5人						
明応10	作事方風呂			㉑110文	10人						

ヤネフキ		カヘヌリ		木　引		ヲカ引		クレ引		くれへき		河原者	
延人数	賃金	延人数	賃金	延人数	賃金	延人数	賃金	延人数	賃金	延人数	賃金	延人数	賃金
	(62) (600文)	(10人)	(56) 100文	3人	㊿ ●					(1人カ)	㉜ (150文)	7人	㉘ 100文
		(9人)	(57) 100文										
8人	(63) ●	(1人)	(58) 100文										
				2人	(51) 120文							2人	㉙ ●
	(64) (300文)	(1人)	(59) 100文			6人	㊽ 120文		㉞ 130文		㉝ (90文)	9人	㉚ 100文
3人	(65) (800文)							1人 1人	㉟130文 ㊱100文				
8人	(66) (50文)												
				2人	(52) 120文								
								1人	㊲ 22文				
								1人	㊳ 130文				
		1.5人 (1日半)	(60) 450文			4人	㊾ 120文	1人	㊴ 100文				
								1人	㊵ 65文				
14人	(67) 50文							1人 1人	㊶130文 ㊷ 39文				
								1人	㊸ 130文				
								1人	㊹ 130文				
		(6人)	(61) 100文	2人	(53) ●			3人	㊺ 130文			2人	㉛ ●
				1人	(54) ●			1人	㊻ 20文				
1人カ	(68) (110文)			1人	(55) ●			1人	㊼ ●				

作業不明者		「千板挽き」		雑　用		カマヌリ		テ　マ		車　力		タヽミサシ	
延人数	賃金	延人数	賃金	延人数	賃金	延人数	賃金	延人数	賃金	延人数	賃金	延人数	賃金
											〔70〕 400文		
											〔71〕 (400文)		
230人	〔93〕 ●										〔72〕 (320文)		〔69〕 (3貫文)
32人	〔94〕 ●						〔83〕 (500文)	114人	〔77〕 110文				
				5人	〔86〕 100文								
				(4人)	〔87〕 100文			8人	〔78〕 50文				
					〔88〕 (600文余)			12人	〔79〕 50文				
				(4人)	〔89〕 100文				〔80〕 (400文)				
											〔73〕 (200文)		
		3人	〔92〕 100文	(5人)	〔90〕 (100文)								
								11人	〔81〕 110文				
				(5人)	〔91〕 (100文)			10人	〔82〕 50文				
											〔74〕 (60文)		
244人	〔95〕 ●						〔84〕 (100文)				〔75〕 (250文) 〔76〕 40文		
12人	〔96〕 ●												
33人	〔97〕 ●						〔85〕 (300文)						

四年（一四九二）「自正月十六日作事門築地等事也」のとき、作料や祝物のほかに「太刀金・浄衣」も与えられている。〇の賃金を括弧で表示したのは、賃金合計と人数の記載はあるが、一人当たりの賃金が均等に割り切れないことによる。ヤネフキ一人ひとりの賃金に、差があったためであろう。●印は、賃金の記載がなく、人数だけ記されているものを示す。

職人一人当たりの賃金算出過程を紹介しておくと、

文明十五年「作事方注文」五月十三日条

自五月十三日作事也、毎日三人、卅三疋下行作料、

とある。右の三人が番匠であったことは、同年の「五月十三日ヨリ作事番匠人数」の記事から確認することができ、番匠一人の賃金は、三十三疋と三人の商で一一〇文（十一疋）となる。この方法で算出できる職人の賃金は、番匠の⑦〜⑩⑮⑰㉑、普請衆の㉒、日養の㉗、河原者の㉘㉚、クレ引[11]の㊳㊸〜㊺、ヲカ引の㊽㊾、木引の㊿㊿、ヤネフキ[12]の⑥⑥⑥⑦、テマの⑦⑦〜⑦⑨⑧①⑧②、雑用の⑧⑥、千板引き[13]の⑨②がある。

日役の㉕㉖、カヘヌリの⑤⑥〜⑥①、雑用の⑧⑦⑧⑨〜⑨①の記事には、それぞれ人数は記載されていない。しかし支払われた賃金は、いずれも一〇〇文の倍数で記されている。雑用一人分の賃金はすでに⑧⑥で一〇〇文と判明しているため、⑧⑦⑧⑨〜⑨①の賃金も一人一〇〇文と見なすことができる。雑用・日役とも仕事の内容は似通っていたと思うが、特定の職種ではないと考えられる。雑用の賃金が一〇〇文であれば、日役㉕㉖の賃金も一〇〇文と考えてよかろう。次にカヘヌリの賃金は、『実隆公記』永正五年九月十日条及び享禄二年八月十日条で、「壁大工」一人につき一一〇文支払われている。近衛邸の作事に携わったカヘヌリの賃金も、『実隆公記』の時代と変わらないため同程度と考え一〇〇文

とした。なお、㊵で一五〇文支払われているのは、一人が一日半働いたためであろうか。日役・雑用・ヤネフキの各作事での人数は、支払われた賃金合計と、一人分の賃金一〇〇文との商であり、算出した人数は括弧で表示した。

番匠⑬の賃金は、明応二年「鎮主拝殿一間四方」の記事、

材木九百九十文、クレ百七十支、七百五十二文、ヒキチンマテ《迄》、クキ三百五十文、番匠七人、以上二貫八百六十二文、

から、(合計額二貫八六二文―材木九九〇文―榑九九〇文―釘三五〇文)÷番匠七人＝一一〇文が算出できる。このように、作事記事全文を用いて算出できた番匠の賃金は、⑬のほかに⑭⑯⑱がある。

クレ引の賃金㉞は、長享三年「風呂作事」二月二十八日の記事に「クレ千支四貫三百文、ヒキチン百三十文」とある。一三〇文は一人分の賃金であろう。㉟㊶も同様の記載である。

クレ引の賃金には、㊱㊲㊴㊵㊷㊻のように一三〇文以外の賃金がある。これらを算出する前に、再度右の長享三年「風呂作事」の記事、前節で榑の単価を求めるときに示した記事のうちA・D・G・Jを見ると、榑の挽き賃一三〇文は榑千支分であることがわかる。そしてEでは榑五百支分の挽き賃は六十五文。Hでは榑三百支分は挽き賃三十九文である。ここでEに注目すると、榑五百支分の挽き賃は、榑千支の挽き賃一三〇文の半分である。すなわち榑の挽き賃は、千支を基準に比例式を用いて計算すると、支払われた賃金がわかる。従って先述の明応二年「鎮主拝殿一間四方」の記事、「クレ百七十支、七百五十二文」は、1000支：130文＝170支：xから榑百七十支の挽き賃x文は、二二・一文となり、それは七五二文に含まれていたことがわかる（㊲）。比例式により㊱㊴㊻も算出した。現代は比例

式を使用して簡単に算出できるが、政家はどのような計算方法を用いて算出したのであろうか。

最後に⑩の車力の賃金について、すでに「石蔵修理料事」八月十七日条で見たように、立具・畳を運んで八〇疋が支払われていた。『後法興院記』の同日条にも同様の記事があり、そこから車は二輌であったことがわかるが、人数の記載がないため、表へは車一輌分の代金を示した。(14)

以上、近衛邸の作事に携わった職人一人分の賃金を算出してきた。この結果、職人の賃金は文明十三年（一四八一）から明応二年（一四九三）までほとんど変動がなく、賃金は安定していたことがわかる。

むすびにかえて

資材の単価、職人一人当たりの賃金を中心にみてきたのであるが、次の三点についても触れておきたい。まず第4表を振り返って、文明十五年の「作事方注文」、長享三年の「風呂作事」、延徳四年の「自正月十六日作事門築地等事也」、明応四年の「作事方」、明応九年の「作事方物」のような、大規模に行ったと考えられる作事には、必ず御大工が見られることである。さらに文明十三年の「石蔵修理料事」では、御大工の記載がないため、第4表への御大工の表示はしなかったのであるが、

『後法興院記』文明十三年六月十四日

就石蔵坊修理事、俊宣（北小路）朝臣・長泰（進藤）等遣石蔵、相副大工令指図、

『後法興院記』文明十三年七月十七日

石蔵坊修理事、俊宣朝臣并実円・大工等遣之令撿知、

近衛家は石蔵の坊舎修理に当たり、大工に指図[15]（設計）させ、現状を撿知（調査）させた。必要資材を見積らせたのであろう。このことは御大工がかかわった他の作事においても、同様であったものと考えられる。御大工は各作事で作業の指揮をし、立柱上棟のときには近衛家から祝物[16]が下行されるのである。

作事現場における御大工が指揮をするときの様子は、『春日権現験記絵』[17]により窺い知ることができる。『春日権現験記絵』は、鎌倉時代末期に描かれた絵巻物であって、その中に藤原光弘が村上天皇に奏聞し竹林殿を建てるとき、作業に携わる職人の忙しく働く姿が描かれている部分がある。絵の右寄りに左手で尺杖を持ち、草履をはいた男性がいる。右手は顔の向きとは反対の方を指し、前にいる男性に何かを命じている。命じる男性が御大工であろう。御大工から何か命ぜられている男性は鑓鉋を持っており、その男性（aとする）がかぶる烏帽子は御大工の烏帽子と同じである。aと同じ烏帽子の男性は、描かれている各作業の持場に一人乃至二人いる。

丸太に曲尺を当てつつ墨壺を持ち、細紐を垂らし垂直線を引こうとしている男性がいる。この男性（a′とする）の烏帽子はaと同じである。丸太を隔ててa′の向い側には、曲尺を丸太に当てたままでa′からの指示を待っている様子の男性がいる。この男性（bとする）の烏帽子は、aやa′の男性のものとは異っている。この絵の上部には角材に墨壺から延ばした細紐を張り直線を引こうとしている男性がいる。この男性（b′とする）の烏帽子は、bと同じである。角材を隔ててb′の向い側には、b′の命令に従い手伝っている少年がいる。この少年（cとする）は烏帽子をかぶっていない。a・b・cは番匠であろう。番匠は烏帽子で順位づけされ、作事現場では御大工を頂点にa・b・cの順に指示系統があったものと考えられる。順位は作業する職人の組織・階層[18]によったのではなかろうか。

近衛邸の作事は『春日権現験記絵』の成立期から時代は大分降るが、『春日権現験記絵』で見た作業状況とほぼ同様と考えてよいのではなかろうか。すなわち第4表で、番匠の賃金に一二五〇文・七五〇文・二五〇文・一一〇文の高低があったのは、熟練度により支払われたものと考えられる。

次に近衛邸の作事に携わる職人には、ヲカ引・クレ引・木引のように、鋸を用いて作業をする職人の分業化が目立つ。ヲガ引は大鋸挽きのことで、「大鋸を使う専門の製材工、すなわち木挽のこと」(19)とある。また『日本国語大辞典』には「大鋸で木材を挽き切ること。またそれを職業とする人。木挽」とあり、大鋸挽の作業の様子は『三十三番職人歌合絵巻』(20)の「大鋸挽」により知ることができる。『日本国語大辞典』で大鋸挽の説明には、「木挽《こび》き」の説明もあるため、「こびき」を見ると、「材木を大鋸で挽き割って角材、または板に製材すること。またその人。おがひき」とあって、大鋸挽きと木挽きは同じ意味にされている。そこで『邦訳日葡辞書』（土井忠生・森田武・長南実編訳　岩波書店）で「Vogafqi《ヲガヒキ》」を見ると、「木挽き」と説明されている。続いて「Cobiqi《コビキ》」を引くと、「他人の助けを借りないで、手鋸を使って木を挽く人」とあった。大鋸の実物は神戸市にある竹中大工道具館に展示されてあり、長さは約二メートル、幅約一〇センチの鋼板でできた超大型鋸である。刃は同一方向に刻まれたものと、中央で左右別々の方向に刻まれた二種類があり、いずれも『三十三番職人歌合絵巻』の「大鋸挽」に描かれていたように、両端に一人ずつ挽手がつき、相互に挽くようにできている。大鋸挽きは相互に相手の助けを借り、木を縦に挽かねばならないのであって、『邦訳日葡辞書』にいう「Cobiqi」ではない。「Cobiqi」は「手鋸」を使用するとされており、念のため同辞書で「tenoco《テノコ》」、『日本国語大辞典』で「手鋸《てのこ》」を捜したが記載されていなかった。しかし手鋸の「手」は、手斧・手鏡など片手で簡単に持って作業できる道具に使われる「手」であろう。従って、「手鋸」とは、従来から使用されていた長さ四〇センチ程度の木の葉鋸を指すのではなかろうか。

第4表に見たように、ヲカ引も木引も一人分の賃金は一二〇文であった。大鋸が用いられるようになったのは、十四世紀末から十五世紀半ばとされており、[21]大鋸の出現により大鋸挽きが木挽きから分化し、新しい職種となったのであろう。そのため政家は『雑事要録』で、ヲカ引と木引を別個に扱って記したものと考えられる。このように考えてくると『日本国語大辞典』は「大鋸引」と「木引」については、別々の意味を持たせた説明をする必要があろう。

最後に近衛邸の姿についてである。戦国期の近衛邸の外観は、『洛中洛外図屏風』により見ることができる。描かれた時期が永正十七年（一五二〇）以降とされ、現存する屏風のうち最も古い町田本を見ると、近衛邸は築地で囲まれた中に三棟の家屋が描かれている。そのうちの入母屋造りの二棟の屋根は、檜皮葺きで棟には瓦が乗っている。第3表で屋根材と考えられるものは、葺板・サ、板・カヤ（茅）だけであって檜皮や瓦の購入はない。また『雑事要録』の作事記事には檜皮・瓦の購入記録はない。従って政家の代の近衛邸の屋根は、購入された資材からみて板葺であったと考えられるのである。[22]

政家の息尚通の代の作事は、『後法成寺関白記』により知ることができる。しかし作事記事は『雑事要録』ほど詳しくない。屋根葺きを行ったときの記事は、永正十六年（一五一九）六月十三日条に、

従昨日葺蔵上・風呂・雑舎等、

とあるのが唯一のものでこのとき檜皮が用いられたのであろうか。

本章では近衛家の作事を例に、建築経済、特に建築物価・職人の賃金を中心に分析してきた。今後近衛家の家計簿としての『雑事要録』の分析により、戦国期の貴族の生活経済を知るとともに、それに関連づけた社会経済の構造についても解明していきたい。

〔註〕

（1）いままでの研究については、大河直躬『ものと人間の文化史5　番匠』（法政大学出版局　一九七一）の巻末に紹介されたもの以外で気付いたものを掲げると、永井規男「三尋木という材木について」（『日本建築学会論文報告集』号外　一九六五）、同「実隆公記に現われた貴族住宅の作事」（同一三六　一九六七）、同「相国寺松泉軒の作事について」（同一四一　一九六七）、浅香年木『日本古代手工業史の研究』（法政大学出版局　一九七一）、村松貞次郎『大工道具の歴史』（岩波新書　一九七三）、平井聖『日本住宅の歴史』（日本放送出版協会　一九七四）、村松貞次郎・川上貢「技術革新と組合せの美」（熱田公編『図説日本文化の歴史　六　南北朝・室町』（小学館　一九八〇）、吉川金次『ものと人間の文化史18　鋸』（法政大学出版局　一九七六）、同『ものと人間の文化史51　斧・鑿・鉋』（同　一九七九）、三浦圭一「古代中世の技術と社会」（『技術の社会史』一　有斐閣　一九八二）、永原慶二・山口啓二編「建築」（『講座　日本技術の社会史　七』日本評論社　一九八五）。

（2）『後法興院記』には、『雑事要録』に記された作事以外に邸内の作事記事がある。文正二年四月二十日の対屋、文明十六年八月十日の隅殿社頭造営、文明十九年閏十一月十八日の馬屋、長享三年七月十六日の文庫の各作事である。この他どこの作事か不明であるが、「有作事」と記した記事も散見する。

（3）『言国卿記』文明十年十二月二十五日条、『親長卿記』同日条、『晴富宿禰記』同年十二月二十六日条。

（4）『晴富宿禰記』文明十年十二月二十六日条、『長興宿禰記』文明十一年二月三十日条。

（5）『後法興院記』文明十一年三月十二日条・同四月三十日条・同八月二十七日条・同九月六日条・同十二年二月十一日条・同年二月十五日条・同十三年四月十六日条・同年四月二十三日条。

（6）進藤長泰は近衛家の家僕であったことから、政家はしばらくの間そこで生活した。生活は文明十一年四月三十日に始まり（『後法興院記』『長興宿禰記』）、少なくとも文明十四年二月十九日までいた様子である。

（7）三尋木の単位として、『雑事要録』では「本」、束にした場合であろう「くみ」が使用され、『実隆公記』では「編」、束にした場合「結」「紐」が使用されている。また「支」を単位とするという説（前掲註〈1〉永井規男「三尋木という材木について」）もある。

（8） 本書、第二部第二章「近衛家の家産経済の記録――『雑事要録』『雑々記』について――」。

（9） 材木の納入記事としてはこのほか『後法興院記』長享元年九月十三日条・延徳二年閏八月十日条があるが、第1表の作事項目と関連づけられない。

（10） 「くれへき」は榑剝のことであるが、『日本国語大辞典』（小学館版）では、

丸太の材木を鉋で削ること。またそれを業とする人。

とある。「クレ引」（榑引）とは少し作業の内容が異なる。同辞典には榑引を、

榑を鋸で挽くこと。またそれを業とする人。

とある。

（11） 前掲註（10）。

（12） ヤネフキは延徳三年「上葺事」に「フキチン八百文宇治衆三人、三日逗留、」、また延徳四年(明応元)「上葺事」に「八月十九日ヨリ至廿二日四ケ日、宇治之葺手二人葺之、食事三度昼計中酒、テマ人別五十文」とあり、屋根葺きは宇治（京都府宇治市）から来ていることがわかる。宇治には近衛家領が散在し、それら家領からの年貢の納入状況も『雑事要録』に記されている。宇治の家領の一つに冨家殿（五ケ庄）があり、延徳三年八月十四日条に冨家殿の年貢納入記事の後、「ヤネフキテマ」が見える。従ってヤネフキは冨家殿の荘民で、公事物・公事銭の他に労役も課せられていたのであろう。

（13） 千板は「ち板」（「明応七年作事記録」）・「チイタ」（明応九年「御殿上葺」）と記され、記事には「同板《チ》千枚三百文、以上三人」とある。職種名の記載がないため、第4表では便宜上「千板引き」とした。

（14） 『実隆公記』大永五年五月十日、同年十月二十一日の記事は、いずれも三条西邸の作事の際、資材を運んだときのもので、車一輌について一六〇文支払っている。

（15） 近衛家の作事で指図の存在が確認されるのは、この他文正元年六月十五日条に、将軍足利義政が東山山荘造営のため近衛邸

の指図借用を要請している記事がある。

(16) 当時近衛家の御大工は武次（継）で、立柱上棟時に祝物の下行があるが、平素は近衛家領放出村に設営されていた番匠給から年貢の一部が下行されていた（本書、第二部第三章「近衛家領摂津国放出村について」参照）。

(17) 小松茂美編『春日権現験記絵』（『続日本絵巻物大成』一四　中央公論社　一九八二）。

(18) 中世作事現場に働く職人の階層組織には、大工・引頭・長・連の名称があったことはよく知られている。しかし『雑事要録』にはその組織名称の記載はなく、近衛邸の作事で職人が組織編成されていたか不明である。

(19) 前掲註（1）、熱田公編『図説日本文化の歴史　六　南北朝・室町』参照。

(20) 森暢編『三十三番職人歌合絵巻』（『新日本絵巻物全集』二八　角川書店　一九七九）。

(21) 前掲註（1）、村松貞次郎『大工道具の歴史』参照。

(22) ちなみに三条西邸を町田家本『洛中洛外図屏風』（林屋辰三郎・村重寧編『洛中洛外　一』近世風俗図譜　第三巻　小学館　一九八三）に見ると、近衛家同様に檜皮葺の屋根である。三条西邸の作事は『実隆公記』に記されており、文明六年十一月二十三日条を初見とする。作事は毎年のように行われ、屋根も何度か葺いている。また長享二年正月四日に檜皮大工、享禄元年閏九月十六日に檜皮師が来ているが、いずれの記事にも檜皮や瓦で屋根を葺いた記事はなく、それらを購入した記事もない。

第六章　二条家領加賀国井家庄について

はじめに

永禄十三年三月二十日の山科言継の日記『言継卿記』の記事は、勧修寺晴右が加賀国井家庄のことで二条晴良と争っており、明日、女房奉書を幕府へ持参し、折衝してほしいとの晴右の頼みが記されてある。翌日、言継は幕府へ赴き、摂津摂津守（晴門）と飯川肥後守に会い、女房奉書の内容を告げたところ、早速、披露（諮問）に付された。女房奉書には正親町天皇が井家庄を勧修寺家の荘園であることを認め、二条家の押妨を非難し、事実を糺明し勧修寺家に戻すよう、室町殿（義昭）から命令してやってほしい、とのことが記されていた。

幕府の回答は将軍（義昭）が近江に御座している間、晴右が摂津富田（高槻市）の武家（足利義栄）のため、奔走していることを遺憾とし、二条晴良の将軍への貢献と比較され、天皇が何度仰せられても将軍は、叡慮に従うわけにはいかない。このことを天皇に伝えてほしいという内容であった[1]。

日記に記されたときの永禄十三年（一五七〇）前後の政情は、永禄八年五月将軍足利義輝が、不遇の死を遂げて以来、しばらくの間将軍職は空位であった。三年後の永禄十一年、いわゆる三好三人衆（三好長逸・三好政康・石成友通）に擁立された義輝の従兄弟、義栄に将軍宣下があった（二月）。しかし義輝の弟で一乗院覚慶は還俗の後、足利義秋を名乗り、四月義昭と改名した。これより以前、義栄は一時摂津富田に移り、義昭との対決を待つ。晴右による義栄のための奔走とは、この時期のことであったのだろう。

義昭は織田信長に擁立され上洛（九月）。翌月将軍宣下が行われた。永禄十二年正月信長が入洛。二月、信長は義昭のため二条に新第を造営し義昭はそこへ移る（四月）。永禄十三年は四月に元亀と改元された。信長と義昭の間に不和が生じることもあったが、大事にいたらず四月以降、信長は近江平定に力を注ぐことができた。しかし本願寺顕如率いる伊勢長島の一向一揆が信長と対峙している状況にあった（十月）。戦乱は各地に起こっており、庶民や公家にとっては迷惑なことで不安な世の中であった。そうした時代に公家による土地争いが行われており、冒頭の記事から次の三つのことに興味を持ったのである。

Ⅰ　戦国時代末期には、権門の荘園制度の衰退が指摘されているなかで、加賀国には公家同士で荘務権を争うほど価値ある荘園、井家庄が存在したこと。

Ⅱ　勧修寺晴右は井家庄のことで二条家と争い、解決法として朝廷をつうじ将軍の下知を待ったが、将軍は二条家に肩入れし、晴右の申し出は拒否されたこと。

Ⅲ　広橋家とともに武家伝奏を勤める家柄の勧修寺家が、言継に武家伝奏的な役目を求めたこと。

が挙げられる。井家庄での領家の争いはどのようなことが発端となったのであろう。また二条家にとって井家庄はどのような荘園で、どのようにして維持に務めたか考えてみたい。したがって、Ⅲについては後考を待ち、今回は問題提起のみに止めておく。

一　井家庄に関する研究と伝領過程

1　井家庄に関する研究

井家庄をめぐって二条家と勧修寺家で争っていたことは、すでに先学により報告されているが、それらを含め井家庄を紹介したものは管見では、次のとおりある。

① 中村直勝「勧修寺家領について」(京都帝国大学文学部編『紀元二千六百年記念史学論文集』内外出版、一九四一、後『中村直勝著作集　第四巻』淡交社、一九七八所収)。

② 清水正健『荘園志料』下巻(角川書店、一九六五)。

③ 館　残翁「小坂荘と井家荘」(館　残翁著、山科杏亭・野口正喜校訂石川史書刊行会『富樫氏と加賀一向一揆史料』巌南堂書店、一九七三)。

④ 『角川日本地名大辞典17　石川県』(角川書店、一九八一)。

⑤ 『国史大辞典　3』橋本義彦氏担当「勧修寺家領」(吉川弘文館、一九八三)。

⑥ 『石川県の地名』瀬戸薫氏担当「井家庄」(平凡社、一九九一)。

⑦ 網野善彦・石井進・稲垣泰彦・永原慶二編『講座日本荘園史　北陸地方の荘園・近畿地方の荘園I』浅香年木氏担当「井家庄」(吉川弘文館、一九九三)。

⑧ 岡村喜史「史料紹介　後奈良天皇女房奉書に見る戦国期の井家庄」(『加能史料研究』八、一九九六)。

①は勧修寺家が京都大学に託した史料の中に、勧修寺家領伝領に関する「御遺言条々」及び処分状等があり、それ

らを解説される中で、井家庄の伝領過程に言及されている。

②は全国の荘園史料を紹介したもので、井家庄に関する史料九点が掲載され、簡単な解説が付されている。

③は石川県の歴史家、舘　残翁氏の没後に出版されたもので、加賀一向一揆に関する史料を収集した中の荘園史料。井家庄については「小坂荘と井家荘」で、史料を年順に掲載し解説・考察をされた。二条・勧修寺両家における井家庄の領有形態を、五十年周期の「循環領有」とする説を出されている。

④・⑥は書名が示すとおり、石川県の地名を解説したものである。特に⑥は、①・③にもとづく井家庄の伝領過程を述べ、自身が開拓された史料も駆使して井家庄を紹介されている。井家庄入門書ともいうべき内容を持つ。

⑤は勧修寺家領を説明するなかで、わずかに井家庄にも言及したもの。

⑦は荘園研究のための講座で、地域別に荘園を紹介・解説し、井家庄にも簡単ながら触れられている。

⑧は京都の上方文庫蔵「後奈良天皇宸翰」の女房奉書の一つを紹介したもの。女房奉書は勧修寺尹豊に井家庄下向の気持ちのあることを知った後奈良天皇が、勅諭し思い留まらせるにいたる内容で、女房奉書発給の背景を分析し、発給年にも言及している。

井家庄に関する研究を見たのであるが、石川県という地域史の中で取り上げられてきたため、興味ある問題を抱えながら、成果が目立たなかったと言えよう。また、研究の多くはどちらかというと、文書史料が残る勧修寺家に視点をおいた内容になっているように思うが、これらの先学の研究に導かれ、次節では井家庄の伝領過程を概観しておきたい。

2　伝領過程

石川県には現在井家という地名は残っていない。本章を作成するため、井家庄に比定される地を見ておく必要から平成十年（一九九八）八月三日、その地を訪れた。訪問前に前述の⑥を執筆された瀬戸薫氏を知ることができ、電話でご教示をいただいたうえ、当日、同行していただく恩恵に浴した。井家は現在井上という地名で残り、JR北陸本線から分岐するJR七尾線の最初の駅、中津幡駅の西約二キロメートルの地域である。井上小学校が井家庄の中心であったとされているが、今はまったく荘園の面影を残す景観は残っていない。近くには新興住宅が建ち、井上小学校の正門前に津幡方向を告げる道路標識があり、その下に「井上の荘」と記された札が取付られているのが、かつて荘園があったことを知る唯一の手がかりである。井家庄の荘域は前述⑥の『石川県の地名』によれば、井上小学校のすぐ北を流れる津幡川を北端とし、南端は金沢市北東を流れる森下川流域までとされ、時代により多少の変動があるとのことで、かなり広い荘域である。近世に「北方」と「南方」に分けられ、二条・勧修寺の両家の係争地となった荘域は「南方」に属すと推定され、金沢市八田町・南森本町以南、大場・千木・法光寺・柳橋の各町以東、田島町以北及び河北郡内灘町がそこにあたるとされる。そのため『大乗院寺社雑事記』長享三年（一四八九）三月十三日条には、井家庄を指し「大庄也」と、続けて「本ハ千余ノ在所也」と記されていることにはうなづける。

井家庄が勧修寺家に伝領されてきた過程は中村直勝「勧修寺家領に就いて」に詳しい。伝領過程に進む前に勧修寺家の遠祖について述べると、『尊卑分脈』によれば、勧修寺家は藤原北家の高藤を祖とする家系で、十七代経顕から勧修寺を家名とする。それまで家名は坊城または勧修寺を号し固定していなかった。『尊卑分脈』では経顕の祖父は俊定で、俊定の母は侍従平業元の女となっている。中村氏は業元について「業元は業兼の音通」と推測され(2)、業兼が出家して「沙弥尋蓮」となると説明されている。尋蓮は「齢闌病侵」されてきたので嫡男業光に譲った。業光は女が坊城（後、勧修寺を家名とする家系）経俊へ嫁すにあたって、女（治部卿局）に井家庄を譲った。ここに井家庄が勧修寺家の所領に加えられる発端となるのである。勧修寺家にとって婚姻の結果もたらされることになった荘園であり、それこそ文字通りに「棚からぼた餅（井家庄）」であったと言えよう。以下、井家庄は、歴代の当主が生前に残した処分状により伝領され、院宣の発給もあって当知行を保証され、経顕へと伝えられてきたのである。

経顕は南北朝期の人で、経顕以後の状況を『加能史料　南北朝Ⅲ』掲載の「藤岡氏所蔵文書」を中心に見ていくと、経顕の子経重の代の永徳元年（一三八一）七月十六日、将軍足利義満は勧修寺経重に「井家庄半分」の安堵状を発給した。しかし九月十二日、翻って経重に井家庄の守護半済分を二条良基に宛行うよう命じている[3]。理由は義満が七月二十三日内大臣に、良基も同日太政大臣に昇進したことによったのである。

二条良基は二条家の当主で、一般的には文学者として知られ、特に連歌には造詣が深く、応安五年（一三七二）、連歌の式目である『連歌新式』を定め、連歌中興の祖とされている。一方では、北朝の光明・崇光・後光厳・後円融・後小松の五代の天皇の下で関白を四度経験しており、また足利義満との交流は有名で、「連歌十様」を義満に贈っただけではなく、近衛道嗣の日記『後深心院関白記』によれば、義満と良基はしばしば互いの邸に赴き、連歌などを行っていたことがわかる[4]。こうした交流を田中義成氏は、三条公忠の日記『後愚昧記』康暦元年（一三七九）閏四月二十八日、義満参内のとき廷臣の参会する様子を記す記事で、良基に施された割註の「扶持大樹之人」に注目され、良基は義満の執事同様であったと指摘された[5]。その関係の深さがわかろう。義満との関係が深くなるにつれ、良基は義満の「王権簒奪計画」に裏で加担していたという説も成立することになり[6]、これらの例から良基は政治家としての側面を持っていたことがわかるのである。

義満は内大臣に就任し大饗を行う。大饗とは大臣に任ぜられたとき行う饗宴のことで、太政大臣良基に対しては大饗の費用捻出のため、井家庄の守護半済分を宛行い援助したのである。義満の行為に対し加賀守護富樫昌家は幕府へ訴えた。幕府では翌年から井家庄の守護半済分を昌家に戻し、また本所（勧修寺家）分も元に戻した。[7]しかし十二月十一日、管領斯波義将は井家庄の翌年分の年貢半分を「相国」（二条良基）に進上し、元日参内の費用に充てるよう命じている。

永徳元年（一三八一）十二月二十九日、義満は経重に井家庄一円返付の御判御教書を発給したことで、[9]井家庄は経重に返付されることになったが、実態は『後愚昧記』に見るように永徳三年正月ころまで、良基がその「領家職半分」を知行していた。そのため正月二十三日、義満は再び良基に命じ井家庄領家職半分を、経重に返付させたのである。[10]義満は井家庄が返付されてなかったことを知っていたと考えられるが、見ぬふりをして勧修寺家から申し出があって返付命令を出したのであろう。

時代は室町時代の中期へと進む。永享四年（一四三二）七月十八日、『看聞日記』『満済准后日記』には、二条持基（良基の孫）が将軍足利義教に、勧修寺家領井家庄の半分を要求したことが記されている。七日後の二十五日、義教は内大臣に、持基は太政大臣に任ぜられ、同日義教は大饗を行うことで、状況は永徳元年七月二十三日の義満・良基の昇進のときと同じであり、持基の要求は良基の前例にならってのことであった。勧修寺家に返付されていた井家庄は、またしても半分が二条家の手に渡ることとなった。勧修寺家の不幸は続く。

永享五年九月十一日、経成の母が八十余歳で他界しただけでなく、同日井家庄の半済分は勧修寺家へ返付しない旨の義教の命令が下った。[11] 同九年三月二十六日、勧修寺経成が没した。[12] 次節では戦国期の両家の事情について、古記録からまず二条家の様子を中心に検証してゆくこととする。

二　二条家と勧修寺家

1　二条家の場合

戦国期の二条家は、持通・政嗣・尚基・尹房・晴良・昭実と続くが、本章で対象とするのは昭実を除く五代である。文明六年（一四七四）五月四日、大乗院尋尊は日記『大乗院寺社雑事記』へ持通から届いた御書の内容を記した。持通の息政嗣とその室「細川下野入道之息女」との間にできた女が日野富子の猶子として定められ、新将軍（義尚）の室になるということである。政嗣室の「細川下野入道之息女」とはどのような系譜の女性であろうか。政嗣がこの女性を室としていたことで、後に見るように二条家が逼塞したとき実家細川氏の計らいで、井家庄の領家職が安堵されるのであるが、まず細川下野入道の人物比定から試みることとする。

「下野」を受領名とする細川家の人物では、この後『大乗院寺社雑事記』文明十七年十月二十五日には、「野州」が登場する。この記事は細川成之が守護する阿波が乱れたため、管領細川政元が成之を援けるために一族を出陣させる内容である。野州に「入道」が付されていないところを見ると、文明六年から同十七年の八年間に代替わりがあったものと考えられ、「野州」は下野入道の息であろう。この後『大乗院寺社雑事記』には何度か「野州」が見られるが「野州入道」の登場はない。そして『大乗院寺社雑事記』延徳二年二月十二日の記事に「細川可在国云々、是隠居用、家徳（マヽ）下野守息之由申之云々」とあり、同十九日には、「野州民部少輔七歳息可為家徳之由一定」がある。細川家において受領名を下野守とする家系で、家督を継ぐのは後の管領細川高国がいる。高国は文明十六年生まれであるから、延徳二年には七歳になっている。「野州民部少輔七才息」は高国のことで、野州は高国の父政春にあたる。政春はまた民部少輔も兼ねていた。政春の父は教春であり、その女が二条政嗣の室となっていたのである。高国にとっては叔母にあたる。教春の女は二条家へ嫁ぐにあたり水無瀬季兼の猶子となっている。[13] 二条家は細川教春と親戚であり、足利義尚に息女が嫁すことになっただけに、尋尊は「二条家門繁昌之基、神慮至也」と記したのである。しかし事実は家門繁昌とはならなかった。

持通は長命であったが、政嗣・尚基は短命に終わっている。尚基の息尹房は二条家の再興に務めるが、晩年は周防大内義隆の許、山口に過ごす。しかし陶晴賢の乱に遭い天文二十年（一五五一）八月二十九日長門において横死する。[14] 晴良の代になり二条家は一応落ちつき、晴良は信長と浅井・朝倉連合軍の戦いに義昭の命で調停にかり出されたり、冒頭でも示したように義昭のために奔走し、武士の政治体制に組み入れられている観もあった。武士に接近し関わりを持つことは、良基以来の二条家の体質であったかも知れない。

時代を晴良に移してしまったが、戻って政嗣の父持通が将軍と関わる例を二・三見ておく。持通は息を大乗院門跡の附弟にするため、義政に取り入り話を進めていた。しかし、二条家出身者が大乗院入室の例がなかったことから、大乗院経覚が難色を示し、一条兼良の介入もあって入室が危ぶまれたこともあった。曲折を経て義政の猶子として寛正四年（一四六三）二月二十四日持通の息は入室した。[15] 持通息は義政から偏諱「政」を与えられ法号を政覚とする。[16] 政覚は後に興福寺別当にまで昇進するのである。

良基が公家故実を義満に指導したように、持通もまた義尚に対し文明十八年七月二十九日、右近衛大将として拝賀をするとき、醍醐三宝院で故実「指南」を行っている。[17] その後、義尚は近江六角氏征討のため鈎（滋賀県栗東市）へ出陣し、長享三年三月二十六日その地に没した。四月九日の葬儀の前に、義政は持通に義尚の贈左大臣を相談したところ、持通の働きで生存中の父より高官となる太政大臣が宣下されたのである。[18] 持通の様子を見ていると、二世代の将軍とうまく交際し「家門繁昌」の様子が垣間見られるが、二条家にとって厄介な問題が井家庄で起こっていた。

井家庄半分は良基の例に習い、永享四年義教の命で持基に宛行われていた。しかし永享八年二月十二日、義教より持基に多武峯長者宣の申沙汰があったが、二条家の家礼中御門俊輔が長者宣を書き下したことで、義教と持基の間は不和となり、井家庄は一時持通の室の料所に進められることになった。義教の不快は暫く続いたが、[19] 以後、二条家の経営に戻っていたことは、勧修寺家の「井家庄半済由来事」からもわかる。[20] この間二条家の代官が幕府に、二条家を訴える事件が二件起こっている。一つは文明八年十月十七日、代官下河原周防入道永門が、政嗣の契約不履行を幕府に訴え、[21] また文明十一年に代官の僧、正鏁監寺《かんす》が二条家を幕府に訴え出た。[22] 監寺とは禅宗僧の役名で、一寺の衆僧を統率する立場にあり、正鏁は二条家領の代官も兼ねていた。これら代官の訴えの文言に「二条殿御家領加州井家庄領家職半分」「二条殿御領加州井家庄領家半分」とあることから、二条家は良基が義満から与えられたとき以来「領家職半分」を経営していたことがわかる。しかし今回の事件がその後、幕府でどのように沙汰されたかは不明である。この事件が影響したわけではなかろうが、文明十二年九月一日政嗣が突然薨じる。[23] このとき政嗣室（細川教春女）は剃髪し出家する。三十九歳であった。[24]

政嗣の死により、持通は再び二条家の当主となったのであるが、家領経営は順調でなかったためであろう。文明十七年閏三月十六日、持通は七十歳の高齢をおして若狭高浜にある家領へ直務のため下る。しかし直務は芳しくなかったのか、尋尊のもとへ届いた書状には、その足で越前朝倉氏景のもとへ向かうとのことが記されていた。氏景には病のため会えなかったが、氏景から一万疋が進上され五月六日上洛した。[25] さらに長享二年には井家庄にまた問題が起こった。二条家家僕櫛田（または串田）宗郷が、持通により「賀州御家領井家庄御代官事被召放、剰緩怠トテ奉公マテ被止」れたのである。宗郷は尋尊に取りなしを請うが、持通は宗郷を「一切不可叶」と罷免し、細川政春を井家庄の代官とした。[26] 持通にとって政嗣を失い、高齢ながら荘園維持のため若狭へ下り直務を行ったがうまくゆかず、家僕は奉公を緩怠するなどで、確実に収入を得るためには、政嗣室の実家細川氏に井家庄代官を頼らねばならなかったのである。明応二年（一四九三）正月十二日持通が薨じ、[27] その四年後の明応六年十月十日には、家督を継いでいた孫の尚基が二十七歳の若さで薨じた。その時三条西実隆は日記に二条家の将来を心配する心情を記している。[28]

明応八年七月、勧修寺政顕が永徳元年の足利義満御判御教書等を揃え幕府へ訴え、井家庄を「取返申」そうとする事件が起こる。井家庄は勧修寺家に安堵されるかに見えたが、細川政春が将軍義澄へ「色々歎申入」れを行い、もとのように二条家に安堵された。[29] 義澄は義尚の後継将軍義材が明応二年四月、正覚寺（大阪市平野区）へ出陣中、政変を起こした管領細川政元により擁立された将軍であった。二条家では持通・尚基の死により、家督は尹房が継いでいたが、わずか四歳で、政春が二条家を案じて義澄に申し入れを行ったのであろう。政春はおそらく長享二年に宗郷が罷免されて以来、井家庄の代官を勤めていたと考えられ、持通が生前布石しておいたことが功を奏することになった。

そののち二条家は衰退の一途をたどる。文亀二年（一五〇二）三月十四日、中御門宣胤が二条家を訪うたとき、尹房と祖母（政嗣の室）の出座に、秦兼夏のみが従うだけで、殿上人・諸大夫の姿はなかった。また、家屋の屋根は荒廃し、庭の藤の花は満開であったが、藤棚はなく堀に掛かる橋もない状態であった。さらに宣胤の文は続く。勧修寺政顕が井家庄のことで伊勢兵庫頭を通じ、また義澄に訴えていた。義澄としては訴えを黙止することができず、政顕に証文を提出させていたが、去年すでに二条家に返付する決定を下していたため、再度の訴えには困り果てていた。しかし一ヶ月後、宣胤が二条家を訪ねたところ、「賀州井家庄、去月又被付勧修寺」との措置が行われており、宣胤は二条家が断絶するのはこのときであると記している。[30]

義澄は文亀二年二月以来細川政元との間に隙が生じていた。しかし政元は安富元家邸に移り隠居に身をおこうとする事件を起こしていたことで、義澄は慰撫に務めていた。[31] そのため公家の家領争いにまで十分手が回らなかったから、このような措置となったのであろう。二条家に移っていた分の井家庄は勧修寺家に戻り、勧修寺家は領家として経営を続けることになる。

ところで永正十三年（一五一六）勧修寺尚顕と白川雅業王との間に播磨国英賀庄（姫路市英賀）の代官申沙汰のことで争いが起こる。英賀庄は宮中の下級女官、采女を扶持するための御料所であった。将軍に復帰していた義稙は尚顕が英賀庄を違乱したとして怒り、二月二十日「賀州家領召之、采女可有御扶持」ことを天皇に申し出た。賀州家領とは井家庄のことで、英賀庄と交換させようとする考えであった。驚いた尚顕は翌日「非掠」ずと訴えたのである。[32] この事件について、近衛尚通は井家庄半分が義稙により二条家へ返付されたと日記へ記しているが、[33] 実際は尚顕の弁明により実行されておらず、井家庄半分は二条家のものとはなっていなかった。『宣胤卿記』文亀二年二月十日の記事には「勧修寺黄門御料所奉行也」とあるところから、勧修寺家は皇室料所の奉行を勤めていたことがわかる。御料所奉行とは『宣胤卿記』の前後の記事から、皇室料所の代官を指すものと考えられ、[34] 政顕がその任にあった。しかし事件があった永正十三年政顕は井家庄へ下向しており、御料所奉行は息尚顕が勤めていたものと推測でき、なんらかの理由で白川雅業王との争いに発展し、義稙は尚顕の違乱と誤解し怒りとなったのであろう。

さて『実隆公記』を概観すると、実隆の室は勧修寺家出身のため勧修寺家とのことはよく記述されている。しかし、勧修寺政顕が加賀へ直務下向したまま在国するようになる永正元年ころから、室の勧修寺家への里帰りは遠のくようになり、勧修寺家に関する記述も少なくなる。一方、実隆の女保子には、九条尚経との間にできた経子がおり、経子は二条尹房の室となっていた。『実隆公記』には経子と尹房との間に、後の二条晴良が誕生することから二条家の動静にも触れる記事が散見される。その中に井家庄に関しても触れられており、尹房の許から井家庄のことで実隆邸を訪問し相談に来る様子が記されている。[35]大永四年（一五二四）六月十日、実隆は井家庄半分が将軍義晴の執奏により、二条家へ返付されたことを聞き、七月一日安堵状を義晴が細川高国に命じ、飯尾尭連が書き諏訪長俊が加判したものであることも知った。しかし二十二日、七月一日の奉書は「謀書」であったことを知り、八月十六日に波々伯部兵庫介から聞いたところによると、二条家へ井家庄半分の返付の沙汰はなかったそうであった。[36]

井家庄半分が二条家に戻ったことが確認できるのは、天文期になってからのことである。その間二条家は井家庄からの収入が途絶えていたためであろうか。尹房は享禄元年（一五二八）閏九月十八日備前の知行地へ下り、同十二月十七日上洛する。このとき尹房は前関白で三十三歳であり、[37]備前での三カ月間は直務を行っていたのであろう。翌年の九月十一日には若狭へ下向する。[38]かつて持通も下った若狭高浜の家領であった。このときの尹房の下向も直務のためであったと考えられる。

加賀では本願寺の勢力が強大で、天文期将軍義晴室の御料所ですら本願寺に貢租の督促を依頼[39]しなければ納入されず、笠原一男氏は『一向一揆の研究』で、天文五年に存在が認められる加賀国の諸荘園をまとめられ、権門のいずれもが「年貢管納の口添えを本願寺に求め」ていたと指摘されている。(40)笠原氏がまとめられたことから、天文期においても加賀国ではかなりの権門の荘園が機能していたことには驚かされる。井家庄においても、今までのように将軍が関わってくるのではなく、本願寺（証如）との関わりにより荘園経営が成り立つようになってきたのである。

天文五年（一五三六）、饗応時に貴人が使用する四方衡重及び公卿用の畳、大紋高麗縁の使用を本願寺に聴されたことに対し、奔走していたのは関白二条尹房と前内大臣九条稙通であった。五月十二日、証如は礼のため二人を饗応した。(41)二条家と本願寺光教の間に関わりができ、尹房は直務のための加賀下向の保証を光教に求め、光教もそれに応じている。

井家庄が尹房成長後二条家へ返付された時期については不明であるが、尹房は天文五年九月二十五日加賀へ下り、同十年七月まで在国することになる。(43)二条家では加賀国には井家庄だけではなく、その隣接地に小坂庄（金沢市）もあり天文四年ごろ不知行状態にあったことで、回復を本願寺証如に申し出ていた。しかし証如から拒否されていたため、(44)尹房の加賀下向は井家庄の直務だけでなく、小坂庄回復のための下向でもあったと考えられる。二条家が井家庄に関わる状況を見てきた。勧修寺家の場合はどうであっただろうか。次にその状況を見ていくこととする。

2　勧修寺家の場合

勧修寺家と井家庄の関わりについては、前節でも一部触れてきたため、井家庄への下向を中心に見ていくこととする。勧修寺家において、戦国期に井家庄への下向は政顕に始まる。『親長卿記』文明十三年（一四八一）七月十四日及び『実隆公記』明応四年五月十一日の記事に見るように、いずれも政顕の加賀からの上洛を記すが、それぞれの日記には上洛に先立つ下向記事は見あたらない。しかし少なくとも文明十三年には下向していたものと考えられる。前年の文明十二年は、二条政嗣が横死した年である。政顕の井家庄下向は、二条家が零落し始めたころに始まると考えてよいであろう。明応二年持通が薨じ、続いて尚基が明応六年薨じたとき、政顕の井家庄在国が確認でき、[45]直務を行っていたことと考えられる。それだけではなく前節で触れたように、政顕は井家庄の安堵を求め幕府へ足利義満の御判御教書などを提出したことで、明応八年六月八日「井家庄一円」が安堵されたのである。これにより永享五年義教に没収されて以来、「六十八个年」二条家により「押領」されていた井家庄は勧修寺家に戻った。しかし安堵されたのも束の間のこと、細川政春の申し入れがあり義澄により反故にされた。勧修寺家では文安二年（一四四五）六月の「井家庄重書目録[47]」が残っているため「御奉行所」へ提出し、安堵を求めた様子であるが、将軍義教が嘉吉元年（一四四一）に赤松満祐に惨殺され、その後を嗣ぐ義勝は幼少であったとともに、在職わずか一年（嘉吉二年〜三年）で没している。そのため幕府内では「井家庄重書目録」の提出の有無についてはわからなかった。政顕の上洛は不明ながらも、永正元年閏三月十三日「井家庄年貢百姓等無沙汰、窮困余為再興」と称し前日に井家庄へ下向していた。[48]政顕は武家伝奏在職のまま下向していたため、その任を解き息尚顕にその任を充てることになった。しかし「若年未練」とのことに加え、父と井家庄に在国していたため、義澄は難色を示していた。尚顕はこのとき二十七歳で、常識的には若年と言えず、近日中に尚顕の上洛も確実となったため七月二日、義澄の了承も受け尚顕の武家伝奏が決まった。[49]

また永正十六年には、政顕の昇進について尚顕が宣胤に書状で依頼してきたが、「在国輩官位停止」とのことで昇進しなかった。それでも重ねて申し入れを行ったので、宣胤は取りなしを政顕の甥にあたる知仁親王（後の後奈良天皇）に依頼するよう勧めたが、不調に終わり従二位前中納言のまま政顕は大永二年（一五二二）七月二十八日井家庄において薨じる。時に在国は十九年に及んでいた(50)。

政顕在国中の永正十七年八月二十二日、尚顕も井家庄へ下向し(51)父に合流。翌年十月上洛し実隆邸を訪れているが(52)、尚顕の井家庄直務は天文四年まで繰り返され(53)、その間の享禄五年九月五日には加賀に合戦が起こり、他国に逃げ剃髪した(54)。

政顕の直務は二条家が衰退するころに開始された。二条家には家督者、尹房がいたとはいえ幼少であった。続く尚顕の直務下向も天文四年まで見られるが、その時尹房は四十歳であった。四十歳という年齢は廃絶しかけた家の再興を図るため努力していた時期であろう。尚顕の直務も二条家の再建が終わっていないころの下向であったといえる。天文四年以後、尚顕は井家庄下向を行わなかった様子である。しかし先述の⑧の論稿では尚顕に代わって、息尹豊が私宅を沽却して加賀へ下向しようとしていた。後奈良天皇は翌年の即位式に尹豊の不在を惜しみ、女房奉書により勅諭し下向を止めさせたとされている。

尹豊は尹房が勅許と本願寺の保障も得て、直務のため下向した翌年の天文五年十一月六日、証如に太刀・馬を贈り交際を始める。この前月には後奈良天皇が弟の青蓮院尊鎮を遣わし、証如と尹豊との間を取り持つことを試みている(55)。後奈良天皇としては尹豊の井家庄下向を止めたことで、このような配慮を見せたのかも知れない。しかし証如は容易に尹豊の依頼には応ぜず、尹豊の下向は叶えられなかった。そのためであろう天文八年閏六月七日、尹豊は「法住院殿様（義澄）御判其外種々」の命令に背き、井家庄の押領を続ける尹房に対し、二条家領若狭高浜の享受を幕府に願い出た。その結果、幕府は高浜を二条へ置き、井家庄の返付を命じた(56)。しかし確実に勧修寺家に返付されなかった疑いは持たれる。すなわち尹豊の息晴右の代になり、晴右は冒頭の行動をとるにいたったからである。

むすびにかえて

井家庄について二条・勧修寺両家が争うこととなった発端と、二条家にとってどのような荘園であったかを見てきた。もとは勧修寺家の荘園であったところへ義満が良基に強引に領家職半分を与えたのであるが、なぜ井家庄が選ばれたのかその理由はわからない。(57) しかし「二条殿は家祖良実がその父道家の義絶によって、家領も相伝の地(58)」も少なかったと言われているだけに、当時の公家として生活のためには荘園からの収入が必要であった。そこで結果的には良基を始めとして、歴代の当主は「室町時代には将軍家と密接な関係を保(59)」ち、井家庄を確保したのである。将軍との関わりについては本章で数例を紹介してきたが、それ以外に二条家の家督者は良基の息師嗣を除き将軍の偏諱をもらい関わってきた。師嗣の息道忠が満基に改名したのは、義満の偏諱「満」をもらったのであり、以下持基・持通・政嗣・尚基・尹房・晴良・昭実と続くが、それぞれ時の将軍義満・義持・義政・義尚・義尹（初名義材、後義稙）・義晴・義昭の各将軍からの偏諱であることがわかる。ちなみに他の摂家の当主が将軍から偏諱を受けた状況を見ると、近衛家では、政嗣と同世代の政家からで、尚通・稙家・晴嗣（後前嗣・前久と改名）と続く四代。鷹司家では、政平が義政からと考えられる以外、偏諱をもらった者はいない。九条家では、政嗣と世代を同じくする政基(60)・尚経・稙通の三代。一条家では、教房が義教からであり、その息政房は義政からである。したがって二条家が井家庄半分の領家職を手中におけたのも将軍の後盾があってのことであった。しかし義澄の代にはそれがなかったが、縁者の細川政春の援助で救われたのである。義稙が将軍に復帰したときも、後で政権を支えていたのは政春の息細川高国であった。禁裏御料所播磨英賀庄のことで勧修寺家と白川家の間に物議を醸したとき、義稙は井家庄半分を二条家へ返付する命令を出したのは、高国に媚びて二条家の側に立つことの見せかけの演技ではなかったか。ともかく戦国期、二条家では井家庄だけが生活基盤となっていた荘園であったと考えられるだけに、維持することに固執したのである。もし井家庄が勧修寺家に戻されていて、二条家に義満と良基、義教と満基におけるのと同様の昇進がこの後にもあれば、おそらく前例を持ち出し将軍に無心する者もいたかもしれない。しかし二条家では若死する当主が二代続いたことで、同じ状況は起こらなかった。

勧修寺家の場合、戦国期武家伝奏を勤めていただけでなく、将軍との関わりにおいては二条家と同様に、将軍からの偏諱が見られる。経成のあと教秀から政顕・尚顕・尹豊・晴右（元晴秀）と続く五代が将軍の偏諱をもらっている。さらに勧修寺家は天皇家とも深い関係にあった。祖の高藤は女胤子を宇多天皇の女御とし、醍醐天皇の母となった人であり、戦国期においても教秀の女藤子は、後奈良天皇の母となる人で、政顕と兄妹であった。また晴右の女は後陽成天皇の母となっているのである。勧修寺家が皇室御料所の奉行を勤めることができたのも、このような関係があってのことであろう。また『天文日記』所載の「本願寺系図抄」によれば、蓮如の息蓮綱は教秀の養子となり、加賀波佐谷・山内鮎瀧坊を開山している。勧修寺家は二条家以上に人脈を持っているにも係わらず、それを利用することが不器用だったのは、本章で見たように政顕の昇進依頼について、最初から藤子に求めず宣胤を使ったり、晴右のように義栄のため奔走したりするところからわかる。

最後に井家庄の年貢について触れておきたい。井家庄の算用はいずれの時代のものも発見されていないが、「御遺言条々」の譲状などに記された内容によれば、鎌倉末期の正応三年（一二九〇）には「としことにねんく五百・御ふく本の百両」[61]とあり、南北朝期の観応二年（一三五一）の「阿賀分」「女房分」を加算すれば年貢二七〇貫、呉綿八〇両あり、これが勧修寺家に納入されていたと考えられる。戦国期へ入った文明十三年、勧修寺家代官三上員光が「秘計申分、九十貳貫八十文」を全納入分としている。[62] 続いて文明十五年、員光の算用が相違するとのことで、勧修寺教秀が幕府へ訴えた内容に、綿（繭綿）・大豆・糸・漆・柴などの公事物の記載がある。[63] 以上二件が文明期勧修寺家の算用と考えられよう。

これに対し二条家の場合、長享二年に罷免された代官、櫛田宗郷が尋尊に持参した算用状に、「御米分」として二〇五貫文が請定められている。二条家の場合、公事物はわからないが正応三年の勧修寺家の年貢五〇〇も米分で、単位が貫であったとすれば、米分の比較はできる。米分の比較をすれば、長享二年の二条家の年貢は正応三年の勧修寺家の約半分であることがわかり、これが義満の命令で良基に渡った「領家職半分」の中味と推定できるのである。二条家では長享二年の時点、井家庄を手に入れてから米分はほぼ変化なく経営できていたことになる。勧修寺家の場合、員光の秘計分九二貫八〇文も米分であったとすると、鎌倉期の半分にも満たない減少であり、二条家の〇・四五分しかない。両家の年貢について米分だけしか比較できなかったが、戦国期を通じこの状況のままであれば、二条家の方が多いだけに勧修寺家にとっては残念であったに違いない。それだけに完全に返付されるまで訴え続けたのであろうし、二条家としても生活のため返せなかったのである。

なお、尋尊が井家庄を「本は千余之在所也」と記したのは、全体で五〇〇貫しかない井家庄の年貢を、二条家の領家職半分の年貢と誤解したのではなかろうか。井家庄一円であれば倍の千となるからである。

〔註〕

(1) 『言継卿記』元亀元年十一月六日紙背文書。『晴右公記』永禄十三年三月二十日条にも関連記事がある。

(2) 加能史料編纂委員会編『加能史料　鎌倉Ⅰ』（石川史書刊行会、一九九二）では、「業元は業光の誤写」と解釈。なお、中村氏紹介の「勧修寺家文書」で井家庄に関わる部分は、同編纂委員会編『加能史料　鎌倉Ⅰ』『加能史料　鎌倉Ⅱ』『加能史料南北朝Ⅰ』からⅢにも採録されている。

(3) 永徳元年七月十六日付足利義満御内書案・同九月十二日付松田貞秀書状案（「藤岡氏所蔵文書」加能史料編纂委員会編『加能史料南北朝Ⅲ』　一九九七）。

(4) 例えば、『後深心院関白記』永和四年十月十六日、同十一月九日、康暦元年四月三日、同五月十七日各条。

(5) 田中義成『室町時代史』（講談社学術文庫三四　一九七九）。

(6) 前掲註（5）、及び今谷明『室町の王権　足利義満の王権簒奪計画』（中公新書九七八　一九九〇）。

(7) 永徳元年九月十二日付幕府奉行人松田貞秀書状案（「藤岡氏所蔵文書」前掲註〈3〉）。

(8) 永徳元年十二月十一日付蜷河主計入道宛斯波義将書状（「藤岡氏所蔵文書」前掲註〈3〉）。

(9) 永徳元年十二月二十九日付足利義満御判御教書案（「藤岡氏所蔵文書」前掲註〈3〉）。

(10) 『後愚昧記』永徳三年正月二十三日条。

(11) 『看聞日記』永享五年九月十一日条。

(12) 『看聞日記』永享九年三月二十六日条。『公卿補任』永享九年　勧修寺経成条は、三月二十四日とする。

(13) 『公卿補任』文明十五年、二条尚基条。

(14) 『公卿補任』天文二十年　二条尹房条。

(15) 『大乗院寺社雑事記』寛正四年二月二十三日条。

(16) 鈴木良一『大乗院寺社雑事記　ある門閥僧侶の没落の記録』（日記・記録による日本歴史叢書、そしえて　一九八三）。

(17)『後法興院記』文明十八年七月十八日、同十九日条。
(18)『後法興院記』長享三年四月二日、同二十七日条。
(19)『看聞日記』永享八年二月十二日、同二十日条。
(20)「井家庄半済由来事」(「藤岡氏所蔵文書」前掲註〈3〉)。
(21)『政所賦銘引付』文明八年十月十日条(桑山浩然校訂『室町幕府引付史料集成　上』近藤出版社、一九八〇)。
(22)『政所賦銘引付』文明十一年八月九日条。前掲註(21)所収。
(23)『宣胤卿記』文明十二年九月二日条。『公卿補任』文明十二年　二条政嗣条。
(24)『宣胤卿記』永正十五年八月三十日条。政嗣が薨じたとき室は三十九歳であったことで、誕生は嘉吉二年(一四四二)となり、没年は永正十五年(一五二八)八月三十日(『宣胤卿記』同日条)。享年七十七。俗名兼子。死後従三位が贈られている。
(25)『大乗院寺社雑事記』文明十七年閏三月十六日、同五月六日、『政覚大僧正記』文明十七年四月三日、同十四日、同五月六日条。
(26)『大乗院寺社雑事記』長享二年三月四日、同六日、同十四日、同三年三月十三日、同七月二十二日、同二十三日条、『政覚大僧正記』長享二年三月六日、同三年七月十九日条。
(27)『公卿補任』延徳元年　二条持通条。
(28)『実隆公記』明応六年十月十一日条。
(29)『大乗院寺社雑事記』明応八年七月二十六日条。
(30)『宣胤卿記』文亀二年三月十四日、同四月十四日条。
(31)『後法興院記』文亀二年二月十八日、三月九日、四月二十五日条。『宣胤卿記』文亀二年二月二十一日条。
(32)『守光公記』永正十三年二月二十日、同二十一日条。
(33)『後法成寺関白記』永正十三年二月二十二日条。

(34) 奥野高廣『皇室御経済史の研究［後編］』（中央公論社、一九四四）で、「禁裏では、御領を統制するため、廷臣一名を「御料所奉行」となし、其下に廷臣で各御領の事務を主管するもの（申次・奉行）を任じた」と説かれている。
(35) 『実隆公記』大永三年十一月十五日、同十二月一日、同四年五月十七日条。
(36) 『実隆公記』大永四年六月十日、同七月一日、同二十二日、八月十六日条。
(37) 『公卿補任』享禄元年　二条尹房条。
(38) 『実隆公記』享禄二年九月十一日条。
(39) 『天文日記』天文七年七月二十一日、同二十三日条。
(40) 笠原一男『一向一揆の研究』（山川出版社、昭和三十七年）。
(41) 『天文日記』『私心記』天文五年五月十二日条。
(42) 『天文日記』天文五年九月二十五日条、「加州所々知行被申趣又申付方記之畢御記」（北西弘編『真宗史料集成第三巻　一向一揆』同朋舎　一九七九）。
(43) 『諸家伝』二条尹房条。
(44) 「賀州本家領謂付日記」天文四年十月十五日条。前掲註（42）所収。
(45) 『実隆公記』文亀三年四月五日条は、在国記事のみで下向記録はない。しかしそれ以前からの在国は考えられる。
(46) 「井家庄半済由来事」「井家庄領家職明応八・六・八安堵事」（「藤岡氏所蔵文書」前掲註〈3〉）。
(47) 「賀州井家庄重書目六」（「藤岡氏所蔵文書」前掲註〈3〉）。
(48) 『実隆公記』『宣胤卿記』永正元年閏三月十二日条。
(49) 『実隆公記』永正元年七月一日、二日条。
(50) 『公卿補任』大永二年　勧修寺政顕条。
(51) 『公卿補任』永正十七年　勧修寺尚顕条。

(52)『実隆公記』永正十七年十一月一日条。
(53)『公卿補任』大永元年、大永三年・四年の勧修寺尚顕条。『御奈良院宸記』、『御湯殿上日記』天文四年三月十三日条。
(54)『二水記』享禄五年九月五日条。
(55)『天文日記』天文五年五月十五日、同十七日、同十月二十八日、同閏十月四日条。
(56)『披露事記録』天文八年六月二十七日、同閏六月七日各条。前掲註(21)所収。
(57)二条家は戦国期、加賀国に小坂庄(金沢市小坂町)を持っていたことは、註(44)によりわかる。伝承では建武年間に良基の叔父、師基が在庄したとされる荘園で、師基は南朝に属す人物であったことから、北朝に属す良基へ伝領されたのか、南北朝が統一されてからのものか不明である。
(58)平山敏治郎『日本中世家族の研究』(法政大学出版局　一九八〇)。
(59)前掲註(58)。
(60)政基の父は満家であるが、義満からの偏諱でないことは、満家の元服は応永十一年で、その時の将軍は義持。偏諱は通常元服時に与えられる。
(61)正応三年八月二十日付某譲状案(「勧修寺家文書」『加能史料　鎌倉Ⅱ』)。
(62)『賦引付』文明十三年七月二十七日条。前掲註(21)所収。
(63)『政所賦銘引付』文明十五年六月十四日条。前掲註(21)所収。
(64)『大乗院寺社雑事記』長享二年三月四日、同六日、同十四日条。

第三部　公家の家政機構とその性格

第一章　公家日記にみる家政職員の実態

はじめに

公家に家政職員を置くことは、『養老令』に定められた「家令職員令」によるものである。「家令職員令」とは、有品親王家および職事三位以上の家の家政に従事させるため、官吏を置くことを規定した制度であるが(1)、そこでは家令の職務範囲が十分示されていない。そのため今までの研究では(2)、職務範囲・機構・組織を中心に研究が進められてきたが、いずれも平安・鎌倉期を中心とした研究であった。しかし最近菅原正子氏により室町時代の家政機構についての研究が発表され(3)、ようやく中世末期における家政職員の実態も解明される兆しが出てきた感がする。

本章はこれら先学の研究を参照しつつ、戦国期の家政職員の機能形態、及び収入確保について考察しその実態を明らかにしたい。

一　家司と家僕

公家の家政職員は、一般的には「家司」と呼ばれているが、戦国期の公家日記を読んでいると、「家僕(4)」と記されていることに気づく。戦国期にも家司の名称は残っていたのであるが、その実態はどうであったか、本章に入る前に少し見ておく。

寛正七年（一四六六）正月五日に近衛家で行われた吉書奏に、近衛家の家礼である広橋兼顕(6)が家司として見える。吉書奏とは、正月二日・三日の間に朝廷で行われ、弁官・蔵人が奉る文書を奏覧する行事であるが、この行事は朝廷だけでなく、関白・大臣家でも行われている。(7)吉書奏で家司と記された広橋兼顕は、この後文正二年（一四六七）正月七日の記事(8)にも見え、また応仁元年の正月は「世上物忩」であったため、四月三日に行われた吉書奏の記事に見ることができる。

近衛家の家司が、吉書奏以外にたずさわる例について、いま一つ見ておくと、明応三年正月一日政家の息、尚通は関白として奏慶を行った。この時近衛家の家礼であった広橋守光は、「為家司之処、不具不参」したため、代わって清閑寺家幸が家司を勤めている。式も進み家幸が政所吉書を持参したところ、「挿杖若可入筥歟、当座慥不覚悟、此持参事」について問答に及び、結論も出ず時もたってきた。在席していた中御門宣胤は不審を坊城俊名に訪ねた。俊名は実父の勧修寺経茂から聞いた話として、「貫首雑役不可叶之由」とし、「貫首其例度々注進之、猶不承引云々、此上者、家幸朝臣可然之由令入魂了」と答えた。貫首は蔵人頭のことで、家幸がその地位にあった。俊名の返答に対し宣胤は、「雖貫首、為家司者可勤其役也」と感想を記している。(10)ちなみに勧修寺経茂が俊名に話したのと同様のことを、一条兼良も『桃花蘂葉』に残している。(11)

蔵人頭が雑役を勤めることの可否で、意見が別れたためであろうか。『後法興院記』の同日条にも、この件は記されているが、『宣胤卿記』ほど詳しくはない。「家司守光年始公武出仕不可事行間、今夜共事相語頭弁為代年預事家幸朝臣役之」とあり、その後「吉書事職事両人并両局ニ自年預相触之(12)」と記され、ここでは家幸は年預となっている。

年預[13]も家政職員の職掌であったことは、洞院公賢が南北朝初期に著した『拾芥抄』院司部第八関白家の項からも知ることができるが、家司とは別の扱いとなっている。政家が家幸を年預としたのは、年預であれば蔵人頭であっても、「雑役」に従事できたためではなかろうか。いずれにせよ、戦国期ともなれば、故実に従った儀式における役目であっても、家司と年預の職掌の区別は、曖昧になってしまっているのである。

近衛家以外の家司の実態についても見ておこう。文明十八年（一四八六）七月の将軍足利義尚の拝賀のとき、日野政資が将軍家の家司に補されている。家司日野政資は拝賀時の前駈派遣を近衛家へ要請し[14]、甘露寺元長には供奉派遣の要請を行っている[15]。また拝賀日が延期された時には、回文を作成し諸家へ触れるなど[16]、義尚の拝賀当日まで奔走している。そして拝賀の日には、武士の二階堂政行も臨時に「為家司之間[17]」として勤仕しているのである。武家の棟梁である義尚が、公家の習慣に従っての拝賀であるため、政行も家司として勤仕することを命ぜられたのであろう。

次に後土御門天皇の第一皇子（勝仁親王、後の後柏原天皇）に親王宣下が行われたとき、家司を勤めたのは山科言国と甘露寺元長であり[18]、後柏原天皇の第一皇子（知仁親王、後の後奈良天皇）の親王宣下のときは、山科言綱と甘露寺伊長が家司を勤めた。親王宣下のときの家司は、慣例として山科・甘露寺の両家が勤めることになっていたのであろうか。

今まで見てきたように戦国期の家司は、家礼として祗候している者が「家司役」として行事に参加する例（近衛家）、将軍家の行事には、公家だけでなく武士もその役目に補任される例（将軍家）、親王宣下のとき近臣が家司を勤める例（天皇家）があった。いずれの場合も行事で臨時に補任され、その時だけ特定の職務を遂行する職となってしまっている。一方で、『親長卿記』には、親王家の家政職員の昇進についての記事で、女房奉書により親長に勅問があった時、勅問及び親長の返答とも、家政職員を指す言葉として「家司」を用いている。その時同時に問われた御楽伝授を触れることについても、「家司可然歟」とあり、「家司有其便之由申入了」と返答しているところから親王家の場合は、当時も家政職員を「家司」と呼称していたのではなかろうか。[20]

家司の下には下家司がいる。下家司は平安中期ころから家令制の扶以下に用いられた名称であるが、戦国期にもその名称が使われていたことは次の事実よりわかる。[21]

下家司の職務については、長享二年四月七日の月次御会の前日、勧修寺教秀が松明の事を主殿大夫と下家司に申し付けた記事がある。主殿大夫は「非禁裏御儀進上事無例之間、不可叶」と答え、下家司は「院無御座之時、被付進室町殿之間、難進之由申之」と答えている。[22]この記事から下家司は院に属し、職務の一つに松明の管理があったことがわかる。

次に近衛家の下家司とされている盛富[23]についてである。盛富は『元長卿記』永正五年正月二十九日条及び二月四月条によれば、「院庁官」として、北野松明料所の公文職にあった。[24]また『言国卿記』文明十年二月二十八日条に禁裏の女中たちが紅梅の下で宴を催した時の記事に「下ケイシモリ富」の名が見え、「モリ富」は宴席に召され歌を歌っている。さらに「下家司盛富」の名は甘露寺親長が参内し、勝仁親王の前で他の公家たちとともに一献を賜った時の記事にも見え、やはり庭上で庭田雅行の青侍と共に歌を歌っている。[25]盛富が歌う記事は『実隆公記』にも見られ、[26]いずれも歌の内容はわからないが、人前で請われて歌うだけ歌が上手であったことがわかる。

ついでながら触れておくと、盛富には二人の息の存在が確認される。一人は盛富没後小野細川松明料の公文職を継いだ盛寛であり、そのときの安堵状の宛名が「伊勢弥五郎[27]」とあるところから、盛富の姓は伊勢であったことがわかる。もう一人の息子は盛顕で、長享二年十二月十一日、近衛家の政所に補されている。[28]

これらの日記に記された盛富の事例から『後法興院記』明応三年七月十四日条の「下家司盛富」は、近衛家の下家司ではなく院に属する家政職員であったことがわかる。戦国期の家司及び下家司について見てきたが、下家司はともかくとして、家司は親王家の家司を除いて、儀式における政所職員の役割を演じているにすぎなくなっているのである。

次に家僕についてである。まず個々の家政職員は、諸家の日記でどのように記されているか確認しておきたい。『後法興院記』長享二年十月二十四日の記事は、近衛政家の父、房嗣の葬礼の記事であり、そこには葬礼に参列した近衛家の家政職員も記載されている。前後の記事は省略するが、

次侍六位二人、以繁、忠綱、（略）次持五位、二人、長泰、以高、（略）雲客二人、時顕朝臣・実治以上布衣、諸大夫一人、俊泰布衣、

とある。さらに『後法興院記』を例にすると、文正元年三月十六日の記事に「武家参宮為御共右馬頭惟宗行治自昨朝下向也、諸大夫二人旧例也、一人自二条家門被進云々」とあって、惟宗行治は近衛家の諸大夫で、また翌日の記事から二条家の諸大夫は頼広であることがわかる。

『後法興院記』以外の諸家の日記からも、家政職員個人の呼称がわかるもの、関連記事により呼称がわかるものを集め、作成したものが二九六頁に掲げた第1表「家政職員表」である。この表からわかることは、

① 諸家の日記に、最も多く出てくる家政職員は「侍」である。

② 近衛家では自家の雲客・諸大夫・侍に対し「家僕」の呼称を使用し、三条西家では諸大夫・侍・雑掌・雑色に対して、「家僕」を使用している。近衛家が他家の家政職員に家僕と付したのは、九条家の石井雅楽助（親治）、一条家

第1表　家政職員表

家格	主家	家政職員名	家政職員呼称									出典	最終位
			雲	諸	侍	僕	掌	色	随	被	奉		
摂関家	近衛	西洞院時顕	○			○						政	正三位
		河鰭実治	○			○						政	正二位
		竹屋治光	○									政	正四位下
		惟宗行治		○								政	従五位上
		惟宗行長		○								政	従五位上
		惟宗行量			○							政	
		行信		○								政	
		大江俊宣		○		○						政	従三位
		大江俊泰		○		○						政	従三位
		進藤長泰			○	○						政・長	従四位下
		藤原有綱			○		○					政	
		藤原以高			○							政	
		進藤忠綱			○							政	従四位下
		錦小路親康			○							政	従三位
		以繁			○							政	
		望俊			○							政	
		下毛野武春							○			政	
		下毛野武資							○			政	
		内海									○	政	
		長和									○	政	
		西村掃部助								○		政	
		伊勢盛顕				○					○	政	
		弥太郎				○					○	政	
		三重									○	政	
		久下									○	政	
		大和彦三郎									○	政	

家格	家	名前										出典	位階
摂関家		竹千世								○		政	
摂関家		桟敷新五郎								○		政	
摂関家	九条	富小路俊通		○								政・宣・晴	正四位下
摂関家	九条	信乃小路長盛		○	○							基・歴	従三位
摂関家	九条	石井雅楽助長親				○						政	
摂関家	九条	石井　在利			○							実	
摂関家	九条	葉室　光忠				○						慈	正三位
摂関家	二条	頼広		○								政	
摂関家	二条	頼秀		○								歴	正五位下
摂関家	二条	月輪　氏賢	○									歴	正五位下
摂関家	二条	久親		○								歴	正五位下
摂関家	二条	法性寺親世	○									歴	従四位上
摂関家	一条	久任		○								政	従四位上
摂関家	一条	大石　夏弘			○							政	従四位下
摂関家	一条	康俊		○		○						政・宣	
摂関家	一条	則康		○								宣	
摂関家	一条	季久		○								歴	正四位下
摂関家	一条	久親		○								歴	従四位上
精華家	西園寺	筑後守基景		案主			○					実	
精華家	久我	為治　入道				○						実	
精華家	徳大寺	物加波懐兼		○		○						政	従四位上
精華家	花山院	民部大輔敦忠		○								言	
精華家	花山院	敦直		○								歴	従五位下
精華家	三条	長氏		○								歴	従五位下
大臣家	三条西	元盛			○	○	○					実	
大臣家	三条西	鷹屋兵衛三郎				○		○				実	
大臣家	三条西	与五郎						○				実	
大臣家	三条西	木村　重種		○		○	○					実	従四位下
大臣家	三条西	林五郎左衛門尉				○						実	

大臣家	三条西	林　藤五郎				○						実	正五位上
		中沢新兵衛			○							実	
		亀法師				○						実	
		宇屋宗左衛門								○		実	
		盛豊				○						実	
		撫川　新三郎				○						実	
		藤寿			○							実	
		森　弥二郎			○							実	
		長谷河与次			○							実	
		磯山弥三郎光康			○							実	
		彦左衛門						○				実	
		虎若						○				実	
		小五郎						○				実	
		新九郎			○							実	
羽林家	阿野	富田　兵衛			○							実	
		玉村			○							実	
		大良			○							実	
	姉小路	渡辺源兵衛			○							実	
	白川	加田次郎左衛門			○							実	
		桜井新五郎			○							言	
	四条	西川藤左衛門			○							元	
	松木	高階　頼国		○								実	従五位下
	園	但馬守			○							実	
	高倉	清水左京亮			○							言	
		粟津四郎衛門			○							実	
	高倉	田口　久秀			○							実・二	
		大沢　久守			○		○					実・親・言	従四位下
		大沢　重致			○							言	
		頼久		○	○							言	

羽林家	山科	大沢 重敏			○			○				言	従五位下
		坂田 資友			○							言	
		重有			○							言	
		坂田 資治			○							言	
		左衛門			○							言	
		大沢 重茂			○							言	
		竹若						○				言	
		彦右衛門						○				言	
		千松						○				言	
	庭田	小川 掃部			○							言	
	広橋	藤堂 豊後守			○							言	
	烏丸	玉村 任長								○		政	
名家	甘露寺	野口 教景			○							宣	
		親継			○							親・言・元	
		元継			○							親・元	
	勧修寺	林 右京亮			○							実	
		井家左衛門大夫			○							実	
		井家 五郎			○							実	
	中御門	正光					○					宣	
	日野	忠維		○								宣	従四位上
諸大夫家	船橋	渡辺		○								宣	
	東坊城	秦 兼照				○						和	
		秦 延兼					○					和	

注1、「主家」欄は、当該家政職員が所属する家。
2、「家政職員呼称」欄。雲は雲客、諸は諸大夫、僕は家僕、掌は雑掌、色は雑色、随は随身、被は被官、奉は奉公人を示す。なお雲客を家政職員としたのは、近衛尚通の元服（文明14・2・19）の時、所役を勤めていることによる。
3、出典欄の政は『後法興院記』宣は『宣胤卿記』晴は『晴富宿禰記』基は『旅引付』歴は『歴名土代』実は『実隆公記』慈は『後慈眼院御記』言は『言国卿記』元は『元長卿記』親は『親長卿記』二は『二水記』和は『和長卿記』を示す。

の康俊、徳大寺家の物加波懐兼に対してである。三条西家では、久我家の為治入道に対し「家僕」としてある。また『実隆公記』には「僕」（文明七年二月二十日）、「僮僕」（文明十七年三月二十六日）の使用も散見する。

③　西園寺家には、「案主」がおり、他家にない家政職員の呼称である。案主は令制にない家政職員の名称で、[29]家政組織の拡大後、諸家に設置されたようであるが、一方では荘園制における下級荘官の名称の一つでもあった。[30]西園寺家の案主については不明な部分も多いが、どのように記されているか提示しておく。

『実隆公記』では「雑掌案主筑後」（長享二年十二月五日）と記されている。明応四年（一四九五）に三条西家と西園寺家の共有所領で紛争が起こったとき、西園寺家の雑掌が三条西家に対し、違乱を止めるよう「一行」で申し入れを行っている。この雑掌は案主筑後であろう。紛争は明応五年まで続き、西園寺家では幕府及び天皇に訴えているが解決に苦慮している。両家の間を奔走するのは案主筑後である。

④　家政職員の場合、概ね四位が最終位であるが、中には九条家における葉室家のように高位の家が勤めることもあるうえ、河鰭家の場合には、正二位中納言まで昇進する例もある。

表により家僕と呼ばれるのは、雲客・諸大夫・青侍・雑掌・雑色であることがわかった。では、家僕の雇用形態・主家との結びつきについて、次に見ていくこととする。

二　家政職員と主家

近衛家の進藤長泰は『地下家伝』によれば、進藤家は藤原氏で「近衛家諸大夫侍」として為輔に始まる。近衛家との結びつきが明確になるのは、鎌倉時代後期に長範が出て近衛家領丹波国宮田荘の預所となって以来のことである。[32]

『後法興院記』で長泰の初見は、寛正七年正月十日、近衛房嗣・政家父子が新年の挨拶のため諸家に赴いたときの記事で、

此騎馬事、進藤宗家両家惣領伊秀依歓楽在国、子息伊益幼少無其故実之間、庶流以長泰為其代勤之、

とあって、本来騎馬随行は伊秀が勤めるべきであったが、病気在国のため勤められず、また幼少の息伊益が代勤する先例もなかったため、庶流の長泰が代勤したということである。[33] これを契機に長泰は進藤宗家に替わり近衛家の侍として勤仕し、左衛門少尉であったものが、以後筑後守となり、[34] 明応六年三月二十一日政家の推挙により従四位下が勅許された。[35] 長泰が近衛家の家政職員として重用されていたことは、『後法興院記』から多く知ることができる。[36]

家政職員の恪勤に対し、主家がそれに報いて叙位の申請を行うという御恩と奉公との交換の例は、[37] 三条西家にもある。三条西家では「忠節」のあった家政職員盛淳に対しては、死後に年忌も勤めており、[38] 家政職員とは家族的な主従関係にあったこともわかる。これは律令における家令制度で、家令と本主は家族的秩序に基づく主従的結合であった[39] ことに起因したものであろう。

主家と家族的に結ばれている家政職員の例を見たが、家政職員にとって主家の廃絶は回避せねばならない問題であった。そのため家政職員は主家の相続問題にまで介入することがある。広橋兼顕が薨去した後、[40] 広橋家には相続すべき子息がなく、兼顕は生前に南都東院に入院している町広光の六歳の次男を猶子と定めてあった。しかし家僕たちは六歳の継嗣では幼少すぎるとの理由で、「舎兄」で勧勝院にいる九歳の男子と取り替えるということであった。[41] 九歳の男子こそ後の広橋守光である。[42]

日野家の家政職員も同様の問題に係わっている例である。日野政資病死[43]の後、日野家相続のことで家政職員が「一

味同心」し、徳大寺実淳の息子を養子とすべく、白川資氏を通じ朝廷へ申し出た。朝廷では日野富子に相談するよう命じたが、家政職員たちは徳大寺実淳の息子を養子とすることは、政資の遺言であるとして日野勝光の三男烏丸冬光まで動員し「頻言上」した。その結果、後の日野内光が徳大寺家から迎えられることになる。(44)

これらのことは、家政職員と主家の間に家族的主従結合が存在したことに加え、主家の廃絶は家政職員自身の生活基盤を失うという現実的な問題でもあったため、主家の相続問題に介入する必要があったと言えよう。

ところで家令制以来、家族的関係で主従が結ばれている中の家政職員が、二家へ両属するということが鎌倉時代ころから公家間に見られるという。(45)しかし、戦国期ともなると、石井親治のように九条家の家政職員であると同時に、細川氏の被官で摂津守護代の薬師寺元長の寄子となり、守護代の下知と称し近衛家領摂津国天王畑を違乱している。(46)また、四条隆永の息子が元服したとき、理髪を勤めた西川藤左衛門尉も四条家の侍であると同時に、「近年与力武家」(47)もしていた。家政職員が公家と武士の両方に属するということは、戦国期の風潮であろうか。石井親治の近衛家領への違乱は全く武士の行為である。

主家側も家政職員が武士と両属することを認めてまで用いていたのは、自家領に武士の介入があった場合でも、対処し易くするための方策の一つであったと考えられる。(48)特に九条家では、武士と係わりを持つことの寛容さは、後に澄之を細川政元の養子とすることにも現れている。

家政職員と主家との結び付きの実態を見てきたのであるが、次に家政職員の収入について見ていくこととする。

三　家政職員の収入

律令制度の禄令では官位に従い春秋に支給される禄が、家令の場合一般官人に比べ一級降ろして支給されることになっていた。(49) 戦国期の家政職員は、収入をどのようにして得ていたのであろうか。まず近衛家の場合を『雑事要録』により見ていこう。

『雑事要録』は今までたびたび紹介してきたように、近衛政家が『後法興院記』とは別に近衛家の家産経済を記していた。その中には近衛家領からの収入を記した箇所があって、公事銭・公事物の納入記載の他に、家政職員に支給した品や銭も記されている。一例を紹介すると、『雑事要録』文明十一年分には、

鴨居殿御地本覚寺請分室町面西頬南北卅丈 二条面南頬東西卅丈

請足二千七百五十疋地子五疋宛也、

七月晦日　以高分 四百疋　八月七日　長泰分 五百疋　同八日　以高分 五百疋　同十八日長泰分 一貫百八十三文　同日長泰分 一貫五百文以高分

八月分毎月両人執沙汰分、九月二日百疋、同十二日百疋、十四日百卅五文、以上二貫百卅五文、除分一定、九月二日一貫六十六文、同十一日百六十六文、以上一貫二百卅二文、除分一定、

九月分壬九月二日 岩夜叉、　三日一貫十九文、以上三貫二百五十内二百卅文岩夜叉給也、

壬九月一日一貫文長泰分、三日八百文、二貫内二十疋徳分ニ取之、

任九月分除十分一定也、彼是望長方へ八百五十文遣之、

十月分十一月朔日長泰分沙汰之如毎月、岩夜叉分又令沙汰之、聊有未進、明日可進上申云々、　卅日長泰分二貫文、内二百文徳文ニ引之、岩夜叉分二貫七百文沙汰之、十月一日三百十九文沙汰之、岩夜叉二百卅文之、以上三貫二百五十文、八百廿五文遣望長、

十一月分十一月晦日百疋、長泰分沙汰之　十二月二日二十疋徳分也、十二月三日三貫文二百五十、岩夜叉分沙汰之、此内御料所分一貫九百七十三文、ゐちこ分八百廿五文　いはやしや分二百卅文、以高徳分二百十九文、

である。以高・長泰・岩夜叉の名が見え、鴨居殿地子銭の「取次」である。「取次」とは、鴨居殿の地子銭を徴収する役目を指すものと考えられ、徳(得)分が収入となっている。

右の史料のうち、彼らの収入が最もわかり易く記されている「九月分」を例に、近衛家の収入と長泰の収入を見ていくと、閏九月一日に一貫文、同三日に八百文が記されている。脚注には「二貫内二十疋徳分ニ取之」とあるため、本来の近衛家の収入は合計二貫文で、その内二十疋、すなわち納入額の一割が長泰の得分であったことがわかる。さらに頭注には、「除十分一定之」と記してあることから、政家は日別の納入額は得分を除いた額で記していたのである。同様に岩夜叉の九月分収入は、三貫二百五十文納入された内の二百三十文で、率にして七分に当たる。家政職員にもランクがあっての収入の差であろう。以下同様の見方で長泰分をまとめたものが、三〇五頁掲載の第2表「進藤長泰収入表」である。

進藤長泰には鴨居殿地子銭からの収入の他、摂津大原庄・播磨坂越庄（兵庫県赤穂市）・近江田上郷（滋賀県大津市）、同神田郷からの収入もあり、第2表にはそれらも含めた。長泰以外の家政職員の収入も『雑事要録』からまとめたものが三〇七頁掲載の第3表「家政職員の収入（主家分）略記」である。

表には掲げなかった近衛家随身下毛野家の収入についても少し触れておきたい。下毛野家は鎌倉時代初期ころから随身として近衛家と主従関係を結び、それによる散所等を所領として領かり勢力を伸ばしていった家系である。[50]『後法興院記』でも下毛野家の名は散見する。多くは儀式に随行した時の記事であるが、中には次のようなことも記されている。

足利義尚が近江六角氏征討を行ったとき、公家諸家は当知行を示す家領目録を幕府に差し出した。このとき下毛野

第2表　進藤長泰収入表

（　）内は収入額

年＼家領	鴨居殿御地	大原庄	坂越庄	田上郷	神田郷
文明11年	地子銭の一割	松茸五本			
13年	〃 六〇疋	〃 公事銭の一割(二〇〇疋)	公事銭の一割(三二〇疋)		
15年	〃	〃 公事銭の二割(五六〇疋)			
16年	〃	二割(四二〇疋)	公事銭の一割(二一〇〇疋)		
17年	〃	二割(六八〇疋)			
18年	沽脚	二割(四〇〇疋)			
長享元年					
2年		松茸五本 公事銭の二割(八〇〇疋)			
延徳元年		二割(五〇〇疋)			
2年		松茸五本 公事銭の二割(四〇〇疋)			
3年		〃 二割(七〇〇疋)		餅三 柿五 五斗	
明応元年		二割(四〇〇疋)		餅三 粽三 米	
2年		松茸五本 二割(四六〇疋)		餅三 粽三 六斗六升	粽一束
3年		〃 二割(三六〇疋)		餅三 粽	

4年		二割(四〇〇疋)			
5年		松茸五本 二割(一六〇疋) 五割(一一五〇匹)			
6年		〃 五割(三二五〇疋)			
7年		五割(一〇〇〇疋)			
8年		五割(二〇〇〇疋)			
9年		五割(一四〇〇疋)			
文亀元年		五割(二三二五疋)			
3年					
永正元年		五割(一三〇〇匹)			

家は近衛家から三上庄の代官職を与えられていたこともあって、庄内の左散所の支配権を家領目録に付け加えることを近衛家へ願い出ている。(51)この記事により下毛野家は戦国期も近衛家と主従関係を結んでいたことがわかる。

以上の事から近衛家の家政職員の収入は、近衛家領の知行権を一定の期間与えられて得る場合と、近衛家へ納入された公事銭や公事物の中から納入額如何にかかわらず一定額（数）を得分として与えられる場合があることがわかる。

三条西家の場合はどうであろうか。『実隆公記』に見ると、日記の前半部には家政職員の収入に関する記事はほとんど見られず、「中沢男自東福寺昨夕帰来、旧冬相残分用脚到来、中沢給分少分賜之」(52)が目に付くくらいである。この記事は当時東福寺を宿所としていた美濃の斎藤筑後守に対し、美濃国衙の年貢催促のため実隆が青侍中沢新兵衛を

第3表　家政職員の収入（主家分）略記

河鰭実治
　山田村（摂津）
　文明13年　300疋の内150疋
　天王畑（摂津）
　文明13年　6貫文の内3貫文
　明応10年　3分の1
　文亀4年　3分の1
　矢橋（近江）
　長享2年　900疋の内300疋
　延徳3年　200疋の3分の1
　延徳4年　100疋の3分の1
　明応2年　150匹の内50疋
　田上郷（近江）
　延徳3年　餅3　柿5
　延徳4年　篠粽3　柿
　明応2年　餅3　篠粽3
　明応3年　餅3　粽　柿
　神田郷（近江）
　明応2年　粽10
　杉原庄（播磨）
　明応10年　100疋
　文亀4年　700疋
　永正4年　900匹

竹屋治光
　安江保（加賀）
　延徳3年　2200疋の内200疋

大江俊宣
　近衛室町御地
　文明15年　526文
　文明16年　325文
　桂内永末名
　文明17年　宛行俊宣朝臣
　文明18年　宛行俊宣朝臣
　文明19年　宛行俊宣朝臣

大江俊泰
　岩村郷（美濃）
　延徳4年　500疋の内100疋
　朝宮関（近江）
　明応4年　600疋の内300疋
　明応5年　500疋の内250疋
　明応6年　900疋の内450疋
　明応7年　900疋の内450疋
　明応8年　550疋の内275疋
　明応9年　700疋の内350疋

進藤忠綱
　転経院（不明）
　文明19年　9石余の内3分の1
　長享2年　6石の内2石
　延徳2年　4貫615文の内1貫522文
　延徳3年　5.472石の内1.823石
　延徳4年　6.528石の内2.176石
　明応2年　8.170石の内2.723石
　　　　　2貫225文の内742文
　明応3年　米・夫賃の3分の1
　明応4年　8.167石の内2.722石
　　　　　夫賃2分の1
　明応5年　米3分の1夫賃2分の1
　明応6年　3分の2也・3分の1也
　明応9年　米3分の1

丹波親康
　永尾村（摂津）
　文明13年　餅48枚の内24枚
　文明15年　餅48枚の内24枚
　文明17年　餅48枚の内24枚
　文明18年　餅48枚の内24枚
　延徳2年　餅48枚の内24枚
　延徳3年　餅48枚の内24枚
　延徳4年　餅48枚の内24枚
　明応2年　餅48枚の内24枚
　明応5年　餅48枚の内24枚
　明応6年　餅48枚の内24枚
　明応9年　餅48枚の内24枚
　文亀3年　餅48枚の内24枚
　文亀4年　餅48枚の内24枚
　富田庄（尾張）
　延徳4年　3500疋の内350疋
　明応2年　350疋
　明応3年　300疋

西洞院時顕
　革嶋内火打田
　文明16年　当年遣時顕朝臣
　文明17年　宛行時顕朝臣
　文明18年　宛行時顕朝臣
　文明19年　今年返進

※表作成に当たり史料にもとづき年ごとに計算し算出した。

遣わした結果、未進分が到来した記事であって、新兵衛の給分は国衙年貢の内から与えられていたことがわかる。

木村重種は三条西家の「家計事」を任され、(53)播磨穴無郷の領家職も与えられている。(54)他の家政職員は主に能登からの年貢の一部を夏・冬の二回に分けて与えている。(55)しかし時には、「苧座中秘計」(56)・「北林用脚秘計」(57)と記し、年貢が納入されなかったためであろうか。家政職員に支給するため苧座や北林から金の工面をしている。

山科家の家政職員の内、大沢家は主家から恩給として知行地が与えられ、そこからの収入の他に、山科家領の代官としての収入があった。(58)大沢家以外の家政職員は、山科家に納入された年貢から大沢家を経て与えられている。(59)今まで見てきた家政職員の収入は、いずれも主家の年貢の一部が与えられている場合であったが、主家からの収入としては、他に次のようなものもあった。

例えば、『雑事要録』長享二年分に「大将御拝賀方下行」とし、近衛尚通の拝賀時の諸経費を記したもので、その中に、

随身御訪番長千疋八月廿一日且五百疋、同日百疋、近衛五百疋 又近衛五百疋、以上随身三人分二千疋、（中略）治光(竹屋)朝臣百疋、実治(河鰭)五十疋、

とあって、随行した自家の侍・雑色・随身への礼銭が記されている。家政職員が拝賀や宮中における儀式のとき主人に随行したり、公式の行列にも随行し前駈することは、平安期頃から始まった任務であって、(60)戦国期にも公家社会では守られていた。『桃花蘂葉』に記された「随身人数事」にも、家格や官位に応じ拝賀・奏慶時の必要な人数が記されているのもそのためである。しかし、戦国期ともなると経済的な理由で、習慣どおりに家政職員が揃わない家では、人数を確保するために、次のようなことを行っている。

①　『後法興院記』文明十二年三月二十二日

左大将拝賀云々、兼日依有其命、前駈（行長）一人沙汰遣之、

②『後法興院記』長享三年正月九日

為明日参賀雲客一人借給之由、自関白有其命、可召進治光朝臣由令返答、

③『実隆公記』文明十一年四月四日

今夜右兵衛督雅康卿被奏参議慶云々、仍小雑色一本遣之、

④『実隆公記』大永四年七月十三日

季国朝臣今夜俄拝賀、自甘露寺出門、雑色男遣之用如木云々、

①の左大将は大炊御門信量、②の関白は一条冬良で、大炊御門家は拝賀時、一条家は参賀時に、近衛家からそれぞれ諸大夫や雲客を借用している。また③の飛鳥井雅康、④の滋野井季国は三条西家からそれぞれ雑色を借用している。拝賀や奏慶のとき他家の家政職員を借用した場合、「松木雑色（十疋遣之）、花山院被下雑色（二本同之）」とあるように、借主は借用先の侍や雑色に対し礼銭を支払っている。[61] この礼銭が家政職員の収入となったのである。

さらに、家政職員は自分の特技により収入を得ることもできた。

『実隆公記』明応五年七月一日

勧修寺良薬々種代到来、則仰付重種了、

『実隆公記』明応五年九月一日

師富朝臣・宗祇法師・常寂院等入来、良薬（加減）（收痔荊枳湯十五包）重種献之、令煎之、

『実隆公記』明応五年十一月十一日

自勾当局昨夕用脚到来、薬料則下賜重種、

『言国卿記』文明十年四月十四日

今日長門守長命アハスル也、予モクわンスル也、

『言国卿記』明応二年閏四月六日

兵衛尉養性(生)薬申付、今夕ヨリ服也、自朮散也、

とあるように、家政職員には医師の心得のある者がおり、そこから得る収入があった。三条西家の木村重種の場合は、主家のみならず他家に対しても投薬・治療を行っている。また三条西家の小五郎は、東洞院家の屋根葺きに雇われることにより収入を得ている。(62)

以上のように、家政職員の収入は主家から得るだけではなく、外からも得る手段を持っていたのである。

むすびにかえて

平安後期以後、上層の家では私勢力の発展に伴い、家政雑務が複雑化し機能分化が行われる。その結果、家政職員の増員ということになるのであるが、その契機となったのは寄進による荘園の増加ということが掲げられている。(63)ところが時代が降るにつれ、公家諸家における荘園経済の衰退とともに、家政機関の縮小統合も行われていったことが考えられる。そうした過程において、家政機関の中心的存在であった政所の機能も変化してくる。

家司・下家司は政所の職員を指す名称であるが、(64)その職掌も政所の機能の変化に従って、本来の職務以外を受け持たざるを得なくなってきたことであろう。こうしたことが職務範囲の曖昧さとなっただけでなく、制度が形骸化され

る要因となるのである。その結果、親王家を除いて家司は儀式時における役だけのものとなり、さらに年預との区別がつかなくなってくる。近衛家には政所の存在を見たのであるが、機能が低下していたことは考えられる。政所が家政機関を代表し、文書の発給機能を占有していたことは、すでに指摘されているが[65]、戦国期の近衛家の場合、文書の発給及び授受については、「家僕」によって行われているのである。

例えば、文明十七年三月六日付「革嶋南庄代官職補任状[66]」は進藤長泰の発給、また周防の大内氏からの書状[67]の宛名も進藤長泰となっていることからも言える。摂関家以外の公家においても同様で、「青侍奉書[68]」という言葉が存在することは、青侍が文書を発給し政所職務を行っていたためではなかろうか。

家司は狭義では政所職員を指し、広義では家府の他の職員も指すと言われている[69]。しかし戦国期において、家政職員に対する呼び名は「家司」より「家僕」を用いていることが多いのである。家司の呼称・職掌が有名無実化してしまっているためであろう。家僕には、雲客・諸大夫・雑掌・雑色も含まれているが、「家僕」の用語の使用実態からみて、概ね侍を指すものと言える。こうしたことから考えて、従来の政所職員である家司に代わって家政の中心となってきたのは侍であったと考えられる。従って戦国期の家政職員は「家僕」と呼ぶことこそ必要であるのである。家政職員の職務形態について、近衛家の場合、西洞院時顕は他家への使者を勤める以外に、武士との折衝、北小路家は歴代年貢の徴収や随行、進藤長泰は他家への使者・武士との折衝・年貢の徴収など、それぞれの職掌に応じて主な職務が決められ機能していた。『後法興院記』の家政職員の動向を記した記事から考えると、機能の仕組みは政家が直接命令を下し、職務を遂行させていたのである。すなわち、主家の主導（主家主導型）に基づいて、家政職員は機能していたのである。このことは三条西家においても『実隆公記』の記事から同様のことが言える。

両家が「主家主導型」とも言える形態があったことは、公家社会での家格も高く、家の経済も他に比較してほぼ不安のない生活状態にあったこと、歴代家督を継ぐべき子息がおり、順当に継いでいたことなど、「家」が安定していたことが上げられる。一方、本章で述べた日野家・広橋家の場合、政資・兼顕とも、比較的若くして没しているうえ、両者とも生前に家督を継ぐべき人物を決めてあったが、幼さゆえに家政職員の間では不安をかっていた。さらに日野家は、将軍足利氏と歴代姻戚関係にあったが、家は常に内訌をかかえている状態にあった。両家に共通していることは、不安定な要素を抱えていたのである。家が不安定な状態にあるということは、当時の武士社会では当然下剋上の可能性がある。しかし公家社会は、摂関家・清華家・大臣家・名家などと秩序化された体制として確立している。そのため家政職員が主家にとって代わることができず、自らの生活安定のためには家政職員が主体となり、主家から命令を受けなくとも、家政に対処できる「家政職員主導」によって機能させる必要があった。[70]そこには、家政職員が官僚化する要素もあったと考えられる。「主家主導型」であれ、「家政職員主導型」であれ、家政職員の生活は基本的には、主家の荘園経済の下に成立していた。主家は経営している荘園の内、いくらかを家政職員に荘務権を全面的に与え、その責任において収入の確保を図れるようにしたのである。しかし年貢の未進・遅怠は、家政職員にとっても生活上の問題であったため、特技を持ち収入確保を行ったものと解釈できる。しかし特技のない者や、そうしたことができない者にとっては、石井親治や西川藤左衛門尉のように公家・武士の両組織に属し、生活することも一つの手段であったと思う。秩序化された公家社会では、家政職員の身分も固定化されているのであるが、公家が家に縛られていたほど強固なものではなかった。そのために彼らは公家社会と、武士社会に身を置くこともできたのであろう。

戦国期の家政職員の実能を見てきたのであるが、政所機能の低下により侍が発給するようになったと考えられる

「青侍奉書」については、紹介する程度にとどめたが、家政機構の変革過程で、その発給の背景・形能・効力など、考えなければならない問題である。それにより、戦国期における公家の家政職員の実態も、一層明らかになるものと思う。

〔註〕

（1）「家令職員令」（井上光貞・関晃・土田直鎮・青木和夫『律令』日本思想大系3　岩波書店）。

（2）藤木邦彦「奈良・平安に於ける権勢家の家政について」（『歴史と文化』歴史学研究報告第一集東京大学教養学部人文科学科紀要　共立出版　一九五二）、滝川政次郎「封建制成立の因子としての家司制と賤民制」（『法制史研究』五号　一九五三）、佐藤堅一「封建的主従制の源流に関する一試論――摂関家家司について――」（安田元久編『初期封建制の研究』吉川弘文館　一九六四）、大饗　亮「平安後期律令官制における主従的構成――家司制度を中心として――」（『封建的主従制成立史研究』第五草　風間書房　一九六七）、佐藤宗諄「家牒の成立」（『日本歴史』二六二　一九六八）、柴田房子「家司受領」（『史窓』二八　一九七〇）、渡辺直彦『日本古代官位制度の基礎的研究』（吉川弘文館　一九七二）、中原俊章「中世随身の存在形態――随身家下毛野を中心にして――」（『ヒストリア』六七　一九七五）、同「「侍」考」『ヒストリア』八三　一九七九）、森田悌「平安期権勢家の発給文書」（『金沢大学教育学部紀要　社会科学・人文科学編』二九　一九八〇）、泉谷康夫「摂関家家司受領の一考察」（山中裕編『平安時代の歴史と文学　歴史編』吉川弘文館　一九八一）、石田祐一「諸大夫と摂関家」（『日本歴史』三九二　一九八一）、井原今朝男「摂関家政所下文の研究――院政期の家政と国政――」（『歴史学研究』四　一九八一）、元木泰雄「平安後期の侍所について――摂関家を中心に――」（『史林』六四ノ四　一九八一）。

（3）伊東正子「室町時代における公家の家政機構」（『日本歴史』四六二　一九八六）。

（4）「家僕」の用語の使用例は、平安時代中期に書かれた『権記』長徳四年三月二十八日条で、すでに用いられている。

暁修法後夜未行之前、家僕等高声称乾方焼亡之由、即著衣冠、騎惟孝馬馳参大内也、

とあって、「家僕」は家臣の意味で使用されている。

(5)『後法興院記』寛正七年正月五日条。

(6)『長興宿禰記』文明十一年二月三十日条。

なお家礼は「公家にある事なり。「家礼」と書きて「いえに礼する」とよむなり。五摂家方の家よりわかれ出たる公家衆その外家から軽き公家衆、摂家へ心やすく出入りて禁裏の政事の故実を習い申すために、その家を頼みて出入する人を家礼と申さるるなり（略）」（島田勇雄校注『貞丈雑記』東洋文庫四四四　平凡社）とあって、家司とは性格が異なると見なされている。

(7)和田英松『修訂建武年中行事註解』（明治書院）。

ちなみに『和長卿記』明応五年正月一日条には、東坊城家の吉書奏が記されており、『長興宿禰記』文明十二年正月二日条にも摂関家の吉書奏にあたる行事を小槻家でも行っている。吉書奏は摂関家以外の公家も行っている例である。

(8)『後法興院記』文正二年正月七日条。

(9)『後法興院記』応仁元年四月三日条。

(10)『宣胤卿記』明応三年正月一日条。

(11)『桃花蘂葉』には、「貫主於私家不勤雑役、目次并申次役等也、献沓・賜禄等事者、貫主モ勤之」（『群書類従』第27輯）とある。

(12)『後法興院記』明応三年正月一日条。

(13)『桃花蘂葉』院中篇で、年預は「公卿及殿上人依器用仰之歟、預字ニヨト可言也、連声也」とある。

(14)『後法興院記』文明十八年正月十六日条。

(15)『親長卿記』文明十八年正月十六日条。

(16)『親長卿記』文明十八年七月二十三日条。

(17)『親長卿記』文明十八年七月二十九日、『長興宿禰記』同日条。
(18)『親長卿記』文明十二年十二月十三日条。
(19)『元長卿記』永正九年四月八日条。
(20)『親長卿記』文明十九年四月十二日条。
(21)前掲註(2)大饗論文(一三七頁)。
(22)『親長卿記』長享二年四月七日条。
(23)前掲註(3)伊東論文。
(24)なお『拾芥抄』院司部第八に「庁官」があり、脚注に「公文院掌等在之」と記されている。
(25)『親長卿記』文明十四年正月十九日条。
(26)『実隆公記』文明十年正月十三日、同十七日、同二十日、文明十一年二月三日条。
歌った場所は、禁裏及び若宮御方においてである。
(27)『元長卿記』永正五年二月四日条。
(28)『後法興院記』長享二年十二月十一日条。
(29)前掲註(2)大饗論文(一四〇頁)。
(30)『国史大辞典1』案主条。
(31)『実隆公記』明応四年七月四日、同八月五日、同九日、同十日、同十二日、同十四日、同二十五日、同二十九日、同晦日、同九月二十六日、同十一月四日、同十日、同二十日、明応五年四月四日条。
なお、この事件に関しては、小野博司「室町後期における三条西家領の伝領と支配」(『法政史学』35 一九八三)に詳しい。
(32)前註(2)石田論文。
(33)伊益の名は『後法興院記』には応仁二年までの間、たびたび見え、近衛家に仕えていたことが分かる。『後法興院記』は、文明元年から十年まで欠落しており、文明十一年以後伊益の名は見えない。しかし文明十一年から忠綱という人物が見え、近衛家に仕えている。忠綱は『歴名土代』に進藤とあるところから、伊益の成人後の名ではなかろうか。

(34) 『後法興院記』での初見は、文明十八年九月三日条。

(35) 『後法興院記』『歴名土代』明応六年三月二十一日条。

(36) 例えば足利義尚の六角氏征討（『後法興院記』長享元年九月十二日条、以下出典は同じ）のとき、近衛家領への武士の介入を防ぐため、西洞院時顕と交互して近江へ赴き、現地での状況を逐次政家に報告している（長享元年九月二十五日・同二十八日・同二十九日・同十月五日・同閏十一月五日・同十九日・同十二月三日・同二十三日条）。これらの記事から政家の代わりに武士との折衝を行っていたことが想像できる。

(37) 前掲註（2）大饗論文（一五五頁）。

(38) 『実隆公記』文明十一年四月二十八日・同四月晦日・同五月二十八日・同十七年四月二十八日条。

(39) 前掲註（2）大饗論文（一三四頁）。

(40) 『公卿補任』文明十一年　広橋兼顕条。五月十四日薨。

(41) 『晴富宿禰記』文明十一年五月十六日・同二十八日条。

(42) 『公卿補任』永正二年　広橋守光条。

(43) 『公卿補任』明応四年　日野政資条。九月七日薨。

(44) 『晴富宿禰記』明応四年九月十日・同十五日、『後法興院記』明応四年十一月一日、『公卿補任』大永元年　日野内光条。

(45) 前掲註（2）大饗論文（一四四頁）。

(46) 『後法興院記』文明十九年六月六日条。

(47) 『元長卿記』永正十四年正月二十七日条。

『後法興院記』延徳三年十月十八日条で、二条邸に群勢が乱入し、二条尚基の妹が盗み取られるという事件が記されている。

四日後に犯人は美濃土岐氏の被官斎藤藤兵衛であり、二条家の家僕が斎藤氏に内通し手引したことも伝えられている。二条家の家僕もまた、武士と係わりがあったのであろう。

(48) 近衛家の場合、武士に属する家政職員は見られないが、家領の荘官に土豪を用いている。そのことについては、第二部第二章「近衛家領越前国宇坂庄について」、第二部第四章「公家領荘園の運営機構——近衛家領の荘官をめぐって——」参照。

(49) 前掲註(2)大饗論文(一三三頁)。

(50) 前掲註(2)中原論文。

(51) 『後法興院記』文明十九年八月二十二日条。
併せて脇田晴子「散所論」(『部落史の研究　中世篇』部落問題研究所　一九七八)を参照されたい。

(52) 『実隆公記』延徳二年二月十三日条。

(53) 『実隆公記』明応五年六月七日条。
この記事で実隆は重種を「蓋効楽天放楊《別カ》柳枝鬻駱馬之意者也」(傍注筆者)と白楽天の『白氏文集』の中の漢詩に喩え、「比興々々」と興じている。実隆が喩えた漢詩は『白氏文集』巻第六十八「律詩　一百首　病中詩十五首　并序」の「別柳枝」と「売駱馬」(「鬻」は、ここでは売るの意)であって、白楽天が病後、家計節約のため不要なものを書き出した中に二人の美妓(楊・柳)と名馬があり、手放さねばならない辛さを詠んだ。しかし喩えに使ったようなことは、『実隆公記』の記事では見られず、実隆が喩えた理由はわからない。

(54) 『実隆公記』永正七年十二月十九日条。

(55) 『実隆公記』大永四年六月十七日・同六年九月十八日・同七年十二月十一日・同八年六月二十九日・享禄二年七月十四日条。

(56) 『実隆公記』文亀元年五月四日条。

(57) 『実隆公記』永正元年四月十三日・同二年十二月十六日条。
北林は苧商人である。

(58) 田端泰子「戦国期の山科家と山科七郷」(『中世村落の構造と領主制』法政大学出版局　一九八六)。
(59) 『言国卿記』文明十三年十月二十九日条。
(60) 前掲註（2）大饗論文（一四九頁）。
(61) 『言国卿記』明応二年正月一日条。
(62) 『実隆公記』享禄二年八月二十二日条。
(63) 前掲註（2）大饗論文（一四三頁）。
(64) 前掲註（2）大饗論文（一四三頁）。
(65) 前掲註（2）井原論文。
(66) 「革嶋家文書」七六（『資料館紀要』第6号　京都府立総合資料館　一九七八）。
(67) 『後法興院記』文明十九年三月二十九日条。
(68) 『親長卿記』文明二年九月二十四日、『宣胤卿記』文明十三年正月九日条。
(69) 前掲註（2）大饗論文（一四三頁）。
(70) 鷲尾隆康の日記。『二水記』には鷲尾家の家庭内のことや、家政職員に関することはほとんど記されていない。しかし永正十八年二月十五日の記事に「石川濃州之雑掌也、初而対面、此次知行事令雑談了」とある。石川は鷲尾家領の荘務雑掌と考えられ、隆康が鷲尾家を継いでから初めて対面し、知行のことを話し合っている。

第二章　唐橋在数事件顚末

はじめに

唐橋在数が九条政基・尚経父子によって殺害されたのは、明応五年（一四九六）正月七日のことである。在数、時に四十九歳であった。摂関家の一つである九条家で起こった事件だけに、現在のようにマスコミが発達した世であったなら、センセーショナルな事件として捉えられ、全国へ報じられたことであろう。それはともかく、在数殺害事件については、よく知られているにもかかわらず、余りにも通俗的事件でありすぎたためであろうか。管見の限り今までこの事件の顚末を中心に述べた論考はない。[1] 確かに通俗的な事件であったが、関心が持たれる部分もある。したがって本章では事件の顚末を辿る中で、在数の人物像及び当時の九条家の状況を眺め、事件後行われた裁判の実態について考えてみることとしたい。

一　在数事件と諸家

この事件を知った公家諸家はどのように見ていたのであろうか。諸家の日記に記された内容を見ておきたい。

後土御門天皇　事件を知った日は不明。[2] 在数殺害を驚きおぼしめされた。[3]

近衛政家　事件を知ったのは正月八日(4)のことで、在数が九条家領を自専せしめたためと記し、在数に対しては不便至極のことと感想を記している。

三条西実隆　事件を知ったのは政家と同様に八日。(5)三条西家と九条家とは姻戚関係にあったため、実隆はおそらく九条家の内情を知っていたであろう。(7)しかし在数殺害まで予想し得ていたであろうか。事件を知った日の日記には、「言語道断之次第也」と驚きを記し、在数が九条家の雑務執事として毎事緩怠至極、不義の子細連続であったと評し、その後、無常転変驚くべからずといえども「相驚者也」と結んでいる。

甘露寺親長　事件を知ったのは十日。(8)在数に対しては、「不便々々」と感嘆し、九条父子に対し「無骨事歟」と感想を記している。

中御門宣秀　事件は九日に知ったであろうが、(9)感想は記していない。

東坊城和長　在数と同じ菅原家一族であるため、九条家の行為を怒り、在数に同情し事件を嘆いている。そのときの様子は明応五年正月八日の記事(10)に、

早旦伝聞、在数《唐橋》朝臣昨日《七日》於九条家門被殺害云々、言語道断之次第也、凡家礼之事者内々儀也、任大学頭・大内記等顕職、殊者加近臣之列且暮咫尺　龍顔、内外奉公勝于人歟、然如此之儀古今不聞其例、当家皆依不背、恣御沙汰非沙汰限哉、云不便云無念不能言説、准后(九条政基)与幕下(九条尚経)御父子自身之御沙汰也云々、是又聊爾千萬歟、但於尸者却為面目歟、不可説々々々、

とある。

五条為学《ためざね》　菅原家一族で、事件を知ったのは十六日。特に感想は記してないが、九条家が緩怠あると号し在数を討っ

たとしている。[11]

大乗院尋尊　事件は二月十六日楠葉備中守から知らされた。大乗院は歴代九条家の子息の多くが、門跡となる寺院であるが、事件が落着するころになってやっと知った様子である。[12]特に感想は記していない。

諸家の日記により事件の捉え方をみてきた。大方は摂関家の九条家で起きた事件に驚くとともに、殺された在数に対しては、不便に思っていることが窺えるのである。殺害された唐橋在数とはどのような人物であっただろうか。

唐橋家は菅原道真の一流で、南北朝時代初期に在雅が出て以来、唐橋を名乗る。代々文章博士・大内記・少納言・大学頭に任ぜられる家柄であった。在数の誕生は、殺害されたときの年齢から逆算すると、文安五年（一四四八）生まれとなる。履歴を『歴名土代』に見ると、文明十四年十月二日に従五位下に任ぜられて以来順次昇進し、殺害された年は正四位下であった。在数の名は、『実隆公記』・『親長卿記』にしばしば見ることができる。大内記として天皇に近侍し、公務に携わるほか、猿楽・和歌・連歌・和漢の会などに陪席している。連歌会では執筆を勤めることもあった。しかし在数が実隆や親長と親しく交際していることを窺わせる記事はほとんどなく、せいぜい両人との間で宮中勤仕の番を交替した記事や、二、三の来訪記事だけである。そのため、在数の性格を特徴付ける記事を見出す事は難しい。

そうした中にあって、次の『親長卿記』の二つの記事は、在数の性格を知る上で参考になるのではなかろうか。一つは在数が四位を希望したとき、同位の冷泉永宣の四位昇進も検討された。永宣は在数より上首であったが、在数は「奉公之労」において、永宣に勝っていた。それを親長は評価の対象として天皇に申し入れたため、在数が四位に昇進した記事である。[13]

もう一つは、禁裏で一続の歌会があった時のことである。講師は在数に決まったのであるが、在数は「無案内」を理由に一度は断った。しかし天皇から諷諫の沙汰の仰せが下り、親長が「読様等少々仰含」めた結果、在数は講師を勤めた。[14]禁裏の晴れの歌会で講師を勤めるなど在数の力量のほどが窺われる。

ところで九条家と在数の関係を見ると、最初に上げられることは、政基と在数は従兄弟の関係[15]にあり、前述の『和長卿記』からは、在数は九条家の「家礼」であったことがわかる。家礼とは「摂家へ心やすく出入りて禁裏の政事の故実を習い申すために、その家を頼みて出入する人[16]」を指し、律令制度によって三位以上の家に置かれる家政職員とは性格が異なる。しかし家礼もその家の家政職員と同様の職務に携わることもあった。在数の場合は九条尚経の元服・正五位下宣下時の諸司下行を、甘露寺亭へ依頼する役目[17]に携わっていることや、九条家に補任権が与えられていたと考えられる寮田・官田の下司職のことで、大宮家との間を往復する[18]こともあった。

次に九条家の状況を見ておこう。

二　九条家の動向

宝徳元年（一四四九）に九条満家が没した後[19]、九条家を継いだのは成家（後、政忠）である。成家は宝徳三年（一四五一）従三位に叙せられて以来、享徳二年（一四五三）には大納言に昇進[20]。享徳三年に政忠と改名する。政忠の大納言在任は寛正五年（一四六四）七月までであるが、その間の寛正元年に政基が従三位に叙せられた[21]。政忠は寛正五年七月五日、内大臣に昇進したが、翌年九月に籠居するのである[22]。

政忠と政基は異母兄弟[23]の関係であって、時期は不明であるが両者の間に家督相論が起こっていた。『和長卿記』『親

『長卿記』の伝えるところによれば[24]、この時、在数の父在治は政基側についた。在治は満家の遺言の旨を政忠と「問答」し、さらに政基の命を受け甘露寺親長に善後策を相談するのである。政基と在治は義理の兄弟の間柄であった。すなわち、政基の母は唐橋在豊（在治の父）の女であったことがそうさせたのであろう。

政忠は在治殺害の意思を持ったが、日野勝光の耳に入った。さらに足利義政の知るところとなったため、本訴にまでは至らなかった。家督相論の結果が政忠の隠居ということを招いたのであろう。政忠が隠居した年の『公卿補任』には、政忠の隠居の理由を「依家門事也」と注が施されている。注の「家門事」の意味は、家督相論を指すのではなかろうか。政忠二十六歳であった。九条家の相論を見たが、家政職員の状況はどのようであっただろうか。二・三の例を見ておく。

まず富小路俊通について、

①出自は不分明[25]。
②九条家領日根荘の現地支配に深く関与[26]（番頭を組織・支配）。
③日根荘内入山田半分の知行権を九条家から与えられている[27]（独自に代官を持ち年貢収納）。
④後年、政基による日根荘の直務支配は在京する俊通が支える[28]。

の四点が挙げられる。俊通の出自は当初一条家諸大夫源康俊の猶子として源姓であった。しかし文亀二年（一五〇二）三月ごろ、従三位への上階を懇請するのを機会に、藤原氏に改姓し二条家を出自と唱えるのである。俊通が従三位を懇請したころの二条家は、中御門宣胤が訪れたとき、殿上人・諸大夫は一人もおらず、随身の秦兼夏がいただけの有様であった。家屋は「屋上荒廃、直見天雖藤盛、無架落地、返路有掘無橋[29]」の状況にあった。二条家の庭も家屋とともに荒廃していた。庭の美しさでも有名だった二条家だけに宣胤にとって、庭の荒廃は特に印象に残ったのであろう。零落する二条家の弱みにつけ入り、俊通は出自の粉飾を図り庶流の一角を買い求めたのではなかろうか。俊通が上階を望んだとき、宣胤は出自の不分明さと系図の粉飾を非難するのである。[30]しかし俊通は不分明な出自という不利な条件があるにもかかわらず、日根荘の支配に関与していただけに財力があったと考えられ、二条家の庶流に納まることができたものと考えられる。

次は九条家家僕としての石井親治の例である。親治は九条家の家僕であるとともに、細川氏の摂津守護代薬師寺元長の寄子として武士にも属していた。そして守護代の下知と称し近衛家領を違乱している。[31]

さらに親治と同族の石井在利は、九条政基が日根荘へ直務のため下向した際、従った人物であるが、後年九条家領東九条の田畑を放出する。その行為が九条家に対する「不義の子細」となったのであろうか。大永元年（一五二一）九条家により誅戮される。[32]家政職員として逸脱した行為があつた時は誅戮する。これが次に見るように、政基として在数殺害の理由ともなっているのである。

事件後弁明のため政基が近衛政家・松木宗綱・中御門宣胤・白川忠富王に宛た書状を見ると、在数に対しての表現は「彼朝臣縦狼藉令重畳[33]」、「彼朝臣緩怠之旨十余ヶ条候ツ[34]」、「彼朝臣不義緩怠之子細、数ケ条[35]」とある。さらに「去文明十三年以来家領共一向不申是非、家門を詰置候間、十余年種々雖加問答、遂不申算用、取分五ケ年ハ年貢一向朽損候て候ハぬ上者、何事を可散用申哉之由申候間、相尋国之代官候ヘハ、無沙汰候ハぬ子細、載紙面申候条[36]」とか、「彼十三年以来之儀、可致散用之由種々雖加問答、遂以不沙汰進之、剰四五ケ年ハ貢物一円朽損之間、何事を可申哉之申候間、相尋国之代官之処、運送之次第載紙面注進候[37]」と在数との問答をも認めている。在数の行為が政基の弁明どおりであるとすれば、在数を十分に監督していなかったため、右の行為に走ったということが言え、政基は自らの非をさらけ出しているという見方もできるのである。

政基が在数を殺害した原因について、関口恒雄氏は在数は日根荘の経営に深くかかわっており、反銭徴収が困難なとき根来寺から借銭をした。そのことが根来寺の高利貸的策略にかかり根来寺から追求される身となり、政基との間が悪化したことが原因であると述べられている。(38) 傾聴に値する説である。私はこの説と並行して次のことを理由にしたい。

前章「公家日記にみる家政職員の実態」で「家」の運営は「主家主導型」と「家政職員主導型」のあることを述べた。この説を援用すれば、政基の場合、後年日根荘直務のとき記した『政基公旅引付』に見る政基の行動は、主家主導型であることがわかる。それに対して在数には特徴づける性格がないものの、三条西実隆が「雑務執事として毎事緩怠至極、不義の子細連続」という見方をしている。これは関口氏が説く在数の任務を主家側から見た場合の評価であって、関口氏の説から在数は、家政職員主導で家を動かそうとするような性格が窺える。主家主導型性格の人と家政職員主導型の人の対立もあったと考えられる。

さらに在数が殺害されるまでの経緯として、政忠と政基との家督相論が、九条家の体制になんらかの影響を及ぼし、政基が主家主導型の性格であっても、九条家の家政職員の管理方法に問題が生じてきていたのではなかろうか。俊通のように重視される家政職員がいる一方で、石井親治・在利のように気ままな行動をとることが見うけられる家政職員もいた。それらのことが積み重なって、荘園経営も行詰まりを生み、ひいては在数殺害に発展していったのではなかろうか。在数の立場を見極めることができる決定的な史料が出現しない限り、在数殺害の原因については想像の域を出ず、断定できるものはない。

在数は殺害された。九条家にはどのような措置がされたのであろうか。次に見ていくこととする。

三　措置の経緯

九条政基・尚経父子が措置されるまで、日を追って諸家の日記から順に見ていく。

明応五年正月九日条（『宣秀卿記』）

九条政基、近衛政家・尚通父子、一条冬良・徳大寺実淳・花山院政長・甘露寺親長・勧修寺教秀等が参内。

正月十日条（『和長卿記』）

東坊城和長邸に菅原家一族の高辻長直・章長父子、五条為学が集まり、在数のことにつき内談す。所存申すことで一同同心。十五日にも相談すべく会合するとのこと。この後、連句張行あり。

正月十日条（『宣秀卿記』）

中御門邸へ女房奉書にて、勅問があったことを九条家へ伝えぬよう、二条尚基に申す旨仰せが下る。

正月十三日条（『和長卿記』『拾芥記』）

和長、在数死去に伴い大内記を望む。中御門宣秀より御教書到来。和長に大内記宣下。

正月十八日条（『和長卿記』）

在数のことについて、密々の勅定が和長に下り、和長、山科言国邸へ向かう。

正月二十一日条（『拾芥記』）

中御門宣胤・白川忠富王、勅使として九条邸に向かう。同時に菅原家一族へ連署して、申状を進めるべく仰せあり。和長・長直・章長・為学の四人が従う。東坊城長胤物詣と称し連署に加わらず。(39) 和長、申状を作成。章長、清書。

正月二十三日条(『親長卿記』)

晩に及び勅使、白川忠富王・庭田重経、甘露寺親長を訪い、九条父子に対する処分、及び事件を将軍に伝え、処分を待つことの可否を問う。親長、九条父子の所行を言語道断とし、武家に伝えることは叡慮とすべき旨申し入る。

二十三日条(『和長卿記』)

申刻、和長邸に白川忠富王の使者。勅定を告げられる。和長、白川邸へ赴き、親長に対する勅問の内容とともに、所存分を申し入れるべく仰せが伝えられる。和長、在数の殺害につき、連日の一族の無念を語る。勅定に対し、一族と相談の上、明日返答する旨、白川忠富王に伝える。

正月二十四日条(『和長卿記』)

未明、白川忠富王から和長に使者。菅原家一族連署にて子細申すことを、今日九条家に仰せ出さる旨伝えられる。和長、一族の高辻章長邸に向い、内々用意せしむ連署申状を白川忠富王に送る。直ちに九条家へ崇め申す由仰せがあり。中御門宣胤・白川忠富王、勅使として九条邸へ向かう。

二十四日条(『親長卿記』)

女房奉書により、和長の連署状の内容及び宣胤・忠富王を勅使として九条邸に遣わした旨、親長に告げられる。親長、返書にて九条家の措置を現在及び向後のためにも叡慮すべきことを申し述べる。

正月二十五日条(『親長卿記』)

忠富王許より親長へ使者。親長に昨日の九条邸での子細を伝え、九条家として猶、考え申す由返答あるを伝えられる。親長、長橋局へ忠富王を招き、九条家の返答に対する苦言を伝える。

二十五日条（『実隆公記』）

伝奏勧修寺教秀許より、実隆に九条家のことにつき来月五日措置を行う旨を伝えられる。実隆了承す。

正月二十六日条（『実隆公記』）

富小路俊通、実隆邸に来たる。実隆、九条家のことを尋ね、考えを伝えるとともに、来月二十五日沙汰あることに触れる。

正月二十八日条（『実隆公記』）

富小路俊通、実隆邸に来たる。昨日中御門宣胤邸にて九条家のことにつき説明を受け、続いて忠富王邸へ赴いたところ、九条邸へ参り留守とのことを告げる。

二月五日条（『実隆公記』）

大外記押小路師富、実隆を訪う。女房奉書により頭中将庭田重経に、在数に対する先例の有無、并に摂家に対する罪科の先規につき、弁官及び外記局にて調査すべく、仰せが下ったことを告げる。左大史大宮時元、松殿関白（基房）の例(40)あるを申すも、師富是非の「正例」如何になすかを知らずにより、実隆に問う。実隆、事の儀以っての外とは言え、摂家准后と家礼を匹敵させる沙汰につき、「朝儀之軽忽歟」と批判する。

二月五日条（『親長卿記』『御湯殿上日記』）

九条家のことにつき、親長・勧修寺教秀・忠富王参内し「談合」す。天皇、妻戸間に出御。政基・尚経の進退につき、師富・時元に先規を尋ねるも所見を得ず。官位を止めるかの条々仰せあり。親長、先規による位階のことは知らず。政基への処分は対象外となるも尚経の解官あるべきことを申す。教秀同意す。尚経に解官あるべき旨を近衛尚通に告げる。

二月五日条（『後法興院記』）

教秀、勅使として近衛邸に来たる。菅原家一族の「事書」を以って訴訟に及ぶことを伝え、政基息尚経の解官是非を関白尚通に問う。尚通、九条家の行為を批判するも、関白家の解官について、たやすく沙汰すべきは如何、准拠の例あらば、それに習い聖断すべき旨返答する。

二月六日条（『後法興院記』『実隆公記』）

時元、政家を訪い、摂家解官のこと庭田重経に注申すべく仰せあるも、治承の例、以の外なし。解官の必定を告げる。政家、ことの「拾遺」について尚経と所縁ある三条西実隆に相談のため、家僕進藤長泰を遣わす。

二月六日条（『実隆公記』）

実隆、息公条より忠富王からの内々の勅問の子細を告げられる。

二月七日条（『後法興院記』）

教秀許より書状にて摂家解官の例、時元注進するにより、政家・尚通に申詞注すべく依頼あり。

二月八日条（『後法興院記』）

政家、昨日の教秀の書状（勅問）に対し、治承・寿永の例は前代未聞の刑法であり、世を挙げ驚き歎くさまは今も人の口にある。軽はずみな処分は、朝家の零落の基と戒む申詞を送る。尚通の申詞も同様。

二月九日条（『実隆公記』）

政家、進藤長泰をして勅問に対する申詞を送ったことを実隆に告げる。

二月十日条（『後法興院記』「九条政基書状草案」）

政基、近衛政家及び松木宗綱に弁明状を送る（政家への弁明は、正月二十四日の和長の申状に対するもの）。

二月十六日条（『後法興院記』）

教秀許より、政家に八日の申詞調べた上、十四日に奏聞に付した旨書状あり。女房奉書も付される。

二月十七日条（『後法興院記』）

政家、勅勘分にて出仕を止ることが自然であり、棄捐せられるべきことが肝要である旨、教秀に返報する。

二月二十日条（「九条政基書状草案」）

政基、徳大寺実淳へ今回の沙汰に対する気がかりを書状にて伝える。

二月二十一日条（「九条政基書状草案」）

政基、中御門宣胤及び白川忠富王に書状にて弁明する。

閏二月二日・四日条（『実隆公記』『後法興院記』）

親長及び教秀の談合により、九条尚経の解官を取り止める旨、三日に治定あり。

閏二月四日条（『後法興院記』「九条政基書状案」）

政基、近衛邸へ使として富小路資直を、親長へは書状にて、今回の沙汰に対する恩を謝する。

以上、諸家の日記により九条家に処分が下るまでを見てきた。多少意訳した部分もあるが、経過を整理しつつ公家裁判について見ておきたい。

四　公家裁判

まず、裁判が行われるまでの経過を整理すると、

①　被害者の一族が申状を提出（正月二十四日）。

②　加害者側へ勅使が立ち、加害者の言い分を聞く（正月二十四日）。

③　裁判は二月五日、判決日は二月二十五日と決定。伝奏が告げる（正月二十五日）。

④　裁判（二月五日）。

となる。

裁判の指揮をとるのは伝奏で、[42]勧修寺教秀がその任にあった。天皇は妻戸間に出御。奉行は庭田重経で弁官は大宮時元、外記は押小路師富が配置されている。甘露寺親長と白川忠富王も伝奏であろうか。当事者の出廷はない。このような構成で裁判は開始された。

この日の様子は、『親長卿記』から知ることができるが、殺害された在数に関することは触れられていない。九条家への罰についての評定が行われたことが記されているだけである。[43]まず天皇が両局（弁官局＝大宮時元・外記局＝押小路師富）に摂関家の罪科について、先規の有無を問うた。両局は裁判における書記としての役割の外、職務柄過去の規範に通じていることによる。しかし二人とも今回の実態に合う先例を知らなかった。そのため親長の意見である「解官」が教秀の「同心」するところとなった。

ここで親長について少し触れておきたい。甘露寺親長はこのとき出家の身で、法名を蓮空としていた。(44)したがって、本来公式の席に出ることはなかったと考えられる。出廷していたのは、朝儀に精通していたことに(45)加え、前述したように九条家の家督相論の時、政基の使である唐橋在治のため、天皇への申し入れなど尽力していることもあって、九条家の実情にも通じていたからかも知れない。さらに過去にも裁判に関与したこともあった。(46)こうした経緯により、官職を辞しているとはいえ、親長の出廷となったのであろう。親長の発言に教秀が同意し、九条尚経に解官の判決が下るように見えたが、その前に関白（近衛尚通）に伝え、「其後可仰職事之由」となっている。

今までの公家訴訟についての研究では、雑訴沙汰の一制度である公家庭中を論じたものがある。(47)いずれも鎌倉期から南北朝期を対象とした研究であるが、庭中に関白が介入する例は紹介されていない。今回の裁判に近衛家が絡むことになったのは、罪を犯したのが九条家であったため、同格の家の助言を求めるためのものではなかっただろうか。

伝奏勧修寺教秀は勅使として、近衛家に赴き尚通に尚経の解官を告げたところ「雖然執柄家事、輙可被解官事可有如何哉」と疑問視し、さらに「有准拠例者、就其可有聖断哉之由」(48)申し入れた。また裁判当日、押小路師富が摂家に対する罪科の例を三条西実隆に問うたことで、実隆は「九条之儀、尤雖不可然之事、今又摂家准后与家礼之侍臣対揚之御沙汰、頗朝儀之軽忽歟、莫言々々」(49)と感想をもらしている。さらに九日には政家は「九条間事」で家僕進藤長泰を実隆邸へ遣わした。判決に対する相談であろうか。教秀に対する尚通の申し入れといい、実隆による摂家准后と家礼の侍臣を対揚に沙汰することへの批判などがあって、政家も動いたのであろう。

当初予定された判決は、二月二十五日には行われなかった。この間に政基は前述の弁明状を出している。以下、弁明状の内容を続けると、「覆家門家僕ニて候上者、家敵成敗之事ハ古今通規候、（略）為家僕覆摂禄(録)之一流者候」とし、続けて「就致国家狼藉、被成治罰之宣、被比朝敵者、繁多流例候、且者可被准御敵事候[50]」と認めている。ここで問題とすべきことは、政基が在数を家敵としたうえで、朝敵とも表現していることである。古今の通規により家敵を成敗したという論理であるが、在数は官位を持つ天皇の臣でもあった。天皇に断りなく在数を私憤によって殺害したため、摂籙を覆えそうとする者は朝敵であると論を飛躍させ、自らの行為を正当化させようと図ったのであろう。政基の行為が正当であれば、それはまた公家社会の秩序を守るための行為としても認められることになるからである。

九条尚経に解官の沙汰が下れば、尚経は無官となる。無官となった場合、九条家の立場はなくなる。こうした観点から尚通の「可被解官事可有如何哉」との発言を生み、また実隆による上下の関係にある両者を、「対揚」に扱うことに対する非難となったのであろう。尚通・実隆ともに発想の根底には、公家秩序の維持が窺え、特に実隆は対揚の扱いが先例となることも恐れたのではなかろうか。

結局、判決は閏二月三日まで伸び、尚経の出仕停止ということで決着を見る。判決が下ってから政基は政家・親長に対し恩を謝している。このことから当初下された解官は、摂関家にとって屈辱的なものであったことがわかる。明応七年（一四九八）十二月十一日、九条家に対し勅免が下った。諸家の日記にはどのように記されているのであろうか。それを見ることにより、本章を終えることとしたい。

むすびにかえて

近衛政家　十二月十三日、九条家の使者により十一日に勅免の下ったことを聞く。勅免は不遠院宮（青蓮院尊伝）の執奏によるもので、尚経は十五日参内。政基は隠居とのことであった。使者が政家に「度々被入御意候間[51]」と言っていることは、政家も九条家の勅免を願い出ていたらしい。

三条西実隆　十一日、九条尚経の勅免を知る。[52]十四日に実隆は在数の遺跡を実子が相続できないと、尚経の出仕もできないのかと親長に問うている。[53]十七日に尚経は参内（十五日の参内が延期となったため）する。

ちなみに、明応八年六月十六日、白川忠富王が実隆に送った消息[54]について触れておくと、在数の実子を六位に召し、出仕させることと、尚経の内大臣昇進をどうすべきかを尋ねている内容である。実隆は在数の息在名の相続及び首服のことの「勿論」について、以前富小路俊通とで相談してあったことを意見として伝えている。実隆が在数の遺跡を、息在名のために相続できるように配慮したことは、家名存続という、これも公家社会の秩序を維持するためのことであったと考えられる。

東坊城和長　十一日に知ったが日記では、二十六日に記されている。白川忠富王の使者の来訪を受け、勅定のあることを伝えられたが、和長は病気のため雑掌の秦延兼を遣わした。秦延兼から勅定の内容を聞いた後「予則申勅答云」として、

九条勅免之事、被尋下所存之条先以眉目也、前准后就被定進退者此上有何事哉、可為時宜、又唐橋相続奉公之事者、更不可為御忠節其子細者、一流可及断絶之罪、何様事哉、然上者相続奉公不可為忠賞如元、致勤厚之奉公者可然之由存之、[55]

とある。

文亀元年（一五〇一）十二月十八日には、九条家の使として富小路俊通が中御門邸を訪れ、宣胤に「令家礼」ことを要請している。宣胤は広橋綱光の口入で、文明年間九条家の家礼を勤め、息宣秀もまた「家司并年預」として備前

国鹿田庄と大和国佐保殿を知行していた。しかし在数殺害事件後、白川忠富王を通じ九条家の家礼を禁じられ、尚経勅免後も家礼の仰は下っていなかったため、家礼は辞していた。九条家としては、宣胤が家礼することを望んでいたらしく、尚経が関白就任後、佐保殿の知行を認める書状を送っている。しかし宣胤は「非家礼」とのことでそれを返した。その後宣胤が家礼をしない鬱憤ということで、「尻切公事、被号渡領御押妨」とある。

このことで、俊通の仲裁や実隆の取りなしもあったが、効がなかった。このような状態であったため、宣胤は九条家の家礼を断り、日記へ「弥不可家礼之由、所存定也、凡無家恩而家礼何有益乎、不可足言事也」と記している。[56] 九条家の所業に余程腹をすえかねた結果であろう。

九条政基・尚経父子による在数殺害事件の顚末から、戦国期の公家裁判の例を見てきた。裁判は一例しか示すことができなかったが、裁判においても家格により秩序付けられた範囲でしか思考することができなかった公家社会の断面であるとも言える。

〔註〕

(1) 在数殺害事件を触れた論考としては、「政基公旅引付　解題」(図書寮叢刊『政基公旅引付』養徳社　一九六一)、関口恒雄「中世末期の階級闘争とその歴史的条件――九条政基『旅引付』をめぐって――」(『史学雑誌』七九ノ一　一九七〇)、工藤敬一『荘園の人々』(教育社歴史新書　一九七八)、平山敏治郎「日本中世家族の研究」(法政大学出版局　一九八〇)がある。

(2) 『宣秀卿記』明応五年正月九日が知った日かもしれない。

(3) 『和長卿記』明応五年正月二十三日条。

(4) 『後法興院記』明応五年正月八日条。

(5)『実隆公記』明応五年正月八日条。

(6)『実隆公記』明応四年七月二十五日条。

(7)『実隆公記』によれば、明応四年十一月二十二日、同三十日、十二月六日に九条家の諸大夫富小路俊通が実隆邸を訪れ相談していることによる。

(8)『親長卿記』明応五年正月十日条。

(9)『宣秀卿記』明応五年正月九日内閣文庫蔵写本。

(10)『和長卿記』京都大学附属図書館蔵写本。

(11)『拾芥記』明応五年正月十六日条。

(12)『大乗院寺社雑事記』明応五年二月十六日条。

(13)『親長卿記』長享三年正月二十七日条。

(14)『親長卿記』文明十九年四月十八日条。

(15)『公卿補任』寛正元年、九条政基条に「母、菅原在豊女」とある。

(16)島田勇雄校注『貞丈雑記』(東洋文庫四四四　平凡社)。

(17)『親長卿記』文明十六年八月二十八日条。

(18)『晴富宿禰記』文明十年十一月十三日、十六日、同十一年閏九月六日、十一日、二十一日、二十四日、二十八日、同十月八日、九日、同十一月六日条。

(19)『公卿補任』文安五年　九条満家条。

(20)『公卿補任』享徳二年　九条成家条。

(21)『公卿補任』寛正元年　九条政基条。

(22)『公卿補任』寛正六年　九条政忠条。

(23)『公卿補任』によれば、政基の母は、本文でも示したように、唐橋在豊の女と記されているが、政忠の母については、「母」と記されるだけで、出身の記載はない。このため異母兄弟と考えた。
(24)『和長卿記』明応五年正月二十四日、『親長卿記』同日条。
(25)平山敏治郎「堂上格冨小路家成立の顚末」(『日本常民文化紀要』第八輯　一九八二)。
(26)前掲註(1)関口氏論文。
(27)前掲註(1)関口氏論文。
(28)前掲註(1)関口氏論文。
(29)『宣胤卿記』文亀二年三月十四日条。
(30)『宣胤卿記』文亀二年三月五日条。
(31)『後法興院記』文明十九年六月六日条。
(32)『九条家文書　四』解題。
(33)『後法興院記』明応五年二月十日条。
(34)「九条政基書状草案　三」(『九条家文書　五』)。
(35)「九条政基書状草案　一」(『九条家文書　五』)。
(36)前掲註(33)。
(37)前掲註(34)。
(38)前掲註(1)関口氏論文。
(39)東坊城長胤が署名に加わらなかったことについて触れておくと、文明六年(一四七四)六月十九日、足利義尚が従四位下に叙せられた。位記を書く職である大内記は菅原在数であったが、解任され東坊城長胤にその職が移った。長胤が競望した結果「横任」されたのである(『親長卿記』)。長胤は元服したばかりの十歳で、在数は二十七歳であった。こうした経緯の後、文明八年（一四七六）十二月二十九日、長胤は御経供養に不参であったため大内記を解任され、在数が再び還補された（『親長卿記』）。長胤の大内記解任の理由が、御経供養不参ということであるが、それは表向きのことであろう。

鎌倉中期の弘長三年（一二六三）の宣旨（『中世政治社会思想　下』日本思想大系　岩波書店）に「不可被輙聴雖譜代輩十歳以前任官事」があり、そこで叙爵元服の後に、任官は出仕の期にすることがうたわれている。戦国期においてもこのことが守られていたためであろう。すなわち十歳で大内記に任官した長胤に周囲の非難があったことが考えられる。御経供養の二日前の二十七日、長胤の父顕長が「種々申子細之故」長胤は出京できなかったのである（『親長卿記』）。長胤が署名しなかったのは、以上のような経緯から在数との間に何か不都合があったからではなかろうか。なお、九条家に勅免があり、在数の息在名にも唐橋家の相続が勅許された明応七年十二月十一日、勅定の中で長胤に対し、「近年一向不奉公堅可申付之」（『和長卿記』）ことが東坊城和長に伝えられている。

(40) 松殿関白の例とは、治承元年（一一七七）に院の近臣者たちが企てたとされる、いわゆる鹿ケ谷事件で、松殿基房が連座していたため、治承三年、平清盛の政変後官職を解かれ、鎮西へ流罪となった事件を指す。『尊卑分脈』松殿基房条には、治承四年十二月十八日、「流罪鎮西」とある。
(41) 前掲註（40）。
(42) 廣澤洋子「南北朝期の公家庭中について」（東北大学国史談話会『国史談話会雑誌』第二八号　一九八七）。
(43) 『親長卿記』明応五年二月五日条。
(44) 『公卿補任』明応二年　甘露寺親長条。
(45) 『国史大辞典』甘露寺親長条。
(46) 甘露寺親長が関与した裁判とは、『親長卿記』文明十四年三月二十一日の記事、内裏で手猿楽が催されたとき、白川忠富王の被官と手猿楽衆の一人内藤与四郎が喧嘩をし、内藤与四郎が殺された事件を指す。裁判は、三月二十三日に行われた。天皇は御学問所東面に出御。親長・勧修寺教秀は庭上。忠富王・庭田雅行は簀子にそれぞれ候ず。親長・教秀は裁判の指揮をとったのであろう。天皇の勅問から開始された。教秀は「不申是非」のため、親長の助言と雅行の発言で天皇は聖断を下した（『親長卿記』文明十四年三月二十一日、同二十二日、同二十三日条）。

(47) 藤原良章「公家庭中の成立と奉行――中世公家訴訟制に関する基礎的考察――」（『史学雑誌』九四の一一　一九八五）、前掲註（42）。

(48) 『後法興院記』明応五年二月五日条。

(49) 『実隆公記』明応五年二月五日条。

(50) 前掲註（34）。

(51) 『後法興院記』明応七年十二月十三日条。

(52) 『実隆公記』明応七年十二月十一日条。

(53) 『実隆公記』明応七年十二月十四日条。

(54) 『実隆公記』明応八年六月十六日条。

(55) 『和長卿記』明応七年十二月二十六日条。

(56) 『宣胤卿記』文亀元年十二月十八日条。

第三章　「青侍奉書」について

はじめに

古文書に関する研究は、歴史学研究で重要な一分野を担っているだけに、今までに多くの研究が発表され、その成果は大きい。しかし公家文書に関する研究を概観した場合、平安期から鎌倉期が中心で、戦国期の研究(1)は非常に少なく研究が立ち遅れているといっても過言ではない。古文書の研究を深めるためには、戦国期の公家文書の研究も看過できない問題であると考える。

本章で主題とする「青侍奉書」は、戦国期の公家日記を読んでいると散見できる文書の名称であるが、今まで青侍奉書を中心とした研究は、管見の限り見あたらない。ただ橋本初子氏が庁奉書や下家司奉書、あるいは出納奉書と称されている文書を対象に、「御奉行所候也」という文言に注目し、その文書の機能および構造を分析され、それらは別形態の院宣・綸旨であることを明らかにされた。(2)氏が説く「別形態の院宣・綸旨」は、本章で扱う青侍奉書と密接に関係していることがわかる。本章では青侍奉書を考察していく上で、最初に奉者である青侍について触れ、次に青侍奉書が記されている記事を紹介し、その発給形態、戦国期における御教書との比較を中心に見ていくこととする。

一　青侍について

「青侍」という語は平安時代末ごろに、その名を見ることができるが、(3)従来からその実態は十分解明されておらず、(4)戦国期においてはなおさらのことである。そのため第三部第一章「公家日記にみる家政職員の実態」で、家政職員の職務形態・主家との結びつき・収入形態についての実例を紹介した中で、次の三つのことを指摘し青侍についても言及しておいた。三つの指摘とは、

① 諸家の家政職員の機能形態には、「主家主導型」と「家政職員主導型」があること。

② 一般的に家司と呼ばれていた家政職員は、戦国期には家僕と称されていたこと。

③ 家僕とは概ね侍（青侍）を指し、侍が家政の中心となっていたこと。

で、最後に「青侍奉書」の存在にも触れておいた。しかしその内容については十分検討しないまま、家政機構の変革が「青侍奉書」を成立させたと推定しておいただけであった。

その後応永期の公家、山科教言の日記『教言卿記』により、曖昧さが残っていた青侍と家僕については、まったく同義語として使われていることがわかった。それをまとめたものが三四三頁の第1表「応永期の山科家家政職員名称表」である。

第1表によりわかることは、①政所職員を指す家司の呼称が見あたらないこと。②平安時代の政所下文に連署されている下家司にあたる知家事・案主・大従・小従の呼称が見られないことである。応永期に家司の名称が用いられていないことは、家政機関の一つである政所がすでに解体されていたものと考えられる。次に戦国期の青侍の職務につ

応永14年									応永15年						応永16年
3.23	3.29	6.17	8.21	8.28	8.29	9.7	10.2	12.7	3.29	5.14	5.16	5.17	7.10	11.16	4.4
	青侍														
	青侍													青侍	
	青侍								青侍					青侍	
	青侍		青侍											青侍	
	青侍														
									青侍						
			中間			中間	中間						中間	中間	
		中間	中間			中間				中間			中間		中間
		中間	中間									中間		中間	中間
				牛飼											
舎人															
			中間												中間
		中間													
					牛飼			牛飼							
											中間				
															中間

第１表　応永期の山科家家政職員名称表

	応永12年		応	永	13	年						
	6.11	12.11	1.1	3.9	3.16	3.17	7.11	9.11	10.13	10.19	12.6	2.27
資親（美作守）		青侍	家僕									
大沢重能		青侍	家僕		青侍							
清幸（源左衛門尉）		青侍	家僕		青侍							
資興（美作守）		青侍	家僕									
大沢重長		青侍	家僕									
資能（新左衛門尉）		青侍	家僕									
重定		青侍	家僕		青侍							
清能		青侍	家僕									
知能		青侍										
佐伯親能												
周防入道	家僕											
刑部（刑部次郎と兄弟）				中間		雑色	中間					雑色
左近次郎				中間			中間			中間	雑色	雑色
藤五				中間		雑色				中間	雑色	雑色
刑部次郎				中間						中間		
菊鶴丸				中間								
弥三郎				中間								
宮内太郎						雑色						
孫八						雑色						
虎石丸								牛飼			牛飼	
二郎五郎									政所下部			
右馬二郎										舎人		
右馬太郎												舎人
彦若丸												童
弘三郎												
竹熊丸												
孫三郎												
左衛門三郎												

いて『後法興院記』『実隆公記』『言国卿記』から主なものを拾うと、

主家発給の各種文書の作成及び加署。
主家の家政職員及び荘官の補任。
主家の代理として伝言の受理。
僧侶との折衝。
主家の諸供養に関与。
主家への書状の受理。
主家子女の行事に関与。
主家外出時の前駈・供奉。
主家へ各種事件を伝達。
諸家への使。
主家の代理で諸家行事に参加。
家領年貢の徴収及び在地との折衝。
家領内検。
年貢の管理及び保管。
武士との折衝。
薬の調合。

主家邸宅作事時の監督及び就労。

主家での宿直。

主家の生活用品の購入。

主家の子女得度・入院・嫁入時の付添い。

寺社代参。

主家主催の講・歌会等に参加。

植樹。

調理。

家計に関与。

などがあり、青侍の職務はかなりの範囲に広がっていたことがわかる。これらの職務の中で注目すべきは、最初に掲げた主家発給の各種文書の作成・加署についてである。かつて政所家司が家政機関の中枢として位置していた理由は、文書の授受を占有していたためと言われているが、(5) その職務が青侍（家僕）の手に移っていることは、すでに『教言卿記』にその例が見られる。応永十二年十一月十八日の記事に、

細川へ沙汰人百姓等中宥仰之由下奉書清幸ト重長ト両人判形加之、、刑部次郎為使、且資能父許へ下向也、未明罷立者也、

とあって、傍注に施された清幸と重長は第一表で見た山科家の青侍で、主家山科家が下す奉書に判形を加えているのである。「細川」とは播磨国細川（兵庫県三木市）にあった山科家の荘園で、青侍資親が管理をまかされ現地支配を行っていた。資親は細川荘へ下り（『教言卿記』応永十二年十月十日）「土貢」を京都へ送っていた。資親が細川荘に滞在中、

百姓たちが資親を訴え逃散したことが飛脚から山科家に伝えられた（『教言卿記』応永十年十月十七日）。百姓たちが訴えた理由は不明であるが、山科家では百姓たちを「宥」すべく奉書を作成した。それが右の記事である。『教言卿記』にはこの「奉書」の名称は記載されていない。しかし青侍が判形を加え下した奉書であったことから「青侍奉書」と考えられるのである。ついでながら右の事件の結末は、現地代官である北郷将監なる者が更迭され、山科家の「中間」刑部次郎が現地政所に残置され（『教言卿記』応永十二年十一月二十二日）決着を見る。北郷将監の支配に問題があったのかもしれない。

二　青侍奉書の発給形態

戦国期「青侍奉書」はどのような時に発給されているのであろうか。実例を公家日記の記事から見ていくこととする。「青侍奉書」の名が記載されている記事は、『親長卿記』では一箇所、『宣胤卿記』では十二箇所、『実隆公記』では一箇所、それぞれ見つけることができ、それらの内容を以下に紹介する。

A　主殿官人であった故家方の遺跡を孫の忠方が継承するにあたり、当人から甘露寺親長に申し出があった。親長は以前、後花園天皇の仰せに従い、忠方が十五歳に達してからその代を勤めるよう伝えてあった。今回の申し出に対しては、年預の中原職業が忠方と会い、後花園天皇の勅約に従うべきことを伝えている。一方で親長は忠方の申し出を後土御門天皇に奏聞し、家方の遺跡相続の勅許が下されたのであろう。親長は青侍奉書によって天皇の仰せを忠方に伝えている（『親長卿記』文明二年九月二十四日条）。[6]

次に『宣胤卿記』には十一件の記事があり、そのうち七件は同種の記事であるため、Bにまとめて紹介し残る四件はを個々に紹介する。

B　毎年、中御門家には十二月末または正月の始めに、春日社神主家興から書状とともに神供物一具（火箸一前・上分二ケ・巻数）が贈られてくる。中御門家では神供物を受けた返事として、青侍奉書を家興に遣わしている（『宣胤卿記』文明十三年正月九日・長享三年正月十九日・文亀二年正月十七日・永正三年正月二十二日・同十二月二十四日・同四年正月十七日・同十五年正月十一日条）。

C　春日社神主家興は永正十六年六月六日、八十七歳で没した。南曹葉室頼継は氏長者である二条尹房に神主の人事を申し入れ、長者宣に代わる青侍奉書を下し、権神主師和が神主、家統が権神主、時殖が新権神主に補任されている（『宣胤卿記』永正十六年六月十日条）。

D　宣胤の許に春日社司から「春日祭必可為初支干、誰々参向乎」との書状が届いた。宣胤は祭奉行の広橋守光に春日社司の書状とともに、「内侍参向事可申沙汰」きことを伝えた。守光の返事を受けて、南曹弁中御門宣秀（宣胤息）が青侍奉書により春日社へ返事を遣わした（『宣胤卿記』長享三年正月二十四日条）。

E　「二星合御祈事、自明日七ケ日、一社一同特可抽精誠之由可令下知賀茂下上之由」と「都護卿（甘露寺親長）奉書」が宣秀の許へ届き、宣秀は青侍奉書により賀茂上下社にその旨を命じた。なお二星は太白星（金星）と歳星（木星）のことである（『宣胤卿記』長享三年正月二十日条）。

F　宣胤の許に頭弁勧修寺尚顕から書状が届き、「春日社御神楽地下楽所奉行事、雖有相論輩、景通、依勅定可被仰付也」と、尚顕が勅定を青侍奉書で伝えるため、宣胤にその文章の相談をしている（『宣胤卿記』永正三年閏十一月十九日条）。

G　後柏原天皇の代に賀茂社人竹内基久は勅勘を蒙っていた。後奈良天皇の代となってすぐに甘露寺元長と三条西実隆の間で基久の勅免のことを相談し、実隆が執奏した結果勅免が下った。甘露寺元長は青侍奉書により基久に勅免が下ったことを伝えた（『実隆公記』大永七年六月二十四日・二十五日）。

公家日記から「青侍奉書」に関する記事を紹介してきた。発給形態を見ると、Aは死去した者の跡目を継ぐ場合。Bは祈禱後の神供物を受けたことに対する返事。Cは春日社神主を補任する場合。Dは春日祭への参向者を社家に伝える場合。Eは祈禱を賀茂社へ下知する場合。Fは楽所奉行を任命する場合。Gは勅免が下ったことを伝える場合に、それぞれ「青侍奉書」が発給されている。宛所はA・Fは下級官人、B・C・D・E・Gは社家や神職宛となっている。また文書のうち公的内容を持つものはA・C・D・E・F・G。私的内容を持つものはBであることがわかる。

AからGにはいずれも「青侍奉書」の文言まで記されていない。しかし幸いなことにEについては、写本ではあるが中御門宣秀の『宣秀卿記御教書案』(7)に、次のとおりその文言が記されている。

二星合　公武御祈事、自明日七ケ日一社一同特可抽精誠之由、可令下知給之由、蔵人弁殿御奉行所候也、仍執達如件、

正月廿一日　　右兵衛尉秀重

謹上　鴨禰宜三位殿

加茂神主殿

□□

室町殿進上御巻数可入宮者、来廿六日必可被遣之由、同其沙汰候也、

とある。中御門宣秀は宣胤の息で、『宣秀卿記御教書案』は宣秀が弁官であった時代に作成された御教書案をまとめたものと考えられ、長享二年から明応二年までの写本が内閣文庫に残っている。右の奉書もその中にあって、奉者の右兵衛尉秀重は中御門家の青侍である。

右の奉書に「御奉行所候也」の文言があることで、冒頭で紹介した橋本氏が言う庁奉書・下家司奉書・出納奉書にも使われていた文言であることが思い出される。さらに『宣秀卿記御教書案』を紐解いていくと、右兵衛尉秀重が奉者となっている書状は、三五〇頁の第2表「右兵衛尉秀重奉書一覧表」のとおり二十通記載されている。二十通の宛先は春日社と賀茂社の神職に宛たもので、春日社宛の文言は「左少弁殿所候也」、賀茂社宛のそれは「蔵人（左少）弁御奉行所候也」となっている。表には記載しなかったが、本文書止は総て「仍執達如件」となっている。『宣胤卿記』でのEの「青侍奉書」を『宣秀卿記御教書案』から探し出せたことは、第2表で残る十九通も「青侍奉書」と称されていたことはまちがいなかろう。

庁奉書・下家司奉書・出納奉書の記載様式を橋本氏は、

a　本文は、「……由、……殿御奉行所候也」の文言があり、最後は「仍執達如件」で終わる。
b　奉書は、六位以下の者、あるいは前受領名。
c　宛所は神職。
d　年紀は、書き下し年号、付年号、月日のみの三通り。
e　上所は、謹上を付けている。
f　書体は、綸旨・院宣と同じ行書体。

第2表　右兵衛尉秀重奉書一覧表

	年月日	奉行文言	奉者	宛所	内容
ア	(長享二)　三月　四日	蔵人左少弁殿御奉行所候也		謹上　鴨禰宜 加茂神主	女院御不例御祈事
イ	(長享三)　正月二十一日	蔵人弁殿御奉行所候也		謹上　鴨禰宜三位 加茂神主	二星合　公武御祈事
ウ	(長享三)　五月　十七日			謹上　鴨禰宜三位 加茂神主三位	就変異事　公武御祈
エ	(長享三)十二月　十日				明年正月一日節会御用冬袍
オ	(延徳二)　三月　三日	左少弁殿所候也		謹上春日両惣官御中	山城国相楽御稲田事
カ	(延徳二)　三月　十四日				先日被仰出候木津御稲田事
キ	(延徳二)　六月　十四日			謹上　加茂神主三位 鴨禰宜三位	天下安全御祈事
ク	(延徳二)後八月　七日			謹上　鴨禰宜三位 謹上　賀茂神主三位	就変異事　公武御祈
ケ	(延徳二)十二月　七日	蔵人弁殿御奉行所候也		謹上　鴨禰宜三位 謹上　賀茂神主三位	彗星出現事

コ	(延徳二)十二月　八日		右兵衛尉秀重	謹上　鴨禰宜三位	当社権祝以下次第転任事
サ	(延徳三)　六月　二十日			謹上　鴨禰宜三位 賀茂神主	就二星合　公武御祈事
シ	(延徳三)十一月　七日	左少弁殿所候也		謹上春日両惣官御中	当季祭事
ス	(延徳三)十二月二十九日	蔵人弁殿御奉行所候也		謹上　鴨禰宜三位 賀茂神主	明年御重厄御祈事
セ	(延徳四)　二月　四日			謹上　鴨禰宜三位 賀茂神主	就天鳴動事　公武御祈
ソ	(延徳四)　五月　六日			謹上　鴨禰宜三位	今度御蔭山還幸之時
タ				謹上　鴨禰宜三位	鴨社権禰宜鴨祐名・新権禰宜鴨祐松等経数年在国太以不可然
チ	(延徳四)　五月　十日			謹上　鴨禰宜三位 賀茂神主	病患流布事
ツ	(延徳四)　六月　十八日			謹上　鴨禰宜三位 賀茂神主	変異事為　公武御祈
テ	(延徳四)　七月二十七日			謹上　鴨禰宜三位 賀茂神主	変異事為　公武御祈
ト	(延徳四)　八月　十三日			謹上　鴨禰宜三位 賀茂神主	変異事為　公武御祈

※右兵衛尉秀重発給の奉書には総て元号の記載はないため、括弧内に表示した。

とされている。aからfのうち、fは「青侍奉書」の実物に接していないため比較の対象からはずし、残るaからeについて記載様式を第二表と比べてみると、まったく同じ内容であることがわかる。

ところで、「青侍奉書」には、本章冒頭で内容を紹介した内のA・Fのように、下級官人宛のものもあった。A・Fに該当する文書ではないが、『親長卿記』と『宣胤卿記』に「御奉行所候也」の文言を持ち、青侍が奉じ下級官人に宛てた奉書がそれぞれ一通づつ記載されている。

『親長卿記』文明三年三月二十日
自来月三日、奉為旧院御百ヶ日聖忌、七ヶ日被行御法事五種行結願九日、可有御経供養、任例早々申沙汰給之由、
按察殿御奉行所候也、仍執達如件、
三月廿日　佐渡守親継(8)
大蔵大輔殿

『宣胤卿記』文亀二年五月一日
長講堂勾当并僧名公文職事、任亀寿与奪可令存知給之由、中御門大納言殿御奉行所候也、仍執達如件、
文亀二年四月廿九日　左衛門尉富親
謹上僧名公文幸夜叉殿
行事并小綱職同可令存知給之由候也、

の二つの記事がそれぞれで、これらの奉書はどのような時に発給されたのであるのか、それぞれについて見ると、『親長

卿記』記載の奉書は、後花園院の百ケ日の法事を行うに当たり、当日の奉行である甘露寺親長が後土御門天皇に日程について奏聞した結果、勅許が下り甘露寺家の青侍親継名で「大蔵大輔」宛て発給されたものであり、『宣胤卿記』のものは長講堂勾当并僧名公文職を亀寿から幸夜叉に移すことについて女房奉書により伝えられた後、幸夜叉宛出されたものである。この二通はいずれも記事の中で、文書の名称が記されていないが、これらの書状もまさしく「青侍奉書」と呼んで差しつかえのないものである。さらに「御奉行所候也」の文言を持つ文書は、『春日神社文書』にもある。

御当職一条殿御拝任候、任先例、為寺中御礼可被申之由、南曹弁殿御奉行所候也、仍執達如件、

九月九日　　左近将監泰久

興福寺供目代殿

がそれで、かつて中村直勝氏は『日本古文書学　上』の中で、「南曹弁御教書」として扱われ、応仁二年、一条兼良が氏長者となったとき、先例に任せ興福寺の一同から御祝儀を申し上げるように催促したもので、実質的には摂関家御教書と同じものであると解説されている。しかし、「御奉行所候也」の文言が見られること。Cの例に見たように南曹弁家の青侍が長者宣に代え奉じた「青侍奉書」もあったことから、中村直勝氏の言う「南曹弁御教書」は「青侍奉書」と言うべきものである。

公家日記に記された「青侍奉書」の記事の紹介に始まり、その本文内容についても触れてきた。奉書とは主人の意を奉じて侍臣が出す書状のことで、平安時代にはとくに三位以上の人の奉書を御教書と言い、天皇の場合は綸旨、氏長者の場合は長者宣であるとするのが一般に説くところである。したがって、勅が下った場合であれば、蔵人弁が勅

を奉じ綸旨を当該者に発給するのが通常の経路であろう。それがA・E・F・Gの場合、勅許→甘露寺親長（Fの場合勧修寺尚顕、Gの場合は甘露寺元長）→その家の青侍が発給。Cの場合は、二条尹房の命を受けて葉室頼継が発給すれば長者宣であるが、二条尹房から出た命が葉室頼継を経由し、葉室家青侍へ伝えられ「青侍奉書」の名で発給された。DもCに似た発給経路をとったのであろう。

なぜこのような発給経路をとるのであろうか。この疑問を解決する前に戦国期の御教書について、その実態、特に奉書と宛所との関係を見ておきたい。

三　御教書と奉書

戦国期、御教書と呼ばれている文書で奉者と宛所の関係を『宣胤卿記』の記事を例に見ると、弁官の内の左少弁及び権左少弁が中納言もしくは大納言に宛てる場合、奉者は名前の下に「奉」の字を添え、宛所は「進上〇〇中納言（もしくは大納言）殿」とし、文言には「天気言上」が使用されている。右中将・右中弁が中納言に宛てた場合「奉」は添えられてなく、宛所には「謹上」となっている。そして文言には「天気上啓」が使われるのである。(9)『宣胤卿記』を例に見たのは、宣胤は書札礼に詳しく、諸家からたびたび書札礼に関する問い合わせを受け、返答していることによる。書札礼に詳しい父を持った宣秀においても『宣秀卿記御教書案』を残す契機ともなったのかもしれない。次に『宣秀卿記御教書案』で授受の関係を見ておこう。

三五六頁第3表の「『宣秀卿記御教書案』に見る御教書授受関係（抜粋）」は、主として授受関係を見るため作成したもので、奉者の権右少弁・左少弁はともに宣秀である。先ほどの『宣胤卿記』の例に加え第三表によれば、弁官が

発給する「御教書」は公卿のほか、

① 官位の低い中務丞・主水正で「蔵人」が付く。

② 四位の大外記・史、

③ 神主個人ではなく館、

④ 僧都・上人

に宛られていることがわかる。ここにはAからGで見たような下級官人や神職には、弁官が直接御教書を発給する例は見られないのである。庁奉書・下家司奉書・出納奉書は、官の職制に昇らない者が発給責任者になって、譜代相続を建前とする神職に対して発給され、普通の院宣・綸旨をもう一段階、格を低くして伝達するという形式をとっていたとされている。[10] 御教書が下級官人や神職宛に発給されないことは、「青侍奉書」の宛先が下級官人や神職であったことで、それは御教書に代わる役割を持ち、庁奉書・下家司奉書・出納奉書と同様の伝達形式をとって発給されていたことがわかるのである。

今見た戦国期の御教書の奉者は弁官であり、弁官は公的内容を持つ御教書の発給に携わっている。「青侍奉書」には公的内容を持つものと私的内容を持つものがあることは、AからGで見たとおりであり、公私を問わず「青侍奉書」の名で発給されているが、Bのように私的な場合は別として、公的内容を持つA・C・D・E・F・Gのような場合、勅を受けた家の青侍もしくは弁官の家の青侍が奉者となり得る立場にあり、Cのように氏長者からの命を受けた場合であれば、南曹弁家の青侍が奉者となる立場にあったことは想像に難くないのである。

第3表　『宣秀卿記御教書案』に見る御教書授受関係（抜粋）

奉者	宛所	宛所 添字	自署	自署 添字等	文言に「天気」の有無	
権右少弁	蔵人中務丞	無	職名＋名前	無	無	春日祭事
	四位大外記 四位史	無	職名	判形	無	
	大納言	進上	職名＋名前	奉	有	
	左少弁	謹上	職名＋名前	無	有	
	新中納言	進上	職名＋名前	奉	無	春日祭御参行事
	中納言				有	
	大納言				有	春日祭延引事
	蔵人中努丞	無	職名＋名前	無	無	
	大外記 四位史	無	職名	判形	無	
	静樹院 僧都御房	無	職名	判形	有	当院特令□仏法興隆事
	蔵人主水正	無	職名＋名前	無	有	大和国氷馬料役事

左少弁					
賀茂新宮 神主館	無	職名	判形	無	賀茂新宮社改此間之御在所可引渡他方事
比良木社 新権祝館	無	職名	判形	有	鴨社前権禰宜祐長遺跡并当社領譲与之旨
河合禰宜館	無	職名	判形	有	鴨社領地分千疋事
住持実電 上人御房	無	職名	判形	有	長門国赤間関阿弥陀寺事
右大弁宰相	謹上	職名＋名前	無	有	除服出仕事
大内記	謹上	職名＋名前	無	有	明日可有宣下事
法勝寺住持 上人御房	無	職名	判形	有	当寺領江州永吉保事
楞厳院 衆徒中	無	職名	判形	有	中堂勧進事
大納言 僧都御房	謹上	職名＋名前	無	有	当国三室戸寺事
右衛門督	進上	職名＋名前	奉	有	着直衣可令参内
天縦上人 禅室	無	職名	判形	有	大徳寺住持職事
姉小路宰相	謹上	職名＋名前	無	有	可令除服出仕給者

むすびにかえて

最後に「青侍奉書」が生まれてきた過程と、家政機関について触れておきたい。

平安時代、荘園制度の発展とともに、主として摂関家には家政機関の中心に政所が置かれたことは周知のとおりである。その中心に家司がいたことはすでに述べたが、家司には上下の区別があり、四・五位のものを上家司、六・七位のものを下家司と通称している。下家司が奉書の発給主体となった場合、その奉書は「下家司奉書」と称されるようになったのであろう。

鎌倉時代から室町時代へと下るに従い、荘園体制が衰退の方向に進むなかで政所組織も解体され、家政機構にも変化が現れてくる。その結果、青侍が家政機構の中心的存在となってくるのである。[11] いつごろからそのようになってきたかについては今後の検討する必要があるが、今わかることは前述の『教言卿記』に従うと少なくとも応永期には、青侍による家政機構はできあがっていたものと考えられ、「青侍奉書」の名もそのころには存在したのではなかろうか。政所組織の解体に伴い、戦国期において家政機関はどのような名称を持った機関となっていたのであろうか。

『宣胤卿記』には、絵師土佐光信からの書状の記載があり、その宛先は「御奏者御中」となっている。[12] 奏者とは「天皇・上皇に奏聞の取次をする人」[13] のこととされているが、戦国期には中御門家にすら奏者が認められ、主家に対する種々の取次を行っていたのであろう。この書状の宛先となった「奏者」こそ文書の授受を職務とする青侍ではなかろうか。中御門家の例ではないが、近衛家にも奏者所があって、烏丸家家僕の玉村近江守任長が「申通子細」があって政家の父房嗣を訪ねたとき、房嗣・政家父子は奏者所で会っている。[14] 奏者所とは奏者が詰めている場所を指す言葉であり、近衛家の場合、官位が低い人物と会うとき使用する場所でもあったことが考えられるとともに、ここが政所に代わる家政機関となっていたことが推測できる。

戦国期の公家日記に記されている「青侍奉書」は、その名があったにもかかわらず、今まで研究の対象にされず、看過されてきた。そのため本章ではその紹介から始め、文言についても言及してきた。その結果、戦国期の公家日記を読むなかで、

『後法興院記』文明十二年四月二十三日条に、

自南都有注進、神主家久一昨日死去、仍神主・権神主・新権神主等就競望補之、成下長者宣年預下知先規云々、仍治光下知之、各進御礼物、神主三百疋・権神主百疋・新権神主百疋、

のような記事がある。当時氏長者であった近衛政家が竹屋治光に命じ、治光が長者宣により神主の人事を下知したと単純に理解していたため、治光の近衛家での立場の把握が十分できていなかった。(15) しかし「青侍奉書」について考察してきたことにより、治光は近衛家の青侍で政家の命を奉じ、「青侍奉書」を発給したことが推測できるとともに、その文言についてもおおよそ見当がつくのである。

〔註〕

(1) 日本古文書学会編集『古文書研究』の創刊号から三十二号までを見ても、戦国期の公家文書を中心に論じたものは、飯倉晴武「三条西実隆消息」(第十五号)くらいで極めて少ない。ただ鎌倉時代末から戦国時代にかけてのものでは、岩間敬子「弘

安書札礼と院宣・綸旨」（第三十二号　一九九〇）が発表された。

(2) 橋本初子「別形態の院宣・綸旨――「御奉行所候也」――という文書について」（『史林』六二ノ五　一九七九）。

(3) 『中右記』永久三年八月十二日条。

(4) 『国史大辞典』に青侍の説明が掲載されているが、歴史的な位置づけにまで触れられていない。

(5) 井原今朝男「摂関家政所下文の研究――院政期の家政と国政――（『歴史学研究』四九一　一九八一、後、『日本中世の国政と家政』校倉書房　一九九五収録）。

(6) 『親長卿記』文明四年六月十三日条。

(7) 内閣文庫蔵写本。なお同文庫には写本で『宣秀卿記』も蔵されているが、内容は『宣秀卿記御教書案』と同一である。

(8) 『康富記』には、青侍親継が発給した奉書を「伝奏奉書案」として記載され、「按察殿所仰候也」「按察殿御奉行所候也」の文言を持つものが四十一点数えられる。その大半の宛先は鴨禰宜・賀茂神主であり、中には武士小早川中務少輔に宛てたものもある。いずれも「青侍奉書」と考えてよいと思う。これら文書についての分析は『宣秀卿記御教書案』同様別稿に委ねたい。

(9) 『宣胤卿記』文明十三年七月一日・明応三年二月十四日・文亀四年正月二十三日・永正三年二月十二日・同四年九月二十九日・同十月一日・同五年三月二十七日に記載された御教書による。

(10) 前掲橋本論文。

(11) 本書、第三部第一章「公家日記にみる家政職員の実態」。

(12) 『宣胤卿記』永正十六年紙背文書。

(13) 『国史大辞典』奏者条。

(14) 『後法興院記』文明十八年十月十一日。近衛家の奏者所に関する記事は、『雑事要録』明応五年にあり、屋根葺きを行っている。また三条西家の場合は、奏者所の「畳三帖替」を行った記事がある（『実隆公記』大永八年五月二十三日条）。

(15) 『後法興院記』で竹屋治光は「雲客」と記されている。

補論

第一章　『歴名土代』について

——もう一つの公家の昇進記録——

一　編著者と略伝

『歴名土代』は、戦国期の公家山科言継・言経父子自筆の四・五位の叙位記録で、東京大学史料編纂所に整理番号、貴四五—三として蔵されている一冊の書物である。

『国書総目録』では『歴名土代』の編著者を山科言継とする。主に記したのは言継であることは次の奥書に、

歴名土代古今悉紛失也、適清三位家本自宝徳三年雖有之、永正三以来無之、其内又多不足、広橋黄門本又予近来如形注置之本、彼是取集近日抄出之、連々尚可書加之、三位已上者相見公卿補任之間、令略之而、天文六仲夏下旬書付之草本、三条亜相実澄卿被所望之条、於燈火写之者也、

永禄二年二月十六日　特進都督郎藤（花押）

とあるところからわかるが、言継の外にもう一人の人物の筆跡が見られる。

言継は永正四年（一五〇七）に生まれ、天正七年（一五七九）に薨じた。『歴名土代』は慶長十七年（一六一二）まで記録されており、言継没後引き続き記入を行ったのは、筆跡から見て息言経であることがわかる。

三六五・三六六頁に言経の筆跡を示すと、三六五頁のAは『歴名土代』四丁裏で正四位上の部分。三六六頁のBは『言経卿記』天正四年正月一日の記事で、年頭の儀式である四方拝に列席し、役を行う公卿以下の人名が記されている。Aに記された藤親綱（上段五人目）以降の人名のうち、同（藤）輝資・藤宣教・藤兼勝・同（藤）充房・同（藤）慶親の人名はBにも名が見え、A・Bで示した人名の書体は同一で、『歴名土代』で言継以外の筆跡は言経であると断定できる。ここで言経追記に係わる箇所、及び言継没後言経が引き継いで記した箇所を表にまとめると、三六七頁表1「言経追記箇所表」となり、『歴名土代』の編著者を言継・言経父子としなければならないことがわかる。

山科家は『尊卑分脈』によれば、藤原魚名三男末茂流で、鎌倉時代初期の実教を祖とする家系である。山科を家名とするのは実教の孫教房からで、教房の父教成が後白河法皇の別業山科荘を賜り、そこを住まいとしたことによる。七代教言が近衛中将を経て、中納言に任ぜられて以来、羽林家として朝廷に仕え内蔵頭も兼ねることになる。内蔵頭は律令官司の一つ内蔵寮を掌握する職で、諸国よりの貢物が大蔵省へ収められた中から、金銀・珠玉・宝器・錦織などを保管するとともに、天皇・皇后の装束や、諸社に奉幣する料物を調進する役目も持っていた。後には御厨子所別当を兼帯し、加えて天皇の秘書官的役目を負う蔵人所とも緊密な関係を持つようになったため、きわめて天皇に近く仕えることができる立場にある職といえる。

このような家系を持つ言継は、永正十四年（一五一七）十一歳で従五位下に叙せられて以来、同十七年（一五二〇）元服し内蔵頭。以後、頭中将を経て、天文六年（一五三七）従三位となり、公卿に列席する。天文十三年（一五四四）に中納言に昇進。弘治二年（一五五六）まで中納言の職を務め、同九月五日辞す。永禄五年（一五六二）中納言に還任され、同十二年（一五六九）大納言に任ぜられた。天正七年（一五七九）三月二日薨去。享年七十三。道号は月岑、

A（『歴名土代』四丁裏）

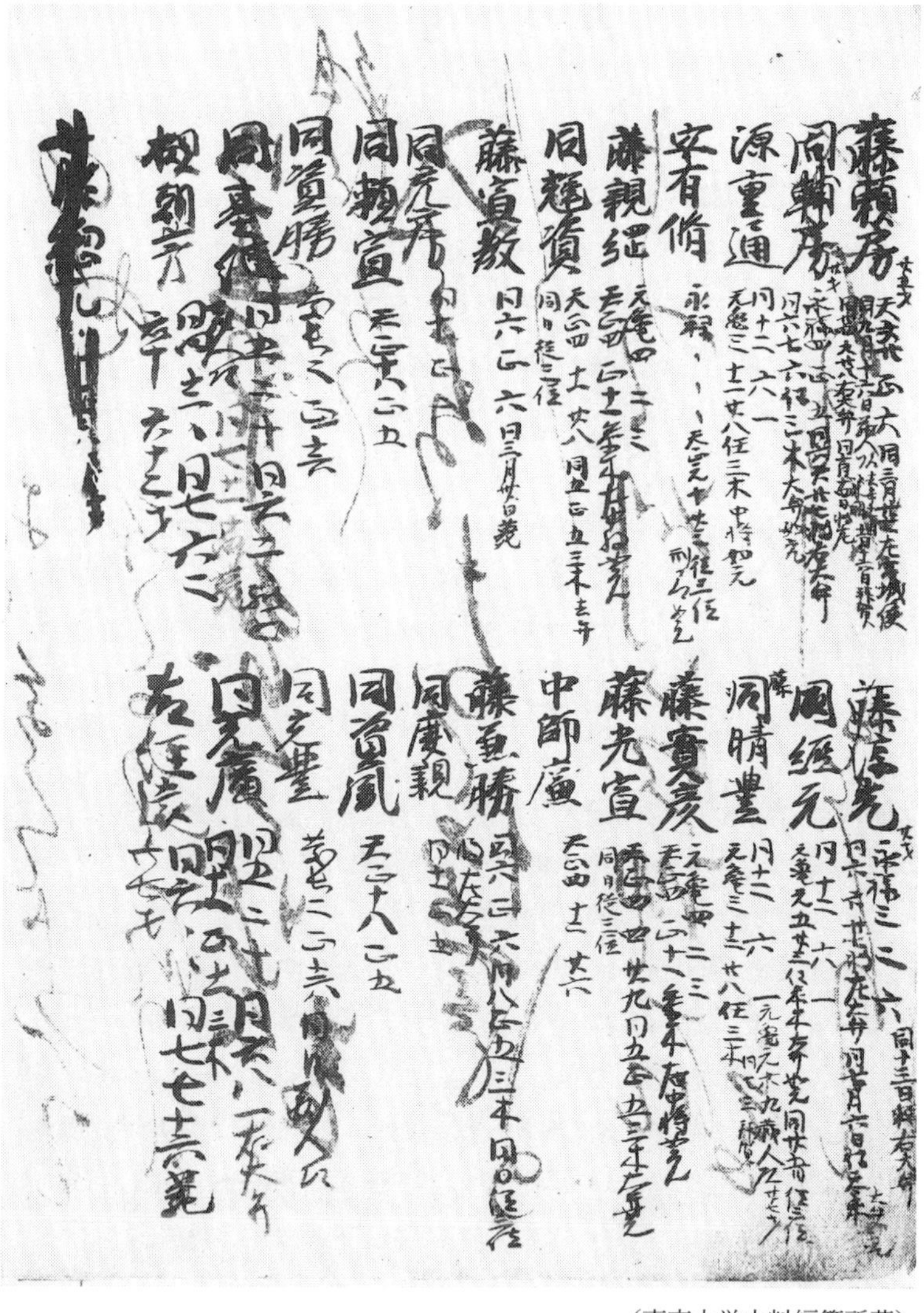

（東京大学史料編纂所蔵）

B（『言経卿記』天正四年正月一日条）

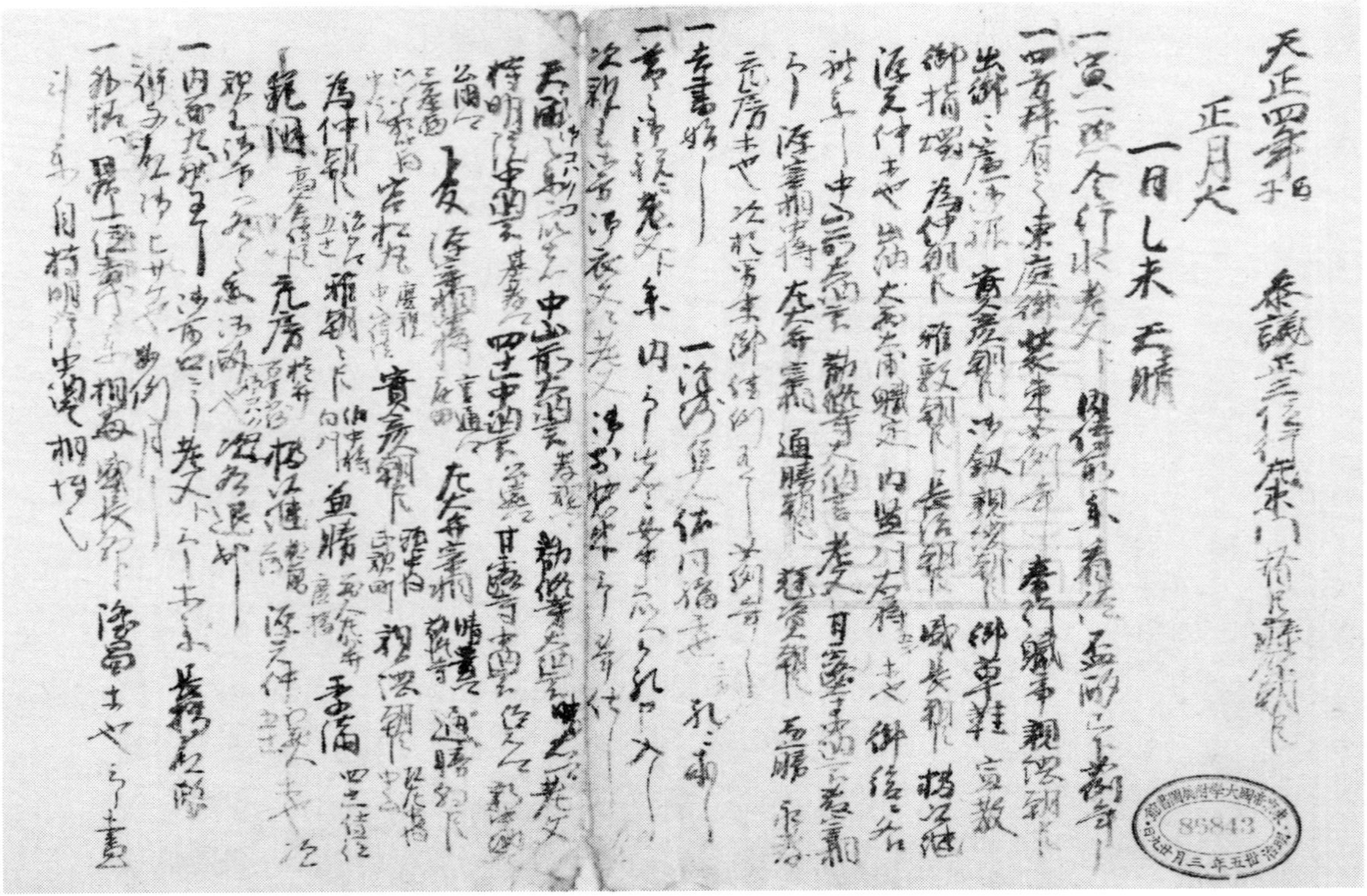

（東京大学史料編纂所蔵）

表1 言経追記箇所表

位	丁	段	人目	人名	追記箇所
正四位上	四ウ	下	二	同経元	同経元以下、正四位上最後藤総元まで。
正四位下	一二オ	上	三	和明名	永禄七・正・十九、
			六	清枝賢	天正四・六・廿九、従三位、
		下	七	平時秀	永禄二・十一・十四、任左兵督、同三・八・十七、従三位、
	一二ウ	下	三	中臣祐礒	天正五・十二・十二、従三位、
		上	五	源為仲	源為仲以下、正四位下最後源重定まで。
従四位上	二二オ	上	二	中臣祐庭	中臣祐庭以下、従四位上最後同総光まで。
従四位下	三六オ	下	二	源晴完	永禄八・四・廿六、従三位、
	三六ウ	下	三	日下部義景	天正元・、・、、討死、
			六	橘正虎	橘正虎全部。
		上	十	紀宗衡	天正十一・、・、、死、
			十二	秦相久	秦相久以下、従四位下最後藤俊昌まで。
正五位上	四二ウ	下	六	和親就	和親就全部。
	四三オ	上	八	藤光宣	元亀四・正・十六、転左中弁、天正五・正・十八、左中弁、同十一・十二・十三、蔵人、
		下	八	同輝資	同十二・正・十、転左少弁、元亀四・正・十六、転右中弁、天正二・三・廿八、左中弁、

		上	九	同宣教	同宣教以下、正五位上最後藤俊昌まで。
正五位下	五三オ	下	十	大中臣師孝	永禄七・正・廿一、任刑卩少甫、
		下	十三	藤言経	同三・三・三、右少将、
	五三ウ	下	七	藤親郷	藤親郷全部。
		下	八	同兼孝	同兼孝全部。
		上	十三	藤常久	藤常久以下、正五位下最後同宣衡まで。
従五位上	七〇ウ	上	二	多久宗	広長八・、・、、卒、
		下	五	中臣祐庭	春日社―（中臣祐庭の脇註、以下「脇註」は当該人名の脇註）。
		下	六	藤雅敦	飛鳥井（脇註）、及び元服、昇殿、
		上	七	秦相慶	松尾社―ィ（脇註、次の四人も脇註）、
		下	七	秦相久	同、
		上	八	秦重頼	松尾、
		上	九	小野久直	御倉松木兵庫ィ、
		下	九	中慶景	西園寺案主、
		上	十二	藤経頼	大炊御門（脇註）、及び元亀四・二・十五、元服、禁色、昇殿、同日、侍従
		下	十二	源通勝	中院ィ（脇註、次の八人も脇註）。
			十三	藤輝資	日野、

従五位上		上	十四	藤長治	進藤左衛門大夫、
	七一オ	上	四	秦相房	松尾社禰宜ィ、
		下		中臣祐国	春日社ィ、
		上	五	大中臣家光	同ィ、
		下		大中臣経久	同ィ、
		上	六	中臣祐範	同ィ、
		下		藤公仲	三条ィ、
		下	七	善光衡	善光衡以下、従五位上最後藤業光まで。
従五位下	九一オ	上	五	源周盛	天正七・二・、、出家、依三光院逝去也、七十、才、
	九三ウ	下	七	三善隆衡	西園寺諸大夫（脇註）、
	九四オ	上	三	津国繁	住吉社、晴光卿申沙汰云々、永禄五・三・廿七、中務大甫、
			五	源氏綱	永禄六・十二・廿、逝去、大中風云々、
		下	六	同藤孝	細川兵卩大甫（脇註、次の二人も脇註）、
		上	七	同藤長	一色式卩少甫、
	九四ウ	上	一	源政能	伊勢北畠ィ、
		下	十	源興光	永禄三・五・、、卒、
		上	一	狛季葛	舞人ィ（脇註）、

従五位下	九五オ	上	七	中臣延清	春日社、（脇註）。
		下	七	安有清	安有清全部。
			八	川国益	天正二・正・廿八、横死、
			九	中臣祐国	春日社―ィ（脇註）。
			十三	源興盛	追記後抹消。
		上	十五	菅為治	改盛長、天文十六・二・廿四、大内記、永禄三・三・九、文章博士
	九五ウ	下	一	大神景理	天正元・十・、、討死、
			三	中臣祐久	春日社（脇註）。
		上	十六	藤種直	月日、駿河守ィ、
		下	十二	藤永孝	叙位年月日以下尻付まで。
		上	十八	菅季長	同日、又改藤資政、故三木範久卿為子、同八・十一・七、卒去、
		下	十四	津守国崇	叙位年月日以下尻付まで。
		上	十九	藤公光	藤公光以下、従五位下最後藤為頼まで。

法名を照言と称する。墓所は京都市中京区の清浄華院にある。

言継は後奈良・正親町の両天皇に仕え、朝廷の公事に参列するのは当然のこと、儀式の時には天皇の装束を着付けするなどの奉仕を行っている。特筆すべきこととして、永禄十二年に後奈良天皇の十三回忌の法要費用を徳川家康に献金させることを奏上し、岐阜へ赴き（『言継卿記』永禄十二年七月六日・同七月八日条）、皇室の臨時費用の調達に奔走し職務を遂行したことが挙げられる。

言経は天文十二年（一五四三）七月二日誕生。母は葉室頼経の女である。七歳で叙爵し、十一歳のとき元服。同日内蔵頭に任ぜられた。父言継同様中将を経て元亀二年（一五七一）従三位となり、天正五年（一五七七）中納言に昇進した。天正七年（一五七九）中納言を辞したのち、同十三年（一五八五）勅勘を蒙り京都を出奔。義姉（上冷泉為益女＝妻の姉）を頼り堺に下る。義姉は本願寺光佐（顕如）の息、興正寺佐超に嫁いでいた。言経は佐超の援助を受け、摂津中島（大阪市）に居を移す。摂津での生活は、本願寺の子女に学問を教えるかたわら、家業の医業により貴賤を問わず診療を行い糧を得ていた。

慶長三年（一五九八）徳川家康の執奏により、勅勘を許され出仕する。同七年（一六〇二）前権中納言のまま正二位に叙せられ、同十六年（一六一一）二月二十七日薨ず。享年六十九。法名は白言。

言継・言経父子にはそれぞれの日記、『言継卿記』『言経卿記』があり、朝廷のことだけでなく、信長・秀吉・家康の記事も見られ、戦国時代を知るための恰好の史料を残している。

二　編纂過程と伝来

『歴名土代』の編纂は、かつて三条西実隆も行っていた様子で、『実隆公記』文亀元年（一五〇一）三月六日条に、

歴名土代沙汰之、申出禁裏御本歴名、則返上了、

とあり、管見ではあるが、この記事が『歴名土代』の書名として記録に現われた最初の記事であると考えられる。

冒頭の『歴名土代』奥書によれば、山科家では「歴名土代」を悉く紛失していた。たまたま清三位家が、宝徳三年（一四五一）から永正二年（一五〇五）までの分を所有していたため、借用し書写したのであるが、不足部分も多くあった。そのため言継が近来、注を施していた広橋家の本を取り集め、不足箇所を書き加え、天文六年（一五三七）夏下旬に書き終えた。ところがその草本を三条亜相（大納言）実澄が所望したので与え、言継は灯火の下で再び書写を行ったとのことである。

実澄が『歴名土代』を所望したことは、『言継卿記』永禄二年（一五五九）二月十七日条に、

歴名土代清書出来了、

三条亜相明日春日社上卿参行之間、〔三大歴名土代旧本被所望之間遣之、〕抜衣文之事被申中之間、晩頭罷向調之、

と記されている。記事の傍注「三大」は、三条西大納言実澄のことで、実澄は言継の旧本、すなわち奥書にいう草本を所望したため、言継は遣したのである。奥書で「於灯火写」し終えたときの日付は、右の記事の前日の日付となっている。実澄に遣わした旧本は、おそらく永禄二年二月までの叙位が記載されたものであったと考えられる。

実澄に旧本を遣わす前後、山科家が『歴名土代』に関し携わっている様子は『言継卿記』『言経卿記』に詳しい。次にそれらを掲げる。

①『言継卿記』天文十九年十一月二十六日条

広橋へ土代返遣了、

②『言継卿記』天文二十三年二月四日条

広橋亜相に土代借用、被勘入之分可写之用也、

③『言継卿記』天文二十三年四月六日条

自広橋亜相補歴被借用、又土代本返之、

④『言継卿記』弘治二年正月二十四日条

従万里小路亜相可来談、又歴名土代被借用之間持罷向、中院同被来、一盞有之、

⑤『言継卿記』永禄二年二月四日条

万里小路へ罷向、歴名土代上下両冊取返了、

⑥『言継卿記』永禄二年二月十七日条

歴名土代清書出来了、

⑦『言継卿記』永禄二年二月二十一日条

三条亜相明日春日社上卿参行之間（三大歴名土代旧本被所望之間遣之、）、抜衣文之事被申中之間、晩頭罷向調之、但長唐櫃少之間放之了、

歴名土代掛表紙閉之、次文校（挟）之装束仕立了、

⑧『言継卿記』永禄六年正月二十一日条

自広橋入道内府土代被借用之、晩頭帰来、

⑨『言継卿記』永禄六年六月十六日条

自甘露寺補暦・土代等被借用、遣之、

⑩『言継卿記』永禄六年七月九日条

甘露寺へ罷向、一盞有之、土代被返之、調中散被所望之間三服遣之、

⑪『言継卿記』永禄七年十二月二十二日条

自柳原弁維摩会之記被返之、又自広橋補歴・土代等被返之、同伝達、

⑫『言継卿記』永禄九年正月十二日条

歴名土代可懸御目之由被仰下之間、昨日長橋局へ持参了、

⑬『言継卿記』永禄九年五月二十二日条

禁裏御本土代、近年之分書続之、長橋局迄持参了、

⑭『言経卿記』天正四年正月六日条

禁中御補任・暦名土代等直可進上之由有之、則被下了、

⑮『言経卿記』天正四年正月七日条

御補歴・土代等進上了、次伊予殿へ教重口宣進之、台所ニテ渡付、

⑯『言経卿記』天正四年三月六日条

禁中御本諸家伝上下・土代等、自昨日被出、直可進之由也、今日夜、御番次持参了、

⑰『言経卿記』天正四年八月四日条

二条殿歴名土代御借用之間進了、

⑱『言継卿記』天正四年九月三日条

自二条殿昨日参御祝着之由有之、又歴名土代被返之、次錫一対・両種スシ、曼(饅)頭、賜之、畏入者也、公卿補任自当代可被仕立之間、本可進置之由有之、先後奈良院上下両冊進之、

⑲『言経卿記』天正四年九月三日条
二条殿ヨリ土代カヘサセラル丶、又先皇補任上下御借用之間進之云々、

⑳『言経卿記』　天正四年九月十七日条
甘露寺歴名土代借用之間遣了、

㉑『言経卿記』天正七年二月五日条
徳大寺来談了、老父御雑談云々、次罷出了、移刻了、次禁中ヨリ被仰了、公卿補任後醍醐院上下可写進之由申渡了、同心也、則随身也、
禁中御補歴・諸家伝上下・歴名土代等可改書之由被仰了、
㉒『言経卿記』天正七年二月六日条
広橋へ補歴取遣了、
御補歴・諸家伝上下・歴名土代等改書進上了、次雑書二冊返上申了、
㉓『言経卿記』慶長九年二月十三日条
禁中暮々参内、黒戸へ参了、入道前侍従中納言・隆尚朝臣等同参内了、諸家伝上下・土代・補歴等被改之、予本持参了、

㉔『言経卿記』慶長九年二月二十日条
参内可申之由長橋殿ヨリ書状有之間、則参了、番衆所ニテ補歴・伝三(マヽ)冊ナヲシタテ進上了、土代相残了、ヤカテ可書進之申入了、メ、スケ殿へ申了、

とある。

「歴名土代」は⑫・⑱・⑲に見るように、天正四年八月四日に二条晴良に貸したとき、言経は「歴名土代」と記し(⑰)、九月三日に二条家から戻されたとき、言継は「歴名土代」(⑱)、言経は「土代」(⑲)とそれぞれ記している。このことから「歴名土代」は、「土代」とも称されていたことがわかり、①・②・③・⑧に見える「土代」も「歴名土代」のことであると考えられる。また、⑱・⑲の記事から、『歴名土代』を貸した後、返されたときの記事が同じ日付で父子の日記に記されていることは、この時期、父子で『歴名土代』を編していたことがわかる。

言継・言経父子は『歴名土代』を、

- 広橋家から借用……①②③
- 必要部分を書写……②
- 諸家へ貸し出す……④⑤⑧⑨⑩⑪⑰⑱⑲⑳
- 上下巻あり……⑤
- 諸家の依頼で書写……⑥⑦
- 叡覧に供す……⑫⑬
- 禁裏本を直す……⑬⑭⑯㉑㉒㉔
- 禁裏へ献上……⑭

のように扱っており、当時『歴名土代』は禁裏や二条・三条西・甘露寺・広橋・万里小路の諸家に加え、奥書にあった清三位家が所有していたことが窺える。

記事の順序に従って見てきた結果わかることは、①・②・③により広橋家の「土代」を用い、実澄に遣した後も、「連々尚」書き加えていった。その作業の過程で丹盛直について、明応四・十二・廿六に従五位下に叙せられているにもかかわらず、永正九・十二・八にもまた丹盛直が従五位下に叙せられる記事を見つけ、「前有之、如何」と註を施してもいる。

言経も『歴名土代』「従五位上　秦相慶　永禄二・二・六、同五・八・十九、卒、」の秦相慶の脇に「松尾社―イ」と付すなど、校合を行っていた跡を数多く見ることができる。特に徳川家康について、

三川国松平号徳川
源イ藤家康　同九・十二・廿九、同日、参河守、永禄十一月　日、左京大夫、

とある。家康は姓を藤原と源を併用しており、『歴名土代』に「源家康」と記す家もあったのだろう。言経が校合したとき、山科家との違いから「源イ」を施したことが考えられ、校合の後を追うことも興味深い。ついでに付記すれば、家康の叙爵は近衛前久の口入による（『御湯殿上日記』永禄十年正月二日条）。

①〜㉔の『言継卿記』『言経卿記』の一連の記事から、諸家でも山科家の『歴名土代』を借用し、また言継や言経に依頼し、改訂を行っていたことは、『歴名土代』が諸家にとっても必要な書物であったことがわかる。しかし現在、山科家以外の『歴名土代』が写本として残っていないかと思い、『国書総目録』に掲載された写本を蔵する機関のうち次の所へ赴き閲覧した。しかし閲覧した限りの写本は、いずれも江戸時代に書写されたもので、そこに掲載された人名の配列は山科家本に従っており、その状況は次の表2「写本状況表」のとおりであった。諸家の『歴名土代』は、江戸時代すでに失われていたのであろうか。

ところが最近になって関西大学教授西本昌弘氏から、研究代表者田島公『東山御文庫を中心とした禁裏本および禁

裏文庫の総合的研究』掲載の目録から、マイクロ四五八四「歴名土代」を紹介され、宮内庁書陵部で一度閲覧してきてはどうかと勧められた。早速宮内庁へ手続きを行い閲覧に赴いた。外題から江戸時代中期の霊元天皇の書写であるとの説明を受け、記された人名を順次見ていった。山科家本と比較すると、正四位上では冒頭人名について、山科家本は三名が例外にあり、後で書き足したようになっている部分がある。しかし霊元天皇筆写本では冒頭の人名順序は山科家本と同じであるものの、配列は整えられている。末尾近くの「藤輝資」の後に「官本此間無闕書き続くなり」の記入があり、以下は山科家本記載の人名が同じ順序で記載されていた。正四位下の冒頭部分も正四位上と同様、山科家本の順序で配置され整えて記されている。末尾近くの「源通勝」の後に「官本此間無闕書き続くなり」の記入があって、続く順序は山科家本と同じである。従四位上・従四位下も配列は整えられ、末尾近くに「官本此間無闕書き続くなり」と記されている。

正五位上も四位と同様に配列は整い、末尾近くに「官本此間無闕書き続くなり」の挿入がある。正五位以下で山科家本と異なる点は正五位下では、「藤信尋」以下三人、従五位上では「藤宣季」以下九人、従五位下では「勝部幸綱」以下六人の名がそれぞれ記載されていなかった。さらに最後に奥書は記されてなかったのである。

西本氏のご教示によると末尾に挿入された「官本此間無闕書き続くなり」とある「官本」は田島公「近世禁裏文庫の変遷と蔵書目録――東山御文庫本の史料学的・目録学的研究のために――」(『禁裏・公家文庫研究　第一冊』思文閣出版二〇〇三)にあるように禁裏文庫本を指す常套句で、恐らく山科家本と異なる系統の写本があったことが推定されるとのことであった。その結果次節に掲げた「写本状況表」の中の山科家本の奥書が記されてない写本、及び『国書総目録』掲載の写本で今回調査できなかった『歴名土代』について、今後写本を追い系統を調査する必要があると考える。

三　『歴名土代』と「補任歴名」

前節の『言経卿記』の記事（⑭〜㉔）の中で、言経は禁裏からの依頼で『歴名土代』の他に、「補歴」「諸家伝」「補任」「公卿補任」などを直している記事（⑭・⑮・⑯・㉑・㉒・㉔）がある。その中で「補歴」に注目し、『歴名土代』との関係を見ておく必要がある。

表2　写本状況表

所蔵機関	奥書有無	奥書記載依頼主	備考（書写年代等）	整理番号	記号又は函番号	冊数
内閣文書	無			和一五五一七	一五一・二九八	一
	有	実澄		和三二九一九	一五一・二九九	一
	無			和五三二五四	一五一・三〇〇	一
	有	実澄	享和三年写	和五一九〇六	一五一・三〇一	一
	無			和四二七七一	一五一・三〇二	一
宮内庁書陵部	有	実澄	抜書　書写年なし	四五五二九	葉—一二三一	一
	有	実澄	書写年なし	六八九〇六	二五三—四四八	一
	無			六〇三	二七一・二八	二
	有	実澄	中務卿邦永親王本写	六五六三六	二五一—四	一
	有	註1	慶応三年写	四二六三四	葉—五〇〇	一

	有	実澄	宝暦写	八八三三	二〇七―七五五	三
	無		霊元天皇写	東山マイクロ	四五八四	一巻
京都大学附属図書館	無		四冊目慶長以後追加あり	五―六五　レ―一		四
京都大学附属図書館	無			平松　第弐門　レ―二		一
京都大学附属図書館	無			菊　レ―三		二
京都大学国史研究室	無			国史　か六　一五五		二
東北大学附属図書館	有	実隆（澄カ）	貞享二年写　註2	狩　第三門六六七一		一
山口県文書館	無		註3	右田毛利　一四六一　五　七		一
神宮文庫	有	実澄	註4	六　一三一九		二
神宮文庫	有	実澄	註5	六　七三八		二
神宮文庫	有	実澄	賀茂清茂写（年不詳）	六　七三九		二
神宮文庫	有	実澄	正徳二年写	六　七四〇		一
尊経閣文庫	有	実澄	宝暦十年写	蔵書目録ページで請求		二
天理大学附属図書館	有	実隆	註6	六三　吉　十		一
天理大学附属図書館	有	実澄	享保十七年伊藤長胤購	古　七三　十一		五
阪急池田文庫	有	実澄	註7	九八二・四　YAM		一
陽明文庫	無		元禄～宝永期ころ	近　二四四　三〇二		一

（所蔵機関掲載順序は宮内庁書陵部「霊元天皇写」を除き『国書総目録』掲載順による）

奥書欄が「無」であっても、内容は自筆本『歴名土代』がもとになっている。

註1　自筆本の写本であるが、言継が記した奥書は写されていない。

註2　外題（題簽）・内題とも『歴名土代　抜書』とある。

註3　『公卿補任』『歴名土代』のうち、毛利氏に関する部分の抜粋。毛利氏は本姓「江氏」であることから、大江氏の部分の抜粋に加え、中原氏（局務家の中原氏と藤堂氏〈広橋氏家僕で中原姓〉の部分の抜粋。

註4　『国書総目録』に「永禄二写」とあるもの。しかし慶長年代まで同一人物の書写で、書写年次不明であるが、「荒木田権禰宜腹巻主膳弘尚（花押）」の署名がある。

註5　書写年次は慶安四年河端孝益、天和二年紀宗恒、安永五年和気董正の三回が記載されている。

註6「吉田文庫」の蔵書で、表紙貼付の題簽には「歴名土代　全」とあるが、抜粋である。また、「吉田文庫」の目録の「歴名土代」の解説に奥書の写が翻刻されている。奥書翻刻で言継への依頼者は「実隆」となっているが、写本のその部分は「実陸」と読める。

註7　書写年次は「享保十五年紀宗直、明治十八年武修」とある。

「補歴」は、言継父子の日記にしばしば記録されている他、諸家の日記にも散見する。中原康富の日記『康富記』嘉吉四年（一四四四）正月六日条に、

昨日依為禁裏御衰日叙位延引（中略）、内裏御補任歴名被遣清大外史、可直進之由昨日被仰下之間、於歴名者、於彼第被直、御補任者被送予、可直給之由被命之間、昨日直之、今朝持参外史亭了、

とあり、また『言継卿記』天文二年（一五三三）十一月二日条に、

正親町頭中将より被呼候間罷向、補歴可直之由被申候、取乱候間、歴名計直与候、

や、天文十九年（一五五〇）十二月十九日条には、

藤中納言に朝飡有之、予計也、右衛門佐補歴借用之間、両本遣之、

とある。

『康富記』の記事では、正月五日の叙位の儀が天皇の御衰日に当たったため延引となった。しかし清大外史に「御

補任歴名」を直すことの仰せが下ったため、清大外史は「歴名」を直し、康富が「補任」を直した。

『言継卿記』の記事では、正親町頭中将（公兄）から「補歴」修正を依頼され、「取乱候間、歴名」のみ直したことや、右衛門佐からの「補歴」借用依頼を受け「両本」を遣したとある。これら三つの記事により「補歴」とは「補任」と「歴名」の二種類の本を指し、それらは常に一対をなす書物であったものと推定できる。

『言継卿記』天文二十一年（一五五二）十二月七日条に、

庭田へ罷向、宣下之物共披見、補歴直改了、

とあるように、言継は「宣下之物共」を見て「補歴」を「直し改」めている。また、『言継卿記』天文二十二年（一五五三）六月五日条には、

庭田へ罷向、昇進加級有之哉、補歴加改之由申候処無之云々、

とあり、「昇進加級」を尋ね、あれば「補歴」に書き加えることを申し出ているが、このとき昇進加級はなかった様子である。

『言継卿記』永禄二年（一五五九）十月二十五日条に、

又弁宣下共之事尋之、注付了、補歴可改用也、

からは、弁官に宣下された人のことを尋ね注を付し、「補歴」を改めるための準備を行っていたことがわかる。

前の三つの記事のうち二つは蔵人頭であった庭田重保に尋ね、「補歴」を改訂する準備を行っていたものであるが、見方によって「補歴」の改訂は、時期を選ばず適宜行われていたように考えられる。しかし甘露寺親長の日記『親長卿記』文明七年（一四七五）二月一日条に、

自今日番なり、参内衣冠、於御前御補歴直之、旧院御代、叙位除目之後、被遣外記被直了、今仰之間直之、除目聞書到来、書加之、

とあるように、「補歴」の改訂は旧院（後花園天皇）の御代には、叙位除目の後に外記が行っていたのを、次の後土御門天皇の代には親長の手に移り、改訂の仰せがあり直した。続いて除目聞書が到来し、書き加えの作業を行ったとのことである。言継が行う改訂作業も、親長のころに始まったような方法が踏襲され行われていたのであろう。除目とは諸官を任命する儀式であり、任官者を列記した名簿でもある。

先に『歴名土代』が書物として最初に見られる記事として、『実隆公記』文亀元年（一五〇一）三月六日の記事を掲げた。実隆は禁裏の「歴名」を借用し、『歴名土代』を沙汰していたのであり、言継の行う「補歴」の改訂作業とはやや趣が異なる。このことに関しては後述する。

「補任」「歴名」とは、どのような体裁を持つ書物であろうか。

国立歴史民俗博物館には、外題を『補略　永禄六年』とする巻子本が一軸、また東京大学史料編纂所には、外題を『古暦裏書　歴名』とする巻子本一軸がそれぞれ所蔵されている。国立歴史民俗博物館の『補略　永禄六年』は、広橋家旧蔵記録文書典籍類の中にあり、整理番号はH—一〇八三　五五五。もとは袋綴本であったのが巻子に仕立てなおされ、そのとき「補略」の外題が付けられた様子である。ちなみに「補略」は、「補歴」の「歴」を呉音で読み「略」に代えたもので、外題の書体は本文の書体とは異なる。本文の書体は中世の字体で、総て同一の筆跡であるが、作成者は不明である。内題に「公卿永禄六　正」と記され（三八四頁写真）、太閤以下出家者も含め、官職順に五十名の公卿が姓名・法名・位階などとともに記されている。次に「殿上人」に移り、八十七名の姓名が列挙され、それぞれ官職

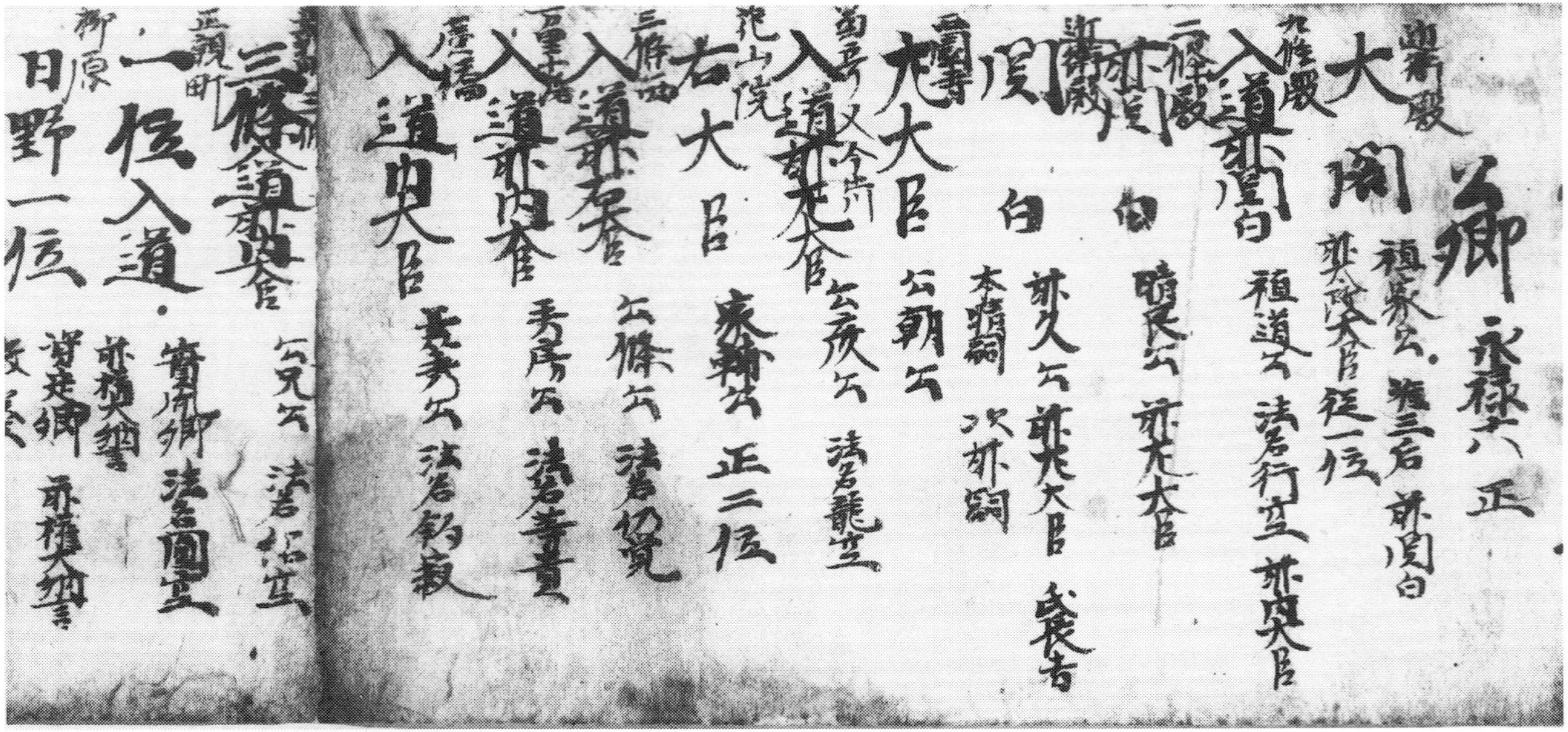

『補略　永禄六年』（国立歴史民俗博物館蔵）

を中心に位階なども記されている。最後の項は「地下」で、十二名の名が見える。この巻子は永禄六年一年分だけのもので、出家者を除き太閤以下公卿をそれぞれ『公卿補任』永禄六年分と突合すれば、記載順序・記載内容に多少の相違があるものの、他の事柄は『公卿補任』と一致する。

東京大学史料編纂所の『古暦裏書　歴名』は、整理番号、貴五四―二九で蔵されており、東京大学史料編纂所教授桑山浩然氏（当時）のご教示によれば、編纂所の架蔵番号から判断して三条家旧蔵本の一つと考えられるとのことである。

装丁は具注暦の紙背を用い、もとは袋綴じであったものを巻子本に仕立てなおされ、内題に「歴名　親王公卿□□」（□□は虫損）とある（三八六・三八七頁写真）。内題のあとに、親王・一品・二品・三品・無品の項を立て、次に公卿の項に移る。公卿は従一位から従三位までで、諸王の項へ移る。諸王は正四位上から従五位下まで。諸臣の項は正四位から従五位下までである。親王・一品・二品の項は空白で、他は姓名とともに叙位年月日の記載がある。各項ごとの内容を正四位上項と正四位下項を例に見ると、正四位上項の場合、「藤賢房文亀二　正　十三」以下、「同（藤）公兄永正十七　十四」までの六名が記され、正四位下項の場合は「中師富文明八　正　六」以下「藤基規永正五　正　十九」まで四十八名の記載があり、位階により記載人数も記載期間もまちまちとなっている。また、人名に合点を施した跡が多くみられるのも一つの特徴である。この巻子も『補略　永禄六年』と同様に中世の書体で記されてはいるが、作成者は不明である。

「補歴」について、斎木一馬が「公卿補任」（『日本歴史』一九四　昭和三十九年七月、後、『古記録の研究　下』斎木一馬著作集2所収　吉川弘文館　平成元年）で説くところをまとめれば、

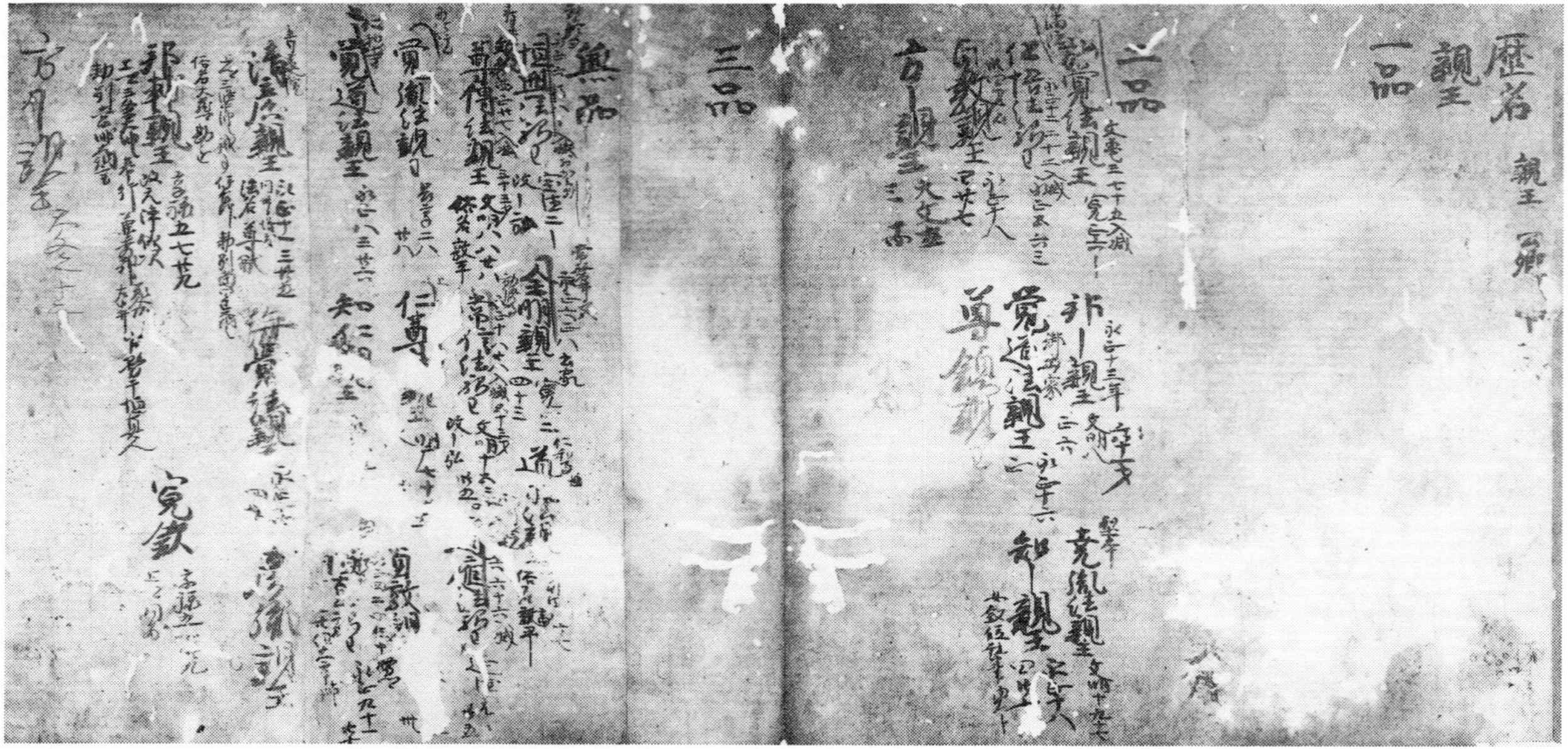

『古暦裏書　歴名』（東京大学史料編纂所蔵）

第1図 『醍醐寺文書』2505の2
『古暦裏書』歴名

a　公卿補任と密接な関係にある。

b　当年の公卿補任の台本となるもの。

c　補任は公卿を官位の順に列挙したもの。

d　歴名は四・五位の殿上人を官位順に列挙したもの。

となる。『補略　永禄六年』は記載内容から推測すると、斎木の言うcにあたり、永禄六年の「補歴」のうち、「補任」部分と考えられる。また、『古暦裏書　歴名』は四・五位のみの記載ではないが、官位を中心に記されてあるため、dに当たり、外題どおり「歴名」と考えて差し支えないと思う。

『歴名土代』は『古暦裏書　歴名』と深く関わっており、その様子は次節で述べたい。

『歴名土代』が盛んに諸家で所有されるようになると、叙位年月日だけでなく、経歴も記載し詳しく書かれるようになったことが考えられる。そうなると疎漏を防ぐため、諸家ではそれぞれ互いに校合も行われるようになる。

公家社会では前例を重んじるため、過去の例を見て行動することが多い。「歴名」の記載記事に前例を求めることは、『康富記』に見ることができる。

『康富記』嘉吉四年（一四四四）四月十七日の記事では、藤原宗勝と源仲重が四品（従四位下）事を申したので、「無上首哉、可尋之由」を天皇より仰せが下った。康富は「歴名」を「引勘」し、返答している。しかし前節に示した①から㉔の史料では、『歴名土代』に前例を求めた記事はない。このことから「歴名」は公的な書物であったものと考えられ、前例を求めるときの参考となり得たが、『歴名土代』はそれぞれの家で、私的に持つ書物であったと考えられるため、公に前例を求めるためのものとして扱われなかったのであろう。

四　題名の由来とその読み方

『日本国語大辞典』（小学館版）で「れきみょう（歴名）」を引くと、「姓名を順次に列記すること。また、そのもの」とある。続いて「土代」には、「文書・書画類の下書き。草案。草稿。土台に同じ」とある。したがって、『歴名土代』とは四・五位の人名を列記した下書きの書物ということになる。

『歴名土代』は位階別に叙位された人物が、叙位年次に従い整然と記入されており、下書きとは見えない反面、正四位下の藤公仲以下、豊忠興まで（平時慶・菅為良を除く）の十二人のように、姓名のみで叙位年月日が記入されていない箇所をいくつか見ることができる。また時代が下がるにつれ、特に従五位下では列記された人物の叙位年次が、順序よく配列されていない箇所が多く見られ、それらの人物には当該の序列に挿入すべき符号が施されてあったりする。これらの例から、『歴名土代』は予め四・五位に推挙される予定者の名を記しておき、叙位されてのち叙位年月日を書き加えていったものと考えられる「土代」（下書き）であった。

整然と列記されている箇所は、言継が『歴名土代』の奥書で伝えるとおり、清三位家や広橋家の『歴名土代』を利用し書写した部分であろう。叙位予定者を予め記入しておいても、そのとおり叙位されなかった場合、叙位年月日は記入されず空白のまま残り、また記入順序どおり叙位されなかった場合や、臨時に叙位される者が出た場合、順序が崩れることがある。

「歴名」と『歴名土代』の関わりについては、ある人物が叙位されると親長や言継が行っていた「補歴」のうちの「歴名」に書き加えられる。その人物が予め『歴名土代』に記入してあった人物であれば、「歴名」により叙位年月日が写されるのであって、この作業は叙位されるごとに繰り返し行われる作業であった。実隆が「歴名」を用いて『歴名土代』を沙汰したのも、これらの改訂作業を行っていたものと考えられる。

言継・言経父子が諸家より『歴名土代』改訂の依頼を受けたのは、前述のように父子は「補歴」の改訂作業に携わっていたことで、最も確実な作業ができる立場にあったことによろう。しかし広橋家のように自家で改訂作業を行っていた家もあったことは、『言継卿記』の記事から窺え、言継も広橋家の『歴名土代』を借用し、校合していたことも読み取れるのである。

次に『歴名土代』の読み方であるが、従来から「れきめいどだい」と読まれている。しかし南北朝時代の少外記で、記録所寄人を勤めた中原師守の日記『師守記』貞治六年（一三六七）八月二十四日条に、

ふにんりやく名御らんせられたきこと候か、ひさしくなをり候ハぬほとに、正たひなく候、御わたくしの本候ハ、、まいらせられ候へ、候ハすハ、外記にめしてまいられ候へ、やかて返しつかハされ候へしと申とて候、あなかしく、

との書状が掲載されている。この書状は北小路教光が仙洞から、「ふにんりやく名」の借用を命ぜられたときのものであるが、教光は紛失していたので師守の兄師茂に借用を依頼してきた。この書状の冒頭の「ふにんりやく名」は「補任歴名」のことである。

また『言継卿記』天文二年（一五三三）紙背文書に、「ふりやくの事二月ニくたしまいらせ候やうに」と記す箇所があり、「ふりやく」は「補歴」を指す。右の二例の「歴」の字音は、いずれも「りゃく」で呉音である。ついでながら「暦」も「歴」と同じ呉音の字音であるため、「暦名土代」と記されることもある。

次に「名」の字音である。先に『日本国語大辞典』で「歴名」を引いたことに触れたが、「れきめい」で引くと「れきみょう」を見よとなっている。「名」の読み方には「メイ」と「ミヤウ」の二種類があり、「メイ」は専ら名医・名馬・名人などのように「すぐれた」という意味を持つ場合の字音である。「ミヤウ」の場合は、名代・名号・名字・名帳・名簿などがある。「歴名」は名簿の類である名帳・名簿の「名」と同じであるため、「りやくみやう」の字音であり、『歴名土代』は「りゃくみょうどだい」と読むべきである。

五　体　裁

『歴名土代』は、新たに作られた紙箱に保管され保存状態はよく、原表紙（縦二五・七チセン、横二〇・六チセン）の上に、別に同じ大きさの表紙と裏表紙が付けられ、『歴名土代』と記す題簽が表紙左上にある。原表紙の左上にも『歴名土代 四位五位』と墨書した縦一四・七チセン、横三・一チセンの題簽があるが、もとは『□歴名土代□』（□の部分不明）と読み取れる打付書が施されていた。装訂は書状・懐紙の紙背を再利用しての袋綴じで、紙数は空白部分を含め全部で一〇四丁。見返しには「正四位下」と記されている以外はなにも記されておらず、以下一丁半の空白となっている。次に標題を「歴名土代上四位」と記し、上下二段に分け、「正四位上」に叙せられた者が列挙され、叙位年月日に続き尻付には、官職や兼官などの任官日が記されている。四位は従四位下まで続き、空白が二丁続いた後、「歴名土代下五位」となる。標題で四位の部分が「上」で、五位の部分が「下」であることから、当初は四位・五位別に上・下に分冊されていたものと考えられる。

記録された人数は延べ四二四三人で、内訳は次のとおりである。

正四位上	一一〇人
正四位下	三九三人
従四位上	四四七人
従四位下	六九四人
正五位上	九〇人
正五位下	六二六人
従五位上	七〇四人
従五位下	一一七九人

記録期間は南北朝時代の貞治六年（一三六七）から慶長十一年（一六〇六）までの二六〇年間であるが、貞治六年から永享年間（一三六七〜一四四一）までは抄出された記録で、本格的に記録されるのは嘉吉年間（一四四一〜一四四四）以降からである。記録された人物は公家だけでなく、神官や地方の武士まで幅広くおよんでいる。そのほか『歴名土代』には、八六丁表・八六丁裏・八九丁表の三箇所にそれぞれ付箋が貼付されている。今それぞれの付箋に便宜、「ア」「イ」「ウ」の符号を付け、本章末へ掲載した。

「ア」「イ」「ウ」とも後世の筆になることは確かで、「ア」「イ」は、付箋の大きさや記述内容から考え、後世の者が目安もしくは心覚えのために付けたと考えられるが、「ウ」は『歴名土代』に関係する記事と考えられず、貼付された理由は不明である。

『歴名土代』に記された人々の多くは弁官や武官であり、公家社会の実務担当者として三位もしくは参議以上の公卿とは異なった立場で公家社会を支えてきた人々であった。また大臣家・羽林家・名家の人々は後に公卿にはなるが、若いころは下級公家と同様の実務を行ってきた。そのような人々により、中世の朝廷や公家社会は運営されてきたのである。こうした意味で『歴名土代』は、『公卿補任』とは違った観点で利用するために必要な史料と言える。換言すれば、公家のことを学ぶためには、公家社会の実務担当者である人々の姿も知る必要があり、『歴名土代』の史料的価値は大きい。

「付箋」

ア、（異筆　付箋〈八六丁オ〉縦八・〇チセン、横〇・六チセン）
「侍従」（朱書）

イ、（異筆　付箋〈八六ウ〉縦八・三チセン、横〇・五チセン）
「□□孝顕」（朱書）

ウ、（異筆　付箋〈八九丁オ〉縦二四・五チセン、横六・二チセン）
税所新介世隅州曾於郡を食む、隅州帖佐城を襲ふ、城主嶋津修理亮忠簾突出して是を撃破る、新介敗走す、忠簾奇計を運して、其帰路を断つ、新介勢窮て降る、忠簾進て曾於郡を取る、按に税所氏上古より曾於郡を領す、爰に至て、初て落魂（魄カ）す、子孫あり、税所氏の伝、貞久公の伝文和元年にあ

り、

なお、写本の「歴名土代」は『群書類従』第二九輯　雑部に採録されている。掲載人名の配列は自筆本と同じであるが、掲載されている人名が探しにくく引用するにあたり不便であった。そのため本章は東京大学史料編纂所の許可を得て、自筆本を翻刻し、合わせて索引を作成したとき「解題」として掲載したものである。本書転載にあたり六節「索引について」は一部割愛した。

第二章　『御湯殿上日記』に見る宮廷の女性たち

――文明期を中心に――

はじめに

天皇の側に祇候した女官の日記に『御湯殿上日記』があり、戦国期から江戸初期にかけてのものが残っている。続群書類従完成会から全十一巻が刊行されているだけに、手に入れ易く読みやすいのであるが、登場人物に実名が付与されていないことが、引用する者にとっては不便を感じる。そのような中にあって、男性の場合は「くわんはく」「あすかい」「右少弁」などと記されていても、『公卿補任』『歴名土代』『弁官補任』等によって、比較的簡単に実名を知ることができる。しかし後宮の女性や尼僧については、官職・寺院名などで記載されているために、実名を調べるだけでもかなりの作業を要することがある。『御湯殿上日記』を採録した『大日本史料』、また古記録の翻刻刊本には、女官や尼僧にも校訂者により人名が施されていることがあり、それを利用することもできなくはないが、実名比定の根拠が記されていないことも多く、そのまま引用させてもらうには一縷の不安もある。本章では考察の対象を『御湯殿上日記』文明期の部分（刊本第一巻にあたる）に限り、後宮で生活する女官の実名比定を行い、比定するにあたりその根拠を明らかにし、その中で分かったことをいくつか紹介する。

後宮の制度は文武天皇の時代に成立した『大宝令』の「後宮官員令」で規定された後、元正天皇の時代成立の『養老律令』で「後宮職員令」に引き継がれた。それによれば天皇の側には皇后を除き、妃《ひ》二名・嬪《ひん》四名・夫人《ぶにん》三名の定員が規定され、規定に従って彼女たちに奉仕する女性官人が後宮十二司にそれぞれ配置されていた。女性官人の総数は二七五名であったが、それ以外に皇子女誕生によりつけられる乳母も官人とされていた。後宮十二司の中の一つに内侍司があり、そこに所属する女官が尚侍《ないしのかみ》・典侍《ないしのすけ》・掌侍《ないしのじょう》・女孺《にょじゅ》であって、定員はそれぞれ二・四・四・百名で構成されていた。後宮十二司には律令制度にいう長官・次官・判官・主典の四等官制における主典がなく、それに相当する官職は女孺であった。こうした制度は時代が下るとともに変化し有名無実化する官職も出てくる。戦国期には皇后は立てられなくなっており、典侍・大典侍・新大典侍・中内侍・新内侍など官女の中から選ばれて、次帝となる人を出産するにおよんで皇后的に扱われた。なお官女のうち大臣・納言の女で二位・三位に叙せられる典侍を上臈、参議及び四位・五位の殿上人の女を小上臈、以下家格による女の呼称として中臈・下臈があり、さらには上臈以下の女性には官名以外に召名などがあった。

『御湯殿上日記』にはどのような呼称を持つ女官が登場するのであろうか。列挙してみると、「ひんかしのとうゐんとの」「きう院の上らふ」「ひんかしの御かた」「上らふ」「新すもし」「新大すもし」「大すもし」「め、すけ殿」「権すもし」「あちや〳〵」「左衛門督局」「いよ殿」などを拾うことができ、時には「大典侍」を「大すもし」のように女房詞で記されていたり、「きう上らふ」は「きう院の上らふ」の略記であったりする。文明期の天皇は後土御門天皇で、次帝となる勝仁親王（後の後柏原天皇）は寛正五年（一四六四）十月二十日に誕生している。

以下、先学者の研究[1]を尊重しつつ、各史料により実名比定を行って行くこととする。その際、戦国期の女官の出身家の家格と昇進の相関も見ておく必要から、実名比定を行うにあたり、女官それぞれの出身家の家格（清華家・大臣家・羽林家・名家・半家など）ごとに配列し考察する。

一　清華家

大炊御門信子　後土御門天皇の生母。『御湯殿上日記』では「ひんかしのとうゐんとの」「女院の御かた」などと記されている。

『宣胤卿記』文明十三年七月二十六日の記事は、信子の院号定めの記事である。院号定めとは天皇の生母の女官に称号を与えることで、住居の場所にある内裏の門名をつけることとされている。信子はこのとき正親町東洞院に住んでいたため、内々に東洞院殿と号されていた。「当今母儀准后信子名也」と記され、そのあとの記事から実父は藤原孝長であったことがわかる。次いで和気郷成の猶子となり、郷子の名が付けられた。さらに和気保家の猶子となり、大炊御門信宗の猶子となって内裏へ入った。それぞれの家の猶子となった時期は『宣胤卿記』には記されていないが、信子と名付けられたのは最終の大炊御門信宗の猶子となったとき、信宗の一字をもらったのであろう。猶子として通過する家ごとに家格を上げ、最後の大炊御門家は摂家に次ぐ清華家で太政大臣に上がることのできる家であった。大炊御門家の猶子とさせてまで禁裏へ祇候させたのは、後土御門天皇の父、後花園天皇によほど気に入られたからであろう。祇候したときは伊与と号した。

『親長卿記』によれば、信子の女院定めは、文明九年閏正月十七日[2]以来取り沙汰されていた。前日の十六日より

「御もうき」(3)のため、薬が用意され蒙気が難儀なことであれば、信子の院号を定めておかねばならないことを親長は言上したが、信子の病は十八日に回復した。(4)十九日、信子の院号について親長は後土御門天皇から勅問を受けているが、信子が回復したためか、その後、院号定めの問題はしばらくの間起こらなかった。

文明十三年六月十五日、再び信子が病に陥ったので、(5)親長は召され院号について天皇から種々の仰せが下った。同年七月二十六日に仗儀が行われ「からくもんゐん（嘉楽門院）」と院号が定まった。(6)信子はこのとき落飾しており七十一歳であった。後土御門天皇の生母であったため、准后（准三后）に昇進はしていたが、元々の出身が公家の家格では低い家柄であったため、院号定めが遅れたのではなかろうか。『御湯殿上日記』では信子に院号が定められた後も、「女院の御かた」の敬称はほとんど用いられず、専ら「ひんかしのとうゐんとの」と記載されている。信子は長享二年四月二十八日薨じた。

転法輪三条冬子　後花園天皇の代の上臈。文明期は後花園天皇の息、後土御門天皇の代となっているので、『御湯殿上日記』では「きう上らふ」「きうゐんの上らふ」と記されている。『実隆公記』文明十六年十二月十八日の記事は、十九日が「故入道左府一回忌」(7)にあたるので、「旧院上臈」が法事を行うことを伝えている。「故入道左府」は応仁元年、左大臣のまま十月に出家した三条実尚のことで、(8)『尊卑分脈』の三条家条には、

(略)——実尚——┬公敦——実香——(略)
　　　　　　　　├信量 相続大炊御門家 従三
　　　　　　　　└女子 冬子 女御代 延徳元九九卒四十九才

とあって、実尚（実数・実量と改名）の女に冬子がいることがわかる。従って旧院上﨟冬子が父実尚の一周忌を行うこととなっていたのである。

『御湯殿上日記』で冬子に関する記事は一〇四回記されている。内容は禁裏の行事に参加している記事が主で、中でも歌会や寺社代参の記事が目につく。そうした中で一カ所だけ興味を引く記事がある。甥の実香が元服前日、稚児姿で参内した。冬子は局まで来た実香を「心もとなきとて」御所へ付き添って行く記事である。(9) 実香はこのとき十六才であったが、甥のハレ姿を後見する冬子の様子がほほえましい。

『実隆公記』延徳元年九月十一日条に、「今日聞、旧院上﨟局去八日夜逝去云々、今年四十九歳也、今一度不奉謁隔生(世)之条可憐々々」とあって、『尊卑分脈』(10) が記す冬子の没年と一致している。万里小路命子（後述）は冬子への追叙を実隆に相談し、実隆が奏聞した結果、従二位が贈られた。(11)

冬子は没する二十日ほど前から病を患っていたのであろう。実隆が見舞ったとき、冬子は長患いによって本復し難いので、「素懐」（兼ねてからの希望）を遂げるため、上﨟の継承者を決め八月七日に暇を申し出たとのことであった。上﨟の継承者は「深草右府女」である。深草右府は大炊御門信量のことで、右の『尊卑分脈』に見るように信量は三条家から出て、大炊御門家を相続した人物である。冬子とは姉弟にあたり、「深草右府女」は冬子の姪にあたる。

冬子の姪が上﨟を継ぐのは、『御湯殿上日記』によれば延徳二年三月四日のことで、

きう院上らふの御あとこよひ御いまゝいりよりこん三こんまいる

とある。冬子が没した翌年信量の女は、新参の女官を指す「御いまゝいり」の名で祗候することになる。時に十六歳(12) であった。

花山院兼子　後土御門天皇の代の上臈。『御湯殿上日記』では、「ひんかしの御かた」「上らふ」と記されている。『親長卿記』文明五年十月二十二日の記事は、後に保安寺へ入寺する女児[13]を兼子が出産する時の記事で、簡単な兼子の経歴も記されている。兼子は足利義政の室日野富子の上臈であったが、後土御門天皇が「懸叡念」けられ宮中へ上ったとのことである。親長は兼子を「若上臈」と記し、父は花山院持忠、弟は政長であることにも言及している。叡念を懸けられた時期は不明であるが、少なくともこの出産以前のことであっただろう。その後『親長卿記』『実隆公記』『言国卿記』でも「東御方」[14]と記されている。『御湯殿上日記』では文明十一年十一月十七日まで、「ひんかしの御方」「ひむかしの御方」などと記されている。

文明八年五月二十四日二人目の女児を出産して、三年後の文明十一年十一月三日、兼子を「上らふ御ふんにて御はいせんさせまいらせらるへき事いかゝ」と禁裏は伝奏を介して足利義政へ尋ね[15]、さらに六日には「上らふ御さふらひの事」を日野富子と義政へ依頼している。[16]約一ケ月後の十二月五日、兼子は「御いまゝいりのき」を行う[17]のである。今参の儀とは、天皇の側へ新参し祇候することになった女官が行う儀式で、後述するように新参者が酒肴を持参し宴が催されることがある。兼子は正式に宮中へ「御さふら」うこととなった。

文明十四年閏七月七日、兼子は後の法親王円満院仁悟を出産する。『御湯殿上日記』には、

夜中程に出水より上らふの御さんするするにて、わか宮の御たんしやうのよし御申にて、御ふくとりにまいらせらるゝ、やかて御ちの人まいりたまふ、御まくらにおかるゝ御けんまいらせらるゝ、とりあけまいらせらるゝ上らふには、ひむかしのとうゐんとの、新大納言殿よりまいらせらるゝ、めてたしく、けさやかて大納言殿（足利義尚）より御むま・御たち、てんそう（勧修寺政顕）御つかひにてまいる、これをしやうれん院（青蓮院尊鎮）とのへ御かち御かうみやうにつきてまいら

せらる丶、御しうちやく御申、御たい（日野富子）の御かたより御ふみにて御申、むろまち殿（足利義政）よりも御ふみにて御申、そのほかおとこたち申さる丶、

とあって、若宮の誕生の経過が詳しく記されている。御ふくを取りに行く者があり、乳母も来る。枕元には御剣が置かれる。[18] 東洞院殿に祇候する新大納言殿局から上藹が来て出産の介助を行う。出産が終わり、朝になって大納言殿から馬・太刀が贈られて来る。使は武家伝奏の勧修寺政顕である。青蓮院宮尊鎮も加持に参り、御たい・むろまち殿からはそれぞれ書状で賀を申してくる。天皇家における子供の誕生の様子や祝いの様子がよくわかり、民俗学的に見ても興味ある記事といえよう。

「上藹」の名が兼子であることがわかるのは、『和長卿記』明応九年十一月二日条の「女中衆加級之宣下也」の記事で、兼子が従三位から従二位に昇進したとき、「兼子者花山院上藹尼」と記されている。以後、諸家の日記で兼子は「二位殿」[19]と記されることとなり、永正十年八月十七日入滅[20]する。享年六十六。誕生は文安五年となる。

二　大　臣　家

正親町三条実雅の女　名は不詳。『御湯殿上日記』では、「上らふ」と記されている。

文明九年十一月二十六日、甘露寺親長は後土御門天皇に召され参内した。判者から歌合の判定が届いたが、作者の一人の上藹局は「故正親町一品入道息女、洞院前左大将入道公数猶子」であったため、前左大将公数女と記入することの是非を天皇から尋ねられ、親長は先例に従って「入道前左大将藤原公数女」とするべきことを伝えた。[21] 親長の言う歌合とは、四日前の二十二日に行われた「水無瀬御影奉納五十首和歌」[22]のことであろう。「故正親町一品入道」と

は正親町三条実雅のことで、寛正二年（一四六一）七月二十九日前内大臣従一位で出家し、応仁元年（一四六七）九月三日、五十三歳で薨じている。(23)

花山院兼子が文明十一年十二月五日、「御いまゝいりのき」を行い、上臈となったことは先に触れた。その煽りでこの日をさかいに正親町三条実雅の女は上臈を退いたのであろうか。

三　羽林家

庭田朝子　後柏原天皇の生母。『御湯殿上日記』では「新すもし」「しんすけ殿」「新大すもし」「新大すけ殿」「御ふくろ」などと記されている。

文明五年八月五日甘露寺親長が参内したところ、広橋綱光から庭田長賢の女に典侍の宣下が下ったことが伝えられた。長賢の女は以前近衛局と号されており、禁裏へは内々に祗候していた。もとは将軍家の雑色であったが、後土御門天皇が親王であったとき、長賢の女は伏見邸にたびたび召し出され、天皇即位後に、若宮（勝仁親王）を出産したのである。(24)この女性が朝子であることは、『親長卿記』文明七年二月四日「二宮御方」（後の青蓮院宮尊敦）が病気になったとき、その記事の補注に「御母儀新典侍朝子朝臣、若宮御一腹」(25)とあり、勝仁親王と青蓮院尊敦は朝子が母親であることを伝えているからである。左の『尊卑分脈』庭田家条で朝子は後土御門天皇典侍と記されており、父は重賢となっている。重賢は後に長賢と改名する。

（略）―重賢―雅行―（略）

重賢の子：女子 従二位盈子《ミツ》 今上母儀 邦高親王母

雅行の子：女子朝子 後土御門院典侍 贈皇太后宮 准三后 後柏原院母后

『御湯殿上日記』で「新す」「新大すけ殿」などはの用語は、新典侍の女房詞である。『御湯殿上日記』文明十年二月二十一日の記事に、

新大すけ殿より御なのめてたさとて、三色一かまいる、

という記事がある。「新大すけ殿」は新大納言典侍のことで、新典侍から呼称が変更になったため「御なのめてたさ」により三色一荷が贈られた。「御なのめでたさ」とは昇進して呼称が変わり、めでたく名を披露することと解してよかろう。贈られた酒肴で宴が催されている。朝子は新典侍から新大納言典侍に呼称が変わった。以後の諸家の日記では、「新太典侍殿局《庭田局（マヽ）》」(26)「新大納言典侍」(27)などと記されるようになる。延徳四年（一四九二）七月二十日、朝子は崩御する。その日の『御湯殿上日記』は朝子の死を伝えており、その前日の『親長卿記』の記事から死因は中風であったこと(28)がわかる。『尊卑分脈』にある贈皇太后宮の尊称が贈られるのは永正元年七月十七日のことである。(29)

四辻春子　『御湯殿上日記』では、「こうとう」「なかはし」「こうたう内侍」と記されている。文正元年（一四六六）四月十九日、掌侍であった春子は従五位上に叙せられた。(30) 掌侍の筆頭の女性が勾当内侍で、宮中の長橋に祇候することで長橋局の呼称もあり、春子がそれであった。

文亀元年（一五〇一）二月二十九日、春子は永年勤めた長橋を辞し、「典侍ヲ被任」れ民部卿典侍となった。掌侍か

ら典侍への昇進である。口宣案が下るとともに、春子はその日の夕方「二ノタヒ（対）東御局」へ移り、後任として東坊城松子が中内侍局から昇進した。[31]春子の昇進の経緯を見たが、四辻家出身であることを確認しておかねばならない。

『尊卑分脈』には四辻家は室町家の分流として出ているが、記載は余り詳しくはない。そこで『公卿補任』により文明期の四辻家を見ると、季春―季経と続く家系であることがわかる。[32]四辻季経には三人の子息がおり、それらの子は四辻家の家督を継ぐ公音、南家高倉家を継ぐ範久、鷲尾家を継ぐ隆康であった。範久が元服し高倉家を継ぐのは永正六年（一五〇九）六月二十一日のことで、実隆は日記へ「是南家高倉跡相続、故民部卿典侍実之里方継之也」[33]と記している。春子が民部卿典侍であることは前に触れた。従って故民部卿典侍は春子であり里は四辻家になる。

また隆康は鷲尾家を継いでいたのであるが、鷲尾家は隆康が継ぐまで一時断絶していた家系であった。そのため所領も有名無実化し家領からの収入もなく困窮していたので、春子が隆康を養育していた。春子の隆康養育について、隆康は日記『二水記』に「抑余参近臣事、実父之由緒、又者故長橋後為民部卿典侍、局従少年依養育也、尤眉目之至也」[34]と記している。この記事は、「元来堅固内々儀」である禁裏の灰方祝いに隆康が列席する恩恵にあずかったときの記事で、灰方祝いとは禁裏御料所灰方庄（京都市西京区）から年貢の納入があったとき行われる宴である。[35]

春子が薨ずるのは文亀四年正月十四日のことで、享年七十であった。春子の死により四辻季経は授穢三十日となっている。春子は季春の子で、季経の姉であった。[36]

夏子（四辻春子の姪）　実名は角田文衞氏[37]に従ったが、名字は不明。『御湯殿上日記』では「新内侍」「新内」などと記されている。後述の西坊城顕長の女で詳述するが、文明十一年十二月七日、新内侍であった西坊城顕長の女に急に差し障りが起こった。そのため後土御門天皇の還幸に供奉できなくなり、急遽夏子が召し出され参内し、「いままいりのき」が行われた。さらに今参りしたばかりの夏子は、今まいりの内侍から即日、新内侍と呼称が変わる。

祗候して十七年たったころ、夏子は勝仁親王の子を懐妊し、明応六年二月十九日産気付いた。しかし難産であったため母子とも死んでしまった。このとき夏子三十六歳で右衛門内侍であった(38)。法名は嘉雲禅尼。二十五回忌は高倉範久邸で行われているところから(39)、夏子は季経の子で範久が継いだ高倉家の縁者となっていたのではなかろうか。

四　名　家

広橋顕子　『御湯殿上日記』の初出では、「すけ殿」と出て以後「大すけ殿」と記されている。次の『尊卑分脈』広橋家条によれば、兼宣から兼顕まで四代続く間に綱子・顕子・守子の三人の女性が禁裏に召されている。いずれの女性も「大納言典侍」であり、時の天皇の乳母を務めていたことがわかる。

(略)――兼宣――兼郷――綱光――兼顕――守光――(略)

兼宣の子：女子 従四下綱子　後花園天皇御乳母　大納言典侍　母同兼郷

綱光の子：女子 従三顕子　後土御門院御乳母　大納言典侍　母同

綱光の子：女子 典侍命子母　儀同三司冬房公室　母同　文明二四十一卒　卅三才

兼顕の子：女子 従三守子　後柏原院御乳母　大納言典侍　母同享禄二十十三卒六十五才　道号繁悦　法名昌誉

文明三年五月七日、甘露寺親長は広橋綱光の要請を受け参内したところ、右大弁万里小路春房が突然出家したため、その遺跡のことについて大納言典侍と新典侍に命が下っていることが伝えられた(40)。春房は甘露寺家から万里小路家へ入っていた人であるが、突然の出家であった。周囲は慌ててその善後策を天皇の前で相談することとなつた。記事は「右大弁遺跡事、大納言典侍広亜相姉・新典侍右大弁妹被命之」と記されている。大納言典侍に注記の「広亜相姉」は、大納言広橋綱光の姉のことで顕子を指す。『尊卑分脈』で顕子は綱光の後に記され、妹のようになっているが、『尊卑分脈』は、必ずしも出生順に記されるとは限らないため、顕子は綱光の姉で間違いなかろう。

新典侍に「右大弁妹」と注されていることについても触れておきたい。新典侍は春房の妹ということになる。『尊卑分脈』によれば、春房は万里小路家へ入るまでは甘露寺氏長と称しており、氏長の傍注に「為冬房公子」して春房と改めたとある。[41]右の『尊卑分脈』の広橋家条顕子の次の女性には、「儀同三司冬房公室」の注がある。儀同三司は准大臣のこと。顕子の次の女性は准大臣万里小路冬房の室で、「典侍命子母」とある。すなわち、命子（後述）は春房と兄妹の関係となる。

文明三年顕子はすでに大納言典侍であったが、『御湯殿上日記』での初見は文明九年二月十四日、顕子が綱光の臨終の席に添う記事で「すけ殿」と記されている。

明応九年（一五〇〇）十月三十日、顕子は従三位に昇進するが、[42]文正元年（一四六六）四月十五日に従四位下に叙せられて以来の昇進であった。男性の昇進に比べるとかなり年月がたってからの遅い昇進である。従三位になった翌年の二月三日、七十三歳で顕子は薨じた。[44]誕生は逆算すれば、永享元年（一四二九）となる。[43]

広橋守子　『御湯殿上日記』では、「めゝすけ殿」「めゝすもし」と記されている。守子は文明八年五月七日、長橋局の官女として実隆邸を訪れている。[45]このときすでに「目々」の名で禁裏へ祗候していたのであるが、「御いまゝいり」の儀を行うのは文明十五年十一月四日のことである。[46]同日典侍の宣下もあり、名は守子と決まった。宣下は伯母広橋顕子の許へ遣わされている。[47]

守子は『言国卿記』明応二年正月十九日条によれば、「免々典侍」から「権大典侍」に昇進し、「名ヒラキ」を行っている。「名ヒラキ」とは庭田朝子で紹介した「御なのめてたさ」と同様に、昇進したときの呼称の披露であろう。やはり酒を進上し宴が行われている。また「権大典侍」は権大納言典侍のことであるが、いつからか大典侍殿になったらしく諸家の日記では、守子のことを「大典侍局」「大納言典侍」などと「権」を省いて記している。大永元年四月二十七日守子は従四位下に叙せられた。[48]

享禄二年八月十二日朽木より上洛した広橋兼秀は、実隆に守子が病に臥せっていることを伝えた。[49] その後減を得たのであるが、同年十月十三日、守子は薨じた。享年六十五。実隆は日記へ「哀慟無極」と記した。[50]

万里小路命子　『御湯殿上日記』では「権すけ殿」「権すもし」「権す」などと記されている。次の『尊卑分脈』の万里小路家条によれば、

（略）――冬房――賢房――（略）
　　　　　　　　└女子　贈相国義熙公妾　命子
　　　　　　　　　　　　権大納言典侍　出家
　　　　　　　　　　　　母権中兼郷卿女
　　　　　　　　　　　　瑞林院法名真妙
　　　　　　　　　　　　　道号蓮啓

とあって、命子には「相国義熙公妾」の注が施されている。義熙は室町幕府九代将軍足利義尚のことで、没する一年前の長享二年七月ごろに義熙と改名した。命子が義尚の妾であった時期は不明であるが、何らかの理由があって禁裏

へ祗候することになったのであろう。その時期もまた不明である。

命子は文正元年（一四六六）三月十五日の女叙位で従五位下に叙せられた。[51] 次に命子が史料に見えるのは管見では文明三年（一四七一）五月七日のことで、先に顕子のところで紹介した記述「新典侍右大弁妹」である。命子はこのとき新典侍であったが、『御湯殿上日記』での初見は「こんすけとの（権典侍）」[52] で登場する。また、『実隆公記』文明八年三月二十八日の記事に、

伝聞、昨夜権大納言典侍籠居云々、菩提院儀同三司冬房、詣補陀落山、去年十月比之事云々、仍籠居也、不便々々、

とあって、「菩提院儀同三司冬房」の万里小路冬房に連座し、「権大納言典侍」も「籠居」（自宅謹慎）となっている。権大納言典侍は万里小路命子であるが、かつて新典侍であったのが「こんすけとの」「権大納言典侍」となっている。「権」は正に対する副を意味することから「籠居」に伴う降格が行われたのであろうか。「詣補陀落山」の事件については、『実隆公記』と日付は大幅に異なるが、『尊卑分脈』冬房条にも冬房が文明十七年十二月二十一日（マヽ）、那智から補陀落へ渡海したことが見える。『尊卑分脈』の記事も『実隆公記』が記す事件と同じと思え、恐らく日付を間違って記入したのであろう。渡海を試みた理由の記載はない。

命子が逝去したとき『実隆公記』長享二年四月三日条、

抑権大納言典侍去年入道、近日住仁和寺辺云々、号瑞林軒云々、法名可尋、生年卅六才云々、当代褰帳典侍也、故菩提院儀同三司一子也、彼正流只此一人也、手跡等神妙可惜宮女也、不便々々、

と記している。この記事からは命子の没年がわかるほか、褰帳《けんちょう》典侍であったこともわかる。褰帳典侍とは天皇の即位の時に御帳を褰げる役を持つ典侍のことである。[53] またこの当時万里小路家は他家から入った男子が継いでいたこと

から、実隆は命子を万里小路家正流と強調し、筆跡の「神妙」を惜しんでいる。

なおこの時代万里小路家を継ぐべく甘露寺家から入った春房は家を継がず出家した。勧修寺家から入った賢房が万里小路家を継いだことは、『公卿補任』永正二年賢房の初出に記された経歴により明らかである。

勧修寺房子　『御湯殿上日記』では、初出が「御いまゝいり」で、次いで「新すけとの」「新すもし」などと記されている。次の『尊卑分脈』勧修寺家条によれば、房子は後土御門天皇の時代に召され祇候していたことがわかる。

（略）――教秀――政顕――（略）
　　　　　　├女子 従三房子　後土御門院新大納言典侍　母同　安禅寺・大慈院等母儀
　　　　　　├女子 公条公母　内大臣実隆公室　准三后
　　　　　　└女子 従三藤子　豊楽門院　母同　天文四正十一崩七十二　同十二日院号依奏聞已前御在世之分也、

『親長卿記』文明十七年四月三十日の記事は、

仰云、新大納言局勧修寺大納言教秀女、自少年為親王御方上﨟、可被成典侍主上有被懸叡慮事云々如何、可計申云々、予申云、有近御佳例、新大納言典侍源大納言入道女也、始候東山殿御女御所、後当今親王御時有咫尺事、懐妊、御誕生今第一宮親王

とあって、後土御門天皇が勝仁親王に年少のころから上﨟として祇候している新大納言局を、典侍に就かせることの是非を甘露寺親長に相談した記事である。親長は内々の祇候であった庭田朝子が典侍になつた例（前述）を挙げ問題

がないことを伝えた。「新大納言局」は補注「勧修寺大納言教秀女」から房子であることがわかり、房子は『実隆公記』文明十七年五月十三日条によれば、

抑今日未刻計新大納言局帰参、今度蒙典侍宣旨名字房子云々、

とあって、典侍の宣旨とともに房子の名を受け、「新大納言殿御(局脱カ)いままいり」の儀を行ったのである。(54)「御いままいり」は前述のように新参者をさす言葉であるが、房子は典侍の宣旨が下されたとき、すでに新大納言局の呼称で祗候していたことがわかる。今参りの儀は新参のときに行われるだけでなく、すでに禁裏へ祗候していても改めて行うことは正式の祗候と認められるための儀式でもあったのではなかろうか。「新すけとの」「新すもし」の呼称で記されるようになるのは典侍の宣旨が下されてからのことである。

今参りの儀を行って約一年後の文明十八年九月二十八日、房子は女児を出産した。(55)この女児は後に安禅寺へ入寺する智円であろう。延徳元年八月二十六日、房子は二人目の女児を出産する。(56)この女児は生まれて約半年後の九月十三日、大慈院の附弟に決まり日野富子の許で養育される。(57)

明応九年九月二十八日、後土御門天皇の崩御により花山院兼子と「新大(衍)すけ殿」は、当時の風習で髪をおろした。(58)その約一ケ月後に後柏原天皇の践祚があり、房子は従四位下から従三位に昇進した。(59)以後『二水記』では房子は三位殿・三位局と記されることとなる。

勧修寺藤子　『御湯殿上日記』では、「御あちや〳〵」と記されている。文明十八年（一四八六）年十二月二十七日、「御あちやちや」が産所へ赴き女児を出産した。(60)同日、三条西実隆は「抑今夜親王御方上﨟姫宮降誕云々、珍重々々、」と記し、甘露寺親長は『親長卿記』へ同月の三十日に、

参親王御方、去二十八日(マヽ)姫宮御誕生云々、勧修寺大納言女腹也、

と記した。勧修寺大納言は勧修寺教秀である。藤子は『御湯殿上日記』では「御あちや〳〵」と記されるが、『実隆公記』では右に挙げた「親王御方上臈」「若宮上臈御阿茶々」[61]や「宮御方上臈御アチヤ〳〵」[62]と記されていることから、勝仁親王の側に祗候する上臈格[63]の女官であったことがわかる。

『御湯殿上日記』文明十六年九月六日の記事には、

宮の御かたへ御いまゝいりあり、御所へもくわんしゆうしより御たるまいる、やかて御たいめんもあり、

とある。勝仁親王の許へ召された女官が今参りの儀を行ったことを記す記事である。この記事だけでは誰が「御いまゝいり」を行ったのか不明であるが、同日の『実隆公記』には、

今夜勧修寺大納言息女廿一歳　新参親王御方云々、珍重々々、

とあって、今参りの儀を行ったのは、勧修寺大納言教秀の息女藤子であり、時に二十一歳であったことがわかる。藤子は以前から宮中へ祗候していたにもかかわらず、今参りの儀を行ったということは、勧修寺房子のときと同じ状況である。この後、藤子は冒頭の女児を出産する。

延徳三年（一四九一）十一月二十一日、藤子は「つほねかわり」[64]を行う。「つほねかわり」とは、言葉のとおり今まで起居していた局を替わることであるが、七日前に「新すけ殿」が局替わりを行い饗応しており、その影響による局替わりであろうか。その後、明応六年八月一日の『御湯殿上日記』を見ると、

新大すけ殿返御まいり、御宮けに御かわらけの物三色にて一かまいる、御名をもけふより御(カカ)やうにさためまいらせらるゝ、けふよりの御きぬ新大すけ殿、

とある。また、『実隆公記』の同日条には、

今日新大典侍帰参云々、仍一樽遣之了、自今日号新大典侍云々、

とあって、この日以来、呼称を「新大典侍」と称されるようになった。

藤子は文明十八年十二月二十七日の女児出産に続いて、明応五年（一四九六）十二月二十三日、男児を出産する。(65)後の後奈良天皇である。この間にも男児を出産していたが、(66)産後一月も経ず他界させていたため、(67)この出産は藤子にとって大きな喜びであっただろう。

明応九年（一五〇〇）九月二十八日、後土御門天皇が崩御し、同十月二十五日、勝仁親王が践祚したのであるが、その前の二十一日、文章博士東坊城和長は日記『和長卿記』に、

今日以番之次、女中名字撰進之、御阿茶之名字遣勧修寺、已下以使者付之、御阿茶之局勧修寺中納言妹、故教秀卿女、

教子切記

藤子切□

と記した。「御阿茶之局」は「あちや〳〵」のことで、従五位下に叙せられ、(68)初めて藤子と名付けられたのである。しかし『御湯殿上日記』では、この後の明応九年六月二十九日まで、たびたび「御あちやく」で記載されている。藤子は知仁親王（後の後奈良天皇）を出産して後、永正元年（一五〇四）四月二十一日には後の青蓮院宮尊鎮を出産する。(69)

大永六年（一五二六）四月七日、後柏原天皇が崩御した。この時代の習慣として藤子は髪を下ろし、(70)東洞院殿と呼ばれるようになる。同年四月二十九日、知仁親王は践祚を行い天皇となった。この日東洞院殿は従三位に叙せられ、(71)

続いて五月二十日、准后の宣下[72]が行われた。

天文四年（一五三五）正月十一日、藤子は崩御[73]する。今参りの儀を行った文明十六年、二十一歳であったことから享年は七十二ということになる。翌日、国母として豊楽門院の院号が定められた。[74]

ちなみに、前掲の『尊卑分脈』勧修寺家条は、教秀の後には政顕に続き三人の女が記載されているが、実際の長幼序列は房子・政顕・藤子・実隆室の順[75]となる。特に三姉妹は仲が良かった様子で、『実隆公記』にはこの三人が事あるごとに、勧修寺邸に集っている記事が目につく。

五　半　家

東坊城松子　『御湯殿上日記』では、「新内侍殿」「なかの内侍」「中内」などと記されている。次に示したのは『尊卑分脈』の東坊城家の系図である。

東坊城益長の女松子は「当時内侍無人」であったことにより、文明八年正月七日禁裏へ召し出された。[76]三十五歳[77]の時であったが、それ以前に松子には祗候の経験があった。

茂長―長綱―秀長―長遠―益長―長清―和長―（略）
　└言長―長政―顕長
　　　　　　　　　益長└女子（菅大納言典侍　勾当内侍）
　　　　　　　　　　　└松子（従三）

文明三年十二月晦日、宮中で旧院女房の左衛門督局が新内侍と座次を争う事件があった。翌年の二月八日に親長は、事件の思い出に随い日記へ記したとのことであるが、それによれば新内侍は元から内裏に祗候しているから、左衛門督局より上席に座すと判定している。ここで新内侍には「菅宰相顕長息女也」と左衛門督局には「前菅大納言益長息女也」と注記されている。菅宰相顕長息女は後述の西坊城顕長の女で、前菅大納言益長息女は東坊城松子である。松子はこの記事の中で「為旧院祇候之女房、為当参之間」[79]と記されているため、後花園天皇の在位中に宮中へ祗候していたことがわかる。

文明十一年十二月七日、後土御門天皇は日野政資邸から土御門内裏へ還幸するのであるが、新内侍西坊城顕長の女[78]はその日支障があり供奉できなくなった（後述）。急遽四辻春子の姪夏子を召し出し新内侍としたことで、新内侍であった松子は中内侍となり[80]、四辻春子が長橋局を辞退し松子が引き継ぐ明応十年二月二十七日まで、足かけ二十三年中内侍を勤めることとなる。二十三年勤めた中内侍を辞し、三月二日、松子は勾当内侍となって長橋局へ移る[81]。勾当内侍を大永三年二月六日まで勤めた松子には、その日典侍の宣が下り菅大納言典侍と呼称されるようになる[82]。

松子は八十三歳で出家するが、前日に従三位に叙せられていた[83]。享禄二年（一五二九）老病を重ね九月二十一日、八十八歳で入滅している[84]。

西坊城顕長の女　実名は不詳。『御湯殿上日記』では「新内侍殿」「新内」と記されている。文明十一年十二月七日は後土御門天皇にとって、応仁の乱を避け足利義政の室町邸、さらに日野富子の母の北小路邸・聖寿寺・日野政資邸を転々としていたのが、やっと土御門内裏へ還幸する日となった。この日顕長の女は四辻春子の姪夏子・東坊城松子のところでも触れたように、後土御門天皇の還幸に供奉する予定であったが、突然の差し障りが生じ供奉できなくなっ

た。そのため急ぎ夏子が召し出されたのである。そのときの『御湯殿上日記』文明十一年十二月七日の記事を次に示すと、

くわんかうこよひあるへし、御くそくともせう〳〵はう〳〵ゐあつけらるゝ、新内侍にはかにさしはりにて、御ことかくるにつきて、なかはしのめいをふとめしいたして、いまゝいりさせらるゝ、とりあへすいままいりのきありて、をり・御たるいし〳〵まいらせらるゝ、めてたし、（中略）いまないし殿新内侍と名つけらるゝ、御さか月の時に六つかはせたまふ、まめやかはしめたるきにしんしの御はこする〳〵ともちまいらせらるゝ、きとくなるよし御さたともにて、なかはしちうせつ一たんめてたし〳〵、このほとの新内侍、せんきのことくなかの内侍とおほせつけらるゝ、このたひのてんそうかんろし、ふ行三条中将なり、

とある。中略した部分は還幸に供奉する公家の行動が記されている箇所でもあるが、その箇所には、

けんしの内侍いつものことくきちやう所の御さまてもたせたまふを、大納言のすけとり入まいらせて、けんしのまにする〳〵とおきまいらせらるゝ、

と記されている。「けんしの内侍」は剣璽の内侍のことで、天皇が行幸するとき二人の掌侍が剣璽を捧げ持って供奉することになっていた。内侍であった西坊城顕長の女の突然の差し障りで、夏子が内侍として召されたのであろう。夏子の召し出しは天皇の了解を得ないままで、女官たちの判断で行われたように考えられる。

還幸が終わり供御が用意され、宴半ばの杯が行われたとき、今参りの内侍である夏子は新内侍となり、「このほとの新内侍」東坊城松子は中内侍を仰せ付けられた。女官の呼称が順次変更されるなかで、還幸以前に新内侍と呼称されていた女官は西坊城顕長の女と「このほとの新内侍」である東坊城松子の二人がいたことに注意しておきたい。

『御湯殿上日記』で新参者をさす「御いまゝいり」の初見は、文明十年正月二十日の記事にある。西坊城顕長の女が供奉できなくなった文明十一年十二月七日まで「御いまゝいり」は十一回出てくる。文明八年正月七日に東坊城松子が内侍として祗候したときの呼称が「御いまゝいり」ならば、この間に更なる新参者がない限り、この「御いまゝいり」は松子と考えるかもしれない。しかし松子は以前にも左衛門督局の呼称で禁裏へ祗候していた経験があったことは前に触れた。禁裏祗候経験者が再度祗候しても新参者と見なされず、「御いまゝいり」の呼称は与えられなかったのであろう。そのため新内侍の呼称を持つ女官が二人できたことが考えられ、通常新参者が新内侍の呼称を持てば、それまでの新内侍は、別の呼称となるのが普通であろう。この常識に対して時代は降るが、『実隆公記』永正五年三月十七日の記事に水無瀬具子が掌侍として新参したとき、後柏原天皇がそれまで「新内侍」の喚名を持っていた女官の名を新内侍のままにしておきたく、具子を侍従内侍としてはどうかということを三条西実隆に問うたことがあった。実隆は具子は里の官が少将であったため、少将の内侍とする案を伝えたが、再び勅定があったため、新参の女官の「前祖」が宮内卿であったことから、卿内侍とする案を伝えている。結果はそれまでの新内侍の呼称はそのまま継続されなかったが、この事実から考えて新参の内侍があっても、事情によりそれまでの新内侍はそのままその呼称を継続されることもあったと考えられる。

ところで、山科言国の日記『言国卿記』文明十年五月二十二日の記事に「坊城局」と注記された記事が出てくる。「坊城局」は文明十年七月二十三日の記事にも見られ、さらに同年九月十六日には、「新内侍《坊城》殿局」、同年十月二十三日には「新内侍局《坊城局》」を見ることができる。一方で注記のない新内侍も『言国卿記』文明十年八月一日・同年八月七日・同年八月十四日に見ることができるため、言国は顕長の女と松子がどちらも新内侍であったことから、明らかに区別し松子に坊城局を添えて記入していたのであろう。文明十一・二年分は欠落しており、記述の様子を見ることはできない。文明十三年になって、言国は一度だけ正月三十日の記事で「坊城局」と記しているが、同年二月十日には「中内侍局殿」と記している。松子は文明十一年十二月七日に中内侍になっていたからである。

『言国卿記』のように新内侍を区別して記入してあれば、実名を知ることは比較的たやすい。しかし『御湯殿上日記』で文明九年から見られる新内侍は『言国卿記』のように区別されていないため、呼称が変わる文明十一年十二月七日まで新内侍はどのように登場しているのであろうか。新内侍の初出は文明九年正月二十六日からあり、以後二十二箇所出てくる。その内十八箇所は「御けつり御くし」を新内侍が行っている記事である。「御けつり御くし」とは、天皇の髪を梳き整えることであるが、残る四箇所の記事は、「御けつり御くし」とは関係のない記事である。「御けつり御くし」は「御けつり」と記されることもあり、文明十一年十二月七日まで九箇所出てくる。しかし、「御けつり」と記されているところには新内侍は出てこない。「御けつり御くし」は新内侍が行う作業であるものと考えられ、「御けつり御くし」を行う新内侍が西坊城顕長の女で、「御けつり御くし」に関係がなかった四箇所の記事に出てくる新内侍こそ松子であると判断できる。

もう少し「御けつり御くし」を見ていくと、西坊城顕長の女に差し障りが生じた翌年の正月九日に、「御けつり御くしに新内侍殿はしめて御まいり」という記事に早速出合った。今まで「御けつり御くし」は西坊城顕長の女の担当であったが、新内侍を継いだ夏子がこの役に携わることになったことが「はしめて御まいり」と記されたのである。以後、「御けつり御くし」は中内侍も携わっており、夏子と松子で適宜交互に行われた様子である。差し障りが生じた後、西坊城顕長の女はどうしたのであろうか。以下、『御湯殿上日記』の考察を続ける中で関心を持っておきたい。

六　医家

和気就子　医家の和気富就の女。『御湯殿上日記』では「いよ殿」と記されている。就子が祗候した時期は不明であるが、後土御門天皇の母嘉楽門院（大炊御門信子）が長享二年（一四八八）四月二十八日崩御し、五月十五日天皇は倚廬《いろ》へ移った。倚廬とは喪に服する期間籠る仮屋のことで、『実隆公記』によれば就子も天皇に従っている。その記事の中で実隆は就子について、「伊予命婦也、故女院撫育之人也、[86]」と記している。就子は命婦で故女院（大炊御門信子）によって育てられていた女性であったことがわかる。嘉楽門院が就子を撫育していたのは、嘉楽門院もかつて伊与と号していた縁によるのではなかろうか。[87] 命婦は天皇に近侍してはいるものの、位は四・五位の位階であって、男性でいうと公卿にはなっておらず、職名ではないため一定の職掌はなく、内侍の手不足を補ったとされている女官である。[88] 伊与殿が就子であることがわかるのは、明応九年（一五〇〇）十月二十五日、後柏原天皇が践祚する前の二十一日の『和長卿記』に、

中将局故富就卿女、親就妹、

就子切無所

と記されているからである。

七　社家

播磨殿　実名は不詳。賀茂人の息女が官女として新参したことが、『実隆公記』文明十七年二月十一日条に記され

ており、『御湯殿上日記』では文明十七年八月二十四日から同十九年三月二十五日までの「御いままいり」「御いまゝいり」「御今参」と記された女性が播磨殿であろう。明応二年正月十九日、前述の広橋守子が権大典侍になったとき、御今参局であった女性が播磨となり、両人とも樽を進上し「名ヒラキ」の宴を勝仁親王や山科言国・五辻富仲等を交え行っている。(89)

文明期の『御湯殿上日記』を読んできた。内容は記主の女官が暮らす禁中での記事が中心となっており、彼女たちは寺社参詣や実家との往来など、禁裏を出ることがよくある。そこでは人にも会い会話もするであろう。しかし禁裏の外での見聞には、ほとんど筆が及んでいない。また禁裏には今まで見てきた女官以外にも、多くの女官が働いていたであろう。しかしそこへも筆は運ばれていないのである。いわゆる上級の女官に関することしか描かれていない。最後に今まで見てきたことから、文明期の宮廷の女性についてわかったことをまとめ、本章を終わることとしたい。

むすびにかえて

女官の実名について、その出身の家の家格をもとに見てきた。その結果を一覧表にまとめたのが次頁「文明期の宮廷の女性呼称一覧表」である。まず表よりわかることは、女官の昇進は男性のように家格で昇進が決まることはなかった様子である。特に大炊御門信子については、医家の和気氏の猶子となり最後は大炊御門家の猶子として後花園天皇の許に召された。後土御門天皇を出産したことで准后となり嘉楽門院の院号を得る位置まで昇ったのである。

また、宮中では女性は必ずしも職名で呼ばれていなかったことが窺える。例えば「あちや〳〵」の呼称は幼名《おさな》であって職名ではない。「新すけ」「新内侍」が職名である。本章でも参考にした『女官通解』に従い一覧表の女性の呼称を

めめすけ・大すけ	権すけ	新すけ・新大すけ	あちやちや	新ないし	新ないし	い　よ	はりま
名		家		半	家	医　家	社　家
広橋守子	万里小路命子	勧修寺房子	勧修寺藤子	東坊城松子	西坊城顕長女	和気就子	賀茂社家女
寛正6年	享徳2年		寛正5年	嘉吉2年			
目　々 『実隆公記』	新典侍 『親長卿記』		宮御方上臈 『言国卿記』	左衛門督局 『親長卿記』			
め　め 〃 〃 〃 〃 〃 11/4 めめすけ 〃 〃 〃 〃	こんすけ 〃 〃 〃 〃 〃 〃 〃 〃 〃 〃	？ 〃 〃 〃 〃 〃 〃 〃 5/13 今参り 7/21 新すけ 〃 〃	あちやちや 〃 〃 〃 〃 〃 〃 〃 〃 〃 〃	今まいり 新ないし 12/7 中内侍 〃 〃 〃 〃 〃 〃 〃 〃	新ないし 〃 12/7 以後不明	いよとの 〃 〃 〃 〃 〃 〃 〃 〃 〃 〃	2/11 今まいり 〃 〃
明応2年正月 権すけ 大すけ(？年)			明応6年8月 新大納言すけ	永正元年2月 勾当内侍 大永3年2月 菅大納言典侍			
	長享2年		天文元年	享禄2年			

『　』内はその呼称が掲載されている日記。

整理しておこう。女官には官位による上下があった。典侍の位は三位程度とされている。それは文明期も守られていたようで、典侍であった勧修寺藤子・広橋顕子・庭田朝子・東坊城松子等が後年三位に叙せられている。彼女たちは大臣・納言の女であったことから上臈で、命婦《みょうぶ》の女性は中臈に属し、医官や陰陽道の官の女性がこれに当たる。次に伊与・播磨など国名を持つ女性は下臈に属する女性であった。

男性の場合呼び名は一応基本的には地下は実名の呼び捨て、公卿以前の男性は実名＋朝臣、公卿となって家名＋大納言など職名で呼ばれる。一覧表にまとめて見ると、男性のように官職で区別した呼び方はなかったものと考えられる。文明

文明期の宮廷の女性呼称一覧表

呼称 / 元号等	ひんかしのとういんとの	きうゐんの上らふ	ひんかしの御方・上らふ	上らふ	新すけ・新大すけ	こうとう・長橋局	新ないし	大すけ
家格	清華家			大臣家	羽林家			
実名等	大炊御門信子	転法輪三条冬子	花山院兼子	正親町三条実雅女	庭田朝子	四辻春子	四辻春子姪夏子	広橋顕子
誕生	応永18年	嘉吉3年	文安5年			永享7年	寛正3年	永享元年
以前の呼称（掲載史料）	伊与『宣胤卿記』		若上臈『親長卿記』		近衛局『親長卿記』			
文明9年	ひんかしのとういん	きう上らふ	ひんかしの御方	上らふ	新すけ	こうとう・長橋局	—	大すけ殿
文明10年	〃	〃	〃	〃	2/21新大すけ	〃	—	〃
文明11年	〃	〃	12/5上らふ	〃	〃	〃	12/7今参り・新内侍	〃
文明12年	〃	〃	〃	—	〃	〃	新内侍	〃
文明13年	〃	〃	〃	—	〃	〃	〃	〃
文明14年	〃	〃	〃	—	〃	〃	〃	〃
文明15年	〃	〃	〃	—	〃	〃	〃	〃
文明16年	〃	〃	〃	—	〃	〃	〃	〃
文明17年	〃	〃	〃	—	〃	〃	〃	〃
文明18年	〃	〃	〃	—	〃	〃	〃	〃
文明19年（長享元）	〃	〃	〃	—	〃	〃	〃	〃
以後の呼称	嘉楽門院				三位との	文亀元年2月民部卿典侍		
没年	長享2年	延徳元年	天文2年		延徳4年	文亀4年		明応10年

注：「以前の呼称」とは、『御湯殿上日記』に登場するまで諸家の日記に見られる主な呼称。

期の女性の呼称は幼名で呼ばれたり、官職で呼ばれたり統一されていなかったことがわかる。また、尚侍《ないしのかみ》が見えないのは『女官通解』で説明されているように堀河天皇の時代（応徳三年～嘉承二年＝一〇八六～一一〇七）に絶えたからであろう。

次に今参りについてである。本来、今参りとは新参者を指す呼称であることは既に触れた。四辻春子の姪の夏子が、西坊城顕長の女の差し障りにより急遽内侍として召されての今参りは、まさしく「今参り」であった。しかし勧修寺藤子は「あちや〳〵」で呼ばれているころから勝仁親王の許へ祇候しており、祇候後かなり経ってから「御いまゝいり」を行っている。このようなケースは藤子だけでなく、花山院兼子・勧修寺房子・東坊城松子・広橋守子等もそうであった。幼少の時分から祇候していても、今参りの儀を行わない限り祇候が正式に認められず局を賜らなかったのではなかろうか。今参りの儀は一種の形式的な通過儀礼でもあったと考えられる。

広橋家の女性は歴代天皇の乳母を務め、そのまま宮中に残り典侍になっている。広橋家・勧修寺家とも名家で、名家の女性は、幼少から宮中へ上がれるような慣習があったのではなかろうか。宮中へ上がることは女にとっても生活が保証されるからである。勧修寺家について言えば、政顕は加賀国井家庄へ下り直務を行うのであるが、直務の理由を中御門宣胤に「窮困余為再興」と語っており[90]、生活に困っていた様子が窺える。二人の女が宮中へ上がることで生計に余裕ができ、さらに勧修寺家にとって名誉なことであった。しかし勧修寺家は天皇の外戚であったからといって、平安期の天皇の外戚藤原氏のように奢り高ぶっている様子は窺えない。これは兼子を宮中へ上げた花山院家においても同様である。

呼称変更が行われるのは、宣旨が下され昇進するときである。男性の場合、昇進すれば当人は礼を兼ねて宮中へ拝賀を行うが、女性は男性のように仰々しい拝賀は行わなかった。しかし拝賀に代わるものとして、本文に示したように昇進による「つほねかわり」「名ヒラキ」などの儀式があり、宮中で天皇を始め、他の女房衆や男衆などを交え酒食でもてなした[91]。また「今参り」の儀のときは、本人が酒食でもてなす以外に、実家も酒を宮中へ贈っている[92]。昇進は男女を問わずめでたく喜んでいるものの、かなりの物入りであったことは想像に難くない。

和気就子は大炊御門信子に養育されていたことに触れたが、就子は信子に官女として仕えていたのであろう。女性ではないが、鷲尾隆康も四辻春子に養育されていた。宮廷の女性が子女を養育できたのは、経済的裏付けがあったため可能であった。例えば、勾当内侍は女房奉書の発給が主な職務とされていたため、女房奉書が発給された結果、利益を得る者からいくらかの謝礼が贈られることもあったと考えられる。男性の場合、奏聞の口利きや奏聞をすることで、礼金や礼品が贈られている事実があることを、古記録にいくらもその例を確認することができるからである。さらに禁裏の女性には尾張国井戸田や越前国の御領所・播磨国英賀保など、それぞれ勾当内侍[93]や新大典侍[94]・釆女[95]を扶持する皇室領が存在したことも、養育ができた経済的理由に挙げられよう。

最後に本章の発端となった女性の実名についてである。すなわち女性の実名はいつ名付けられるのかということである。本来、女性にも男性と同様に叙位される日、女叙位の日が定められていた。通常正月八日であるが、この日以外にも御即位女叙位があり、大礼の後に行われていた。しかしこのころその制度も崩れていた様子で、勧修寺藤子・和気就子は後柏原天皇践祚の前日であり、房子は典侍の宣旨が下ったときであった。文明期に登場しない女性のため本章では揚げなかったが、東坊城和子と姉小路済子は掌侍として新参したときである。実名の決定は文章博士が数個の候補を揚げ、そこから選ばれるようになっている。就子・春子は父の名の一字、広橋綱子・顕子・守子は甥で広橋家当主の名の一字、養家の父の名の一字は信子であった。文章博士が選んだ実名のそれぞれの下に記す反切法による発音から最もよいものを決めた様子である。

宮廷の女性の実名比定を行うなかで、気づいたことを挙げた。本章作成の過程で『御湯殿上日記』の人名索引作りを思い立ちその作業を行っているが、索引の完成はまだまだ時間がかかりそうである。そこに到達するまでの中継ぎとして、本章が研究者の役に立てば幸いである。以下、『御湯殿上日記』全十一巻まで人名比定を行う中で、女官の制度がどのように変化するか考察していきたい。

〔註〕

（1）浅井虎夫『女官通解』（浅井虎夫著、所京子校訂『新訂女官通解』講談社学術文庫　昭和六十年）、角田文衛『日本の後宮』（學燈社　昭和四十八年）、奥野高廣『皇室御経済史の研究』（畝傍書房　昭和十七年）、角田文衛『日本の女性名（中）』（教育社　一九八七）、脇田晴子「宮廷女房と天皇――『御湯殿の上の日記』をめぐって――」（『日本中世女性史の研究性別役割分担と母性・家政・性愛』東京大学出版会　一九九二）がある。また『国文学　解釈と教材の研究』一九八〇年十月臨時増刊号は「後宮のすべて」で、後宮に関する概説書として利用するのに便利な特集で、末尾にはそれまでの女官に関する論文・著作がまとめられている。これらの著作の後、後宮の女性を対象とした論稿は、管見では吉野芳恵「室町時代の禁裏の女房――勾当内侍を中心として――」（『國學院大学大学院紀要』一三　昭和五十七年）・同「室町時代の禁裏の上臈――三条冬子の生涯と職の相伝性について――」（『國學院雑誌』八五の二　昭和五十九年）、桑山浩然「室町時代における公家女房の呼称」（『女性史学』六　一九九六）、木村洋子「研究ノート　室町時代中・後期女房職相伝をめぐって――大納言典侍　広橋家を中心に――」（前近代女性史研究会編『家・社会・女性　古代から中世へ』吉川弘文館　平成九年）、神田裕理「織田期における後宮女房について」（同書）、桑山浩然「三条公忠女厳子の後宮生活」（『女性史学』十一　二〇〇一）があり、さらにこの時期の室町将軍家の女房を論じたものに、鈴木智子「室町将軍家の女房について――義政期を中心に――」（『年報　中世史研究』二五　二〇〇〇）があり、後宮の女性研究も緒についてきた感がある。また、論文ではないが小高恭『お湯殿の上の日記主要語彙索引』（和泉書院　一九九七）の刊行があった。人物索引の部分は日記の語彙どおりの記載で、人名比定はされていない。

（2）『親長卿記』文明九年閏正月十七日条。

（3）『御湯殿上日記』文明九年閏正月十六日条。

（4）『御湯殿上日記』文明九年閏正月十八日条。

（5）『親長卿記』文明十三年六月十五日条。

（6）『御湯殿上日記』文明十三年七月二十六日条。

（7）『実隆公記』文明十五年十二月十九日条。

（8）『公卿補任』応仁元年左大臣では、三条実量のままであるが、『諸家伝』転法輪三条実量条では、「元尚改――教又改――量」とある。

（9）『御湯殿上日記』文明十六年六月十九日条。

（10）『実隆公記』延徳元年十月十九日、同二十一日条。

（11）『実隆公記』延徳元年十月二十六日条。

（12）『実隆公記』延徳二年三月四日条。

（13）この時誕生した女児は、『親長卿記』『言国卿記』の文明六年八月十九日の記事によれば、二十二日に宝《(保)》安寺へ入寺するため、花山院政長や近臣が列席し「御名残惜」しみを行っている。

（14）『親長卿記』文明六年三月二十八日、『実隆公記』文明八年五月二十四日条、『言国卿記』文明八年五月二十四日条にそれぞれ「東御方」と記されている。その中の『親長卿記』で「東御方」の補注に花山院中納言政長御姉妹也」とあることから兼子であることがわかる。

（15）『御湯殿上日記』文明十一年十一月三日条。

（16）『御湯殿上日記』文明十一年十一月六日条。

（17）『御湯殿上日記』文明十一年十二月五日条。

（18）『御湯殿上日記』明応二年九月二十五日、勧修寺藤子が若宮を出産するときも「御まほりかたな」が用意されている。

（19）例えば『二水記』永正二年二月十二日条。

（20）『実隆公記』同日条。

（21）『親長卿記』文明九年十一月二十六日条。

（22）公宴続歌研究会編・井上宗雄監修『公宴続歌本文編』（和泉書院　二〇〇〇）に「水無瀬御影奉納五十首和歌」（文明九年十

一月二十二日）が掲載されており、読み人の名が記載されていない歌が六首ある。そのうちの一首が正親町三条実雅の娘の和歌ではなかろうか。

(23)　『公卿補任』寛正二年　正三条実雅条。
(24)　『親長卿記』文明五年八月五日条。
(25)　『実隆公記』文明七年二月四日条。
(26)　『言国卿記』文明十年九月十六日条。
(27)　『親長卿記』文明十九年四月二十九日条。
(28)　『親長卿記』延徳四年七月十九日条。
(29)　『二水記』同日条。
(30)　『後法興院記』同日条。
(31)　『言国卿記』明応十（文亀元）年二月二十七日条。『実隆公記』文亀元年三月三日条。
(32)　『公卿補任』享徳二年、四辻季春の初出は季保の子とある。次に季春の子に季経がいる。『尊卑分脈』の室町家の庶流に四辻家の流れを見つけることができる。
(33)　『実隆公記』永正六年六月二十一日条。
(34)　『二水記』大永五年十一月十八日条。
(35)　日本歴史地理大系『京都市の地名』（平凡社　一九七九）。
(36)　春子の享年が七十で、没年齢から誕生を逆算すれば永享七年（一四三五）。季経の『公卿補任』への初出が文明七年（一四七五）で、その時二十九歳である。逆算すれば誕生は文安四年（一四四七）。
(37)　前掲註（1）、角田文衛『日本の女性名（中）』。
(38)　『親長卿記』明応六年二月十九日。同二十三日条。

(39) 『二水記』大永元年二月二十三日条。
(40) 『親長卿記』文明三年五月七日条。
(41) 『尊卑分脈』甘露寺条。
(42) 『和長卿記』同日条。
(43) 『後法興院記』文正元年四月十九日条。
(44) 『言国卿記』明応十年二月三日条。
(45) 『実隆公記』同日条。
(46) 『御湯殿上日記』同日条。
(47) 『実隆公記』文明十五年十一月六日条。
(48) 「女叙位聞書」(『大日本史料』九ノ十二) 同日条。
(49) 『実隆公記』同日条。
(50) 『実隆公記』同日条。
(51) 『後法興院記』文正元年四月十九日条。
(52) 『御湯殿上日記』文明九年四月五日条。
(53) 前掲註(1)、浅井虎夫『女官通解』。
(54) 『実隆公記』『御湯殿上日記』同日条。
(55) 『実隆公記』『御湯殿上日記』文明十八年九月二十八日条。
(56) 『実隆公記』延徳元年八月二十六日条。
(57) 『御湯殿上日記』延徳元年九月十三日条。『実隆公記』延徳元年十一月七日条。
(58) 『御湯殿上日記』明応九年十月十三日条。

(59) 『和長卿記』明応九年十一月二日条。
(60) 『御湯殿上日記』文明十八年十二月二十七日条で、生まれたのは後の大聖寺宮覚鎮。
(61) 『実隆公記』文明十三年三月十七日条。
(62) 『言国卿記』文明十年五月二十七日条。
(63) 祇候時期は不明であるが、『言国卿記』文明七年正月二十二日条に「若宮上﨟」が、同書文明七年四月六日には「宮御方上﨟御アチヤチヤノ局」の記述がある。なお、『御湯殿上日記』での初見は、文明九年閏正月二十日の記事で「御あちや〳〵」が登場している。藤子はそれ以前から祇候していたことが考えられる。
(64) 『御湯殿上日記』延徳三年十一月二十一日条。
(65) 『実隆公記』『御湯殿上日記』明応五年十二月二十三日条。
(66) 『親長卿記』『御湯殿上日記』明応二年九月二十五日、『言国卿記』同九月二十六日条。
(67) 『親長卿記』『言国卿記』『御湯殿上日記』明応二年十月二日条。
(68) 『和長卿記』明応九年十月二十一日条。
(69) 『実隆公記』『二水記』同日条。なお、『二水記』の記事では、藤子を「勧修寺局」と記している。
(70) 『実隆公記』大永六年四月二十五日条。
(71) 『二水記』大永六年四月二十九日条。
(72) 『実隆公記』『二水記』同日条。
(73) 『言継卿記』天文四年正月十一日条。
(74) 『言継卿記』天文四年正月十二日条。
(75) 『尊卑分脈』にある勧修寺教秀の子のうち、没年齢等から逆算し誕生が分かるのは政顕（享徳三年生）・藤子（寛正五年生）。房子については『和長卿記』明応九年十月三十日条、従三位に叙せられたときの記事で「勧修寺姉也」と注記がある。実隆の室については『実隆公記』文明十三年三月十七日の記事で、藤子について触れ、「室家姉」との割注があるため房子・政顕・藤子・実隆室の順とした。

(76)『実隆公記』文明八年正月七日条。

(77)『実隆公記』享禄二年九月二十一日条は松子の死を伝える記事で、享年は八十八とある。享年から逆算すれば誕生年とともに入内時の年齢がわかる。

(78)『公卿補任』では益長・顕長とも家名は東坊城であるが、『尊卑分脈』の東坊城条では顕長は長綱息言長を祖とする家系。『諸家知譜拙記』追加絶家伝西坊城条によれば、「東坊城庶流」の補記がある。区別するため『諸家知譜拙記』に従い、顕長の家名を西坊城とした。

(79)『親長卿記』文明四年二月八日条。

(80)『御湯殿上日記』文明十一年十二月七日条。

(81)『言国卿記』明応十年二月二十七日条。

(82)『二水記』大永三年二月八日条。『実隆公記』大永三年二月十一日条。

(83)『実隆公記』大永四年七月十一日条。

(84)『実隆公記』享禄二年九月十二日条。『二水記』享禄二年九月二十一日条。

(85)小高恭『お湯殿の上の日記の基礎的研究』（和泉書院　昭和六十年）「I　お湯殿の上の日記本文私註」にこの記事について、十二、七、新内侍にはかにさしはりにて。――→、、サ、ハリ・障り。とし、その根拠を『御湯殿上日記』文明九年四月二十日の記事に「大すもし御さゝはりなるにより」のあると説明されている。

(86)『実隆公記』長享二年五月十五日条。

(87)『宣胤卿記』文明十三年七月二十六日条。

(88)『国史大辞典』須田春子氏担当、「命婦」条。

(89)『言国卿記』『御湯殿上日記』明応二年正月十九日条。

(90)『宣胤卿記』永正元年閏三月十三日条。

(91)『御湯殿上日記』延徳三年十一月二十一日条、『言国卿記』明応十年二月二十七日条、『二水記』大永三年二月十六日条。

(92)『御湯殿上日記』文明十六年九月六日、同十七年五月十三日条。

(93)『実隆公記』永正二年十月二十二日条。

(94)『実隆公記』大永三年八月十三日に「新大典侍入来、越前御料所事御談合」とあって、新大典侍の料所か皇室料所か曖昧ではあるが、一応新大典侍が相談に来たことで、新大典侍の料所とした。

(95)本書第二部第六章「二条家領加賀国井家庄について」。

(96)『実隆公記』文亀元年十月九日条。

終章　戦国期の公家

終　章　戦国期の公家

――本書を終えるにあたって――

戦国期といえば歴史の書物では従来から、武士が群雄割拠する時代と形容され、歴史の流れを武士の行動に従って見られてきた。しかし、公家もまた戦国期を生きたのである。本書では今まで研究が少なく、看過されてきた公家の目で見た戦国期、すなわち時代を主として近衛家の目に託して見てきた。本書を終えるにあたり、再度近衛家のたどった過程を眺め、また、時代を近衛家とは違った目で見ていた公家のいたことも紹介し、近世を迎える公家の姿を見届けて本書を終えることとする。なお本書を終えるにあたり今後の研究課題も展望しておくこととしたい。

一　近衛家の武士感

近衛家へ細川高国が訪れたのは、明応七年（一四九八）三月二十六日のことで(1)、高国が十五歳の時であった。近衛家の当主は政家。次期当主の尚通は二十七歳、高国は父政春とともに、近衛家で催された蹴鞠の会に参加するための来訪であった。高国は細川政元の養子となり、他の二人の養子澄之・澄元の後に家督を継ぐのであるが、家督は簡単に継承できたわけではなかった。最初に澄之と澄元による後継者争いが起こり、高国は澄元に荷担し永正四年（一五〇七）八月、澄之を敗死させた。翌年四月摂津国人を味方とした高国は、澄元に反旗を翻し近江へ走らせる。そのころ室町幕府第十代将軍足利義材（後に義尹・義稙と改名）は、明応二年（一四九三）細川政元による明応の政変で将軍職を奪われ、越中・周防を流浪した後、大内義興に擁されて将軍職復帰の途につく。永正五年（一五〇八）四月、義材の東上を知った将軍義澄は近江甲賀へ出奔。高国は堺に義材を迎え、義尹の将軍復帰がかなった。功により高国は右京大夫に任ぜられ、摂津・丹波守護となりさらには管領に就任する。高国・義興の体制により義尹政権は支えられていたのであるが、永正八年澄元は播磨の赤松義村を頼り兵を起こし、摂津・和泉・京都を攻撃する。高国と義興は義尹とともに丹波へ逃れ、態勢を立て直してすぐ京都奪還を目指し、八月二十四日、京都の船岡山に戦う。世に言う船岡山の合戦である。船岡山の合戦で勝利を得て大内義興が帰国する永正十五年まで、高国・義興の連合政権は続く。義興帰国後、高国は義稙を廃し義晴を擁立した。義晴は前将軍義澄の子である。

大永六年（一五二六）七月、高国の武将細川尹賢が香西元盛を讒言し自殺へ追いやった。これが高国政権の崩壊の兆しとなって、大永七年、元盛の兄波多野稙通・柳本賢治が丹波に挙兵。高国に挑み桂川に戦い、高国を近江へ走らせた。ついで三好勝長・政長は阿波から堺へ上陸し、やがて三好元長が義晴の弟義維と澄元の子晴元を擁立し堺へ上陸した。

享禄四年（一五三一）、高国と晴元は天王寺に戦い、敗れた高国は尼崎大物に崩れ、六月八日捕えられ自害させられたのである。高国四十八歳であった。高国が近衛邸を訪問して以来三十三年、親しくつき合ってきたことで尚通は高国を見つめることができた。船岡山での戦いの後、戦塵を落とすため近衛邸の風呂へ入る姿。(2) 戦陣に赴くため暇乞いに来る姿。(3) 文芸に興じる姿。尚通の家族とともに過ごす姿。守護として、管領としての姿。高国の様々な姿をつうじて、尚通は一つの武士像を描いたに違いない。文亀二年（一五〇二）には稙家が生まれている。稙家もまた近衛邸に出入りする高国や細川一族の武士を見て育ち、さらに妹が将軍義晴に嫁いだことで、細川氏だけでなく将軍に加え、将軍を取り巻く武士も見ることもできた。公家でありながら武士からの影響も受けて育ったことは確かである。世上を模索し始めたとき公家の立場だけでなく、武士的要素も加わって解決策を考えたのではなかろうか。永禄三年（一五六〇）九月、長尾景虎の上洛を求めて、息前久を関東へ送ったことが解決策の一つであったと考えられる。

前久が誕生したのは天文五年（一五三六）。この年は次期将軍義輝が生まれた年でもあった。前久と義輝は従兄弟にあたる。『後法成寺関白記』は天文五年までしか残っていないのであるが、天文五年分には近衛家を高国のように頻繁に訪れる武士の記載はなく、わずかに目に付くのは本書第一部第三章で触れた木沢長政の記事と、後年稙家・前久・信尹のいずれもが何らかのかたちで交際を持つ薩摩島津氏の来訪記事が二カ所に出てくるくらいである。(4)

近衛家は政家・尚通父子が将来を意識して、邸宅を武士へ提供しサロン化を図ったのではなく、結果として武士が集まるサロンのようになったのであって、たまたまそこへ集まった武士を見て、育った者たちが武士志向の心情も持ったのであろう。さらに前久は叔父（将軍義晴）を見て、従兄弟（義輝）を見て育っている。ここにも武士の心情を理解できる公家が育った。その経験は後年前久が信長・秀吉・家康の行動を見ながら信尹を育て、信尹もまた武士の心情を持つことができたと思う。

近衛家が稙家以降、ある時には家を空けて行動できたことは、一つには継続して家領経営が維持できていたことが挙げられ、経済的に恵まれた環境にあったからではなかろうか。家領については、本書で戦国期の家領経営状況を紹介したが、それらの家領のすべてが信尹の代まで機能していたかについては不明である。しかし本書第一部第五章「摂関家異色の後継者——織豊期近衛家の当主——」で触れたように、五ケ庄（京都府宇治市）は天正十二年（一五八四）も機能していた様子であった。二つ目の理由として、留守を預かる家僕の存在が大きいと考えられる。家僕については近衛信尹の日記『三藐院記』に、政家の代から続く進藤・北小路家の姓を見ることができ、長治・俊孝が近衛家に従って家政を努めていた様子である。

近衛家では稙家以来、自らの意志で行動し、あるいは武士に翻弄されたりしながらも戦国期を生き抜いてきた。信尹の時代の後半には、近世の兆しが見え始めていた。信尹が秀吉による朝鮮侵略への従軍を試みたことが、秀吉の怒りを受け薩摩坊津へ配流となった。ことはそれだけではなく、そのとき信尹に対して出された「太閤様御一書之覚」は公家の行動を制約する内容で、「公家衆法度」や「公家並公家諸法度」の先駆的なものであったことにも触れた。家領経営についても信長の時代、すでに荘園の知行整理が行われ、近衛家の家領にも影響が出始めていた様子がある。続いて行われる秀吉による太閤検地は近世の石高知行制の基礎となり、荘園制は終幕を迎え近衛家領も消滅する。信尹には子がなかったことで、後陽成天皇と前久の女前子との間に生まれた信尋が近衛家を継ぐ。近世を迎えた近衛家としても新たな門出となったのである。

変化する時代を模索し、その時代を生きる公家を見ることによって、従来一般的に理解されている公家の姿、すなわち文芸伝播者だけではない公家の一面を見てきた。次にもう一つの公家像を紹介する。

二　もう一つの公家像

紹介する公家の名は鷲尾隆康。日記は『二水記』を残している。『二水記』の記録期間は永正元年（一五〇四）正月から天文二年（一五三三）二月までであるが、途中の永正三年から同十三年の間は書かれていなかったり、自筆本が残っていない期間があったりする。自筆本が残っていない部分は写本により補うことができ、近年『大日本古記録』のシリーズに加えられ、刊行され読みやすくなった日記である。

『二水記』の一つの特徴は有職故実に係わる記事が詳しく、微に入り細に入り記されている。そのような箇所を読むときは余り興に乗らない。書いている隆康も同様な気持ちで書いていたかもしれない。しかし子孫が宮中で失敗しないよう記しておくことが、日記を書く理由といわれていたこともあり、自分が列席しない儀式であっても見学し、他人の挙措を記している。人や物の遮りで見えないこともあった。雪が降って寒い日の白馬節会を見学していた時など、「寒嵐無術之間」就寝してしまい、その後の事を人づてに聞いて記すこともあった。(5) なぜ隆康が有職故実を詳細に記したかについては隆康の生い立ちと関係があるように思う。隆康は四辻季経の次男として文明十七年（一四八五）に生まれた。兄は公音、弟は範久。あとに二人の弟と妹が一人いた。四辻家を継いだのは公音で、範久は高倉家を相続した。隆康が継いだ鷲尾家は羽林家で大納言を極官とする家柄である。先代に隆頼がいたが、文明三年遠江で没していた。隆頼には息隆治がいたが、なんらかの理由で家督を継がず、鷲尾家は一時断絶した。断絶した家を継いだだけに隆康としては、子孫の手本とするため有職故実を詳しく記したのではなかろうか。

また、『二水記』には隆康が他の公家の家で、食事を相伴する記事がよく記載されている。『親長卿記』文明十七年五月十四日条は、隆康のことを記したのではないが、「在永卿来、羞朝食、窮困不便之故也、連々如此」のように、唐橋在永は困窮のため甘露寺家でたびたび食事を相伴している。隆康も他家へ食事に招かれ食事をする記事が多いのは困窮のためではないかと想像する。それには本書補論「『御湯殿上日記』に見る宮廷の女性たち――文明期を中心に――」で紹介したように、隆康は叔母で勾当内侍であった四辻春子に養育されていたように、一度断絶した家系であるだけに、経済的支えとなる家領[6]は有名無実の状態にあり、生活が苦しかったことが窺われるからである。

こうした境遇に育ったためか、地味な性格が窺え、時には日記の端々に世上を悲観するような言葉を記すことがある。例えば①「都鄙恐怖此事也」。②「終以可令物忩恐怖此事也」。③「凡公家儀如踏薄氷」。④「凡天下滅亡之為躰也」などである。これらの表現はいずれも合戦があったり、不安な状況の風聞を聞いたとき常套語のように記されている。

①は永正十六年、大内義興が帰国したことで、澄元は四国兵を率い高国に挑んだときのことで、京都の不安な様子を記したときの感想である。②は将軍義稙が高国の専横を怒り和泉から淡路へ出奔したが、機を見て上洛する風聞が起こったときの感想。③は大永三年六月二十六日、高国の部下梶が転法輪三条実香の家人と争って、実香邸を襲おうとしたとき高国が停めた事件についての感想。④もまた隆康が聞いた風聞記事。強盗が下京辺りに集まり近所へ打ち入る相談しているとの噂により、隆康が不安を抱く気持ちを記した。公家日記には強盗に襲われ物を盗まれたり、強盗と果敢に戦って傷を負ったりする公家の記事を散見するが、強盗も当時の不安の一つだったのだろう。余談ではあるが近衛家では、武士が出入りしているにもかかわらず、近衛邸の文庫に夜盗が侵入し、衣服類を悉く盗まれたことがあった[7]。

『二水記』の記事を『後法成寺関白記』の記事と併記して見ることで隆康の不安さがよくわかる。①の記事を例に挙げよう。

『二水記』

永正十六年十一月九日条、

伝聞、西国衆出頭、已令渡海、着兵庫・安麻賀崎(尼崎)等云々、京中又驚動、右京大夫毎日令談合云々、

永正十六年十一月十日条、

申刻許陣立令見物、今日右馬助一族其外長塩等、都合其勢二千人許云々、都鄙恐怖此事也、伝聞、於摂津国此間足軽衆度々及合戦云々、今日之衆可宿西岡辺云々、

永正十六年十一月十九日条、

伝聞、摂津国合戦事、昨日大責也、即剋攻敗四国衆数百人打死、京勢誇勝云々、治定雖未決、洛中風聞大概同説也、都鄙大慶尤此事也、三好父子令打死云々、猶以御方本望此事歟、今度洛中恐怖令帰安堵之思也、公私珍重々々、何事如之乎、

『後法成寺関白記』

永正十六年十一月九日条、

右馬頭明日出陣為暇乞来令対面勧一盞、

永正十六年十一月十日条、

申刻各出陣云々、今日右馬頭(マヽ)長塩云々、

永正十六年十一月十六日条、

従伊賀仁木刑部大輔許有書状、今日摂州へ令下向間、開陣可来云々、

永正十六年十一月十八日条、

入夜宗碩来、敵陣令落居澄元・三好生涯云々、

永正十六年十一月十九日条、

去夜説皆以雑説云々、言語道断々々、定今明之間有一途歟云々、

隆康の記事は風聞を記している。風聞であるだけに話の出所や状況など、事実関係がわからないため不安を抱くのであろう。それに引き替え尚通への情報は細川尹賢（右馬頭）であり、仁木刑部大輔の書状であった。連歌師の宗碩の伝えたことだけ「雑説」であったが、雑説とわかったのは翌日のことで、事実の正否も素早く伝えられている。尚通の場合は常に尚通の周囲にいる人からの情報で、出所が確実である。それだけに対処の判断も早く行え不安が少ない。特に戦場へ赴く尹賢本人からの情報ほど状況が確実なものはあるまい。また、隆康の日頃の交際を見ると、武士を除いた人々との交際ばかりであるため、公家間のことにだけしか目に入らなかった様子である。したがって時代の状況をその範囲でしか考えていなかったように思える。それに隆康の性格的なことが加わって、日記に記す言葉も先行き不安の気持ちが出たのであろう。

『二水記』永正十七年五月五日条には、

早端川原衆又取寄陣、巳刻許悉越東川即入上京、小家一両間焼立、少時已禁中東南取陣、其勢四・五万人許歟、時声及度々、各消肝、応仁已来如此事無之云々、今日同候禁中、内々衆少々参候、於紫宸殿見之、若輩之衆、猶近見、上南築垣之屋見之、衣冠之体不似合進退也、不可説之、及午刻両三度及合戦云々、戦場等持寺之東南也、三好勢纔四・五千云々、雖然合戦却而得理云々、武勇之至見物上下令褒美云々、今日高国陣河崎天神社也、雖及落日之時、合戦不及勝負数度、依大将之下知也云々、聊於上意之儀子細有之云々、禁中四足御門役武衛勲之、以

次礼了、戌刻許、四国衆大略令没落之由風聞、実否未決也、

の記事がある。このころから『二水記』の記事も宮中での楽や有職故実の記事に加え、戦乱の様子も記され、それに伴う武士の動向を伝える記事も多くなる。右の記事は永正十五年八月、大内義興が帰国し、高国の単独政権となってから後のことである。船岡山での合戦に敗れた澄元は讃岐に落ち、三好之長の庇護を受け再起を待った。永正十六年十一月澄元を擁して之長は尼崎へ上陸。高国は丹波・山城・摂津の兵を率い京都を発ち、摂津池田城へ陣を敷いたのであるが、洛中に徳政を要求する土一揆が蜂起した。土一揆慰撫のため澄元との戦いを捨て京都へ戻った。しかし之長は戦いを挑み京へ接近したことで、高国は大津へ走り、京都は澄元の支配下に入った。しかし高国には近江六角貞頼らが与し、再び態勢を立て直すことができ、如意嶽を越え白川へ陣し、合戦が始まった。ここに隆康の皇居での合戦見聞記事が入る。その日禁裏へ指向していた隆康は紫宸殿の上から眺め、双方の戦況を記したのである。受けてたつ高国勢を四、五万と記したのは誇張であろう。「各消肝」とあるのは、落ち武者が禁裏へ転げ込む不安であろうか。流れ矢が飛んでくる心配であろうか。しかし公家たちが武士の状況を見ながら噂する。何か公家の気持ちに余裕が感じられるのである。皇居は心配のない場所であったのだろうか。

この日の戦闘の結果は高国が勝利を得て、数日後、之長は切腹。澄元はこの合戦から少し後の六月、病死する。天文二年（一五三三）三月六日、『二水記』を残して、隆康は薨じた。享年四十九。子供は隆恵・宗順・女の三人がいたが、いずれも早い死であった。そのため隆康の死後、鷲尾家は再び断絶する。再興するのは関ヶ原の戦いが終わった翌年の慶長六年（一六〇一）、四辻公遠の息隆尚が継いでからである。隆尚は天正十七年（一五八九）参議の時、なんらかの理由で勅勘を受け出奔していたのが、勅免により還任された年の相続であった。戦国を生きた隆康の後、鷲

尾家は近衛家とは違った形で近世を迎えたのであった。

三　戦国期公家研究の課題

本書四部の論考は、戦国期の公家社会を研究の中心課題として、取り組んできた結果である。研究には従来の研究を批判し、新たに自説を主張し、論を展開させる方法もある。しかし戦国期の公家研究については、発展途上の学問であるだけに、私にとっては従来の研究を批判する余裕もなく、文字どおり基礎的研究であった。先学の研究結果を参考にさせてもらうことのほうが多く、やっと一歩を踏み出すことができた。

公家の研究を専攻したからにはこれからも、公家日記は読み続けなければならない。読めば読むほど研究素材は数限りなく出てくる。どこから手を付けて研究していくか見極めて、優先順位を決め課題を解決していかなければ、よくないと考える。これは仕事でも経験してきたことであるから可能である。多くの課題の中から最優先の課題を整理して、解決することが次のステップではなかろうか。

再度、本書序章「戦国期公家社会研究の視点」を振り返って見ると、研究が遅れている戦国期の公家について、特に政治史の分野での発表が少なかったことを指摘した。政治史の場合、中世前期であれば、公家政権論・公武政権論の研究がすなわち政治史であった。しかし戦国期にはそのような題材では取り組めなくなっているのは当然のことである。戦国期の公家研究で、政治史の範疇とした論考は十篇あった[8]。十篇の論考の評価で使われた言葉をキーワード的に捉えると[9]、「将軍権力」「幕府」「公家（天皇も含む）」となっていることがわかる。キーワードとして捉えた三つの言葉は、逆に中世初期の研究対象であった公武政権論のキーワードともなり、公武政権論の形を変えて、戦国期公家の政治史を扱うことも可能であることがわかった。選択肢の一つとして、念頭におき戦国期の公家研究を行う必要があると思う。

戦国期の歴史研究を深めるためにも、公家研究を充実させることが歴史学発展のため課題と考え、今後とも研究は続けていきたい。

〔註〕

(1) 本書第一部第三章「公家女性の生活——近衛尚通の正妻、維子の場合——」。
(2) 『後法成寺関白記』永正八年八月二十七日条。
(3) 『後法成寺関白記』永正十六年十一月九日条。
(4) 『後法成寺関白記』天文五年三月二十二日条。
嶋津唐帋十枚進上之令対面、
『後法成寺関白記』天文五年四月二十一日条。
九澤軒来、嶋津八人方江状・短尺等遣之給盃、九澤ニ遣扇、
(5) 『二水記』大永二年正月七日条。拙稿「古記録に見る世相——戦国期を中心に——」(季刊『ぐんしょ』9 続群書類従完成会 平成二年)。
(6) 鷲尾家領は、『宣秀卿記御教書案』延徳四年条(内閣文庫蔵)によれば、金山院・法住院并筑後国三潴庄・鯵坂庄、美濃国河崎庄・外山村東西・上秋庄東西、越後国佐味庄上下、東山鷲尾山林、その他に洛中に散在地があったことがわかる。
(7) 『後法興院記』文亀三年九月九日条。

(8)

番号	「回顧と展望」掲載年	著者	題名	掲載頁	掲載誌	巻・号
①	一九八〇	近衛通隆	近衛前久の関東下向	Ⅱ—三〇一	日本歴史	三九一
②	一九九〇	岡野友彦	戦国期における源氏長者について	一九九〇—一〇一	戦国史研究	一九
③	一九九一	鈴木芳道	甘露寺家月次会・『親長卿記』鞠人グループ蹴鞠会と室町幕府	一九九一—八四	鷹陵史学	一七
④	一九九一	脇田晴子	戦国期における天皇権威の浮上(上)(下)	一九九一—八八	日本史研究	三四〇 三四一
⑤	一九九四	鈴木芳道	戦国大名権力と寺社・公家・天皇	一九九四—九九	日本歴史	五五九
⑥	一九九五	橋本政宣	信長上洛前後における山科言継の行動	一九九五—八九	日本歴史	五六九
⑦	一九九六	末柄豊	応仁・文明の乱以後の室町幕府と陰陽道	一九九六—八五	紀要(東大史料編纂所)	六
⑧	一九九八	湯川敏治	足利義晴将軍期の近衛家の動向	一九九八—八二	日本歴史	六〇四
⑨	一九九八	高梨真行	将軍足利義輝の側近衆	一九九八—八二	立正史学	八四
⑩	二〇〇一	矢部健太郎	豊臣「武家清華家」の創出	二〇〇一—八九	歴史学研究	七四六

「掲載頁」でⅡと記したのは、『日本歴史学界の回顧と展望』として『史学雑誌』五九〜九五の復刻「日本中世Ⅱ」を示す。以下、掲載年—掲載頁とした。

(9)　それぞれの評価を見ると①は「上杉謙信の関東進出期彼の下で行動した近衛前久の関東下向の理由・目的について述べ」たとあり、②は「足利氏が独占して公家の官位推挙権を得たとされてきた源氏長者の地位に、じつは公家の久我家が足利氏と交替で任じられていたことを指摘、公家久我家による武家源氏の官位推挙の重要性を説く。戦国期の権威の考察として重要である」と、③は「甘露寺家月次会と蹴鞠会の参加者の分析を通じて朝廷・公家と幕府との関係を検討。内裏や室町殿を包み込むもので、師範飛鳥井家は権門体制国家の国芸の主宰者とする。和歌・蹴鞠を国家論に位置づけようとする視点」とあり、④は「天皇・公家貴族・神官によるイデオロギー編成、朝廷貴族の文化における主導性などを指摘し、戦国期に天皇が無力化しながらも生き残りえた原因を、文化・宗教における天皇制イデオロギーの大衆化とする」と評価している。続いて⑤では、「後北条氏・今川氏の場合などを素材として、戦国大名と天皇制的権威との関わりについて考察したもの。大名が領内の寺院・僧侶を支配する際、中央寺院（本寺）の裁許が前提とされたことが明らかにされている」とあり、⑥は「一公家の政治的動向を明らかにした上で当時の複雑な政治状況を考察する。また、日記の総体的理解のために記主・公家衆の研究を強調する」と評し、⑦は「将軍権力の動揺期に、祈禱の持つ政治的意義が将軍以外にも認知・利用されるようになり、大名が天変地異を勘申する陰陽師を奉仕させたと論じ、陰陽師を含む公家の地方下向に、公家社会を組み込んだ幕府をモデルに自己の権力機構を創出せんとする大名の指向を読み取る」とある。⑧は「姻戚関係を通じて将軍と近い関係にあったこと、義晴室慶寿院の政治への介入が見られることなどを指摘」、⑨は将軍権力の動揺により側近公家衆の求心力が低下し、これに代わって近衛一族が台頭したとする。⑩は時代的には近世初期に採られる題材であると思うが、中世の範疇として、「秀吉の政治的意図による公家衆内部の身分秩序変革の実態を検討し、天正十五年の家格改革とそれを前提とした聚楽第行幸時の武家公家衆「清華成」により新たなる武家家格を創出した」と評されている。

第1表　戦国期近衛家領表

史料名巻数		国名	山																							御霊殿知行分								端御所知行分				
																										城			摂津	近江			美濃	山城			近江	美濃
雑事要録	雑々記	家領名	冨家殿（五ヶ庄）									羽戸院		伊勢田郷	市田	池尾郷	侍従池	桂殿					革嶋庄		葉室（菓子代）	西…（院内地子）	御…	花園（柴）	転経院	大原庄	矢橋	田上郷	厩田	河辺庄	菱河庄	大井村	御地子	神田郷	武義進
			冨家殿	福田分	福田牛飼給	諸給	岡本名	板 真木嶋内	屋 小巨倉殿内	田 岡屋内	地頭方	羽戸院	山田					桂殿	牛飼給	谷（公事銭）	久世井	永末名	革嶋庄	火打田															
		現在地	京都府宇治市															京都市西京区										京都市右京区			滋賀県草津市	滋賀県瀬田町		岐阜県川辺町	京都府向日市カ				
1		文明10(1478)年	○		–			–	–	–		–		○		–		○		–		–	–	–		–			○		–	–							
2		文明11(1479)年	○		○									○		○	○	○						○		○			○	○			–		○				
欠		文明12(1480)年																																					
4		文明13(1481)年	○	○					○					○		○	○	○		○				–	○	○			–	○			–		○				
欠		文明14(1482)年																																					
6		文明15(1483)年	○	○		–		○						–		○	○	○	○	○				○	○	○			○	○			–		○	○			
7		文明16(1484)年	○			○		○						–		○	○	○	○	○				–	○	○	○		–	○			–		○	○	○		
8		文明17(1485)年	○			○		○				○	○	–		○	○	○	○	○		–		–	○	○	○		–	○			○		○	○	○		
9		文明18(1486)年	○			○		○				○	○	○		○	○	○	○	○		–		–	○	○	○		○	○			○		○	○	○		
10		長享元(1487)年	○			○		○				○	○	○		○	○	○	○	○		–		○	○	○	○		○	○		–	–	○	○	○	○		
11		長享2(1488)年	○			○		○				○	○	○		○	○	○	○	○	○			○	○	○	–		–	○	○	○	○	–	○	○	○	○	–
12		延徳元(1489)年	○			○		○				○	○	○		○	○	○	○	○	○			○	○	○	○	○	○	○	–	○	○	○	○	–	○	○	–
13		延徳2(1490)年	○			○		○				○	○	○		○	○	○	○	○	○			○	○	○	○	○	○	○	–	–	–	–	○	○	○	○	–
14		延徳3(1491)年	○			○		○				○	○	○		○	○	○	○	○	○			○	○	○	○	○	○	○	○	○	–	–	○	○	○	○	–
15		明応元(1492)年	○			○	○	○				○	○	○		○	○	○	○	○	○			○	○	○	○	○	○	○	○	○	–	–	○	○	○	○	–
16		明応2(1493)年	○			○		○				○	○	–		○	○	○	○	○	○			○	○	○	○	○	○	○	○	○	–	–	○	○	○	○	–
	※	明応3(1494)年	○			○	○	○				○	○			○	○	○	○	○	○		○	○	○	○	○	○	○	○	–	○	–	–	○	○	○	–	–
18		明応4(1495)年	○			○		○				○	○			○	○	○	○	○	○		○	○	○	○	○	○	○	○	–	–	–	–	○	○	○	–	–
19		明応5(1496)年	○			○						○	○			○	○	○	○	○	○		○	○	○	○	○	○	○	○	–	–	–	–	○	○	○	–	–
20		明応6(1497)年	○			○					○	○	○			–	○	○	○	○	○		○	○	○	○	○	○	○	○	–	–	–	–	○	○	–	–	–
21		明応7(1498)年	○			○		○				○	○			○	○	○	○	○	○		○	○	○	○	○	○	–	○	–	–	○	–	○	○	○	–	–
22		明応8(1499)年	○		○	○						○	○			○	○	○	○	○	○		○	○	○	○	○	○	–	○	–	–	○	–	○	○	–	–	–
23		明応9(1500)年	○		○	○	○					○	○			○	○	○	○	○	○			○	○	○	○	○	○	○	–	–	–	–	○	○	–	–	–
	※	文亀元(1501)年	○	–		○	○				–	○		○			○	○	○	○	○				○	○	○	○	–	○	–	–	○	–	○	○	–	–	–
欠		文亀2(1502)年																																					
26		文亀3(1503)年	○	○	–	○	○				–	○	○	○		–	○	○	○	○	○				○	○	○	○	–	○	–	–	○	–	○	○	○	–	–
27		永正元(1504)年	○	○	–	○					–	○	○	–		○	○	○	○	○	○				○	○	○	–	○	○	–	–	○	–	○	○	○	–	–
28		永正2(1505)年	○			○					–	○	○	–		○	○	○	○	–	○				○	○	–	–	○	○	–	–	–	–	○	○	○	–	–
	7	大永3(1523)年	○	–		○	○	–		○		○	○	○	–	–	○	○	○	○	○		○		–	○	–	–	–	–	–		–	–	○	–	○		
	8	大永4(1524)年	○	–		○	○	○		○		○	○	–	–	–	○	○	○	○	○				–	○	–	–	–	–	–		–	–	○	–	○		

※「雑事要録」明応3・文亀元年分は「雑々記」第4・5・

第２表　宇坂庄年別年貢収納表

年分＼年貢	銭 納入月日		銭 納入額	銭 備考	綿（御服） 納入月日	綿（御服） 納入量
文明10年分	文明10	12.晦	1000疋	綿15把用脚	文明10.12.晦	35把
	文明11	1.24	1000疋			
		2. 3	500疋			
		2.13	500疋			
		2.17	500疋			
		3. 1	500疋			
		3.10	500疋			
		3.19	300疋			
		3.20	200疋			
		4. 5	500疋			
		4.10	500疋			
		4.26	300疋	2疋不足		
	合　計		63貫文		合　計	35把
文明11年分	文明12	3.28	2000疋	※注記は本文164頁に掲載	文明12.5.25	31屯
		4. 8	500疋	商人替		
		6.29	18貫	綿18屯料足		
		7.12	160疋	未進24貫余（朝倉分）		
	合　計		44貫600文		合　計	31屯
文明12年分	文明12	冬	1400疋		文明12　冬	12屯
『雑々記』	文明13	3.27	600疋	替銭	文明13. 4.24	19屯
			400疋			
		4. 4	1000疋	成龍院替銭		
		4. 7	1100疋	不断光院替銭		
	合　計		45貫文		合　計	31屯
文明13年分	文明13	12.24	（2000疋）	サイフ２（文明13.12.24）	文明13.12.24	12屯
	文明14	1.10	2000疋	サイフ銭到来	文明14. 1.26	12屯
		1.11	500疋			
		26	7貫820文	割符（文明14.閏7.5）450文 250文 夫賃		
		閏7.25	500疋			
	合　計		57貫820文		合　計	24屯
文明15年分	文明15	11.19	500疋	坂本カワシ（文明15.11.19）		
		12.28	1200疋			
	文明16	1.24	500疋		文明16. 1.12	27屯半
		1.26	1000疋			
		2. 3	200疋			
		2. 8	500疋			
		2.19	300疋			
		2.29	200疋			
	合　計		44貫文		合　計	27屯半

年	考	綿（御服） 納入月日	綿（御服） 納入量
文16			
		合　計	29屯101文目
文17	)	明応 7. 1. 1	33屯84文目
文18	)		
		合　計	33屯84文目
文19 (長	8.1.15) 泰給分 ィ衛家)	明応 8. 1.16	35屯余
		合　計	35屯余
長2	割符４ケ（明応 9.2.9）	明応 9. 2. 9	39屯
		合　計	39屯
長3 (延	10.1.30)	明応10. 1.30	36屯
延2		合　計	36屯
	亀4.2.11)	文亀 4. 4.27	36屯126目
		合　計	36屯126目
延3		永正 2. 1. 4	2屯
		3.21	30屯56目
		合計	32屯56目

初出一覧

序　章　戦国期公家社会研究の視点　新稿

第一部　公家家族の実像

第一章　近衛政家の妻室　『日本歴史』五二七　一九九二（平成　四）四月

第二章　中世公家家族の一側面
――「尚通公記」の生見玉行事を中心に――　『ヒストリア』九一　一九八一（昭和五十六）六月

第三章　戦国期公家女性の生活　『ヒストリア』一三九　一九九三（平成　五）六月

第四章　足利義晴将軍期の近衛家の動向
――近衛尚通の正妻、維子の場合――　『日本歴史』六〇四　一九九八（平成　十）九月

第五章　近衛前久の子・信尹　（一部加筆）
――稙家と妹義晴室を中心に――　『歴史読本』九月号　二〇〇三（平成　十五）七月

第二部　公家の家産経済

第一章　戦国期近衛家の家産経済の記録
――『雑事要録』『雑々記』について――　『史泉』五七　一九八二（昭和五十七）十二月

第二章　戦国期近衛家領越前国宇坂庄について　『史泉』六〇　一九八四（昭和五十九）八月

第三章　近衛家領摂津国放出村について　——戦国期を中心に——　『大阪の歴史』一三　一九八四（昭和五十九）十月

第四章　戦国期公家領荘園の運営機構　——近衛家領の荘官をめぐって——　『古文書研究』二六　一九八六（昭和六十一）十二月

第五章　戦国期貴族の邸宅建築に関する経済的考察　——近衛邸の作事を中心に——　『横田健一先生古稀記念文化史論叢』　一九八七（昭和六十二）三月

第六章　戦国期二条家領加賀国井家庄について　本多隆成編『戦国・織豊期の権力と社会』　一九九九（平成十一）九月

第三部　公家の家政機構とその性格

第一章　戦国期公家日記にみる家政職員の実態　『ヒストリア』一二〇　一九八八（昭和六十三）九月

第二章　戦国期における公家裁判の一例　——唐橋在数殺害事件顛末を中心に——　『史泉』六九　一九八九（平成元）三月

第三章　「青侍奉書」について　——戦国期公家文書の一形態——　『有坂隆道先生古稀記念日本文化史論集』一九九一（平成三）三月

補　論

第一章　『歴名土代』解題　（一部加筆）　湯川敏治編『歴名土代』　一九九六（平成　八）　九月

第二章　『御湯殿の上の日記』に見る宮廷の女性たち　『古文書研究』五六　二〇〇二（平成　十四）十一月

——文明期を中心に——

終　章　戦国期の公家　——本書を終えるにあたって——　新稿

なお、第二部第一章・第二章・第三章・第五章は中世公家日記研究会編『戦国期公家社会の諸様相』日本史研究叢刊2（和泉書院　一九九二）へ採録された。

あとがき

本書は、平成十六年九月、関西大学大学院へ博士学位申請論文として提出した『戦国期公家社会の基礎的研究』をもとに作成した論集である。本書をお読みになっておわかりいただけるように、戦国期の公家社会を垣間見た研究内容である。しかし今まで余り扱われなかったことを続けたことに対して、学位授与という形で認められたことに大きな歓びを感じている。

昭和三十六年（一九六一）、高校を卒業し日本電信電話公社（現NTT）へ入社した時、職場の先輩に大田修さんがおられた。本願寺蓮如に関心を持たれ、その目で見た中世史の面白さをよく話していただいた。大田さんの影響や職場の先輩の勧めもあり、歴史が好きであったことから、一九六四年、勤務の傍ら関西大学史学科（当時）の二部を受験し、運良く入学できた。大学では横田健一・有坂隆道・薗田香融の先生方に教鞭を取っていただき、勉強の楽しさを学んだのが大学生活の印象であった。親が和歌山県出身で湯川姓であったことから、卒業後も大学で得た知識をもとに、紀州湯川氏と本願寺の関係について史料を集めていた。そのことが一九七六年、「紀州湯川氏の祖先伝承に関する一考察」として横田先生への献呈論文集『横田健一先生還暦記念日本史論叢』に書かせていただく機会となった。その後東京大学史料編纂所から手に入れた湯川氏関係の史料を、薗田先生にお見せしたところ、その中に連歌に関する記事があったことから、文学を研究されておられる鶴崎裕雄先生をご紹介されたのが、鶴崎先生との最初の出会いであった。鶴崎先生を知ってしばらくたった一九七七年六月、帝塚山学院短期大学（当時）の先生の研究室で、「一緒に読もう」

と渡されたのが『後法成寺関白記』のコピーであった。このときから今まで（さらにこれからも）、公家のことを勉強させていただくだけでなく、さまざまなことで多大なお世話になろうとは、それこそお釈迦様でも気が付かなかったことだろうと思う。それまで公家が書いた自筆の日記など読む機会がなかったことから、興味を抱き湯川氏のことはひとまず休止して、公家日記に専念することとした。

一方、薗田先生のご指導で現在、関西大学法科大学院事務室へお勤めの柴田真一さんと「中世文化研究会」の設立にも携わらせていただき、毎週月曜日の夕刻から学生を交え『細川両家記』の輪読が始まった。今回副査として論文審査の労を執って下さった原田正俊先生がまだ学生で参加されていた。ここでは戦国武士の世界を学ぶこととなったが、数年経って転勤などで勤務先が替わり、時間的に平日の参加が難しくなってきた。会も軌道に乗っていたことでもあり身を引かざるを得なかったが、鶴崎先生との輪読は土曜日のことでもあり中断せず参加していた。輪読は『後法成寺関白記』から『二水記』の翻刻へ移り、さらに『政基公旅引付』へと進んだ。『二水記』のころから柴田さんや森田恭二さんも参加されるようになり、会の名称も「尚通公記研究会」から「中世公家日記研究会」と変更された。参加者が増えいろいろな刺激も受け、学会へも参加するようになって、何度か報告もさせてもらっていた。そうした中で印象深い出会いがあり、今もおつきあいさせていただいているのが矢田俊文さんと本多隆成さんである。大阪歴史学会の帰途何人かで飲んだとき、矢田さんから「今公家をなぜするか」という質問をされ、答えに窮したことを記憶している。そのときの矢田さんからの質問は、臥薪嘗胆となり今まで勉強を続けることができ、やっと今、矢田さんに答えることができたように思う。本多隆成さんとは高校でクラスが一緒であったにもかかわらず、進路が違っていたこともあって、特に話をしたことはなかったが存在は知っていた。卒業後何年か経って日本史研究会の大会の後、偶然再会した。それが契機となり戦国・織豊期研究会にお誘いいただき、現在も参加させてもらっている。

パソコンが普及し始め、電報に携わってタイプライターに接していたため、キーボードに対する抵抗がなかったことから購入し、それまで利用に不便を感じていた『群書類従』掲載の「歴名土代」のデータベース化を始めた。鶴崎先生にお見せしたところ、自筆本での索引作成のご指導を受け、東京大学史料編纂所の許可を得て翻刻・索引作りに着手した。当時史料編纂所には桑山浩然先生がおられ、翻刻のご許可をいただけただけでなく、編纂所へ行くたびにいろいろご教示を賜り、始めて自分の名で本を出せたことは大きな経験となった。この作業の一環で『歴名土代』の写本にも関心を持ち、写本の所蔵機関を訪ね調査したとき、宮内庁書陵部には西本昌弘先生がお勤めになっておられ、先生の執務机をお借りして写本を拝見させていただいたことが印象に残っていた。その後先生は関西大学へ赴任され、今回、まさか論文審査の主査を務めて下さることとなるとは巡り合わせの不思議さを感じた。審査では『歴名土代』に関してのご質問やご教示を賜り、そのときのご教示のいくつかは本書へ反映させることが出来た。

終生NTTへ勤めていただけであれば、友人も限られたであろう。学会や研究会へ参加できたことで、様々な方々と知己を得て、数多くのことを学んだ。逐一お名前を揚げさせていただけなくて申訳けないが、今回学位をいただけたことは、それらの方々とおつき合いの中で、多くの学恩を得ることができたお陰であると深謝している。

中世公家日記研究会では、『守光公記』の翻刻を行っている。鶴崎先生は今まで「焦らず・怒らず・無理強いせず」に加え「褒めて、おだて」て勉強を進められてこられた。長年その習慣は変わらない。背景には横田先生の「横田イズム」を感じたのは大分後になってのことであった。とにかくおだてられると、ブタでさえ木に登ると言われている。単純な私などブタ以上の気持で楽しく二十七年間勉強を教わってきた。『守光公記』でもまだまだ木に登らなければならないことがあると思う（すでにその兆しが見えている）。

本書の出版にあたっては、鶴崎先生のお口添えもあって続群書類従完成会が引き受けて下さることになり、小川一義さんを始め編集部の方々のお手を煩わせた。また煩雑な索引作成の労は瀬戸祐規さんが引き受けて下さった。お世話になった方にはこの場をお借りして深謝する次第である。

二〇〇五年八月

湯川敏治

索　　引

凡　例

1．本書で使用した人名・地名の索引である。但し、史料を引用掲載したもの・表題・註・表等に掲載したものは採取しなかった。

2．人名・地名とも索引の配列は訓読み・五十音順とした。

3．人名索引のうち、女性の名は本来の読み方がわからない名であっても、現在の女性名の読みかたで配列した。ただし命子（万里小路）・具子（水無瀬）については音読みで掲載した。

4．女性の家名は日野富子のように実家の名字を用いるのが一般的であるため、索引掲載の女性の多くはそれにならった。

5．人名の後に（ ）表示したものは、本論で説明上掲載した当該人の実名・官職名・官途名などである。（ ）内へ記載した名は、必要に応じ→を用い「見よ項目」にも掲げた。

人 名 索 引

ア

イ

ウ

エ

オ

ク

ケ

コ

サ

シ

ス

セ

ソ

タ

ナ

ニ

ノ

ハ

ヒ

フ

ホ

マ

ミ

ム

メ

モ

ヤ

地 名 索 引

ツ

テ

ト

ナ

ニ

ノ

ハ

ヒ

フ

ホ

マ

ミ

著者略歴
湯川　敏治（ゆかわ　としはる）

1942年　大阪府生まれ
1968年　関西大学文学部史学科卒業
1998〜2003年　関西大学文学部非常勤講師
2003年　株式会社 NTT マーケティングアクト関西　定年退職
2005年 3 月　博士（文学）
主要編著・共著
　編著『歴名土代』
　共著「翻刻　二水記」
　　　『政基公旅引付』（本文編・影印編）

戦国期公家社会と荘園経済

平成十七年八月三十日　発行

定価一三、〇〇〇円（税別）

著　者　湯　川　敏　治

発行者　太　田　史

発行所　東京都豊島区北大塚一－一四－六
続群書類従完成会
電話（〇三）三九一五－五六二一
振替口座〇〇一二〇－三－六二六〇七

印刷所　株式会社　白　峰　社

ISBN4-7971-0744-8